U0868692

教育部人文社会科学研究规划项目

媒体奇观视域下的中国电视娱乐文化转型研究课题组

主研人员

赖黎捷，女，博士，教授，重庆师范大学传媒学院（新媒体学院）
李林容，女，博士，教授，西南政法大学全球新闻与传播学院
赵红勋，男，硕士，记者，重庆市沙坪坝区新闻中心
李明海，男，硕士，教授，重庆师范大学传媒学院（新媒体学院）
谭俐莎，女，博士，讲师，重庆师范大学传媒学院（新媒体学院）

教育部人文社会科学研究规划项目资助

媒体奇观视域下的中国电视娱乐文化转型研究

MEITI QIGUAN SHIYUXIA DE ZHONGGUO DIANSHI YULE WENHUA ZHUANXING YANJIU

赖黎捷等 ◎ 著

暨南大学出版社
JINAN UNIVERSITY PRESS

中国·广州

图书在版编目（CIP）数据

媒体奇观视域下的中国电视娱乐文化转型研究/赖黎捷等著．—广州：暨南大学出版社，2013.8

ISBN 978-7-5668-0656-7

Ⅰ.①媒…　Ⅱ.①赖…Ⅲ.①文娱活动—电视节目—研究—中国　Ⅳ.①G222.3

中国版本图书馆 CIP 数据核字（2013）第 150742 号

媒体奇观视域下的中国电视娱乐文化转型研究

著　　者：赖黎捷等

策划编辑：李　艺
责任编辑：李　艺　王卓妍
责任校对：刘　璇

地　　址：中国广州暨南大学
电　　话：总编室（8620）85221601
　　　　　营销部（8620）85225284　85228291　85228292（邮购）
传　　真：（8620）85221583（办公室）　85223774（营销部）
邮　　编：510630
网　　址：http：//www.jnupress.com　http：//press.jnu.edu.cn
排　　版：广州市天河星辰文化发展部照排中心
印　　刷：广东昊盛彩印有限公司
开　　本：787mm×960mm　1/16
印　　张：15.875
字　　数：303 千
版　　次：2013 年 8 月第 1 版
印　　次：2013 年 8 月第 1 次
定　　价：35.00 元

（暨大版图书如有印装质量问题，请与出版社总编室联系调换）

目 录

引 言 娱乐文化与奇观迭现 …… 1

上 编

第一章 霸权的世界——超级仪式奇观 …… 2
第一节 “春晚”奇观——明星、广告和山寨的盛宴 …… 2
第二节 体育/赛事奇观——激情、娱乐和经济的博弈 …… 14

第二章 欲望的世界——平民造星奇观 …… 24
第一节 快乐奇观——媒体的娱乐想象 …… 24
第二节 梦想奇观——超越现实的梦想图景 …… 33
第三节 “超女”奇观——选秀的狂欢 …… 42

第三章 狂欢的世界——自我消费奇观 …… 53
第一节 婚恋交友奇观——“剩时代”的电视宣言 …… 53
第二节 职场奇观——现实冲突的影像较量 …… 67

第四章 颠倒的世界——叙事奇观 …… 75
第一节 情感奇观——化解焦虑的疏导空间 …… 75
第二节 故事奇观——戏如人生的仿真镜像 …… 84
第三节 新闻娱乐化奇观——被戏谑的现实世界 …… 94

下 编

第五章 中国电视娱乐文化生态变迁 …… 102
第一节 第一次转型:从精英文化到大众文化 …… 104
第二节 第二次转型:从大众文化到平民文化 …… 113

第三节　第三次转型:从平民文化到草根文化 …… 124

第六章　娱乐心理镜像 …… 134
第一节　快感冲锋与自我扭曲 …… 135
第二节　虚饰的世界与自我的废墟 …… 145
第三节　回归自然与自我实现 …… 149

第七章　社会群落众生相 …… 153
第一节　庶民的胜利 …… 153
第二节　剩时代镜像 …… 159
第三节　草根盛宴 …… 165

第八章　“后现代”的话语生成与意义表达 …… 174
第一节　后理论时代:电视娱乐文化 …… 174
第二节　话语建构:规避政治的娱乐先锋与文化向导 …… 181

第九章　我国电视娱乐文化困境与社会核心价值传播引导 …… 185
第一节　电视娱乐文化的困境 …… 185
第二节　电视娱乐文化的重构 …… 190
第三节　社会主义核心价值观引导电视娱乐文化健康发展 …… 193

第十章　青年文化与电视奇观 …… 200
第一节　青年群体与电视奇观 …… 200
第二节　青年亚文化的觉醒 …… 206
第三节　青年亚文化与社会核心价值体系的融合及对抗 …… 214
第四节　青年媒介素养教育的提升路径 …… 219

结　语　新媒体环境下电视娱乐文化的困境及其突围 …… 225

参考文献 …… 228

后　记 …… 236

引　言
娱乐文化与奇观迭现

一、娱乐文化

娱乐活动是与整个人类文化活动相伴而生的。人类出于游戏本能而钟情于娱乐活动，与生存活动相比，娱乐只是一种辅助和调节方式。传统娱乐活动被视作强身健体、陶冶情操的途径，但自从工业化革命改变人们的生产合作方式后，人的异化逐渐成为突出问题。大众传播媒介的蓬勃发展使之成为人们日常生活不可或缺的一部分，拟态环境的建构令人们迷失于媒介制造的事件中，信息真假莫辨，人们却流连忘返。机械化生产的一个直接结果就是人们试图借助娱乐活动使自己从大工业的非人性状态中解放出来，因而形成了20世纪特有的“生存—娱乐”活动方式。娱乐开始在人类文化活动中占据重要地位，娱乐文化也成为20世纪生活方式的一个特点。资源的合理配置、文明生态的重新构建，都将早期的机器文明推向人本主义，娱乐业作为第三产业，成为商业活动的重头戏。一方面，当代娱乐活动被更多地视作克服人性异化弊端的一种有效途径，其功能从单纯的自我升华转向话语表达和社会交流；另一方面，随着经济的发展，发达资本主义国家渐次步入全球化大生产阶段，大工业在生产出大量标准化、同一化的产品的同时，也加剧了社会阶层的分化，其中大量的平民消费者成为新一轮娱乐文化的主体，也成为商品经济的新一批牺牲品。人性的异化不仅没有因此得到有效消解，反而在大众传播媒介和商业活动的共谋下更加严重。

娱乐文化是当代文化最典型的形态，其本质是平民大众的文化。当代形象文化的幻象性质正在使人的感觉、认知乃至评价方式越来越关注于幻想和幻象的创意。商业对文化活动的影响促使大众的文化生活从传统的结构中脱离了出来。当代文化语境中的“大众文化”概念不再是传统意义上的与“精英文化”或“高雅文化”相对的概念，而是一个与有序的、有层次的传统文化相对的无等级的文化概念。由商业活动制造出来的当代“大众”不是一个文化层次，而是一种普遍的文化现象。在这种文化现象中，“大众”或者说平民失去了在传统的层次中所具有的统一性，但在商业力量的操纵、驱遣下又失去了个体的自主性，因而正在变成一种散落的“离子”型状态。[①]

当代文化正在整体性地转变为娱乐文化。如果说娱乐在20世纪是作为一种与生存相伴随的活动方式而存在的，那么，在21世纪的人类活动中，娱乐则呈现出逾越生存甚至取而代之的趋势。在当代文化环境中，娱乐渗透到人类生存活动的每一个角落，传统大众媒体与数字新媒体共同造势，将人们彻底娱乐化，娱乐成为文化的主要功能。膨胀爆炸的信息和无处不在的影像，使人们沉溺于娱乐消遣中，原本作为生存活动的辅助手段的娱乐活动转而被人们当作人生追求的根本目标。日常生活审美化使人们日益变成消极被动的消费个体，都市化、全球一体化使人们被充满修辞和幻象的符号世界所包裹，文化消费成为主流。人们被随机出现的各种感官刺激所控制、物化、内爆，充斥着完美包装和炫目表象的欲望消费使人们的生存活动变成一场围绕消费展开的幻象的游戏。

当代娱乐文化的盛行乃至泛化、反智化引发了人们对娱乐文化审美价值的强烈批判和深刻反思。“阅读被视听替代，经典被流行覆盖；审美被娱乐冲淡，思考被狂欢置换；大师被明星淹没，传统被时尚逐灭。精神生活原本高格尊贵的理想情怀，正被现实社会喧嚣浮泛的消费刺激摧毁。”[②] 享乐活动取代了实际行动，人们沉浸在感官享乐的麻醉中不能自拔。当代娱乐文化主体日渐分化为代表权威和理性的文化精英、被商业离散并试图对抗商业逻辑的个体化的草根大众以及被商业异化了的平民消费群体。第一种文化主体继承了国家意识形态和知识精英的文化价值取向，将娱乐文化视作祛邪扶正、鞭辟丑恶、引导大众走上健康轨道的工具；第二种主体反对道德宣教，宣扬个性解放，遵循个体社会的文化逻辑，以自娱自乐来满足个性需求，他们进行娱乐所消费的即是娱乐本身，无关风雅，无关道德礼仪；第三种主体释放人的本能和欲望，挑战传统伦理道德底线，颠覆审美标准，以无处不在的喧嚣、狂欢、仪式化消费乃至审丑来获取快感。

在尼尔·波兹曼看来，电视娱乐文化已经成为一种强势的意识形态，不断地强化大众对于娱乐文化的接受乃至认同。寓教于乐被抛诸脑后，“收视率至上”被奉若神灵。电视媒介的视听双通道的实证性特质正在被抹杀：真相被演绎所取代，行动被幻象所占领，理性思考被仪式化表征所挤占。在消费时代，娱乐化的快感生产和消费是当下电视文化的主体，窥视、游戏和狂欢是其典型形式。[③] 人们崇拜娱乐，沉迷于各种泛娱乐化的形式，终将会丧失整个民族的创新力。

---

① 高小康：《狂欢世纪——娱乐文化与现代生活方式》，郑州：河南人民出版社1998年版，第274～282页。

② 吴文科：《为文化娱乐三辩　误将通俗当低俗》，《人民日报》，2010年10月14日。

③ 陈龙、杜晓红：《试论当下电视娱乐文化的快感表征》，《中国电视》2011年第4期。

娱乐作为娱乐文化的基本功能本无可厚非，但当这种娱乐被异化为恶俗、享乐和停留在表层的感官快乐，则有违娱乐文化的本意。鲁迅曾在《京本通俗小说》中谈及通俗文化，认为“其取材多在近时，或采之他种说部，主在娱心，而杂以惩劝”①。娱乐文化既能给人们带来身心放松，也能启迪心智、怡情养性，当其娱乐性与文化中某种深层的、本质的东西融合时，其价值不可估量，反之亦然。当代娱乐文化的种种迹象表明，娱乐文化的负功能被过度开发，而其正功能却被抑制殆尽，导致娱乐文化频繁触及文化道德底线，绿色娱乐文化阵地屡屡失守。如何发挥娱乐文化的正能量，如何在娱乐化浪潮中重塑社会主义核心价值观，是中国娱乐文化发展道路中亟待解决的难题。

二、从景观社会到媒体奇观

媒体奇观研究的核心理论与思想母体是居伊·德波的《景观社会》，其开篇断言：“在现代生产条件无所不在的社会里，生活本身展现为景观的庞大堆聚。直接存在的一切全都转化为一个表象（representation）。”而“表象”这一概念与西方哲学的传统命题“模仿说”有着密切的内在关联。实际上“模仿”（希腊语：mimesis）在古希腊哲学中的含义，并不等同于我们现在通常理解的临摹、仿效，它本有两重含义：一是指表现或表象（representation）；二是英译的imitation，有外部现象摹本的意思。“景观社会”理论为媒介批判、视觉文化研究提供了新的理论视角。在凯尔纳的《后现代转向》中，“景观社会”理论被认为是有助于法国向后现代主义转变，并对马克思理论进行修正的一种尝试，随之形成思潮。国内学者认为它是当代媒介批判的理论源头。德波的景观社会理论和凯尔纳媒体奇观研究相互融合并完善成为一副关照宏观与微观、包含整体论与方法论的社会眼镜，它们为我们研究当代中国电视娱乐文化转型提供了独特视角。

德波是情境主义的创始人、法国当代思想家，其成名作《景观社会》被西方学者誉为“当代资本论”。他认为，发达资本主义社会已进入影像物品生产与物品影像消费为主的景观社会，景观已成为一种被物化的世界观，而景观本质上不过是人们之间以影像为中介的社会关系。

以电影、电视为典型代表的视觉媒体构建了一个自主自足的影像世界。专门化、高仿真的拟态影像制造了虚饰的消费欲求，同时也满足着被物象激发的消费欲望。纯粹的影像变成真实的存在，视觉及其快感被提升至前所未有的重要地位。在这个自足的影像世界里，人们沉迷于各种光怪陆离、动感炫目的虚构事物，逃避着来自现实世界的生存压力和生活难题。景观不能被理解为一种由大众传播技术制造的视觉欺骗，事实上，它是已经被物化的世

① 鲁迅：《鲁迅全集（第九卷）》，北京：人民文学出版社2005年版，第120页。

界观。从整体上理解景观，它不仅是占统治地位的生产方式的结果，也是其目标。景观不是附加于现实世界的无关紧要的装饰或补充，它是现实社会非现实的核心。在其全部特有的形式——新闻、宣传、广告、娱乐表演中，景观成为主导性的生活模式。①

景观无处不在，它存在于后工业时代资本主义世界的每一个角落：城市街道、标志性建筑物、售卖日常生活用品的格子铺……受商业利益的驱使，房地产开发商、广告主和城市规划者合谋了一场又一场的景观游戏。人们在尽享感官刺激的同时，也倍感迷茫：每一处人工制造物的出现都挑战着消费者的欲望底线，同时令人无所适从，仿佛获取了无尽的物质后，却又失去了本真的快乐。在景观社会下，每一个人都难以重获自由，失去了逍遥自在，在被卷入物质消费的逻辑怪圈后，渐渐迷失了自我。

德波犀利地批判了整个20世纪的现代性进程，特别是现代城市规划和全球大规模城市化。继马克思提出资本主义世界的商品拜物教将会吞噬人本身后，德波提出，后工业时代的资本主义世界中人的异化不仅没有受到遏制，反而被加剧了，其重要根源就是城市化进程。在后工业时代，景观充斥、堆积在每一个角落里。人的任何一种自然的欲望和梦想，都被污染成为一种对于某种商品的购买欲，任何一个冲动，都指向一种景观——一面蒂凡尼橱窗、一枚耐克商标、一则幸福早餐的广告图像、一幅春暖花开海景房的地产渲染照片。② 在德波看来，后工业社会更为可怕。在后工业社会中，人们不仅被工业化大生产所压抑，还被各种商业文化和城市景观所操控。人们在对物质消费永无止尽的追逐中丧失自我，沦为商业景观和消费逻辑的奴隶。中国的现代化进程，特别是大规模的城市规划及城镇化，使各地的建设趋于同质化。步行街、CBD、海景房和非物质文化遗产等都被打造成房产开发商的卖点。

景观加剧了人的异化。景观日益使生活最世俗的方面变得模糊不清和令人窒息。在由电子媒介重构的影像世界中，人们将自己认同为需求的主导影像，深陷幻象与仿真的空间无法自拔。在这个全新的世界里，人们将自己陌生化，将自己作为影像道具，投入专业化生产中，景观的制造过程进而演变成为一种异化人的具体生产过程。

景观是基于商业逻辑而大规模出现的。景观垄断了人们工作闲暇时的几乎所有时段，日益成为一种基于正当性理由的永久在场。景观带来的文化消费是一种被动的消费。表面上看，人们主动关注遍布林立的景观，实质上是景观垄断性的普遍存在和炫示操控了人们的眼球。在这场新的消费战役中，身为消费者的人们其实经历了一个被动接受的过程，因为除了接受无所不在

① ［法］居伊·德波著，王昭凤译：《景观社会》，南京：南京大学出版社2006年版，第3~4页。
② 殷罗毕：《景观社会中的纵火者》，《晶报》，2011年10月30日。

的表象，人们别无选择。在德波看来，景观的目标就在于它自身。在景观——统治经济秩序的视觉映像中，目标是不存在的，发展就是一切。以现代工业为基础的社会绝非偶然或仅仅表面是景观的，景观恰是这一社会根本性的出口。

景观是一场永久性的鸦片战争，是一场根据自己的法则不断扩张的，精心设计的，强迫人们把货物等同于商品、把满足等同于生存的鸦片战争。①

德波的景观社会理论采取法国激进知识分子立场和新马克思主义视角，使人们深刻理解资本主义社会发展的特定阶段，凯尔纳则承续了德波的景观概念并将其延伸和具体化，以美国为基本出发点，探讨以麦当劳为代表的消费文化奇观、以克林顿性丑闻和弹劾案为代表的政治文化奇观、以《X档案》为代表的电视文化奇观等。凯尔纳采取的是美国公共知识分子的立场，对阶级、种族、性别和区域等具体因素予以关注，通过对上述产生巨大影响的奇观的阐释和质疑来揭示当代美国和全球社会的特征和发展趋势。在凯尔纳的观点里，媒体是奇观的巨大推动器。在凯尔纳看来，资本主义的力量比历史上任何时候都更为强大，媒体和消费社会通过奇观效应不断复制奇观。一个以市场化为主导的全球社会随着由不同集团、人物和名人的兴衰所构成奇观文化的起起落落而逐渐成形。②

在市场经济下，对于消费者而言，整个社会就是一个商品的集合体。令人眼花缭乱的商品被赋予了特定意义和用来刺激消费欲望，它们制造了种种幻觉：仿佛消费了具有特定意义的商品，人们就尽享了具有同等意义的人生。麦当劳就是快餐生产和消费的典型代表，它跨越了现代和后现代的界限，将现代社会和后现代社会的生产和消费形式融为一体，在全球范围内传递着西方现代性的理念和美国文化的价值观，成为一种全球性的文化现象和大众文化的代表性符码。发展中国家的孩子们在消费“巨无霸”汉堡包，跟随着服务小姐唱生日歌、跳快节奏的踢踏舞时，同时也产生了一种幻觉：享受着和美国或者其他发达国家小朋友一样惬意的人生。类似的文化体验和消费幻觉不断上演：星巴克咖啡、UME 国际影院、网上追捧的最新播映的美剧……喝一口咖啡，观一部电影，就尽享了发达社会的消费快感，产生了与其他人几乎同步的错觉，因而催生了一种快乐的集体体验：仿佛与其他人达成了一种共享和交流的满足。商品制造商有意识地忽略世界区域和文化背景的不同，借助人为制造的、类同的消费空间，制造幻象式的、仿真的体验快感，以一体化的全球市场为基础，推动了社会实践、文化形式和消费品的同质化。

在消费社会中，以电视为代表的媒体产品将决定权交给制作者，不管制

① ［法］居伊·德波著，王昭凤译：《景观社会》，南京：南京大学出版社2006年版，第15页。

② ［美］道格拉斯·凯尔纳著，史安斌译：《媒体奇观——当代美国社会文化透视》，北京：清华大学出版社2003年版中文简体字版前言。

作者出什么样的怪招，只要它能吸引受众的眼球，能令广告主满意，都会令媒体经营者笑逐颜开，由此滋生了泛滥成灾的娱乐化现象，一切视觉和感觉都成虚饰，所有证据都经过建构，即便是真理也被建构成种种怪相。真理不再是亘古不变的，转而成为一种复杂的、不可确定的现象。随着影视机构大成本、大制作的常态化，高新数字技术的普遍运用，媒体竞争日益激烈和白热化，各种媒体奇观及其奇观文化飞速发展，并迅速扩散和渗透到社会和文化的各个领域，进而成为联结人类经济、政治和日常生活领域的轴心势力。媒体奇观此消彼长，成为人们日常生活中见惯不惊的事物，与之如影相随的消费景观却不容忽视。它将种种高消费生活方式的符号系统深深植根于人们的脑海中，也给媒体所有者和广告主带来丰厚的利润，它所张扬的消费理念被快速地在全球各地扩散、复制。然而，媒体奇观连同其文化体系的蔓延也彻底拔除了从前慢生活所带来的幸福感和安定感，取而代之的是忙碌奔波的生活中无尽的、迅速膨胀的消费欲望和强烈的不安全感。

三、奇观社会与中国电视娱乐文化转型

自周秦以来，中国一直是个农业国家，是个农村社会的结构。1919 年起，中国进入现代化进程，但一直保持了农业大国特色，直到 1978 年，农民仍占 82.1%。自改革开放以来，中国逐步从农业社会、农村社会转变为工业社会、城市社会，其中以 1992 年邓小平“南巡讲话”和 20 世纪 90 年代中后期国有大中型企业改制为标志，从整体上推进了城市化进程。改革开放前，我国处于传统的计划经济体制下，集体的利益高于一切，个人的主观能动性往往受制于整体进程，人的主体性被政策所压制。随着改革开放的逐步深入，有中国特色的社会主义市场经济体制汲取了企业化、集团化等现代企业经营理念，极大地调动了个人的主观能动性，但在资本运作逻辑的牵制下和消费社会欲望的驱动下，人的主体性仍在对金钱和物质的无尽追逐中被淹没。人们的生产方式和生活方式发生了根本性的变化，整个社会体制的转型却远远滞后。

经济高速发展、政治基本稳定、社会矛盾突显、文化繁而未荣，这些可以说是对我国当前总体状况的概括。在纷繁复杂的矛盾中，经济发展和社会发展不平衡、不一致成为当前中国社会面临的突出矛盾和问题。这种矛盾的形成乃是各种问题长期积累而成。改革开放的国策给各行各业带来了新的生机，教育、医疗、卫生、文化等各项社会事业都有了很大的发展，市场经济的蓬勃发展使我国城乡居民生活水平有了很大的提高，如农民工进城、体制内职工下海从商等，但同时带来了不少问题。一方面，不少体制内的行业仍然坚持计划经济下的管理理念，故步自封，迟迟未能融入市场化大军中；另一方面，部分企业、房地产开发商在市场效益的驱动下，他们的经营逐渐偏离了正常轨道，唯利是图，以经济收益和行业业绩为诱饵，与相关部门合谋，

将发展经济摆在唯一的制高点上，过度开发、重复配置稀缺资源等行为，造成社会矛盾突出、利益分化严重等种种不良后果。与被日益增长和快速更新的消费经济所刺激的人们的生活方式相比，与之配套的社会保障体系以及科学、教育、卫生和文化等配套建设相对滞后，由此带来了住房难、看病难、上学难、养老难等一系列问题。城乡医疗保障制度不完善，社会再分配存在明显的不公平现象，直接导致了人们安全感和幸福感的匮乏。

当前中国经济社会发展中最大的不协调是经济结构与社会结构存在的严重的结构差，它也是产生当今诸多社会矛盾和造成新问题难以解决的结构性原因。社会结构的核心是社会阶层结构，进入社会主义建设新阶段以来，中国社会的阶层结构已经经历了巨大的变化。原来的“两个阶级一个阶层”的结构，已经转变为由国家和社会管理者阶层、经理人员、私营企业主、科技专业人员、办事人员、个体工商户、商业服务业人员、产业工人、农业劳动者和失业、半失业人员等十个阶层构成的社会阶层结构。这样的社会结构巨变是中国历史上前所未有的。社会阶层结构的标志性指标是中等收入者阶层的比重。2008 年，我国的中等收入者阶层的人数只占总就业人员的23%，离现代化国家应有的两头小中间大的“橄榄型”社会阶层结构还有很大距离。[①]

21 世纪以来，关于住房、教育、医疗和养老等民生问题的讨论日趋激烈并白热化，城乡差距、地区差距和贫富差距等持续扩大，官民关系、劳资关系和医患关系等社会阶层关系矛盾时时激化，土地征用、房屋拆迁和企事业改制等引发的社会不稳定问题增多，贪污腐败等大案、要案频发，一些地方出现杀人、绑架等暴力犯罪的次数增加，诈骗、抢劫、盗窃等刑事犯罪案件增多，虐杀儿童、民工跳楼和校园凶杀等挑战人们道德底线的恶性事件频频发生，经济社会的稳定问题日益突出。

如果以 2008 年年底为界限，中国改革的第一个 30 年已经过去，新阶段的第二个 30 年悄然到来。下一个 30 年，历史赋予我们中国的，应该是类似奥运“五环”的改革，包括经济体制改革、政治体制改革、社会体制改革、文化体制改革和生态环境制度改革，这“五环一体”的改革，环环相扣，融为一体。就其改革的广度和深度来说，无论是与前一个 30 年相比，还是与 1919 年以来中国现代史的前三个 30 年相比，都将是一场更深刻、更伟大的变革。[②] 科学发展观的提出是改革进程划分的一个重要标志。科学发展观的提出是对不计成本粗放型发展的一种否定，由此我们可以将 1978 年到科学发展观的提出这个阶段界定为前改革时代，可以将科学发展观提出以后的时期界定为后改革时代。在前改革时代中，我们社会存在先进的生产关系与落后的生

① 陆学艺:《当代中国社会结构与社会建设》,《北京工业大学学报（社会科学版）》2010 年第 6 期。

② 常修泽:《中国下一个 30 年改革的理论探讨——“人本体制论”角度的思考》,《上海大学学报（社会科学版）》2009 年第 3 期。

产力之间的矛盾、人民群众日益增长的物质文化需求与物质供应短缺的矛盾，经过30多年的前改革时代，这些矛盾已经基本得到了解决。在基本解决了改革开放初期的社会矛盾后，我们现在面临着很多新的问题，比如社会分层、社会阶层分化与贫富差距的拉大等。而后改革时代面对的主要矛盾是不和谐带来的矛盾。①

经济、社会的加速转型，必然带来文化转型。每一历史阶段的文化都会因为社会形态以及随之而来的人们审美观念的变化而不断发生变化。特定阶段的文化总是为下一阶段的文化作积淀，每一种新的文化形态并非是前一阶段文化形态的简单否定或者重复，而是在不断否定、重塑和多元交汇中逐渐成长。

我们社会处于转型期，人们的思想困惑、精神焦虑急遽增加，借助娱乐活动释放压力、纾解矛盾的需求更加迫切。以赖特夫妇为代表的传播学研究者早在20世纪就已提出，大众传播媒介有强大的娱乐功能，这种功能使人们在使用媒介时处于一种类似麻醉的精神状态，以暂时逃避来自现实生活的诸多矛盾和难题。

新媒体改变媒介生态。随着互联网和移动通信技术的突飞猛进，当代社会已经全面进入数字化时代，社会网络化、网络社会化已成趋势。数字化浪潮不仅在宏观上改变着社会景观，也在微观上渗透进人们的世俗生活。在中观层次上，数字化催生了许多新的职业、新的行业，这些新的职业和行业正在以越来越快的速度取代传统职业和行业，或者至少蚕食着传统行业的生存空间。② 互联网的裂变式发展不仅带来了社会生产方式的深刻变革，而且也从根本上改变了人们的生活方式乃至思维方式。网民借助博客、播客、微博和微信等新媒体工具，既成为媒介产品的消费者，又成为媒介产品的生产者。数字技术、网络技术在满足人们文化需求的同时，也在不断激发人们的生产力和创造力。不同类型的媒体呈现融合状态，媒体演变成综合性服务平台和用户个性的展示平台。在新的社会经济局势和新的媒介环境下，由电视、博客和微博等各种强势媒体推波助澜的突发性群体事件和趋于常态化的媒体与运营商共同策划的媒介事件构成了当下中国的社会奇观。从“杨丽娟”事件到“宜黄拆迁”事件，从“凤姐”事件到“郭美美”事件，从“虐猫事件”到“雷政富事件”……人们开始在一场又一场的奇观盛宴中充当主角，从媒体奇观的被控制者到媒体奇观的制造者，推动着媒体文化的每一次转型。在众多类型的媒体中，电视以其传统的权威性和视听双通道的形象逼真感打造了一个完美的仿真时空，而它所张扬的娱乐文化也已渗透到人们的日常生

① 任保平：《后改革时代的主要矛盾、改革趋向及其重点》，《西北大学学报（哲学社会科学版）》2010年第2期。

② 夏德元：《中国出版数字化转型中的文化冲突》，《学术月刊》2010年第4期。

活中。

纵观中国电视娱乐文化的发展历程，从20世纪五六十年代娱乐节目初登荧屏至今，已经经历了三次转型：第一次是20世纪80年代末90年代初从权威领导的精英文化转向新“集体本位”的大众文化；第二次是20世纪90年代初至90年代末从处于弱势的大众文化转向全面崛起的平民文化；第三次是21世纪以来从喧嚣的平民文化转向“众神狂欢”的草根文化。中国电视娱乐文化在历次娱乐节目奇观的映射下完成了华丽变身。20世纪中期以来，大众文化悄然登场，旋即以彻底的平民风格与精英文化形成抗衡局面，继而走向以草根精神为标志的娱乐巅峰。在此过程中，中国电视娱乐文化主体从精英阶层降至普罗大众，再由芸芸众生凝聚为与精英对峙的平民阶层，进而以娱乐颠覆神圣，高举草根精神旗帜，建构以源自民间的明星为主体的全新娱乐文化。呈现于观众面前的电视栏目，其属性从承担教化作用、发挥舆论喉舌功能的工具变为社会主义市场经济体制下的文化商品，进而成为渗透于人们日常生活的具有审美功能的消费品。在这场越演越烈的娱乐风潮中，中国电视娱乐文化的精神内核也经历了从领导权威到集体主义再到个人主义的变化过程，其风格从“独乐乐”到“众乐乐”再到“众神狂欢”，发生了质的变化。进入人们视线的各类热播狂潮由自发到自觉到人为制造再到常态化，已经在不知不觉中被植入日常生活。物欲横流，全面的商品化使人们为之癫狂，却也充满无奈。在这场以符号为主导的内爆、仿真的镜像变革中，娱乐文化的表达方式也经历了巨变：从传统引导的符码化，到内在引导的超符码化，再到他人引导的解符码化，娱乐的主体与客体彼此交融，难辨真伪。

四、症候链接：奇观·娱乐·转型

当下中国的种种剧变有着深层次的时代背景，也有历史变迁的原因，经济、社会和文化等宏观生态环境的相互影响以及媒介生态的变革共同构建了举世瞩目的奇观社会。正如德波所言：景观无处不在，无所不包。遍在的建筑物景观、商业景观演绎成影像空间里的媒体奇观，一触即发，裹挟着欲望和幻象，令人疯狂，令人窒息。经济、文化和媒体的剧烈变化可以用市场化、大众化和媒介化来概括。以高科技推动生产力的迅猛发展和市场经济秩序的逐步确立为标志，中国经济表现出前所未有的活力。市场化程度的加剧必然体现在文化产品的商品属性和其商业化运作上。媒体竞争的加剧，使受众在媒介产品的策划和生产中占据主导地位。如何最大限度地吸引眼球，如何扩大发行量、提高收视率等成为媒体追逐的目标。媒介社会化和社会媒介化相互促动：一方面，大众传播媒介作为传播者的宣传工具的特质逐渐被淡化，作为人与人之间的社会交际工具的特质得到强化，微博、SMS和QQ等社会化媒介的兴盛即是明证；另一方面，整个社会生活由于媒介的普遍存在而逐渐被媒介化，手机媒体的伴随性使之有了“影子媒体”、“拇指媒体”等美称，人们深陷媒介不能自拔，“沙发上的土豆”、网络依赖症等各种被媒介所左右的生活状态屡见不鲜，人们在媒介构建的拟态环境和数字技术创造的虚拟世界里流连忘返，迷失了自我。市场经济的发展推动文化主体的变迁，二者共同作用，改变了媒体竞争环境；媒介生态的巨变也反过来改变了人们的生存环境。经济、文化和媒体相互链接、彼此互动，共同推动中国社会完成历史性转变。

电视娱乐文化在中国文化的版图上日渐显要。20 世纪 90 年代以来，中国的娱乐文化以惊人的速度发展着。电视娱乐节目层出不穷，从最早的《综艺大观》、《正大综艺》到之后的《快乐大本营》、《欢乐总动员》这种吸引观众参与的综艺性节目，再到《幸运 52》、《开心辞典》等益智类节目，到 2003 年出现的“真人秀”节目，比如红遍大江南北的《超级女声》和《加油！好男儿》，再到这两年新推出的以明星竞赛为形式的娱乐节目《舞林大会》等，直到竞相热播的相亲节目如《非诚勿扰》和此起彼伏的综艺“真人秀”节目如《中国好声音》、《我是歌手》等，电视娱乐节目收视率逐渐攀升，影响力日益深远。娱乐成为一种审美文化和日常生活中的普遍景观和重要特征。中国的文化格局已经不再是官方—精英—大众（消费娱乐）三足鼎立，而是娱乐文化一头独大，占据了文化地盘的大半壁江山。我们正在面对娱乐文化，正置身于以娱乐文化面貌出现的审美文化潮流中。随着世界范围内的文化转向，当下中国社会正处于传统/现代/后现代、东方/西方/全球化、主流/精英/大众的相互并峙、胶着、对话、整合的拼贴状态中。随着全球化与现代性进程的加速，在多元文化的交相混杂下，作为最普遍、最活跃和最激进的文化因素，电视娱乐文化在文化发展进程中占有重要席位，对于社会主义国家和中华民族的精神生活具有不可低估的文化影响与重建作用。

电视娱乐文化是指通过电视播出娱乐节目以满足人们的娱乐需要而形成的一种娱乐文化形态。在电视娱乐文化的推波助澜下，日常生活的美学维度发生了根本性变化，感性意义居于中心位置，并与当下生活呈现同质化关系。一方面，人的各种日常生活动机、利益直接呈现为当下具体的实践；另一方面，人的日常生活的意义又直接取决于它所获得的感性呈现、所实现的感性满足。因此，人的日常生活动机、利益及其实现，直接通过各种日常活动的感性存在形象，得到有意识的价值确认。正是这种相对于人的日常生活的当下直接性特征，十分具体地表达了日常生活本身巨大的感性实践功能，也非常生动地再现了当下生活与感性的同质化——生活即感性呈现，感性对自身的价值肯定亦即生活的自我实现。①

---

① 王德胜：《回归感性意义——日常生活的美学论纲之一》，《文艺争鸣》2010 年第 5 期。

在当代消费性文化生产关系中，日常生活感性不断独立，成为鲜明的美学话语，日益打破了仅仅把感性存在当作美学附属品的旧式理论形态。一方面，当代社会文化语境中人实际生存的生产与消费一体性，使得美学对于人的日常生活的各种阐释在总体上呈现为叙事的而非终极的价值表达；作为独立美学话语的“感性”仅仅是陈述性的，而非判断性的。……以人的日常生活经验作为具体表达内容的美学话语，源自人的日常生活真实性对理性构造的终极价值的抵制，它在各种将人“叙事化”的当下感性满足过程中，并不要求人的实际存在严格按照认识理性的规定而走向纯粹和超越，而是力图尽可能地还原人的日常活动的现实快乐，在现实的快乐中赋予人自身生活以直接享受的快乐意义。另一方面，感性本身作为人的日常生活的意义表象具有一种“反构造性”。它直接与人的身体感觉相对应并不断激化人的身体感受的敏锐性，从而进一步瓦解了人对意义构造的持久期待，消解了人在日常生活中对实现深刻性判断的信心。……美学不再只是人的存在的精神符号，而现实地成为日常生活的经验形象、事实呈现。①

日常生活中新的美学维度反过来更深刻地改变了作为日常生活典型媒介的电视媒介。电视不再是现实世界原生态的再现，而变成社会各阶层对自我观念和欲望的表征进行娱乐化演绎。栏目策划从寻找焦点、制造热点的行业运作需要出发，把现象话题化，把事情事件化，借此呈现其价值诉求的戏剧化、娱乐化和仪式化取向。在电视节目中，自由与率性、犀利与尖刻、草根与喧嚣随处可见。节目内容本身的重要性退居其次，节目主角的情绪抒发和观点表达拼贴了碎片化的影像空间。在充斥着欲望和幻象的视觉空间里，新闻节目不再以寻求真相为理念，相亲节目不再以相亲为目的，纪录片突破了真实底线，整个屏幕变成了一个大秀场，成为社会的解气阀。《非诚勿扰》导演冯小刚接受采访时坦言，收看《非诚勿扰》并非出于对相亲节目的好奇，而是将之视作了解现实社会各个阶层真实状态的一个绝佳窗口，“透过男女嘉宾可以看到当代社会的面面观，每一位《非诚勿扰》的嘉宾都代表了一个群体、一个圈子，他们的思想、追求、梦想都浓缩在《非诚勿扰》节目中。条件较好的男嘉宾，稍微炫耀一点，马上就被灭灯灭得很厉害。因为有时候事情的发展跟我想象的完全不一样”②。高居中国电视娱乐浪潮榜首的新派相亲节目《非诚勿扰》在历经风波后将自身定位调整为“适应现代生活节奏的大型生活服务类节目”，其导向转变可见一斑。

纵观中国电视荧屏，以娱乐节目奇观为视点，大致经历了三次重大的转变。第一次是以20世纪八九十年代中央电视台《综艺大观》、《正大综艺》和

---

① 王德胜：《回归感性意义——日常生活的美学论纲之一》，《文艺争鸣》2010年第5期。

② 骆俊澎：《冯小刚“露脸”相亲节目〈非诚勿扰〉》，http://focus.591hx.com/article/2012-12-03/0000006678s.shtml.

《春节联欢晚会》为标志的综艺节目热潮，标志着中国电视娱乐文化的滥觞。在这次热潮中，“娱乐”一词首登中国电视的大雅之堂。以《春节联欢晚会》的登台亮相为例，其为人们所津津乐道始于20世纪80年代初，以内地明星刘晓庆、港台歌手费翔等人产生的追星潮为肇始，掀起了一场全民狂欢的壮丽景象。第二次是20世纪90年代末以湖南电视台《快乐大本营》为标志的全民娱乐风潮，它标志着中国电视娱乐文化开始了从表层转向内在，从外源性娱乐诉求转向内生性娱乐释放的深层转变，并逐步走向鼎盛。以湖南卫视《快乐大本营》为起点，地方卫视掀起了以《玫瑰之约》、《缘分的天空》等为代表的婚恋节目热潮，中央电视台以《幸运52》、《开心辞典》等为圭臬，掀起了益智博彩类的节目热潮。此外，还掀起了一场与之交相辉映的纪实类栏目的平民化浪潮，其重要标志就是中央电视台《东方时空》子栏目《生活空间》的热播及其家喻户晓的口号——“讲述老百姓自己的故事”。第三次是21世纪初延续至今的以《超级女声》、《非诚勿扰》和《非你莫属》等为标志的波澜壮阔的草根文化奇观。2005年以湖南卫视《超级女声》为龙头，再掀娱乐热潮，由此开始了波及整个电视荧屏并颠覆种种传统文化观念的娱乐文化革命。这场热潮最先登场的是选秀节目，以《超级女声》为范本，由地方台至中央台，仅2005年就有20多个同类节目频频出现，最有代表性的有《梦想中国》、《我型我秀》等。选秀节目从最初的音乐节目扩展至演艺节目，乃至戏剧、绝技，如《加油！好男儿》、《舞林大会》、《快乐男声》、《谁是英雄》、《寻找金花》和《梨园春》等。除了娱乐节目，新闻、纪录片和法制节目都没有逃脱被这场娱乐裹挟的命运。以《南京零距离》为代表的民生新闻浪潮向我们展示了新闻故事化叙事的魅力，以《传奇故事》、《人间》为代表的情感栏目故事化的方式呈现，演绎普通百姓的戏剧化人生，《百家讲坛》的热播则将精英阶层拽下神坛，以世俗化解读颠覆传统文化中束之高阁的文化经典。《非诚勿扰》、《非你莫属》等各类“真人秀”节目的热播则将此次娱乐风潮推向一个新的巅峰：平民不仅是文化主体，而且是文化明星，娱乐不再是“独乐乐”或者表层意义上的“众乐乐”，而是具有深层颠覆意义的“众神狂欢”，每一个草根大众都是这场娱乐盛宴的主角，由之汇聚的“草根”精神成为新的娱乐文化的标志。

在奇观盛宴和娱乐浪潮的背后，其深层的推动力源自社会、文化的历史性转变。近十年来，中国经济发展完成了从计划经济向市场经济的转变，中国社会基本完成了从农业社会向工业社会的转变，城镇化的全面铺开、新兴市民阶层强大的文化需求，都迫使电视媒体不断调整自身定位。最早掀起娱乐大旗的是湖南卫视，宣称自己是“最早颠覆说教传统和陈旧模式，改变传统电视居高临下、单调沉闷的面孔，让电视成为释放压力、表达情绪、快乐生活的大众娱乐平台"[1]。它的转变掀起了地方卫视娱乐改版的风潮。湖南卫视将目标受众锁定在青年群体上，打出"快乐中国"的口号："老百姓认为快乐的事情，只要对这个国家对这个社会没有危害，我觉得就可以提倡。要认可大众文化、草根文化。我不是说精英文化不好。我们是一个地方媒体，不可能做精英文化，只能做大众文化、新娱乐。我觉得有了这种新娱乐，这种大众文化也很有价值和意义。"[2] 娱乐节目自此成为各地方卫视与中央电视台相抗衡的杀手锏和引领时尚、推动流行文化发展的风向标。然而，迫于竞争压力和人力、物力的窘迫与匮乏，不少卫视选择了省时、省力却难保创新的同质化路线：有的从国外购买版权，基本将节目模式全面移植；有的模仿国内高收视率栏目，改头换面后播出；有的则尽戏谑夸张之能事，将泛娱乐化进行到底……行业竞争的巨大压力推动了电视娱乐文化的发展，但也带来了栏目同质化恶性竞争的不良局面。

异彩缤纷的电视娱乐节目疯狂复制，彼此"模仿"、"拼贴"和"抄袭"的现象日趋严重，"克隆"成风，导致节目"同质化"和"类似化"现象严重，麻痹了人们的神经系统，消解了电视艺术的崇高感。电视节目"同质化"现象的产生是多方合力的结果，包括全球化进程中消费主义与流行文化盛行和电视媒体在收视率面前的妥协、经济利益驱使下商业文化的盛行和大众的"集体无意识"等导致了电视节目的严重失语等，并进一步导致了"娱乐乱象"的盛行，如"相亲"与"职场"的混搭、"形式"与"样态"的复制、"煽情"与"情感"的混杂，以及"虚构"与"真实"的冲突等。一味的感性狂欢，带来了疯狂的"拼贴"与"复制"，导致电视节目"同质化"加剧、"创新力"匮乏，电视娱乐呈现出失范、失序和失格的"乱象"，这极大影响着电视作为社会公器的媒体公信力。

媒体奇观及其娱乐乱象把观众带入了一个由娱乐、信息和消费组成的新的符号世界，电视娱乐节目俨然成为欲望诉求的镜像，是巴赫金所言的"广场式"狂欢的文化标本。在娱乐文化繁荣表象的背后，人们惊呼：我们的创新力正在逐渐消逝，整个媒体文化正使当代文化飞速地滑入一个经典匮乏的时代。

媒体在文化生活中影响越来越大，似乎轻而易举地成功制造了大量文化与文艺明星，制造了各种畅销的文化产品。明星与畅销作品意味着大叠的纸币。网络新媒体的出现，改变了人们的许多习惯与观念。被西方思想家称为"沉默的多数"的大众，尤其是低龄大众，正在网络上发出声音，兴起波澜，甚至影响着舆论与社情民意的表达。与此同时，我们缺少力透纸背的经典力

---

① 《欧阳常林访英畅谈：让创意更精彩　让大众更快乐》，http：//ent. hunantv. com/z/20081024/84766_ 2. html.

② 王云峰：《湖南卫视建设特色频道的启示》，《新闻战线》2006 年第 6 期。

作，缺少振聋发聩的文艺高潮，缺少学术创新与文化发现，缺少大师级、精神火炬式的文化权威。我们也经常听到大量的批评与责难的声音：认为现在到处是文化与文艺的垃圾，包括谩骂、造谣、生硬搞笑与各式胡说八道。①

从上述分析中不难看出，中国当代社会转型是推动电视娱乐文化发展及其媒体奇观形成的内在驱动力，奇观、娱乐、转型是一种内在的互动关系。当下中国电视娱乐文化的急遽发展和种种触及人们伦理道德底线的泛娱乐化现象将如何引领中国电视娱乐文化步入健康轨道，急需提上议事日程。电视具有强大的涵化功能，特别是对青少年一代的人生观和世界观，有着潜移默化和深远的影响。透过此起彼伏、波澜壮阔的收视奇观的表象，我们试图理清中国电视娱乐文化走过的路径，力求阐释中国电视娱乐文化转型的各种特质，包括其价值功能、与意识形态的关联，以及对主流文化、民族文化的影响及未来的可能性，进而探索适合我国现实发展状况的合理策略，以期引导电视娱乐文化的健康发展，加强主体文化建设，使之真正承担起建立社会主义核心价值体系的历史重任，确保有中国特色的社会主义精神文明建设与文化生态和谐发展。

① 王蒙：《呼唤经典》，《音乐生活》2010 年第 12 期。

上编

SHANGBIAN

第一章

霸权的世界——超级仪式奇观

第一节 “春晚”奇观——明星、广告和山寨的盛宴

春节联欢晚会（以下简称“春晚”），是由中央电视台举办的大型综艺晚会之一，创办于1978年，1983年起改为现场直播的方式，于每年农历除夕之夜播出。它的主要节目形式有歌舞、相声、小品、杂技，以及其他非文艺性节目，如各地欢庆场面报道、各种庆贺电报宣读、新年钟声报时等，是文艺性与新闻性相结合的、突出民族大团结和社会安定的、振奋民族精神的、形式和风格多样的综艺晚会。[1]

1983年的“春晚”在国人心目中打下了深刻的烙印。时隔24年，在一项“我最喜爱的历届春节联欢晚会”的观众投票评选中，该届晚会以40万票高居榜首。2005年，“春晚”由中央电视台多频道并机播出，收视率达到95.45%，创20年新高峰[2]。2008年，“春晚”满意度高达84.3%[3]。

“春晚”的收视霸主地位几十年来未曾动摇。它拥有其他电视节目难以企及的高收视率和高到达率：20：00至23：00之间，收视率和到达率超过40%，最高值分别达到44.8%和45.8%，即便在新年钟声敲响的尾声，也保持在35%左右。而同时段的其他电视节目，其最高收视率和最高到达率分别只有6.2%和6.8%。[4]

“春晚”的观众覆盖面之广也非其他节目可比。一般电视节目的受众以中低学历、中低收入群体为主。“春晚”的高收入、高学历观众比例远远超出一般电视节目。据统计，“春晚”观众家庭月收入3 000元以上人群占总人群的54%，高中学历以上人群占总人群的53%。日常电视节目性别特征明显，如

---

[1] 赵玉明、王福顺：《广播电视辞典》，北京：北京广播学院出版社1999年版，第133页。

[2] 刘立恒：《春节联欢晚会的文化学解读》，《辽宁教育行政学院学报》2009年第11期。

[3] 汤天甜：《08央视春晚———痛并快乐地成长》，《东南传播》2008年第4期。

[4] 参见《近几年央视春节联欢晚会收视分析》，搜狐网，2004年12月8日。

电视剧以女性为主，新闻类节目以男性为主，但在“春晚”观众构成中，男女性别比例、各年龄层人群观众分布都处于一种平衡稳定的状态。以2009年为例，女性观众占总收视人群的49.88%，男性观众为50.12%；观众年龄构成也较均匀，4~14岁观众占总收视人群的8%，15~24岁12%，25~44岁18%，45~64岁33%，65岁以上为10%。[①]

超高的收视率和关注度使“春晚”经济蓬勃发展，高额的广告费用、冠名商家的密集程度和演员的白热化竞争构成了成熟的“春晚”产业链条。几十年来，“春晚”在节目上精雕细琢，不断推陈出新，在若干环节上形成了固定元素：开场时刻，有喜气洋洋的歌舞、热热闹闹的锣鼓，全体主持人共同表达新年祝福；转场期间，有边防士兵、驻外使领馆、留学生团体的拜年；零点时刻的倒计时；结尾时刻，播放结束曲《难忘今宵》等，这些元素内化成“春晚”的标识和模式。

尽管近年来观众对“春晚”褒贬不一，但是其满意度明显下降：2004年有78%的家庭表示满意，较2003年下降了5.6%[②]，2006年满意度为53.5%[③]，但与收视率下降幅度相比，“春晚”观众平均忠实度下降幅度较小。从1998年到2003年，央视“春晚”的观众平均忠实度由84.7%下降到71.9%，下降了约12个百分点，这个幅度基本与同一时段所有节目的观众忠实度下降幅度相同[④]。换言之，虽然观众对“春晚”的美誉度普遍下降，但其关注度并未走低，“春晚”仍然是众目焦点。

“春晚”以每年数亿人的收视规模创造着传媒奇迹，并由自发转向自觉，成为具有中国特色的年度媒介事件。它已约定俗成地成为华夏民族新民俗文化中不可或缺的一部分。然而，作为国家主流价值体系的隐喻符号和现实语境集中投射的焦点所在，“春晚”远远超越了新民俗文化的范畴，成为现代中国重要的见证者，其盛衰得失微妙地折射出彼时彼地中国语境中政治、经济和文化的嬗变轨迹及历史印记。

“春晚”开创了我国电视综艺晚会的先河，开启了人们精神文化生活之窗。一年一度的“春晚”捧红了一批演艺明星，引领着娱乐文化潮流，成为整个电视娱乐生态中的桥头堡。其特定的播出时段、其超大规模的收视群体、其隆重的筹划与热烈的评价，已然构成我国定期呈现的电视文化景观。其影响周而复始，由电视向社会，再由社会向经济、政治、文化渗透，具有映射中国的深远意义。

---

① 广而告之：《央视春晚：收视霸主，广告天下》，《市场观察》2009年第11期。

② 崔骏，《2004春晚惨败　央视承认观众满意度下降5.6%》，《北京青年报》，2004年1月24日。

③ 崔骏，《2004春晚惨败　央视承认观众满意度下降5.6%》，《北京青年报》，2004年1月24日。

④ 参见《近几年央视春节联欢晚会收视分析》，搜狐网，2004年12月8日。

一、明星奇观

“春晚”的播出曾带来万人空巷的盛况。在农村，由于电视机远未普及，有电视机的家庭变成了最具人气的地方，往往是数十人挤在一间屋子里，其场面毫不逊色于观影盛况。庞大的明星阵容和流程式的明星制造令人们心驰神往，也使“春晚”充满了炫目光彩。

明星本是电影业为了打造产业链、降低投资风险，从而获取高额利润的产物。好莱坞梦工厂成为明星诞生的福地。从剧本酝酿到导演遴选，直到后期营销，都紧紧围绕少数几个精心打造的明星而运作。当这种以明星为核心的产业运作模式逐渐成形后，每一个环节都相应地形成了整套规则和固定元素。打造明星是为了树立品牌，培养忠实观众，品牌的形成则更加依赖明星的个人魅力。

“春晚”是个明星荟萃的舞台。刘晓庆、李谷一、马季、王景愚、彭丽媛、宋祖英和赵本山等明星大腕照亮了“春晚”舞台。1983 年晚会集结了当时全国最优秀的创作和演艺人员。陈佩斯的《吃面条》、王景愚的《吃鸡》带来的是爆炸性的欢娱。“宇宙牌香烟誉满全球！”相声表演艺术家马季的一声吆喝令宇宙牌香烟“誉满”全国。作为在 1983 年“春晚”上第一位正式登台的歌手，李谷一一人连唱七首歌，其中还有当时争议颇大的歌曲《乡恋》。《乡恋》作为压轴戏出现，是应观众需求而唱，时任广播电视部部长的吴冷西冒险同意演出此曲，此后，《乡恋》得到了正名。由乔羽作词、王酩作曲、李谷一演唱的《难忘今宵》长期占据着“春晚”落幕歌曲的宝座，数十年如一日。明星从此成为“春晚”一大亮点。在董文华因故淡出“春晚”之前，“春晚”有“彭、董、宋三大金刚雷打不动”之说：彭丽媛唱大歌，董文华唱颂歌，宋祖英唱甜歌。

“春晚”是个打造明星的舞台。原本默默无闻的演员在“春晚”的照射下，光芒四射，成了众所瞩目的焦点。张明敏、费翔、郁钧剑和毛宁都是借助“春晚”舞台走进观众心中的。张明敏，在 1984 年前还只是香港九龙电子表厂的一名普通工人，他以一首《我的中国心》叩动了国人心扉，唱出了亿万中华儿女的心声。尤其是在改革开放之初，中国经济远远落后于西方国家，人们既向往外面的世界，又充满了疑问，而海外游子的生活和他们的内心世界对普通百姓而言是一片陌土，这首歌既燃起了炎黄子孙的爱国热情，又满足了人们的审美期待。这首歌第一次在内地舞台上展示了香港演员的青春风貌，第一次显示了流行歌曲的强大魅力。1987 年，有着一半中国血统的费翔，背上了制造大兴安岭火灾的“黑锅”，因为他的《冬天里的一把火》席卷中国大地，着着实实火了一把，人们也从此记住了这个名字。碰巧的是，当年大兴安岭发生了火灾，将二者相连就成为人们茶余饭后丰富的想象和谈资。

“春晚”捧红了大批笑星。陈佩斯和朱时茂就是从这里走上辉煌道路的。从1986年的《羊肉串》、1989年的《胡椒面》、1990年的《主角与配角》到1991年的《警察与小偷》，陈佩斯的夸张表演和戏谑风格一直为人们所津津乐道。冯巩1986年凭借《虎年谈虎》走进人们的视野。自此，冯巩每年都活跃在“春晚”的舞台，其中，与他合作最多的是牛群。1992年的《办晚会》、1993年的《拍卖》、1995年的《最差先生》、1996年的《明天会更好》和1997年的《两个人的世界》都分别获得当年“春晚”的一等奖。1990年小品《相亲》奠定了赵本山“中国第一笑星”的地位，而且十年不倒。1989年，小品《懒汉相亲》吸引了人们的眼球，宋丹丹以那种“土得掉渣”的东北妇女形象出现。1990年，她与黄宏合作演出的小品《超生游击队》火爆全国，从此，黄宏和宋丹丹的名字频频出现在观众的视野中。1989年，赵丽蓉首次登台，和游本昌演出了小品《急诊》。“探戈儿就是趟啊趟着走，三步一回头，五步一招手，然后接着趟啊趟着走”，赵丽蓉凭借该小品从专业评剧演员成功转型为大牌笑星，其惟妙惟肖的表演和兢兢业业的精神在人们心中刻下了深深的印记。

一个明星带红一个文艺品类，一句流行语影响一个时代的流行观念。1989年，牛群在相声《巧立名目》中的一句台词“领导，冒号”在播出后流传了至少两年的时间，以至成了领导的代名词。1991年，宋丹丹《相亲》里的很多经典台词被人们用来在各种场合中找乐子，如“俺叫魏淑芬，今年28岁，至今未婚”。而她与黄宏也成为小品演员中的黄金搭档之一。1993年毛宁因为一首《涛声依旧》而一炮走红中国大江南北，歌中的这句词经过巧妙“篡改”，成了“你那张旧船票是否还能登上我的破船……”，并且在几年以后的“春晚”上再次成为人们津津乐道的对象。1994年“妹妹你坐船头，哥哥在岸上走，恩恩爱爱纤绳荡悠悠……”这首歌由于文华和尹相杰这对黄金搭档唱红，街头巷尾的录音机里都播放着这些流行歌曲。1995年，小品《如此包装》的“麻辣鸡丝”、“司马光砸缸”等经典台词广为流传。2000年，“秋波就是秋天的菠菜，你咋连这个都忘了呢”宋丹丹和赵本山的这句对白成为当年的流行调侃。2002年，赵本山的《卖拐》使“忽悠”一度成为流行词。

20世纪80年代的“春晚”以“歌”为主旋律，形式上以“个唱”为主，它承载着改革开放初期对人们思想意识的启蒙，承载着刚刚挣脱精神枷锁后亟须表达的喜悦和抒发的欲望。费翔的《故乡的云》、张明敏的《我的中国心》、苏小明的《军港之夜》及黄锦波的《龙的传人》等歌曲令全国观众如痴如狂，现场掌声如雷，深深打上了那个时代的明星崇拜和特有的民族情结的烙印。90年代以后的“春晚”风格更欢快、更轻松，以“演”为主旋律，更多地以“联唱”的形式出现。“春晚”亮丽的舞台成了明星诞生的摇篮，“春晚”一度成为造星机器。“春晚”由于其权力化和利益化的内在驱动，一度成为普通歌手、演员走向明星的快速通道，成为他们成名的阶梯。

“春晚”掀起了一场庞大而漫长的造星运动。对于普通演员而言，能够上“春晚”相当于登上了实现功成名就的通途；对于已有建树的明星而言，其频繁登场增强了他们的明星光环。“春晚”成为众多明星衡量自身重要性的一个重要指标，也成为众多怀揣明星梦想的青年演员追逐的目标。“春晚”的主办方——中央电视台的霸主地位也在造星运动中进一步得到强化。更重要的是，造星运动预示着“春晚”作为一个独特的品牌，形成了日渐成熟的产业链。在这个链条上，央视与演员之间及央视与企业主之间、央视与主管部门之间，从意识形态到经济利益，从经济利益到文学艺术，构成了一个不同利益媾和、权衡和博弈的文化场域。在此场域中，演艺人员走向明星之路，明星大腕的欣荣盛衰、明星效应与平民观念的纵情抒发，为仪式奇观增添了奇情壮彩。

二、广告奇观

“春晚”在台前制造了轰轰烈烈的明星奇观，在幕后则创造了广告奇迹。“春晚经济”随着“春晚”的仪式化而久盛不衰。与明星效应相类似的是，“春晚”也是众多明星企业的饕餮盛宴，一些不知名的企业则不惜血本，希望借搭乘“春晚”这趟顺风车的机会而一夜成名。

央视“春晚”的年广告收入以亿元计，并呈逐年上升之势：2002—2006年的5年时间内，广告收入分别为2.5亿元、3亿元、3.5亿元、3.6亿元、超4亿元。①

2005年是广告在“春晚”上从幕后走向台前的一个转折点。在该年“春晚”上，人们看到了很多植入式广告，如朱军和冯巩的《笑看人生》让“喜力啤酒”出尽风头。2006年“春晚”的广告价格全面攀升，零点报时广告起价高达966万元，远远高出2005年的680万元。② 2007年“春晚”的广告价位继续上涨，20点报时广告底价达到575万元，零点报时的底价甚至达到了1 000万元的历史最高价。“春晚”10分钟广告，加上20点报时和零点报时各10秒广告，总收入超过5亿元。2009年仅零点报时冠名广告的投入就达4 800万元，贺电拜年环节则让“春晚”进账2亿元人民币。

围绕“春晚”展开的一系列宣传和增值活动层出不穷，颇为壮观。2006年春节，汇源果汁的立体化宣传铺天盖地而来，渗透到“春晚”的多个环节。据统计，仅1—2月，汇源集团就在央视投放了超过6 000万元的广告费。围绕“新年喝汇源，好梦都会圆”，在CCTV招标段广告、春节贺岁广告和春节

---

① 刘亚力：《春晚一小时进账上亿元》，《北京现代商报》，2006年1月24日。

② 宋号盛、胡小琼：《“春晚”盛宴群雄逐鹿》，《大市场（广告导报）》2006年第2期。

联欢晚会果汁饮料独家赞助中，汇源果汁频频亮相。汇源100%果汁礼盒成为终端卖场最抢手的商品之一。当年“春晚”上，央视利用短信投票给赠台大熊猫征乳名的活动引起轰动，其背后隐藏的经济利益诉求也引起了强烈反响。由于观众在短信投票过程中，除了发送短信产生的费用外，主持人未能及时提醒回复确认短信也会产生相应的费用，人们对短信环节背后的经济链条产生质疑并厉加斥责。工信部专门就短信事件展开调查，直至当事公司公开致歉并退回部分不合理收费，事情方告一段落。

“春晚”设计的“有奖竞猜”之类的与观众进行互动的环节已成常规。事实上，网上互动和手机互动是为中国电信、移动通信和中央台自己的网站做广告；观众评选，是为某品牌做广告。这些环节通过互联网、手机等现代信息工具来展开，这些互动设计使晚会的主办方和赞助商双双获益。2003 年，仅除夕当天，中国移动的短信发送量就达 10 亿条，中国联通的短信量亦至少 1 亿条，北京市移动用户的短信量也突破 5 000 万条。[①] 2003 年春节前夕，中国传媒巨头中央电视台委托中国国际电视总公司成立了名为“央视公众资讯”的公司，专门负责与各大电信运营商、在各种节目内容中植入广告的品牌的短信合作。此外，与“春晚”相关的一系列活动也从“春晚经济”分得一杯羹。2007 年，在中央电视台黄金资源的广告招标上，央视“春晚”“我最喜爱的春节联欢晚会节目评选活动”的独家冠名最终花落汇源。作为该环节的独家冠名赞助商，汇源集团再次成为全球瞩目的央视“春晚”、元宵晚会上的明星企业。

广告的植入并未因观众的抵触而有所收敛，而是愈演愈烈。当人们指责“在广告中插播电视剧”的现状时，类似的状况也在“春晚”中出现，即“在广告中插播春晚”。2010 年，央视“春晚”不折不扣地让中国老百姓吃了一顿广告的“流水宴”：借着刘谦表演果汁魔术时，某品牌果汁不仅在镜头中停留了好几秒，且不失时机地让刘谦若有其事地介绍了句：“这是某某果汁。”而年年被寄予厚望的赵本山则在小品《捐助》里为某地旅游业、某网站、某白酒吆喝。有网友直呼：“我们是在看春晚，还是在看广告？”

“春晚”无疑是一场华丽的广告盛宴。众多著名企业如美的、百度、广州本田、汇源、海尔等群雄逐鹿，争相竞标，借此平台增强其在百姓心目中的品牌形象。众多中小企业也争相在“春晚”“抛头露面”，其形式多种多样，如直接广告、隐形广告和与观众互动的形式等。

“春晚”的直接广告一般有 10 分钟。以 2003 年为例，直接广告有 10 分钟，分三次播出。最高价位的是黄金广告时段，在晚会播出之前，大概有 4 分钟广告，每 5 秒广告费高达 200 万元。抢占这个时段的商品多数为手机、

---

① 刘立恒：《春节联欢晚会的文化学解读》，《辽宁教育行政学院学报》2009 年第 11 期。

空调、摩托车等高档用品。其他6分钟分两次在晚会中播出，价格稍低，分为每5秒168万元和每5秒138万元两个档次。[①] 除此之外，“春晚”广告还贯穿在整个春节期间，以套装广告的形式进行整合传播。中央电视台在广告方案设计时，把“春晚”当天的广告和春节期间连续15天（正月初一到正月十五）黄金段位的广告整合在一起，组成套装广告。

除了直接广告外，晚会中广告节目冠名、赞助播出时常出现在舞台周围，出现在观众席里举的牌子上、演员表演的节目里，以及零点拜年的贺词中。比如零点时分，主持人们会紧张而兴奋地道贺：“××企业向全国人民拜年!”短短几秒钟，字字千金。

植入式广告数量众多，引人注目。按照植入方式，可以将“春晚”广告分为五种：①报时广告，指20时和零时这两个时刻的报时广告；②贺电广告，指企业向观众拜年的广告；③字幕广告，春节晚会结束之际央视鸣谢单位的广告；④冠名广告，“我最喜爱的春节晚会节目评选”的独家冠名权广告；⑤植入式广告，是指被专门安排出现在春节晚会节目中充当道具的某些物品广告。[②] 按照植入通道，又可以将“春晚”广告分为三种，即视觉植入、听觉植入和视听觉相结合植入。视觉植入是指仅在屏幕上显示企业、产品或服务的名称、标志（Logo）或广告语（Slogan）之类的可辨别信息；听觉植入指只以主持人或演员口头或音响的形式提及某个企业、产品或服务的名称或广告语；视听觉相结合植入则是在节目屏幕上显示企业、产品或服务的相关信息，同时口头也提及或通过音响传递相关信息。[③] 细数“春晚”广告，可谓种类繁多：报时广告、贺电广告、冠名广告、观众席圆桌上赞助饮品、奖品广告、字幕广告、播报贺电广告的主持人桌前的广告语和资讯广告等。

此外，语言类节目中的台词、道具和画面进行切换时镜头前出现的知名企业老总也是一种常见的广告方式。一些明星企业老总如蒙牛老总牛根生、搜狐CEO张朝阳和百度CEO李彦宏等频频出现在镜头中。

广告支撑着“春晚”的生产和运作，透射并维护着其官方话语权与垄断地位，形成了自成一体的市场空间。一年一度的“春晚”仿佛一个巨大的吸金盘，将大把的钞票吸入其中，换取数亿观众的注意力，进而变成攀升的商品售卖数字。在此过程中，表面上看是商家用巨额的资金购买了短暂的广告时段，实质上被交易的是观众，观众的高度关注促成了一年一度的广告奇观。1993年起，央视引入市场竞争机制，开始实行广告招标。这一举措打开了“春晚市场”，同时也助长了利益方的金钱欲望，致使其无限膨胀，挑战观众和整个社会的承受阈域。21世纪以来，随着广告的成倍增长，特别是软广告

① 彭爋：《试论“春晚”的经济功能和消费主义特征》，《当代电视》2006年第2期。
② 李雪枫：《春晚广告的文化反思》，《山西大学学报（哲学社会科学版）》2007年第2期。
③ 周立华：《植入式广告渐入主流》，《广告人》2006年第9期。

的泛滥成灾，观众的抵触情绪也日益高涨。2006年，“大熊猫取名”环节，既掀起了互动高潮，也引起了批评热浪，最后以工信部调查、相关公司公开致歉并退费而告终。以此为起点，当植入式广告的神秘面纱在观众面前逐层揭开，揭露并斥责其道德问题成了每年观众关注的另一焦点。尽管观众可选择的娱乐方式日益多元化，但“春晚”每年90%左右的市场占有率依然彰显着它无可比拟的影响力。人们在欣赏“春晚”节目时无论是褒扬还是诟病，只要其关注度居高不下，就会促成持续高涨的广告盛况。

三、众声喧嚣奇观

“春晚”奇观并非中央电视台专属，其波澜壮阔的景观背后还蕴含着地方媒体、网络新媒体以及民间大众的智慧和力量。地方春晚、网络春晚和山寨春晚相继登场，推波助澜，将“春晚”奇观推向巅峰。

自从央视“春晚”火爆荧屏，地方电视台每年除了转播央视“春晚”外，也定期忙碌于筹办自己的“春晚”。地方“春晚”引起人们高度关注是在2007年，此时，中央电视台在国内电视市场上一家独大的垄断地位已经被不断成长的地方媒体的强劲势头所动摇。“春晚”作为一个塑造形象、强化品牌的理想平台，已经为各省级卫视所重视。在这一年，各地方媒体纷纷精心打造并强势推出自己的“春晚品牌”，对央视“春晚”形成强大的包围之势。

北京电视台与香港TVB携手合作，以“寻找春姑娘”为主题，推出了创意别致的“洋春晚”，并围绕“春晚”主题策划了“我要上春晚”系列活动。相声剧《凤求凰》、“京城老人大联欢”、相声小品晚会《笑动2007》，以及《法治进行时》的特别节目《追》系列等都受到观众热捧。“寻找春姑娘”、“新春婚礼”和“新装过大年”等特色活动在晚会之前经过媒体的广泛报道而得到了公众的普遍关注，在北京市民中形成了娱乐互动，一台几个小时的“春晚”被扩展成了长达数月的娱乐大事件。

东方卫视以前卫、时尚为特色，一口气推出了小年、除夕和初一三台大型晚会。其中，小年晚会《舞林盛典》进行了华东六省一市联播，除夕晚会《春满东方和满门》以歌舞、杂技为主，大年初一播出的主晚会《群星耀东方·华人群星新春大联欢》以南派流行艺术和国际化为特征。三台晚会不但具有超豪华的明星阵容，而且巧借《加油！好男儿》、《舞林大会》和《我型我秀》等几档选秀节目的品牌影响力，较好地突出了自身优势。

湖南卫视以“快乐回家”为主题的“春晚”突出了本土特色和娱乐气息。人气颇高的“超女”和刚刚热播的《大明王朝1566》的剧组主创人员集体助阵，《快乐大本营》也融入其中。独特的节目设置以及与本台品牌节目的巧妙结合为湖南卫视赢得了不少观众。

重庆卫视、江苏卫视、安徽卫视、浙江卫视和江西卫视等省级电视媒体也倾力打造了自己的春节联欢晚会。

除了电视"春晚"的热闹景象之外，电台晚会也异军突起，成为受众满意度高居榜首的一匹黑马。中央电台长达15小时的"春晚"节目红火、热烈和大气，明星阵容强大，不仅邀集了大批名人、明星参与，而且设置了名人整点报时环节，成功营造了民族大家庭氛围。北京电台更是请来郭德纲和德云社加盟，为"春晚"增添了人气，特别是老百姓的参与使节目更有亲和力和贴近性。此外，全国14家电台参与制作的春节文艺大联播地方特色浓郁、民族风情十足、文化内涵丰富，听众可以从中了解各地特有的文化和过年习俗。

地方"春晚"来势凶猛，很快形成地域风格，如有"南派春晚"之称的广东台春晚和有"海派春晚"之称的上海东方"春晚"。各地"春晚"交错开播，轮番轰炸人们的眼球。2009年，仅农历二十九日晚播放本地"春晚"的就有辽宁、河北、河南、安徽、湖北、青海、山西、贵州、四川、山东和天津等地，湖南台"春晚"则在小年夜农历二十四日举行，北京台"春晚"选在大年初一，江苏"春晚"从大年初一延续到大年初六。上海东方"春晚"则把时间锁定在大年三十，还别出心裁地使用《春满东方》和《欢乐世博年·2010群星新春大联欢》两个主题晚会，挑战央视"春晚"。

地方"春晚"对央视"春晚"的挑战并不局限于单兵作战，而是合纵连横，台与台之间的联合也别具特色，如黑龙江卫视与海口电视台的合作，以寻求南北两种风格的碰撞与融合。

时至今日，地方"春晚"已经从紧锣密鼓默默筹备到大张旗鼓个性张扬地竖起"春晚"旗帜，力图与央视共分"春晚"蛋糕。地方"春晚"与央视"春晚"的竞争及他们引起的喧嚣成为每年春节的一个重大文化事件，为"春晚"奇观增添一抹重彩。

"网络春晚"一词较早出现在2005年。它并非单指某台具体的春节联欢晚会，而是数字媒体技术飞速普及的必然产物，其形式有网络视频、博客和flash动画等。除了技术上的表征外，网络"春晚"更重要的内涵还在于其特指由广大网民自发制作的"春晚"。网络"春晚"蕴含的文化意义极其深远，它向人们昭示的是草根民众与国家意识形态、文化精英拥有了平等的话语权，它也表达了颠覆传统的新娱乐精神。

与地方"春晚"不谋而合的是，网络"春晚"真正搅动"春晚"战局同样是在2007年。这一年的网络"春晚"主要有两大类：一类是以互联网、手机等新媒体为载体，以原创性、互动性和个性化为特色的春节联欢晚会，其典型代表是"首届中国播客春晚"和"首届手机春晚"；另一类是利用网络、手机平台转播电视媒体播放的春节联欢晚会，并提供关于"春晚"的节目评选、数据反馈等诸多互动式的网络服务，其典型代表是2007年春晚网络联盟和央视国际推出的各类直播“春晚”及其互动活动。

“首届中国播客春晚”由新浪网主办，从2007年2月17日零时起，在新浪网上连续24小时直播，有大牌明星参与，也有众多网友自制节目滚动播出，最高在线人数突破百万。博客晚会节目有相声、小品、歌舞、特技、搞笑脱口秀、模仿秀和整蛊影片等，注重新娱乐精神的注入，同时强调观众的高度参与，以年轻网民为目标受众，充分表达了他们对传统“春晚”节目的不满情绪和满足了他们对传统过年方式变革的强烈需求。

“首届手机春晚”由手机上网3G门户在无线互联网上推出，是第一台专门针对手机用户的“春晚”。晚会从大年三十晚上20点到次日凌晨1点播出，直接对抗央视“春晚”。在内容构成上，“手机春晚”既汲取了“春晚”的精髓，又突出了手机载体的个性特质。晚会以央视“春晚”文字直播为主线，以主持人报道为线索，包括主持人与各地网友聊春节习俗及组织发布的各地方言版拜年等内容。此外，还为不能回家团聚的用户开辟专区，使他们能即时参与晚会，上传文字、图片与主办方形成互动。截至当年2月18日凌晨1时，共计有超过百万的手机网民登录该平台，其中最高在线的峰值在2月17日晚11时23分左右，超过25万人在同一时刻挤在手机上，以互动方式参与“春晚”联欢。

2007年1月28日，央视“春晚”首次携手新浪、搜狐、百度、腾讯、TOM在线和网易等知名网站共同组建起2007年春晚网络联盟，以“百姓春晚、大家参与”为口号，以视听互动为主线，推出了资讯春晚、视频春晚、互动春晚、手机春晚和搜索春晚等颇具特色的网络内容产品。各大网站纷纷响应，不断推出新创意，为春节添了不少新乐趣。搜狐推出了“春晚明星墙”的网络互动游戏，由网友评选最想看、最难忘的历届“春晚”节目和最想见的演员；百度推出益智类节目“春晚百问”，答题闯关后可以拿到诱人奖品；腾讯开创了互动节目“春晚贴吧”；TOM在线的“春晚搜星”大行动；网易的“春晚朋友圈”交友博客和新浪的“全球网友大拜年”等也吸引了众多网友参与。

2007年除夕，央视国际通过网络向全球同步直播中央电视台春节联欢晚会。同时，央视国际的新媒体推出了手机直播春晚、WAP春晚及无线春晚业务。不仅首次实现央视“春晚”的手机直播，还设置了春晚幕后、春晚经典和主持人大拜年等五档点播/下载业务，以手机新媒体的形式盘点“春晚”的经典节目。WAP春晚特别版共设置了导航栏、今日大热门、随时随之、大奖中不停、精品推荐、播客天下与站内搜索等七大板块，除了提供图文资讯和视频下载，还加入了用户最感兴趣的猜奖类业务和个人博客平台，并举办“我的春节评选活动”，为观众提供了一个参与“春晚”、展现个性的机会。

2010年，“网络春晚”达到高潮。这一年被媒体称为“网络春晚元年”，其命名寄寓了“网络春晚”能够开创春节联欢新纪元的期许。2010年最引人注目的是北京电视台联合新浪网和中国移动举办的“网络互动春节联欢晚会”和由第一视频携手搜狐、网易和新浪等八家门户网站主办的“风景这边独好——‘春网开元’中国互联网网络大拜年”。“网络互动春节联欢晚会”联合了电视、网络和手机三大媒体，目标受众不仅包括网络用户，也包括电视用户，在注入网络互动元素的同时，借助电视媒体保证晚会在线下的影响力，充分使用博客、播客和论坛等网络互动手段完成网络大拜年。

此外，奥一网和聚橙网举办的“网络2010春晚”采用的策划创意、节目表演均来自网民，表演场地设在深圳市民中心礼堂；天涯社区充分体现论坛特色，推出帖子直播的“网络春晚”、“开往春天的骚包车”；搜房网主办面向小区业主和购房者的“网络春晚”；湖南、四川、河南和山东等地的地区性网站与地方电视台合作呈现的小规模晚会也一齐上阵。

虽然网络用户在数量上比起电视观众还有差距，但其打着“网络春晚”的旗号，推出五花八门以“过年”为主题的文艺节目，令人们目不暇接、眼花缭乱，掀起了新一轮数字空间的视觉消费浪潮，其内含的新娱乐时代所特有的大众狂欢精神意义深远。

与地方“春晚”和“网络春晚”一同形成鼎足之势的还有“山寨春晚”。如果说地方“春晚”、“网络春晚”还带有一定的官方色彩，或者还与主流媒体有各种联系的话，“山寨春晚”则彻底源自草根民众，彰显着除却央视、地方和新媒体之外的“第四种势力”。虽然这股潮流后劲乏力，但其表达的意旨意味深长，预示了一个时代的潮流动向。

2008年是“山寨春晚”初成气候的一年，也是被媒体称之为“山寨元年”的一年。“山寨春晚”在此时出现并非偶然。2008年，“山寨”不但是网上最火的词，在生活中也备受瞩目。从山寨手机到山寨明星，“山寨”处处显示着自己的能量，其含义从原来的自娱自乐逐渐扩展到民间百姓社会生活的许多方面。一些网民或借此发泄自己的郁闷，或刻意模仿某些强势现象来进行肆无忌惮的恶搞，只要它们有可被娱乐的成分，就随时冠之以“山寨”之名。“山寨春晚”的正式诞生是其进入“春晚”奇观的重要标志。

2008年11月30日，网上出现一条“市民欲办山寨版春晚叫板央视”的消息，“山寨春晚”出现在人们的视野中。这条消息主角是四川籍北漂人士施孟奇（老孟），他以“人民春晚人民办，人民春晚为人民！”为口号，公开宣称要自办一场“山寨版春晚”，随后“山寨春晚”很快得以推进。12月4日，施孟奇宣布组委会成立，“山寨春晚”进入实质操作阶段。两天后，“山寨春晚”网站开通。12月13日，“山寨春晚”组委会宣布，共征集到700多个节目，并于当天截止节目的征集。12月16日起，“山寨春晚”网站上公布了几个海选节目的片段，其中模仿《千手观音》的节目反响不错。12月18日，施孟奇在京宣布，将与贵州台、腾讯网和悠视网合作，获得电视转播和网络直播的机会。2009 年 1 月 26 日，澳亚卫视对“山寨春晚”进行了电视直播。2 月 8 日，老孟在“山寨春晚”官网上宣布：“山寨春晚”圆满成功!

这场“山寨春晚”直接与中央电视台春节联欢晚会叫板，引来网上应声一片，很短时间内就收到了网友自发报名的千余个节目，甚至有商家愿意投入巨资赞助“山寨春晚”。接着，西安也要举办“山寨春晚”，长沙也要举办“山寨春晚”，还有人筹划“北漂春晚”……“春晚”被“山寨”，网络上众声喧哗，呈现出一派热闹景象。

在网络贴出的“山寨春晚”视频中，纷纷打出“山寨春晚”旗帜，主持人也不断把“我们山寨春晚”的说法挂在口头，节目单中也频频出现“山寨”一词。某山寨晚会上四位主持人的开场白较能代表各类山寨晚会的心声：“尽管我们没有华丽的舞台，尽管我们没有豪华的明星阵容，尽管我们有很多演员都是业余的，尽管我们的准备时间十分仓促，但我们对全国人民的祝福是真诚的。虽然我们叫山寨春晚，可是我们的祝福一点都不山寨!”陶东风认为，山寨文化代表着一种以调侃、戏仿、戏谑主流文化为表现形式的草根文化和娱乐精神……山寨的核心是滑稽模仿，亦即戏仿。[①] 除了戏仿之外，山寨晚会更深层的目标是借山寨方式来娱乐大众、娱乐自己并丰富百姓的新年生活。山寨春晚可以看作一种充满后现代娱乐精神和表达方式的行为艺术，不能用传统的功利标准或政治眼光来解析。[②]

“春晚”诞生之初只是一种联欢形式、一种新的电视综艺节目形态，然而在其发展过程中，渐次开放，融入了政治、经济、文化和艺术等诸多元素。历经数十年，“春晚”与中国民俗相结合，由大众传媒推波助澜，演绎成了一种草根大众共同参与的、定期发生的、象征性、仪式性和具有丰蕴符号意义的文化事件。广大受众在此过程中也经历了从旁观性参与到合作性参与，进而决定和支配整个事件进程的本质性变化。“春晚”作为电视综艺节目的娱乐特质无疑是一以贯之的，但是历经盛衰荣辱，其娱乐精神也在此过程中发生了本质性改变。起初的“春晚”高扬“精英娱乐”的旗帜，当其众口难调、饱受诟病时，大众娱乐精神被强力注入。随着地方“春晚”、“网络春晚”和“山寨春晚”等各门各类“春晚”层出不穷，一种新的娱乐精神正在崛起。2008 年，湖南台取消“春晚”。有学者认为，此举是其娱乐主流化转型的努力，标志着从单一、非主流、另类、颠覆的娱乐向复合、主流、有责任感、中正的娱乐转型。[③] 面对众神狂欢的态势和泛娱乐化的倾向，“春晚”将何去

---

① 陶东风：《山寨文化就是弱者们的滑稽模仿艺术》，《新京报》，2009 年 3 月 28 日。

② 黄涛：《山寨春晚的戏仿艺术与草根活力》，《文化学刊》2009 年第 5 期。

③ 曹燕宇、李斌：《娱乐主流化转型的努力——湖南台取消春晚的背后》，《新闻知识》2008 年第 4 期。

何从？作为新民俗，这将是国人的永恒话题，而随着时代巨变，它的取向将对中国娱乐节目起到至关重要的示范作用。

第二节 体育/赛事奇观——激情、娱乐和经济的博弈

伴随着全球化日渐加速的进程，文化的疆界变得模糊、流散和不确定，“小众”文化逐渐式微，大众文化和消费文化迅速崛起，变革了媒介“单向度”的传播路径与机制。图像文化消解了传统的书写文明，建构了新的审美形态，预示了“后理论语像”时代的来临，电视图像的意义生产、生成与传播路径把人们带进了媒体奇观的“圣地”，人们的各种感官元素被激活，在“全息镜像”的诱惑中完成“超真实体验”。“人类进入新千年以后，技术的发展使媒体更加令人目眩神迷，媒体在日常生活中也发挥着更加持久的作用。在多媒体文化的影响下，奇观现象变得更有诱惑力了，它把我们这些生活在媒体和消费社会的子民们带进了一个由娱乐、信息和消费组成的新的符号世界。”①

2008年举世瞩目的第二十九届世界奥林匹克运动会开幕式在北京隆重举行，奥运精神与中华文化交相辉映、相得益彰。“鸟巢”在闪烁的镁光灯聚焦之下，华灯璀璨、流光溢彩。“鸟巢”内聚集了政治领袖、体坛明星和激情观众，进行了文艺演出和令人叹为观止的“画卷图腾”，体现了和平、团结和友谊的奥林匹克精神，在时空转换中凸显了博大精深的中华文化。电视直播技术架构奥运会开幕式的同时，把观众带进了“仪式化”的视听盛宴之中，掀起了国人的集体狂欢。巴赫金认为，狂欢文化代表了一种具有生命力的亚文化力量，代表了自由与充满活力的文化力量与文化觉醒。作为体育/赛事盛况的典型代表，奥运会开幕式建构了庞大的体育/赛事奇观，成为消费社会集民族文化、体坛荣誉、商业价值和梦想追求为一体的体育文化景象。

体育赛场不仅仅是运动员竞技的舞台，更是主流意识形态表达的特殊阵地，暗含着政治话语、经济话语、精英话语和大众话语的相互缠绕，民族意识和国家形象的传播在体育奇观的建构中起着为国家意识形态服务的功能，并与体育明星的英雄叙事共同构筑了“互文性”的体育文化文本。体育/赛事在电视媒介的阐释之下与资本、技术和信息娱乐结合在一起，形成了电视体育节目新形态，即“以体育运动为主导元素的电视娱乐节目形态”②。电视体育/赛事节目集技能、美感、仪式、明星、电视技术和商业价值于一身，各种

① ［美］道格拉斯·凯尔纳著，史安斌译：《媒体奇观——当代美国社会文化透视》，北京：清华大学出版社2003年版，第4~5页。

② 孙宝国：《中国电视娱乐节目形态学》，北京：新华出版社2009年版，第191页。

镜像元素在相互“内爆”与“胶着”中为观众搭建了“在线狂欢”的舞台，享受新鲜、有趣、刺激和悬疑的观感体验，确定民族身份，加深文化认同，提高了身份/民族/文化归属感与认同感。

一、娱乐/信息消费：体育/赛事的文化表征

后工业化社会的来临，促进了经济的发展与繁荣，加速了社会经济结构变迁与调整的步伐，社会发展的重心由生产转向了消费。“消费主义作为20世纪在西方出现的一种文化思潮与生活方式，是一种以推销商品为动力，进而无形中使现代社会普通大众被裹挟进去的消费至上的价值系统与生活方式。”① 在市场经济发展的今天，媒介作为一种文化消费而存在，主要表现为娱乐/信息消费，排遣生活琐碎，减轻工作压力。收看体育/赛事能够在减压中体会到娱乐/信息带来的快乐，缓解了身心疲劳，提高了生活质量。观看体育/赛事不仅仅是视觉与听觉的双重消费，而且还裹挟了人们的道德标准、价值取向、审美意识、心理趋同以及文化感受。

2008年奥运会赛事穿越时空隧道，在古老的东方大地上迸发出激情似火的能量，古老与现代、西方与东方的各种文明在北京交汇，开启了“同一个世界、同一个梦想”的梦想征程，凝聚成“人文奥运、绿色奥运和科技奥运”的时代理念，成为新时代的奥运奇观景象。由于地理空间的限制，能够亲密接触奥运会的人毕竟还是少数，所以大多数人只有通过电视媒介的“复制”与“制造”来接触并感受奥运会的激情。奥运会制造了一个“时空交错”的舞台，人们的“感性系统”支配了意识形态的认知，在时光的变幻与流转中体会激情的燃烧和梦想的超越。电视媒介所提供的“全息幻境”，让观众感受到激情奥运的同时，体验“超真实”的唯美图景，视觉消费、听觉消费以及触觉消费三者进行了完美的结合，电视媒介的娱乐/信息功能得以很好地诠释。加拿大著名传播学者马歇尔·麦克卢汉的观点“媒介即人体的延伸”，在奥运画面与音响的交织中得到完美的体现：蔚为壮观的唯美图像在人们的视觉消费中不断地被呈现、扩大，美妙的音乐与声响在人们的听觉消费中被建构，满足了人们天生的娱乐精神与获取信息的需求。“视听媒介影响触觉，使人的感知成三维结构。”② 体育/赛事在电视媒介的阐释下，在融合视觉与听觉的同时，整个神经中枢系统被激活，触觉在释放的过程中形成了“触觉消费”，包括对体育/赛事的感受、认知等，形成了“立体性”的消费系统与娱乐意义感知。

---

① 陆林：《现代消费主义文化的符号化特征》，《新闻世界》2009年第9期。

② [加] 马歇尔·麦克卢汉著，何道宽译：《理解媒介——论人的延伸》，北京：商务印书馆2000年版，序言第2页。

鲍德里亚认为，“后理论时代”社会的到来，把我们带进了物质形态逐步消失的社会，在这里只有符号、影像、标识与代码。以奥运会和世界杯为代表的体育/赛事在“后理论社会”已被符码化，它们不仅仅是一场简单的体育/赛事盛会，而且在全球化的生成语境中被娱乐化、形象化、仪式化和奇观化。奥运开幕式“画卷”集合了中华五千年文化的精髓，四大发明、丝绸之路、礼乐和戏曲等“跃然纸上”，透视出中国蓬勃发展的强劲势头。“天地与我并生，万物与我为一。”人与自然和谐相处的图景带给观众许多震撼。一幅幅色彩斑斓、寓意丰富的壮观场面，令人久久难以忘怀。人们在观看奥运会开幕式的同时，更多关注的是奥运会的符号价值、文化特性、精神信仰与形象表征，这是消费社会的典型特征。电视媒介通过对体育/赛事的直播，把奥运赛事符码化，将其全方位地渗透于娱乐活动、消费行为中。

鲍德里亚认为，“一切象征或符号都是对某种东西或它自身的模拟、仿真、表征或操演，甚至理论本身也不过是对现实的一种表述，至于艺术，就更是一种对现实或符号自身的模拟表征了”①。作为仪式化的奥运开幕式，在电视媒介技术的仿真、超真实的意义建构中，不断地模拟、仿真，形成了极具有审美性和艺术性的形象特征，供观众消费并体验集体仪式的崇高感，实现奥运意义的形象建构。观众（消费者）在追逐品牌价值与形象意义的过程中消解了传统的使用价值论，产生了以社会心理基础为整体系统的消费行为。

“从古希腊的奥林匹克运动和古罗马的战车比赛和角斗开始，体育运动一直是娱乐和奇观的文化场域之一。”② 如今，在电视媒介制造的超真实的世界里，体育运动与娱乐文化进行了有机的结合与相互的渗透，消费体育/赛事运动成为闲暇之余的主要消遣形式之一。一群年轻人围坐在电视机旁，或者通过露天 LED 观看世界杯，享受豪放、激情和狂野的足球盛宴，谈论现场解说、球员动作、进球状况和裁判等球场符号与影响表征，“人们可以通过它学习竞争和成功的行为和社会价值观”③。

“体育/赛事大多是原创的、激动人心的、戏剧化的、具有高度娱乐性的和引人入胜的，熔时效性、观赏性和戏剧性于一炉”④，透过电视的直播，激发观众对体育赛事的消费欲望。电视媒介通过议程设置和广告宣传来告知观众奥运盛会直播的时间，观众形成了心理期待，激发了他们收看的欲望与联想，于是会采取实际行动（收看节目）来满足内心的需求，完成对奥运会的

---

① 陈默：《电视文化学》，北京：北京师范大学出版社 2001 年版，第 223 页。

② ［美］道格拉斯·凯尔纳著，史安斌译：《媒体奇观——当代美国社会文化透视》，北京：清华大学出版社 2003 年版，第 74 页。

③ ［美］道格拉斯·凯尔纳著，史安斌译：《媒体奇观——当代美国社会文化透视》，北京：清华大学出版社 2003 年版，第 75 页。

④ ［美］道格拉斯·凯尔纳著，史安斌译：《媒体奇观——当代美国社会文化透视》，北京：清华大学出版社 2003 年版，第 77 页。

消费行为。电视传播与体育/赛事两种社会现象结合在一起，焕发出奇观化的魅力。观众对电视体育/赛事的需求是一种内在的精神需求。人们在自己的精神世界里渴求美好和益于自己发展的事物，拒斥消极的意义。“电视体育节目承载着体育运动中的勇敢、顽强和超越等精神追求与审美价值，电视观众通过观看体育节目能感受到体育运动之美，得到精神上的愉悦与满足。”① 因而，观众才能够心甘情愿地跟着电视节目的步伐欣赏体育/赛事文化，消费体育文化符号、形象、价值与意义，并对体育文化奇观进行价值输出，释放娱乐的激情，让消费行为“屈从”于体育文化奇观的逻辑之下，使消费、娱乐和体育进行空前的完美结合。

二、媒介仪式/庆典：身份/民族认同的意义建构

奥运会开幕式作为集民族文化、精神价值、体育信仰和身份认同于一身的体育/赛事的重大盛会，在电视媒介的直播中俨然成为奇观世界的媒介庆典，用充满象征意味的仪式化行为，展示了我们当前社会生活的法则、意义与空间建构。它可以凝聚人心、整合社会、提供认同和重塑记忆，将象征仪式/庆典转化为民族符号与国家意志，优化电视传播、文化、社会和记忆之间的意义生成与互动水平，以达到加强民族情感交流、凝聚集体力量和巩固社会秩序的目的。

“仪式作为最能体现人类本质特征的行为方式与符号表述，在人类生活中占据着重要的位置。”② 仪式伴随着人类的发展而不断地变迁与演化，古代的巫术舞蹈、祭祀、乡村集会和占卜等仪式形态象征了人们在落后的生产条件下为“求得生存”而寻找精神寄托的强烈欲望与强力表达，找寻能够“庇护自我”的“精神圣地”。自人们进入后工业社会以来，媒介发挥了重要的社会功能，曾经“分化的个体”与“孤独的个体”在媒介仪式中寻找到了相互连接的纽带，投射了共同的精神情感与价值信仰，实现了社会群体的身份认同，强化了彼此的归属感。2008 年北京奥运会开幕式展示了宏大的空间叙事，诠释了文本的价值，弘扬了奥林匹克的精神意义，表达了民族情感与文化认同。奥运盛会在媒介的多方位、多角度的报道与阐释中，被塑造成蔚为壮观的“体育文化景观”。体育文化景观作为现代意义上的景观社会的产物，“体现当代社会基本价值观、引导个人适应现代生活方式，并将当代社会中的冲突和解决方式戏剧化的媒体文化现象”③。奥运会首次在北京举办，具有超越性的意识标识与表现，“更高、更快、更强”的体育文化在中华大地上空盘旋，它

① 孙宝国：《中国电视娱乐节目形态学》，北京：新华出版社 2009 年版，第 192 页。

② 张兵娟：《仪式传播文化》，《中国广播电视学刊》2007 年第 3 期。

③ [美] 道格拉斯·凯尔纳著，史安斌译：《媒体奇观——当代美国社会文化透视》，北京：清华大学出版社 2003 年版，第 2 页。

蕴含着多种社会价值和信仰的象征意义与文化表征。

在奥运会的开幕时刻，全世界的目光都聚焦在中国的首都北京，聚焦在“鸟巢”建构的意义空间上。各个电视频道同时转播央视直播的奥运会开幕式，“电视仪式则以分散为主要特征，它将媒介技术、节目生产和电视终端作为手段，成功地把个体、家庭等分散在社会不同角落的人群汇集起来”①。原本“散落的大众”在电视仪式的感召之下，产生共鸣，聚集起来共同观赏“仪式传播”的内容。此时，通过电视仪式来传播内容的奥运开幕式集结了多种元素，政治领袖、体育明星、热情观众、奥运圣火、鸟巢空间和精彩表演等融为一体，成为“想象的共同体”，“意味着人们共同忠诚于一系列共同的信念和价值”②。

“媒体文化不仅占据着受众日益增长的时间和精力，也为他们提供了梦想、幻象、行为、思维模式和身份认同的原材料。”③ 奥运体育/赛事作为一种特殊的社会文化现象，有着独特的魅力：具有速度与力量、挑战自我和超越自我的精神。电视传播使得奥运体育/赛事具有悬念性、冲突性和超真实感，让观众在集体狂欢中感受群体意识和民族精神。观众在享受仪式的过程中接受现代体育精神的洗礼，在电视的传播中使得体育比赛即使在直播、转播之后瞬间结束，现代体育精神都会久久地留在观众的记忆之中。新时期我们要弘扬的体育精神“是一种超文化、超种族、超地域、超等级、全方位、多渠道、深层次、多元化的社会文化现象和价值观念的综合体现，是人类力量、智慧、奋进、美丽等积极意识的总和”④。

奥运会、世界杯等具有很强的仪式性的体育/赛事，透过电视媒介的“全息镜像”的转换，俨然成为“媒介事件”。美国著名学者丹尼尔·戴扬等人将媒介事件解释为对电视的节日性收看，即电视直播的历史事件：国家级事件，划时代的政治和体育竞赛；表现超凡魅力的政治使命以及大人物们所经历的过渡仪式——我们分别称之为“竞赛”、“征服”和“加冕”。为电子媒介展示其唤起广泛而同期的注意，以讲述一个始发的时事故事的独特潜能提供了一种新的叙事方式。这些事件为电视机架起了一道光环，改变了人们的收看经验。⑤ 奥运赛事、世界杯都是经过精心的策划、宣传等方式而变得特殊，集合成为仪式化的媒介事件，影响公众的日程，激发大众的想象力与参与欲望。

---

① 王清清：《电视仪式：电视人类学研究发展》，《广西民族研究》2010年第1期。

② ［美］戴安娜·克兰主编，王小章、郑震译：《文化社会学——浮现中的理论视野》，南京：南京大学出版社2006年版，第19页。

③ ［美］道格拉斯·凯尔纳著，史安斌译：《媒体奇观——当代美国社会文化透视》，北京：清华大学出版社2003年版，第1页。

④ 陈正富：《对现代体育精神的诠释》，《宁波大学学报（教育科学版）》2005年第8期。

⑤ ［美］丹尼尔·戴扬、伊莱休·卡茨著，麻争旗译：《媒介事件——历史的现场直播》，北京：北京广播学院出版社2000年版，第18页。

同时体育/赛事本身具有的悬念性加剧了“仪式化”的表演性，聚合了广大观众，凸显了“共同体”的意义。法国社会学家涂尔干认为：“有必要按时定期地强化和确认集体情感和集体意义，只有这种情感和意识才能使社会获得其统一性和人格性。这种精神的重新铸造只有通过聚合、聚集和聚会等手段才能实现，在这些场合个体被紧密地联系起来，进而一道加深他们的共同情感，于是就产生了仪典。”① 四年一度的奥运会集合了定期性、仪式性和典礼性等特点于一身，形成了规模化的综合活动，它以视、听和触等多种感官形式影响了参与者（观众）的心理认知、思维模式和情感体验，加深了民族/文化/身份的认同感，增强了情感记忆。中国获得2008年奥运会主办权是中国经济、文化和科技飞速发展的极好印证，同时也体现出了中华民族奥运梦想的再次飞跃。

当代体育文化传播作为典型的媒介事件、媒介仪式/典礼，其本身具有可预测性、周期性和循环性，突出了媒介文本的叙述特征。全世界的国家级媒体以及部分省级卫视通过直播、转播奥运体育/赛事，使电视媒介参与到当代重大体育文化的塑造、传播中，为广大电视观众设置了“超时间”的超级议程，对体育/赛事文化文本进行多元阐释与表达，聚合为“超媒介文本”，产生强大的传播效果，赋予了媒介仪式独特的意义。电视媒介在直播、转播体育/赛事的过程中，运用“突出叙述”的表现手法，强化体育/赛事的核心人物、主要事件和显著形象。电视媒介聚焦奥运开幕式表演中的“画卷”，巨大的“卷轴”慢慢拉开之时，全场为之震撼，长147米、宽27米的巨大LED屏幕，成为展现中国五千年历史的长卷，对“太古遗音”、四大发明、汉字和戏曲等中国文化进行了奇观式的书写，也为中国科技文化的发展画下了浓墨重彩的一笔。中华儿女在这种集体仪式的观感中，感知了中华文化的源远流长以及她博大精深的文化精髓，为之振奋、欢喜，为自己是属于中华民族的一分子而感到无比的骄傲与自豪。此时，民族自豪感和群体归属感把中华儿女的心紧紧地凝聚在一起。

电视传播提供了一种体育/赛事仪式并使之长期保存，建构了体育文化，“将境遇、背景各不相同的个体和家庭结合在一个结合体中，在这个集合体中，人们形成了强烈的相互认同，获取基本的意义，并找到了情感的满足”②。

2008年奥运会在建构中华文化认同机制的基础上，搭建了国家形象传播的良好平台。国家形象是“指其他国家（包括个人、组织和政府）对该国的

---

① ［法］爱弥尔·涂尔干著，渠东、汲喆译：《宗教生活的基本形式》，上海：上海人民出版社1999年版，第562页。

② ［美］戴安娜·克兰主编，王小章、郑震译：《文化社会学——浮现中的理论视野》，南京：南京大学出版社2006年版，第18页。

综合评价和总体印象，这种形象主要包括物质、制度和精神三个方面的要素"[1]。国家形象的意义建构不仅仅是经济、科技、国防、军事和资源的体现，而且还是文化和精神的"强力表达"。在国家形象传播方面，媒介文化起到了重要的作用。媒介本身具有的强烈的"意识形态"决定了传播文本的倾向，可以说"美国媒介塑造中国的形象，不仅反映中国的现实，也反映美国的现实，更反映中美关系的起伏"[2]。奥运会在国外良好口碑的传播，充分展示了中国国家实力发展的强劲，使得国家形象在为他人评价的同时，反映出了国人对自身的形象期待与评价。当国家形象得到良好的传播时，身份/民族/文化认同感会不断地加强，国家认同的文化心理机制才能更好地发挥作用。民族归属感、自豪感和荣誉感在"仪式化"的体育赛事的传播中油然而生并不断地得到强化。

三、奥运奇观：媒体群落、时空意义与商业奇迹

2008年8月8日，举世瞩目的第二十九届奥林匹克运动会在北京隆重开幕。作为世界上层次最高、规模最大、影响最深和观众最多的国际体育盛会，聚集了各类体育运动健儿为之拼搏与奋进，集合了全世界体育爱好者为之狂欢与呐喊，同时更是全球媒体的一次狂欢盛会，3万多中外奥运记者出现在运动会赛场，用镜头、画面与声音记录奥运会壮美的时刻，把精彩的片段组合成完整的故事。集经济、文化、体育和梦想于一体的奥运会在聚光灯下俨然成为一种奇观景象，即奥运奇观。奥运奇观展现了一个多元竞合的话语场域与意义建构空间。报纸、广播、电视和网络等不同的媒体形态交相辉映，从不同的角度诠释奥运会这一"焦点性"事件，多媒体表述建构了新的媒体群落，阐述了奥运文本的超时空意义，整合了奥运资源，创造了奥运的商业奇迹。

"在这个时代，人们更愿意用符号代替事物的所指、用复制代替原创、用幻想代替真实、用表象代替本质。"[3] 在媒介技术高度发展的今天，用符号、图像代替事物真实/本身，真实事物在符号的表征中重新建构一套理论，真实与不真实之间的界限在逐渐模糊并逐步消融，媒介技术与消费文化影响并掌控了我们的生活，我们所处的社会就成为居伊·德波所言的"景观社会"。"景观，使人们通过种种特殊的媒介来看待这个世界（不再直接去感受），渐渐地就会发现视力成了有特权人士的感官，触觉成了另外一个世纪的事，而

---

① 刘继南：《大众传播与国际关系》，北京：北京广播学院出版社1999年版，第25页。

② 李金铨：《超越西方霸权——传媒与"文化中国"的现代性》，香港：牛津大学出版社2004年版，第3页。

③ ［美］斯蒂芬·贝斯特、道格拉斯·科尔纳著，陈刚等译，《后现代转向》，南京：南京大学出版社2002年版，第100页。

最抽象、最神秘的感觉才符合当前抽象概念盛行的社会。”① 在景观社会里，影像、符号和代码所描述的“超真实”，远比真实事物更受欢迎。电视媒介和网络媒介用超真实影像技术直播奥运会，画面清晰、逼真、传神和流畅，让观众产生身临其境之感，如睹其物、如闻其声，与奥运文本形成了互动，形成了“互文性”的“超奥运文本”叙述结构。报纸媒介用大篇幅、大图画报道奥运赛事，观众可以随身携带，细细品味奥运的壮观场面，了解奥运背后的故事，加深对奥运会的认知与记忆。广播媒介也在不断地用“声音”直击奥运赛事，让观众不断地体会/感受现场的“境况”。在多媒体所建构的媒体群落里，电视媒介由于其独特的直播优势，使体育/赛事进入到高科技景观之中，也使娱乐成为景观社会的主导模式。

奥运五环在中国人的共同努力下，增添了一抹中国色彩，烙下了一段中国记忆。奥运会穿越了时光的隧道，中华民族的百年奥运之梦在2008年终成现实，仿佛那一刻整个世界都被涂上了“中国色彩”。奥运成为一种象征和一个符号，幻化作一束灵光，在百年时空的交融中绽放绚丽的光彩。

奥运奇观整合了多种话语传播机制，使梦想、娱乐和商业在电视传播中相互激荡、内爆与冲突。奥运会不仅仅创造了各类体育竞争/竞赛的奇迹，而且制造了奥运经济的不朽神话。奥运经济主要是指奥运会举办前后的一定时期内，发生的与奥运相关的具有经济价值与意义的各种活动。奥运经济已经成为最近30年世界经济发展的一种特有的经济奇观现象。“在现代生产条件蔓延的社会中，其整个的生活都表现为一种巨大的奇观聚集。曾经直接地存在的所有一切，现在都变成了纯粹的表征。”② 奥运经济成为景观社会的一种表象，这种表象连接着主办城市的经济水平和国家实力等因素，奥运经济给主办城市未来的发展空间提供了经济保障，有助于主办国家经济的高速发展，创造商业奇迹与经济神话。

奥运经济包含了“由于举办奥运会，奥组委在国际奥委会领导下的经济活动所带来的经济效益；由于奥运场馆及相关设施建设带来的经济效益；举办城市与奥运相关产业发展带来的经济效益”③。北京奥运会不仅仅提高了建筑水平、增加了收入，而且带动了相关产业的发展，如服装、玩具、房地产、文化传播和旅游等行业的高速发展。奥运经济通过其聚合、裂变和辐射效应为中国的经济发展创造了一个个神话，谱写了中国经济的新篇章。

奥运奇观让我们看到了体育与商业的紧密结合。在美国，迈克尔·乔丹

---

① ［美］斯蒂芬·贝斯特、道格拉斯·科尔纳著，陈刚等译，《后现代转向》，南京：南京大学出版社2002年版，第104页。

② ［法］雅克·拉康、让·鲍德里亚等著，吴琼编：《视觉文化的奇观》，北京：中国人民大学出版社2005年版，第58页。

③ “奥运经济”，百度百科，http：//baike. baidu. com/view/984761. htm.

作为一名超级体育明星，集商业价值、体育运动、娱乐和媒体于一身，成为奇观社会的时代符码。在中国，刘翔虽然没有像乔丹那样的影响力，但是他的退赛让人们看到了“当代中国体育运动与商业的结合日益紧密。它可以使运动员被吹捧成偶像甚至神祇，也可以在一夜之间让他们跌入耻辱与失败的深渊”①。刘翔作为一名“创下纪录”的世界冠军，成为国人的骄傲，一度成为媒体打造的“体育神话”。2008 年刘翔受伤及退赛的广泛报道与关注，却也令刘翔跌入了人生的“最低谷”。美国《华尔街日报》报道了刘翔的退赛，令广告商措手不及，刘翔的成功使广告商把目光投向刘翔，但是这次退赛造成了品牌问题。这一问题说明，奥运奇观在塑造体育明星的过程中，体育明星本身的商业价值也成了奥运经济的重要构成因子。奥运奇观通过娱乐、体育和商业来撒布它的麻醉剂，人们逐步被广告和商业文化所引导与控制。在奥运期间，一些媒体也充分利用了奥运冠军的“商业价值”，巧妙地利用奥运冠军的形象、夺冠的精彩场面，提炼“名言警句”，为自己做形象广告。可以说，在当下，体育运动正在通过传媒的多种方式被逐步地商业化，“从而被置于奇观法则的控制之下，运动员、运动项目和比赛本身越来越受到市场和商业化逻辑的控制”②。

在消费社会里，体育明星、文艺表演和竞技等不同的“子奇观”所堆积、聚拢起来的奥运奇观，推动了主办国经济的发展。2008 年北京奥运会的举办，同时也提高了中国的文化软实力建设。

四、鸟巢奇观：建筑文化的空间转述与梦想建构

“鸟巢”（国家体育场）作为2008 年北京奥运会的主体育场，形态如同孕育生命的“巢穴”，像一个摇篮，象征生命和希望，喻示着人类对未来的美好愿望与憧憬。“鸟巢”作为2008 年北京奥运会的建筑标志，以其宏大的外在结构与转换空间，形成了奥运盛事的一道特有的建筑景观。“鸟巢”由著名设计师设计，运用现代高科技，耗费巨资与时间，能够容纳十万人集体狂欢，形成了建筑历史的奇观，即“鸟巢奇观”。

“鸟巢”的构思始于2001 年，来自世界各地的顶级设计师受中国政府的邀请来到中国，为2008 年北京奥运会的主题馆进行设计，打破了传统建筑“安居”的思维，建构了新的理念，即以人为本、情感归属、文化归宿以及回归自然，其寓意深刻，蕴含未来主义的风格，形成了建筑文化史上独有的建筑奇观。“鸟巢”内碗状坐席环抱着赛场的收拢结构，上下层错落有致，使观

---

① 任雅仙：《媒体奇观下的新闻异化——以奥运体育新闻报道为例》，《西南民族大学学报（人文社科版）》2008 年第 12 期。

② 任雅仙：《媒体奇观下的新闻异化——以奥运体育新闻报道为例》，《西南民族大学学报（人文社科版）》2008 年第 12 期。

众无论坐在哪个位置，和赛场中心点之间的视线距离都在140米左右，让观众倍感亲切，这种设计凸显了建筑文化的人本思想与文化归宿。用“鸟巢”作为基本的建构形态，是“人与自然”和谐相处的一种愿景，阐释了希望、梦想和超越的理想前景，表达了“同一个世界、同一个梦想”的奥运主题。“鸟巢”在它的立体空间上融合了奥运梦想、体育竞技、体育精神、文化感受、民族认同和“在线狂欢”，成为一个展现多元竞合与话语冲突的“竞技场”，建构了作为符号意义的话语转换与表述形态。“鸟巢”已不仅是一座宏观的建筑，而且是链接了作为体育/赛事的奥运盛会以及国家软实力的表达空间。

“鸟巢”作为中国建筑甚至世界建筑的骄傲，它突破了“借鉴”西方建筑的思维框架，消解了同质化、模仿性的建构风格，否定了建筑是无意义的复制品，从创作实际出发，并在中国特有的文化语境下，结合世界奥运会的精神，对中国传统文化进行深度发掘，使中国建筑文化在世界的眼光中进行多元阐释，找到了新的思想闪光点。2009年“鸟巢”入选21世纪前10年全球十大建筑，成为国人的骄傲。“鸟巢”的成功不仅仅在于现代科技的发达，关键更在于中国建筑理念的飞跃。首先，近年来中国经济突飞猛进的增长，使综合国力大幅度提高，为建筑的觉醒提供了自信；其次，建筑设计善于在中西、古今中进行对比，在对比中发现有新价值的设计元素；最后，作为核心的创造性思维能力的不断提高，推动建筑文化的发展与繁荣。

在奥运会开幕式现场，“鸟巢”在电视直播技术的逼真写实下光彩夺目、流光溢彩，和着解说的节拍，呈现出伟大、庄严和神圣的画面，传达了体育/赛事的竞技精神，“更高、更快、更强”的追求，也让我们感受到了观众在场的激情和狂欢。建筑文化、体育文化、媒体文化与娱乐文化相互交织与激荡，为世人搭建了一个“围观”的看台，观众仿佛沉浸于一个“虚拟的世界”和“拟态的幻境”之中，“表层”的娱乐替代了“深度”的思考。

“鸟巢”奇观集结了中国人的奥运梦想和体育追求等，电视媒介借助“鸟巢”这一景观现象，呈现了中国人的百年奥运梦想之路，用“全息镜像”的表述手段，展示了超真实的“鸟巢”空间，提供了观察世界的图景，激发了人们日益超越自己的民族和国家的心理欲望。“鸟巢”作为一个奥运梦想的象征符号与代码，在掀起国家文化觉醒与意识形态新的建构的同时，超越时空、超越梦想，也超越国界，促进了各个国家、各个民族之间的文化交流与融合。

第二章 欲望的世界——平民造星奇观

自20世纪90年代以来，中国的娱乐文化以惊人的速度发展着。电视娱乐节目层出不穷，电视娱乐形态多姿多彩，从最早的《综艺大观》、《正大综艺》到之后的《快乐大本营》、《欢乐总动员》这种吸引观众参与的综艺性节目，再到《幸运52》、《开心辞典》等益智类节目，到2003年出现的“真人秀”节目，如红遍大江南北的《超级女声》和《加油！好男儿》，再到前几年新推出的以明星竞赛为题材的娱乐节目的《舞林大会》等，直至近年来相亲“真人秀”《非诚勿扰》、职场“真人秀”《非你莫属》以及梦想“真人秀”《中国梦想秀》等劲爆登场，电视娱乐节目收视率日益攀升，影响力日益深远。娱乐在众声喧哗中已成为审美文化和日常生活的一种普遍景观和时代表征。

注重感官体验的“娱乐细胞”被电视影像无限制地刺激、激活，并在大众“主我”欲望的刺激下不断地传播、蔓延。显然，娱乐已经成为社会转型期的一种文化现象和时代特征。著名传播学者赖特在继拉斯韦尔的“媒介三功能说”之后，提出“媒介的第四功能——娱乐”，这一观点在电视传播时代已经被印证。电视的“全息镜像”传递了“仿真”、“超真实”的视觉图景与听觉幻象，这些“拟态环境”为广大电视观众带来了一次强烈的观感冲击，即体验快乐、感受愉悦。以《超级女声》为代表的“真人秀”节目，颠覆了“精英群体”的文化霸权地位，中国的文化格局已经不再是官方—精英—大众（消费娱乐）三足鼎立，而是娱乐文化/大众文化/消费文化一头独大，占据了文化地盘的大半壁江山。电视娱乐文化的各种元素相互混合，并聚拢为一种庞大的媒体奇观现象。

第一节 快乐奇观——媒体的娱乐想象

根据马斯洛的精神需求理论，人在满足了基本的生理、生存需求之后，追逐“精神胜利”、“生存价值”成为人们心灵的内在张力。20世纪90年代初期，中国经济、社会、文化开始全面转型，娱乐模式逐步多元化，并逐步演变为“主导性”的精神文化。电视媒介的普及为娱乐文化的发展提供了技术空间与繁荣场地，曾被人们认为是“梦想的匣子”的电视，成为当今世界具有强大影响力的大众传媒，“在满足人们对信息的更为便捷、生动、准确和全面的需求的同时，也为满足人们的娱乐需求提供了一个全新的载体”①。央视的《综艺大观》、《正大综艺》，湖南卫视的《快乐大本营》、《天天向上》以及东方卫视的《舞林大会》等一批承载着娱乐文化的电视节目应运而生，并不断地向前推进，掀起了我国电视娱乐节目的狂潮，引导着主流文化、价值观念的前行方向，以“提供快乐、分享快乐”为主线，建构了蔚为壮观的电视娱乐奇观的文化景象——快乐奇观。快乐奇观以制造快乐为文化宗旨，在电视镜像的全息表达之下，满足观众“娱乐”的精神需求。

一、制造快乐：电视娱乐文化的情感诉求

央视《综艺大观》栏目自1990年播出之时，就高举“综艺性、娱乐性和观赏性”的大旗，开启了电视娱乐节目的先河。虽然《综艺大观》经历了14年的风雨历程之后，在央视“末位淘汰”中被淘汰。但是《综艺大观》作为我国大陆地区电视娱乐节目的鼻祖与领航者，自开播以来，熔小品、歌舞、相声、杂技和魔术于一炉，唤起了大众追求“快乐”的人文理念，在国内外造成了巨大的影响力，意义深远。

在20世纪90年代初期，中国的市场经济改革还未全面拉开，人们的物质文化生活相对滞后，电视产业与电视技术还处于发展的起步/转折阶段，电视技术发展滞后，电视节目形态单一，CCTV作为国家级的媒介平台，成为那个时代的风向标，每两周一期的《综艺大观》是当时唯一的综艺节目，相当于一台小的综艺晚会，自然而然就成为一种隆重的“家庭晚宴”，寄托了观众的无限期待。因此，《综艺大观》从某种意义上来说，是观众进行情感沟通和给他们制造快乐的一个桥梁。《综艺大观》的开播产生了轰动效应，给中国电视人带来了新的思考，娱乐成为电视人节目创新与开发的首要考虑因素，电视娱乐文化已经成为建构中国文化软实力发展的重要组成部分。电视娱乐文化以制造快乐为情感诉求，满足观众的生理和心理需求，缓解生活压力，提高了电视文化的人文追求，为社会繁荣发展增添了一抹永久的“亮色”。

央视同时期播出的以“制造快乐、提高愉悦”为目的的节目还有《正大综艺》，该节目以热爱旅游、热爱生活的城市大众为主要受众群体，以视觉传达为主要传输方式，“不看不知道、世界真奇妙”的宣传语成为节目的代名词。《正大综艺》与《综艺大观》栏目作为央视早期的娱乐性节目，开创了

① 孙宝国：《中国电视节目娱乐形态学》，北京：新华出版社2009年版，第5页。

“观看—快乐”的生活方式，这也是在改革开放迅速发展的时期，人们的精神文化受到重视，被提上电视媒体改革日程的结果。

20 世纪 90 年代是改革开放后中国社会全面转型、经济突飞猛进发展的新时期。经济的发展推动了电视技术的进步与革新，电视融合了报纸、广播媒介的优势，声音与画面完美地结合。“电视三基色呈现给观众的是五颜六色的画面，生动直观、图文并茂，人们可以获得最形象最生动的感受。”① 人们欣赏美的本能欲望被激活，观看电视成为日常生活的一部分，也是体验快乐的一个重要的途径。央视《综艺大观》栏目诞生于电视娱乐节目甚少、人们审美经验不足以及对电视节目质量要求不高的时代，明星频频“被”聚焦在异彩纷呈的舞台上，吸引了无数的观众，收视率稳居前列。但是随着 1997 年湖南卫视《快乐大本营》节目的播出，塑造了全新的电视娱乐文化理念，宣告了真正的“大众娱乐”时代的来临，《综艺大观》栏目在大众娱乐的文化表征中逐渐式微，并于 2004 年走向了“末路”。《综艺大观》在十四年的风雨历程中，风靡一时，最终走向死亡，很大程度上是由于“节目高雅”、定位模糊和创新力度不够，不能满足信息/娱乐时代电视观众的精神需求。《快乐大本营》打破了以往电视精英娱乐文化的格局，塑造了一种全新的娱乐理念——全民参与型的娱乐文化，凸显出了“精英文化”到“草根文化”的转变，于是“参与—快乐”成为人们新的文化追求。《快乐大本营》节目的基本形态是“以各类游戏的现场竞技为总体格局，以演艺界明星的文艺表演、协作单位的现场展示、观众的即时参与为依托，让观众度过一段既轻松快乐、又有艺术享受的时光”②。《快乐大本营》以制造快乐为主要目的，以何炅、李湘为代表的主持人青春活泼，符合年轻人的审美标准与心理认同，开创了电视节目主持人明星化的路线。大众参与节目的意识不断地增强，拓展了“快乐”的范围，集合了影像、音乐、美感、明星和观众于一体的《快乐大本营》，打造了轰轰烈烈的“快乐奇观”，产生了强烈的社会震荡效应。

以《快乐大本营》为代表的电视娱乐节目，围绕“快乐”这一主线进行节目的策划和编排，以传递快乐、满足大众的娱乐需求为主要目的，成功打造了电视娱乐文化的“快乐奇观”景象。

二、娱乐表达：电视节目形态的“主流”建构

娱乐作为一种文化形态，主要是指“获得一种情感和思想上的快感。包括模仿的快感、情感共鸣和宣泄的快感以及思想和理解的快感，总的说来就

---

① 郭娟琦：《浅谈电视节目的娱乐化》，《新闻知识》2008 年第 8 期。

② 游洁：《电视娱乐本性的回归——从〈快乐大本营〉说起》，《现代传播》1999 年第 3 期。

是一种美的观点、美的感受得到满足的快感"①。同时"娱乐可以定义为一种有效的和可接受的消除不满和日常生活中不可避免的压力的手段"②。随着经济的发展，人们生活水平的不断提高，娱乐逐渐受到重视，并逐步发展为"既可以是生理上的放松、愉快，也可以是心理上的满足、兴奋、宣泄，甚至是紧张、刺激和悬疑的感受"③。显然，娱乐已经成为人们的一种精神需求与内在力量源泉，在推进社会和谐的伟大进程中起到了润滑剂的作用，推动人类发展进步。

20世纪90年代，处于转型期的中国社会政治、经济和文化等蓬勃发展。在经济全球化浪潮的推动下，中国社会转型的步伐加快，并转向了"市场化"的新阶段。"人们的政治热情和宏大理想开始被轻松愉快的文化体验所淹没。随着主流政治文化的强势地位的下落、精英文化的边缘化，大众文化迅速崛起和蔓延，消费主义渗透到文化的创造和传播过程中，电视也从主流意识形态运作向商业主义和消费主义接近和移植，从以传者为中心过渡到以受者为中心的时代。在这种宏观语境下，'快乐'和'游戏'成为电视节目流行的标示，娱乐节目具备了合理的存在性，他们解构意义，疏离权威，确立平等对话的原则，以超然物外、宠辱不惊的人生态度，为处在生存状态下的大众允诺了一种文化"解放"，虚构了一个欢乐的平台、一方世俗化的万众同乐的世界。"④ 在快节奏的生活状态下，人们在紧张、枯燥和乏味的劳动之余，渴望休闲与娱乐的意识越来越强烈，电视传媒为了更好地顺应市场的发展，通过播放以"快乐"为宗旨的娱乐节目，满足观众休闲与消遣的文化需求，形成了电视娱乐节目大放异彩的新格局。电视节目形态在其意义的建构与传播过程中不断地凸显"娱乐"因素的文化价值，制造"轻松"、"愉悦"和"享受"的文化氛围。电视媒介以其逼真的画面、传神的声音，建构一个仿真的幻觉世界，制造刺激，引起观众的直接反映（如紧张、哭泣和大笑等）。《快乐大本营》通过明星互动、游戏和搞笑等娱乐因素，传递了"明星"的信息，让观众体会与明星"零距离"接触的感受，视觉体验成为人们快乐的来源，并逐渐地让观众对电视产生依赖感，以达到"教化"、"涵化"的目的。《快乐大本营》通过传递明星的"信息"，帮助追星者巩固自己的观念，增强了追星的心愿，潜意识中培养了"依赖电视"的习惯，促使自己不断地通过"电视"来了解明星的最新动态。

随着市场经济和消费经济在我国的盛行，电视事业也被冠以"市场化"

---

① 欧阳宏生主编：《广播电视学导论》，成都：四川大学出版社2002年版，第190页。

② ［美］詹宁斯·布赖恩特、苏珊·汤普森著，陆剑南等译：《传媒效果概论》，北京：中国传媒大学出版社2005年版，第299页。

③ 孙宝国：《中国电视节目形态研究》，北京：新华出版社2007年版，第85页。

④ 刘阳：《娱乐狂欢的理性思考——电视娱乐节目媚俗化之批判》，《中国电视》2005年第9期。

的名头。市场逻辑对电视行业的影响，是通过收视率来实现的。“作为电视节目寻租行为的一把尺子，‘高收视率或死亡’成为了电视行业的竞争法则和高悬在电视人头上的达摩克利斯之剑。电视陷入了一场‘由收视率裁决胜负的斗争’，如何才能投受众所好，避免被‘末位淘汰’，并同时获得足够的广告利润，成为整个电视行业的普遍焦虑。”① 因此，为了俘获更多电视观众的心，取得可观的收视率，电视节目纷纷采用娱乐的方式来进行电视节目的实践与运作。《快乐大本营》邀请有特殊才能的人物，通过现场表演来娱乐大众。节目自播出以来，稳居电视节目排行榜的前列，制造了举国轰动的效应，也成为湖南卫视打造“中国娱乐频道”的王牌栏目，《快乐大本营》也成了其他电视台竞相模仿的“成功模板”与“标尺”。电视节目策划、制作者在创意电视、实践电视的过程中，重视节目的娱乐性。我国的电视节目形态逐渐在凸显“娱乐”因素，使得“娱乐表达”完美诠释了建构电视节目形态的“主流”意识。2008 年湖南卫视强档推出娱乐节目《天天向上》，以展现普通人性格魅力为主要目的，探寻搜奇为叙述噱头，集合游戏、娱乐、表演和搞怪等于一身，成功塑造了电视节目的“娱乐意识”，为广大的电视观众搭建了一个视觉体验娱乐的平台，让观众在“拟态环境”的虚拟建构中，产生了“贴近现实”，甚至“超乎现实”的幻觉，体验了“虚拟的快乐”，进而对电视形成依赖，为节目的“高收视率”制造了机会。

《快乐大本营》通过邀约刘德华、罗志祥、黄晓明、范冰冰、周杰伦、孙俪、林志颖、成龙、古天乐、王力宏、李宇春、周笔畅和张杰等明星参与节目，让现场观众能够与明星亲密接触，电视观众通过“仿真”、“模拟”影像，体会与明星“零距离”的心理感受，起到了娱乐的作用，带来了“快乐”的享受，提高了电视传播的效果。早期的两位主持人李湘、何炅一改昔日主持人作为报幕员的形象，消解了“一本正经”的传统形象，建构了“立体化”、“多元化”的主持新形象。他们以青春、活泼和热情的主持风格成为舞台上可爱的“精灵”，他们在舞台上大叫、大跳等一系列动作，博得了大家的掌声，广受观众的喜爱与认可，主持人逐步明星化。2006 年湖南卫视成立了“快乐家族”，何炅、谢娜、李维嘉、杜海涛和吴昕五名主持人组成了强大的“主持阵营”，掀起了一阵阵“快乐”的旋风。“快乐家族”在舞台上异样的“娱乐表现”成为《快乐大本营》舞台上一道靓丽的景观，成为维系“快乐奇观”的重要元素，并成为建构《快乐大本营》形象的符号、象征与标志。

近年来，电视节目愈来愈“娱乐化”，娱乐成为“主宰”电视节目形态的文化表象与重要特征。尼尔·波兹曼说过“娱乐是电视上所有话语的超意

① 萧盈盈：《中国电视娱乐的产业动力与文化责任》，《现代传播（中国传媒大学学报）》2010 年第 9 期。

识形态"①。电视节目娱乐化成为一种普遍景观。所谓娱乐化，"就是指某件事物在经历一些变化后带上了娱乐性的热点，从而使人变得快乐；或者原本一件严肃的事情经过一个变化过程如今成了一件快乐有趣的活动"②。娱乐化的核心就是"以娱乐的精神、娱乐的视角以及娱乐的方式来策划和制造电视节目，实现人们的视觉愉悦和情感诉求"③。《天天向上》节目依托于悠远厚重的民族文化，借助中华传统礼仪的直观外壳，在娱乐的氛围中传播人文理念，让观众身心愉悦，获得了极高的赞誉。但是也有些节目没有把握好"娱乐"的尺度，在娱乐的喧嚣中走向了泛娱乐化，导致文化底蕴的空疏和苍白。一些娱乐节目"浓墨重彩地渲染世俗的低级趣味"，看似贴近平民、"消解特权"，但实质上并未深入到人的内心深处，"因而也必然如划过长空的流星"只能使大众在幻象中获得暂时的精神快感，"而不能持久地满足人们透视生活本质和生命真谛的需要"④。过度娱乐化的电视节目形成了媚俗、低俗和恶俗的不良特质，破坏了电视生态的健康、良性发展，危害了广大电视观众，使观众身心疲惫不堪，污染了绿色电视的建构。

三、互动传播：受众"本我意识"的觉醒

电视机于20世纪90年代走进了千家万户，电视信号覆盖村村寨寨、电视观众需求的多元化、个体向往的自我化，无疑形成接受群体的分众化。⑤ 电视传播频道数量急剧增加，电视传播内容异彩纷呈。电视已经成为一种生活方式与普遍景观，影响了人们的学习、工作与交流的方式。社会文化生活的丰富性、传播的分众化，必然导致受众拥有更多的主动权。在电视传媒时代，娱乐消遣一直是观众看电视的普遍心理需求，充分体现出受众"本我意识"的觉醒。电视观众早已不是"魔弹论"的传播受众，他们拥有了更多的主动权，主动选择自己的媒介接触行为，主动选择节目内容，主动评价节目质量，并开始积极主动地参与节目录制。

《综艺大观》节目作为中国综艺节目的开山鼻祖，其文艺性和娱乐性主要体现在"观看节目"所带来的喜悦上，其电视传播还主要是"单向度"传播。《快乐大本营》横空出世，重视参与性、体验性，其电视传播以双向互动为主要呈现方式，观众的"主体意识"被激活。"使用与满足理论"疏离传播者的权威，解构了传播者的"霸权"地位，把电视话语权转给受众，认为受众是有着"特定"需求的个人，他的媒介接触行为是使自己特定的需求和

---

① ［美］尼尔·波兹曼著，章艳译：《娱乐至死》，桂林：广西师范大学出版社2004年版，第114页。
② 张爱凤、李钧：《"电视娱乐化批判"之批判》，《电视研究》2009年第1期。
③ 孙宝国：《中国电视节目娱乐形态学》，北京：新华出版社2009年版，第6页。
④ 闻娱：《论电视文化的二重性》，《中国电视》2003年第1期。
⑤ 俞虹：《电视受众社会阶层研究》，北京：北京师范大学出版社2010年版，第34页。

动机得到满足的过程。《快乐大本营》大胆采用与观众互动的形式，激发了观众参与的热情，凸显了“本我意识”，赢得了观众的好评，创下了电视娱乐的收视神话。

今天，视觉性压倒了其他媒介形态，并成为当代电视文化的主要呈现形态。媒介形态的视觉转向，导致了许多复杂的传媒“视觉奇观”。根据居伊·德波对景观社会的描述以及对景观特征的阐释，我们能够厘清“奇观”的意义，奇观主要是指商品在当代社会日益转化为某种意义形象、文化内涵、象征符码或社会影响。传媒作为一种消费娱乐性商品，它的生产、流通和消费，在奇观镜像的陈述逻辑中，培养了人们的视觉享受。清晰、真实、准确和魅惑的电视影像深深印在了电视观众的心里，并成为他们竞相效仿的世俗法则与想象架构。于是，电视观众纷纷加入“参与”、“表演”的活动中，以获得心理安慰。《快乐大本营》在创办初期，通过“电话互动”和“现场参与”等不同的形式吸引了观众的眼球，满足了观众的参与意识，获得了观众的好评，并赢得了社会的高度赞誉。随着“后理论语像”时代的来临，人们的审美观念在悄然发生变化，视觉的唯美已经无法满足人们的观感享受，“体验性审美”成为审美的主流形态建构与文化表征。“审美的感性快感功能具有某种巅峰性，它把人从工具性和道德的刻板压力中拯救出来，因而具有某种积极性。”① 体验性审美作为观众积极性的表现途径，适应了“语像”转向的话语结构，建构了制造快感的审美形态。《快乐大本营》作为社会转型期电视娱乐节目成功的典范，在明星“表演”的过程中，经常会邀请电视观众临场助阵，颠覆了《综艺大观》“单向度”的传播途径。电视媒介在塑造“明星神话”的同时，让观众近距离地接触明星这一“体验性审美”，又成为电视媒介消解“明星神话”的源泉，建构了多元、异质的媒介场域，精英文化与大众文化在“快乐奇观”的意义生产中混合与拼贴。在“主流建构”与“大众崛起”的融合过程中，大众的“文化觉醒意识”不断地增强，并逐步成为“主流形态”。伴随着电视媒介日益高度“娱乐化”的征程，电视观众渴望在娱乐中凸显自我的价值，表现了“本我意识”的亚文化的觉醒。在电视观众的心中，明星的“神秘感”、“神话感”逐步消逝与隐匿，“主我形态”在电视娱乐文化的建构中不断地膨胀，所谓的“精英”与“大众”的边界在模糊中趋于消融。

《快乐大本营》节目借鉴了港台娱乐节目的许多元素，以游戏为主，在嘻嘻哈哈与喧闹中展示个人才艺，诸如口技、武术和歌曲等。“快乐大本营、天天好心情”的娱乐口号成为一种潮流。在感受《快乐大本营》掀起的这股娱乐思潮的同时，我们可以清晰地看到，不论是游戏还是个人的才艺表演，电

① 周宪、刘康主编：《中国当代传媒文化研究》，北京：北京大学出版社 2011 年版，第 17 页。

视观众的地位在逐渐地“被”提高，观众的主人公意识在加强。主持人李湘、何炅打破了“传声筒”、“报幕员”的形象，其主持风格活泼、青春、可爱和阳光，迎合了大众时代人们的审美需求以及心理特征，凸显了较强的现场感，摆脱了“学院派”的古板与拘谨，勾起了观众无限的参与意识。《快乐大本营》在社会转型中，以制造“快乐”为媒介呈现意图，重视观众的“本我意识”，受到了无数电视观众的喜爱，引发了全国电视界的一场“综艺观念”的变革，“集体观看/欣赏”正在向“集体狂欢”转变，成为电视事业娱乐化的里程碑事件。

观众在接受“电视事件”的传输过程中，其心理动因成为促成“实践”行为发生的直接来源。首先，现代人需要令人震惊和感到刺激的文化素材。生活节奏的加快，使得人们没有“专业时间”去长途旅行，而电视作为日常的媒介无疑成为人们消遣的最好工具。生活的“千篇一律”让观众厌倦媒介的“真实呈现”，渴望在电视中“读到”刺激、新鲜的文本，这些成为观众的内在心理机制。电视娱乐节目在传播理念的同时，以极具刺激性、震惊性的表现形态来俘获观众的心。《快乐大本营》在主持人的安排上，注重了“一惊一乍”，同时又善于捕获嘉宾的“奇异怪事”，给节目增添了刺激的意味，迎合了观众娱乐、消遣的本能欲望，满足了观看娱乐节目的收视心理。其次，要关注平等交流的重要性。早期的电视节目以党的方针、路线、纲领和政策为主要呈现内容，突出了电视作为党和国家喉舌的宣传功能。电视节目具有超强的意识形态性，其涵化功能主要体现在政治层面。电视媒介作为精英文化而存在。随着“后理论”时代的到来，人们对“主我”的建构不断凸现，大众文化逐步成为主导文化。观众渴望在“电视荧屏”中找到自己的影子，希望受到重视。《快乐大本营》注重观众的体验性消费，让观众参与到节目中来，形成了平等/对话的心理机制。巴赫金在谈到“对话理论”时，说过“一切都是手段，对话才是目的。单一的声音，什么也结束不了，什么也解决不了。两个声音才是生命的最低条件，生存的最低条件”①。《快乐大本营》通过建立平等/对话的机制，尊重了电视观众，让电视观众体会到存在的价值，为《快乐大本营》“收视神话”的创造打下了坚实的“群众基础”。最后，电视观众希望能够与电视“打成一片”，融入电视媒介意义建构的过程中。《快乐大本营》放下了“精英/主流节目”的高姿态，以极强的亲和力，拉近了电视与观众的距离，节目与观众融为一体。李湘、何炅用具有亲和力的语言和电视观众进行“荧屏内外”的互动，游戏的节目设置让观众产生身临其境的感觉，加速了同一性的认同建构速度，搭建了“真实互动”、“诠释快乐”的舞台。

---

① 陈默：《电视文化学》，北京：北京师范大学出版社2001年版，第55页。

《快乐大本营》作为以“娱乐游戏”为主要表现形态的电视娱乐节目，熔参与性、游戏性、刺激性和趣味性于一炉，开创了中国大众娱乐的先河，成为娱乐文化的象征与符号。《快乐大本营》通过“大众化”的表演，掀起了收视狂潮，成为各个地方卫视模仿的标本，打造了“快乐奇观”。《快乐大本营》之所以能够创下娱乐收视的神话，在很大程度上依靠了电视观众的收看心理，折射出大众“主我意识”的文化觉醒，形成了“群体参与”和“群体模仿”的新的文化机制，预示着大众娱乐时代的真正来临。

四、窥视欲望：镜像他者与虚拟自我的交融

身处后现代传播语境的电视观众的主体性特征日益清晰与明朗，主体性特征间接地阐释了电视观众在娱乐文化传播过程中积极主动的表现。伴随着现代化进程的加速，以大众文化为代表的现代文明危机四伏，使得现代社会深深地打上了电视传媒的烙印。电视观众/受众的积极主动性印证了哈贝马斯对于主体性的描述：“只要以相互理解的交往行为来理解主体及其行为模式，在交往行为中，主体以参与者的态度进入行为互动中，通过对语言行为的相互理解、沟通、协调就可以克服主体间的冲突。”① 电视观众在接受信息的过程中，通过积极的解码来获得信息。电视观众在解码过程中，带有极强的窥视欲望，借此满足好奇心。通过窥视明星的生活来实现虚拟自我的满足，以期能够在“镜像世界”里找到自己的“影子”，寻找社会认同，拟构安全空间。

电视观众在解读电视文本的过程中，呈现出不同的心理特征，或顺从或妥协或抵抗。观众对《快乐大本营》的解读也会呈现出不同的解读心态，但是观众在观看明星游戏的过程中，了解明星“完美生活”以外的世界，笨拙的表演、真实情感的流露等都给观众带来了耳目一新的感觉，满足了观众的“窥视癖”。“在人们的本能心理需求中，窥视癖是一种好奇心的变种形态。这种欲望既是生理性的，在一定程度上满足感官刺激的需要，又是社会性的、认知世界的精神需要，具有一定的合理性。”② 电视观众通过观赏《快乐大本营》中主持人、明星的游戏活动，了解明星、主持人的“真实”生活状态，满足了观众的“窥视癖”，让他们获得了一种心理平衡。比如，在以往的影视剧、MV中我们都可以看到刘德华光鲜帅气的美好形象，在《快乐大本营》的舞台上，呈现了他完美形象的另一面，会让有些人更加喜爱他，同时也让有些观众能够“理智”地去追星。

电视作为现代生活的一个窗口，整个世界都在电视摄像镜头的监视之下。

---

① 宋妍：《十年媒介娱乐文化对受众主体性的培育》，《新闻大学》2008年第3期。

② 陈龙：《在媒介与大众之间：电视文化论》，上海：学林出版社2001年版，第266页。

电视已经成为满足观众窥视欲望的替代品。日本学者藤竹晓说过："大众以电视为桥梁能够接触到以前无法接近的'秘密'。这个'秘密'往往被作为人的弱点的社会性暴露而提示在大众面前。"① 以《快乐大本营》为代表的电视娱乐节目多角度地表现明显的"秘密"空间，让观众领略明星风光的形象的同时，可以了解他们内心的真实情感以及私人生活，满足了电视观众的窥视欲，还给人们带来了优越感，这种优越感源于明星的拙劣表演/表现，消解了明星超神话般的形象建构，给观众一种新的提示，即拟态环境下的自我优越与镜像中的他者。电视娱乐节目在全息镜像技术的表达与诠释之下，复制出了"超真实"的影像世界以及明星生活，满足了广大电视观众的好奇心与窥视欲。观众在身临其境般的感官刺激之下，使得"镜像他者"与"虚拟自我"实现多元互动，体验了超越自我、超越神话的"拟态心境"，勾勒出后现代中电视观众复杂的心理图景与时代特征。

《综艺大观》作为中国内地第一个比较成熟、完全意义上的电视综艺栏目，开启了中国电视朝着娱乐方向发展的先河，制造快乐、愉悦大众。1997年湖南卫视倾力推出《快乐大本营》，标志着中国电视娱乐化的真正开始，收视率节节攀升，掀起了我国电视娱乐节目的狂潮。"电视湘军"凸显了异乎寻常的娱乐化能力，"快乐中国"是娱乐界的王牌，打造出了"快乐奇观"的视听镜像。"超清晰"的画面传达和"超真实"的观感体验把观众带入了一个"全景视域"的世界，在这里娱乐文化尽情地传播，"镜像他者"与"虚拟自我"的各种思想、观念以及形象建构相互交融，诠释了"娱乐" + "仿真" = "快乐"的美好愿景。

第二节　梦想奇观——超越现实的梦想图景

伴随着社会大众化进程的加速，精英/小众文化与大众文化相互胶着与对峙，曾一度被"奉为神明"的精英/小众文化逐渐受到社会的冷落，相反，曾被视为"低俗"和"下流"的大众文化竟然成为时代的"宠儿"。电视娱乐文化作为大众文化的分支，其表意的场域与空间的建构途径杂糅了大众社会的心理特征、文化表象、情感意志及梦想奇迹。在中国经济腾飞、社会安定和文化繁荣的新时期，人们对娱乐的需求在急剧增加，各种各样的娱乐节目"竞相"荧屏，央视的《开心辞典》、《幸运52》等益智类节目具有参与性、互动性和博彩性，排解了人们沉闷单调、空虚无聊的心理压力，使他们获得展示自己的机会，在刺激中完成梦想的超越与建构。央视的《星光大道》、

① 陈龙：《在媒介与大众之间：电视文化论》，上海：学林出版社2001年版，第267页。

《非常6+1》，东方卫视的《中国达人秀》以及浙江卫视的《中国梦想秀》等表演性节目，给平凡人提供了“一夜成名”的机会，阿宝、凤凰传奇、李玉刚、旭日阳刚、杨光、阿尔法、“菜花甜妈”和乌达木等平凡人通过经常在节目中表演，成为家喻户晓的明星，可以说，《星光大道》、《中国达人秀》这类极具表演性又带有梦想性的节目，为大众搭建了一个实现梦想、超越梦想的“理想舞台”。2011年浙江卫视推出了一档以“梦想”的实现为主题的电视“真人秀”《中国梦想秀》，该节目紧紧围绕“梦想”的实现，铺陈了“小人物、大梦想”的转述空间，通过镜像的多维阐释，表现了小人物在追逐梦想过程中的坚持和毅力，人间的各种真情实感在舞台上得以展现，开启了电视“真人秀”的“梦想新时代”。

《开心辞典》、《幸运52》、《星光大道》、《非常6+1》以及《中国达人秀》这些益智博彩类的节目，刺激了人们“娱乐”的神经，激活了感官细胞，把人们带进了一个超越梦想的娱乐神话世界，即在这里没有什么是不可能的。通过《幸运52》、《开心辞典》，参与者可以获得丰厚的奖品，实现家庭梦想；通过《中国达人秀》，“菜花甜妈”这个普通的卖菜妇女，竟成为千万人的偶像；通过《星光大道》，我们看到了残疾人杨光夺得2007年总决赛的冠军，虽然他看不到流光溢彩的灯光，但是他依然是舞台上最闪亮的“主角”。《中国梦想秀》的节目风格与益智博彩类的节目有所不同，节目重在帮助“小人物”实现梦想，诸如登上舞台一展歌喉、竞献舞技和会面偶像等。但这些节目都能够充分“体现当代人社会基本价值观、引导个人适应现代生活方式、并将当代社会的冲突和解决方式喜剧化的媒体文化现象”①，这些节目多角度地阐释了电视娱乐文本的意义，引领了时尚文化的建构，带领人们为梦想而不断地去拼搏，建构了“梦想奇观”。

《开心辞典》、《幸运52》、《星光大道》、《非常6+1》以及《中国达人秀》等所构建的“梦想奇观”是由多个具有多重意义的文本堆积而成的。从表面上看，这些节目集主持人、选手、观众狂欢以及梦幻舞台于一身，选手通过自己的表演来获得“奖励”或“名气”，实现自己的梦想。实际上，“梦想奇观”是展现多元竞技、话语冲突和巅峰规则的舞台。各类达人亮相舞台，通过竞争的方式获得奖励，不同的生活背景、文化习惯以及行为方式导致舞台上各种话语相互交锋；背景各异的评委的审美观念和文化修养也各不相同，在评论选手的过程中，也会唇枪舌剑；观众在超真实的诱惑中，隐约感觉到“不劳而获”的“奇迹”也会出现，颠覆了“劳动创造财富”的既有秩序与生活原则。吉林省北方传媒中心主任孙宝国博士认为，“观众之所以收看这类

① ［美］道格拉斯·凯尔纳著，史安斌译：《媒体奇观——当代美国社会文化透视》，北京：清华大学出版社2003年版，第2页。

节目，虽然从表面上看是追求刺激，但在深层，是观众从中获得了巅峰他人、巅峰既定秩序的替代性与虚幻性满足。一是通过获得奖品或奖励的非常规途径，不劳而获，一夜暴富，巅峰了这个世界关于劳动和报酬的正常法规，实现了在现实世界中历经艰辛而不得的发财梦想，尽管是虚幻的；二是通过观看他人在台上展开竞争，备受折磨，巅峰了与他人的关系，获得了虚幻的优越感”①。

一、益智奇观：游戏、博彩与梦想的杂糅

以制造快乐为节目亮点的纯粹的游戏类节目正在失去观众，另一类电视娱乐节目即益智类节目则广受欢迎。所谓益智类节目，就是让参与者通过智力、知识的比拼而获得价值不菲的物质奖励的电视娱乐节目。它在游戏的基础上，充分挖掘智慧和知识的力量，提高了电视娱乐节目的文化品位与内涵。我国内地最早的益智节目始于1981年中央电视台举办的《北京市中学生智力竞赛》，该节目由中央电视台主持人赵忠祥和一位教师共同主持，每周一场，共十三场。由于电视技术以及社会接受心理等诸多原因，该节目并没有真正走进大众的生活，没有受到观众的青睐。之后，各个地方卫视纷纷推出益智类节目，如东方卫视的《智力大冲浪》等节目，由于地域性等原因也没有在全国引起轰动。在全国范围内刮起益智类节目旋风的是央视的《幸运52》和《开心辞典》。“主考官”通过现场提问的方式，“答题者”可以通过自己回答、现场求助和电话求助等形式来回答问题，答对则能进行下一轮比赛，答错就淘汰出局。“答题者”在电视媒介技术的呈现中表现自己，能够与“主考官”零距离接触，心潮涌动。电视媒介超真实的画面传达，让观众能够与节目形成心灵上的沟通与互动，促使他们“在线狂欢”。电视娱乐节目在建构“益智奇观”的过程中，引领了一股时尚的风潮，打造了“镜像”与“现实”的多维互动与融合。

1998年11月22日，央视二套重磅出击，推出《幸运52》，该节目借鉴了英国广播公司制造的*Go Bin Go*节目形态，是在中国特殊的传播语境中，根据中国观众的欣赏口味而打造的一档极具本土特色的电视益智类节目形态。《幸运52》打破了纯娱乐类、知识竞赛类的节目界限，有机地将游戏和知识普及/竞赛融为一体，娱乐与知识相互交织，彰显了娱乐文化/知识的重要性，充分调动了观众的参与热情。知识、竞赛、游戏和娱乐等因素在《幸运52》的节目中，相互堆积、叠加和融合，刺激了观众的“体验性欲望”。知识的趣味性与奖品的丰厚性足以让观众眼花缭乱。险象环生的节目环节，不断地吸引着观众探求答案的欲望，尤其是丰厚奖品会花落谁家无不吸引着观众的眼

① 孙宝国：《中国电视娱乐节目形态学》，北京：新华出版社2009年版，第134页。

球。极具娱乐天赋的主持人李咏凭借诙谐幽默的语言表述方式，以及个性化的形象包装，成为节目的招牌。节目开播后获得了广大电视观众的认可与喜爱，收视率也位居央视节目排行榜的前列。在2000年“中国电视榜”的评选活动中，《幸运52》脱颖而出，一举获得了“年度电视节目”、“最佳游戏节目”和“最佳游戏节目主持人”三项大奖。在“首届大学生电视节”上，《幸运52》获得了“最具生命力”的称号。《幸运52》邀约普通百姓参与节目，通过幸运闯关（幸运抢答、60秒十问、幸运搭档、幸运考场）和幸运擂台两个主要阶段来最终获取奖励。选手的成功不仅仅能够获得丰厚的物质奖品，更为重要的是获得社会/他人对自己的认可。李咏通过主持《幸运52》而一举成名，成为央视“娱乐一哥”。李咏集合了CCTV、娱乐和幸运52等字眼，抽象、解构和幽默等各种元素，建构了“李咏奇观”，一提起李咏的名字，人们很容易就会联想起央视、娱乐及幸运52等字眼，这说明李咏已经成为一种象征与符号，同时也充分显示出他已经成为一个多元化的矛盾文本，为受众提供了时尚、个性、潮流和风趣的角色模型。

央视从《幸运52》中尝到了甜头之后，于2000年推出了一档为实现家庭梦想而进行智力比拼的益智类节目《开心辞典》。该节目在借鉴了英国广播公司的《百万富翁》基础上，进行本土化改造，“将电视手段的卖点和社会文化的卖点区分对待，保留电视手段的卖点，改善社会心理的审美文化”①。节目选拔上来的普通观众要进行几轮问题的回答，每通过一关，就会有相应的礼品作为奖励，当然越往后奖品就越丰厚。在选手遇到难题如拿不准或不确定时，可以通过求助现场观众或者电话联系亲友的方式来解答，激发了观众参与的热情，加强了节目的互动性。《开心辞典》通过创设“家庭梦想”的关键性概念，“为普通人提供参与节目、知识博弈的同时，也给更多的普通家庭提供了互相表达爱心和真情的机会。事实证明，家庭梦想作为节目形态的主要因素，吸引了更多家庭支持和参与节目，促进了家庭成员之间的交流，营造出了积极向上的和谐氛围”②。节目主持人王小丫亲切有加，像春天的使者一样给选手和观众带来了阵阵清风，睿智、美丽和大方的小丫，成为节目的看点。《开心辞典》展现了选手、主持人和观众对智力问题的博弈，建构了实现“家庭梦想”的途径，通过建立适应信息社会的新型的“公共话语场域”，最终形成了一个娱乐、知识与梦想共同缔造的“益智奇观”。《开心辞典》所塑造的媒体文化，“不仅占据着受众日益增长的时间和精力，也为他们提供了梦想、幻象、行为、思维模式和身份认同的原材料”③。

① 孙宝国：《中国电视娱乐节目形态学》，北京：新华出版社2009年版，第129页。

② 孙宝国：《中国电视娱乐节目形态学》，北京：新华出版社2009年版，第129页。

③ ［美］道格拉斯·凯尔纳著，史安斌译：《媒体奇观——当代美国社会文化透视》，北京：清华大学出版社2003年版，第1页。

以《开心辞典》为代表的益智类节目开创了“大游戏”的娱乐时代，节目从选手选拔到进入演播室现场，都不是冷冰冰的知识问题的堆积和简单的交流，而是通过营造一种轻松娱乐的氛围来推进节目进程。知识、智慧、趣味、娱乐、梦想和奇迹在《开心辞典》的初赛、复赛、选手档案和进入演播室的各个环节中相互交织、碰撞、杂糅，在为选手提供娱乐空间的同时，也为他们建造了实现梦想、创造奇迹的舞台。

电视娱乐/综艺节目的文化功能不仅仅是给观众带来直观、刺激和感性的愉悦，而且还应该能够给观众带来更为深刻、丰富的审美愉悦，丰富文化生活，陶冶情操。《开心辞典》不仅仅具有知识性、娱乐性和博彩性等特点，更重要的是为各个领域的知识传播搭建了一个平台，提供了有效传播的界面，使“公共场合表演”这一外向形态逐渐被人们所接受，同时也为大胆地“喊出”自己的梦想提供了合理的样本及成功的模板。从表面上看《开心辞典》的结构极其简单，只是李佳明对选手的选拔和主考官/主持人王小丫在现场的反复提问。“具体来说，每次节目都有6名选手出场，在李佳明主持的99秒快速抢答题选拔赛后决出第一位胜出选手，胜出选手在直面王小丫进行现场答题之前，先说出自己的4个‘家庭梦想’——他在答对全部12道题后期望得到的、送给自己和家人的4种奖品或奖励，奖品或奖励的现金折算额和选手答题获得的梦想指数成正比例。”① 选手通过参与节目，不仅仅是对自己掌握知识的一种检阅，更重要的是对自己勇气、胆识和智谋的检测。《开心辞典》通过设置“家庭梦想”这一情境性、融入性和情感性的主题，稀释了高额奖品、奖励的博彩性，冲淡了商业性带来的负面作用，表达了中国人“家和”的情意。“家庭梦想”解构了益智类节目浓厚的博彩性，避免了利用高额奖金刺激吸引观众的负面效应。“高额奖金被浓浓的情意所替代，奖品不只是给选手自己获得享受，还是给家人以表达孝心爱心善良之心。而且，节目在各个环节着意营造的那种全家团结、实现共同梦想的感人氛围。”② 选手在“家国同构”的情感氛围中接受考验，增加了选手的自信心。

益智类节目所呈现出的完美图景突出了电视娱乐节目具有较强的设计感。“参与选手、主持人或游戏内容等节目元素围绕一套精心设计、相同固定的游戏规则形成互动，制造一种让观众感同身受的现场游戏氛围，通过调动其参与欲望，引发其收视行为。”设计节目的目的就是为了能够通过电视媒介展现“超真实”的“考试”现场，迎合观众体验性的心理需求。益智类节目在中国电视荧屏上能够长久地发展，体现了中国电视人在借鉴的基础上的创新实力，凸显了中国电视益智节目清新的立意与健康的格调，建构了“大风范”

① 马梅：《打动人心　方能永恒——〈开心辞典〉的成功之道解析》，《中国电视》2005年第3期。
② 马梅：《打动人心　方能永恒——〈开心辞典〉的成功之道解析》，《中国电视》2005年第3期。

的电视娱乐节目形态。

以《幸运52》与《开心辞典》为代表的益智类节目通过主持人与选手一问一答的形式，融合游戏、竞争、博彩和梦想等元素于一身，为人们搭建了一个身体素质比拼、思维模式较量和智慧/知识竞争的竞技场。高额奖金和丰厚奖品的诱惑助推选手在竞争、刺激的竞技场域中使出浑身解数，通过自己的努力获得成功，为自己/家庭赢得荣誉，实现自己/家庭的梦想。

二、达人奇观：才艺、舞台与梦想的交织

央视《星光大道》、《非常6+1》、《梦想中国》以及东方卫视《中国达人秀》全景式地再现了“真人秀”的舞台表现空间，诠释了“表演→梦想”的心理表达途径，普通人通过超魅力的艺术展示/表演，实现明星梦想，隐喻了大众文化对精英文化的挑战。经过精心准备的选手在流光溢彩的舞台上尽显才艺，充满个性的选手在舞台上尽情地释放自己的能量。光与电、才艺与智慧、激情与梦想在“达人”的舞台上相互碰撞与交融，挑剔与犀利的专业评委、认真与真诚的大众评审、充满激情与疯狂的现场观众以及热情的场外观众通过行使自己的权利/投票决定了舞台上“征服”与“被征服”、“成功”与“失败”的结局。

“达人”主要是指在某一领域非常专业、出类拔萃的人物，即在某一领域的高手。《星光大道》、《非常6+1》选拔出的“达人”就是在演唱、舞蹈方面出类拔萃的人物；《中国达人秀》的范围不仅仅局限于歌舞，还包括杂技、体育等。“达人”在舞台上出奇、异常的表演，带来掌声一片及现场评委的震惊、观众的惊奇，电视观众在体会超真实的媒介镜像的同时，也在为“达人”狂欢。“达人”超乎想象的震惊表演仿佛把观众带到了“超人力”、“超自然”的世外桃源，现实的一切显得苍白无力，“魔幻般”的表演“主宰”了这个世界。超乎人们想象的“达人秀”引领了新的时尚文化的前行，别样、另类、个性和超群的文化特征受到了“后现代人”的追捧。追求个性与另类的天性在电视媒介的幻境中被释放，“达人”已经被深深地打上了时代的烙印，成为个性、才华和梦想的代名词，建构了后现代“达人奇观”的美丽景象，形成了后现代社会的新的文化范式。短暂的时髦、随即的统一以及虚构的概念解构了现代社会的宏大叙事结构，消解了整体性、统一性的文化规范，预示了“去中心化”的多元、互补和混搭社会的来临。

（一）大众：梦想、奇迹舞台上的主角

中国电视娱乐节目所建构的“达人奇观”是在“贴近实际、贴近生活、贴近群众”原则的指导下，为普罗大众搭建了一个通向“明星殿堂”的桥梁。现任央视国际总经理的汪文斌先生早在2004年就宣称：“媒体一定要变成一个大家都可以参与的公共平台，电视的民主化在这里可以得到充分体现。这

种进程是一种不断延续的进程，是没有止境的。"①《非常6+1》节目是由央视著名主持人李咏主持的一档成就普通人明星梦想的电视综艺节目。该节目以平民化的视点，挖掘生活中普通百姓的艺术潜质，不分男女老少、不划职业界限，每一个有舞台梦想的人都可能成为《非常6+1》搜寻、培养、包装和推出的目标。《非常6+1》讲述的是普通老百姓明星梦的故事，节目充分地把握了大众的社会心理特征，"梦想在你心中，机会在你手中"，获得了极高的关注度，创下了收视奇迹。毕福剑主持的《星光大道》以老百姓自娱自乐为宗旨，为大众搭建了一个展示才艺的舞台，突出了参与性、娱乐性和互动性，增强了节目的感染力与融入感，吸引了形形色色的参与者，成为央视综艺频道的收视冠军，同时也为中国社会输送了一大批优秀的歌手。2005年《星光大道》的总冠军阿宝是一个由普通农民成长起来的原生态歌手，推动了原生态歌曲的发展。凤凰传奇、阿尔法和李玉刚等也深受大家喜爱。一个地地道道的农民马广福通过参加节目，获得2008年《星光大道》总决赛的亚军，登上了央视春晚的舞台。残疾人杨光虽然看不见世界的流光溢彩，但是他用歌声征服了评委、征服了中国的电视观众，一举夺得2007年《星光大道》总决赛的冠军，成为万人瞩目的"焦点性"人物。央视于2004年推出的《梦想中国》，该节目克隆了《非常6+1》，着力建造平民造星的舞台，推出平民偶像，让普通人登上耀眼、靓丽的舞台，成就普通人的明星梦。王思思、熊汝霖、吴文、王文景和海明威等一批平民偶像从《梦想中国》的舞台上脱颖而出，签约顶尖文艺公司，推出专辑。

东方卫视2010年隆重推出的《中国达人秀》节目，以突出"达人"的个性、专业和出类拔萃的表演为诉求点，糅合了舞台艺术、生活艺术的表演形态，给普通人一个展示自己的机会，为实现自己的梦想而奋斗。有许多"达人"为了能够登上人民大会堂、上海万人体育馆而参与节目，反映的就是在梦想奇观的指引下普通大众的"自我意识"的觉醒。在后现代社会，人民不再屈从于权威、中心的压力，而是抵制权威、解构权威，建构"非中心化"的文化形态。《中国达人秀》拥有超乎魅力的响亮口号："平凡人也可以成就大梦想，相信梦想，相信奇迹。"来自安徽农村的"菜花甜妈"，没有受过任何的专业训练，连26个英文字母也认不全，但是她的音乐天赋在《中国达人秀》的舞台上得到了很好的诠释，华丽的高音和爆发力让人们为之震惊，以神曲《送你葱》而闻名。原本普通的"菜花甜妈"通过参加《中国达人秀》获得中国达人秀亚军，成为超人气女王，也是亚洲唯一一位和美国的苏珊大妈同台竞技的人，并创下了新的神话，成为传奇性的人物。"菜花甜妈"通过自己超群的实力展示，实现了自己登上上海万人体育馆、人民大会堂唱歌的

---

① 胡智锋、汪文斌、郑世明：《2004：中国电视关键词》，《现代传播》2005年第1期。

梦想。在中国达人秀的舞台上，我们还看到了平凡的郑桂桂、乌达木等选手通过自己的才艺表现，实现了自己的梦想，创造了奇迹。

（二）互动：收视奇观的内在机制

"达人秀场"创下收视奇观，源于节目"以大制作满足观众的视觉和情感需求，以精致的传达和唯美的表现赋予节目较高的识别性和美誉度"①。同时节目在求新、求异和求变中凸显了新颖、别致的风格，多渠道地表现"双向互动"，拉近了与观众的距离。《非常6+1》在亿万电视观众的殷殷期待中隆重开场，闪烁的灯光、美妙的音乐以及气势恢宏的演播室都为这个大气的节目增加了不少亮点，不惜血本地包装选手，为百姓开拓了通往"明星堡垒"的星光大道。《星光大道》的开场也异常的热烈与隆重，喻示着一场美丽的视听盛宴即将开幕，强大的评委阵容构成了景观社会中的一道靓丽的奇观。《中国达人秀》的开场更是气势恢宏，主持人从激情似火、热烈狂欢的观众中走出来，在疯狂的音乐中，观众疯狂地呐喊与狂欢。在主持人程雷极具个性的解说之后，选手粉墨登场。"达人秀场"唯美的视觉图景已经成为消费社会的商品，陈列来供人们消费，电视观众通过观赏精致与唯美的视觉场景，提高了消费/审美能力。视听、消费、娱乐和心理等各种元素相互"内爆"与"流行"，加速了中国当代电视娱乐文化后现代转向的进程，架构了电视娱乐文化巅峰与重构的图景。

电视娱乐节目之所以能够引起一种时尚，很大程度是因为节目的"互动性"，即电视娱乐节目文本的互文性。《非常6+1》的互动不仅仅体现为现场观众的互动，更为重要的是"场外互动"，主持人李咏在演播室现场给场外观众打电话，打破了以往观众往电视台/栏目组打电话的形式，凸显了人文关怀。在接通了场外观众的电话之后，李咏让他/她选择一个"金蛋"或"银蛋"，以此来试看观众的运气，激发了观众参与的热情，为获取更高的收视率打下了坚实的"群众基础"。《星光大道》和《中国达人秀》在节目互动方面采取的是观众投票，突出了电视观众具有较高的"地位"，掌握着决定选手胜负的权利，这是大众文化与精英文化在相互胶着与对峙中，大众文化"反权威运动"的胜利，宣告了"庶民的胜利"。

再好的节目也不可能使观众永远地喜欢，尤其是对于时尚、潮流的娱乐节目而言。娱乐节目若想能够长久地生存下去，节目必须具有创新力。"求新、求变"的理念已经成为评价电视娱乐节目制作人/策划人的一项基本要求，创造吸引眼球的电视娱乐节目形态也已经成为稳定收视群体的一项法宝。"信息发达的今天使电视节目创新越来越不容易。欧美国家的电视发展比我国早，我们的创造不可避免地要学习和借鉴他们的经验。但是，我们要对其内

① 李贺楠：《让平凡人实现梦想——李咏和他主持的〈非常6+1〉》，《电视研究》2005年第2期。

容和形式进行梳理，要去粗取精，去伪存真。‘批判地接收’式的方法才会给我国的娱乐节目注入新的品质。”①《非常6+1》、《星光大道》等节目开创了平民展示才艺的时代，《中国达人秀》在节目形式、表现形态方面都注重了创新。节目开场、选手内容展示方面等都凝聚了创新的力量。

（三）主持人：个性、另类、机智和风趣的融合体

随着电视技术的发展与电视理念的更新，主持人成为舞台上备受关注的焦点，主持人逐步明星化，可以说，电视娱乐节目主持人的风格特色直接影响到了节目的质量。《非常6+1》、《梦想中国》的节目主持人李咏以活跃、机智和幽默的主持风格，在舞台上如鱼得水，成为节目当之无愧的灵魂人物。在《非常6+1》的舞台上，“一向幽默风趣、机智灵敏的李咏，除了现场‘脱口秀’外，还在节目前与每一位选手进行‘面对面’的对话，目送选手步入辉煌的舞台；而且李咏从节目策划之处就投身其中。主持人如此深度介入节目，收获直指人心、深受观众喜爱的节目也是情理之中。李咏声情并茂并极具个人魅力的表演，有效地形成了节目的品牌传播符号”②。在李咏主持的节目受到了大家的喜爱的同时，也掀起了一股“李咏热潮”，李咏已经成为一个符号，代表了中国电视娱乐节目主持人时尚、幽默、风趣和机智的形象，打造了“李咏奇观”。李咏虽然没有庄重、大气和帅气的外形条件，但是他能够创下电视娱乐节目的收视奇观，显示出了后现代审美观念的突变，“标准”的美感遭遇边缘文化的解构，并试图创造一种属于年轻人的时尚、个性和另类的新的审美标准。《星光大道》的主持人毕福剑能够走红，也体现了极具有颠覆性的审美文化的心理特征。“在俊男美女云集的主持界，老毕的‘小眼睛、大嗓门、口音重、爱搞怪’的确显得相当另类，但其朴实、亲和、睿智和风趣的主持风格使《星光大道》少了一份高高在上的感觉，与老百姓自娱自乐的节目风格相得益彰。”③ 老毕的主持风格贴近选手、贴近观众，给人们带来一种亲切感。亲切感是新时期主持人应具备的一项优良的品质，亲切才能让电视节目与观众产生共鸣，形成“自己人效应”。用老毕的话说：“我的优势在于，我一出场，观众根本不把我当回事儿。大家一看，这人都长成这样了，说话标准不标准也就不在乎了。这样大家就不知不觉地把我当成了自己人。”④《中国达人秀》的主持人程雷阳光、帅气，谈吐间透露出青春、朝气的主持风格，获得了各个年龄层人群的喜爱。程雷虽然在达人秀的舞台上

---

① 高有祥：《精神内核——电视娱乐节目的灵魂》，《电视研究》2005年第6期。

② 李贺楠：《让平凡人实现梦想——李咏和他主持的〈非常6+1〉》，《电视研究》2005年第2期。

③ 刘茜、李南：《娱乐有道——解析〈星光大道〉的成功之路》，《湖南大众传媒职业技术学院学报》2010年第2期。

④ 毕福剑：《我的优势在于观众根本不把我当回事》，http：//www.byzc.com/newshtml/GuShi/7549.html.

的表现时间较少，但是作为架构串联角色的主持人，他睿智、风趣的语言表达以及鲜明、个性的肢体语言已成为达人秀的符号，成为提升《中国达人秀》节目品质与内涵、建构达人奇观的积极因素与重要力量。

中国电视娱乐节目在借鉴国外娱乐节目形态的基础上，融合了中国本土特色，创造性地开创了集竞猜、益智、博彩、娱乐、互动和梦想为一体的节目新形态，彰显了新时期对知识的需求以及融入表演的心理特征，形成了集体认同，获得了收视奇观，彰显了电视艺术的镜像魅力。

第三节　“超女”奇观——选秀的狂欢

2005 年湖南卫视的“真人秀”节目《超级女声》（以下简称“超女”）在社会上掀起了一股娱乐狂潮，席卷了整个中华大地，达到了举国空巷、万人瞩目的程度。“超女”从万人海选到三甲的诞生，成功地掀起了一场声势浩大的娱乐狂欢，俨然成为“消费社会”的媒介事件/文化事件，成为中国社会那一阶段的一个缩影与标签，无疑形成了当代中国社会转型期的一个传媒奇观——超女奇观。

“超女”是湖南卫视于 2004 年开播的一档“真人秀”节目，以“想唱就唱、唱得响亮”为口号激起了无数年轻女性的表现欲望，吸引了形形色色的女性加入“超女”的队伍。不限地域、不限年龄（2006 年改为必须 18 岁以上）以及不分唱法的“零门槛”要求更是让参赛者激情似火。2005 年有 15 万名女性报名参加“超女”，形成了庞大的“超级阵容”，总决赛的那一天有四亿观众同时观看比赛，当晚李宇春以 352 万的短信支持获得了总冠军，周笔畅以 327 万的短信票数当选亚军。“超女”掀起了国内的选秀热潮，它注重了“自我”与“超我”的体验，制造了盛大媒体的奇观景象。“超女”解构了传统的比赛规则，评委/精英已不再是结果的“评判者”，大众成为“主宰”选手命运的“精灵”，导致话语权由精英向大众转移，即话语权“去中心化”；“超女”颠覆了传统的审美观念，中性美成为后现代美的符号与化身。李宇春之所以能够问鼎冠军的宝座，是因为受到无数电视观众的喜爱，凸显了审美标准的日渐模糊化；“超女”规避了政治导向，成为民主的化身。社会学家李银河认为：“‘超女’活动使人们体验到自己能够发出声音了，自己的意愿得到了有效地表达，这对于人们摆脱‘无力感’是一种帮助。”①

“超女”的劲爆成为电视“真人秀”成功的典范，引发了全国电视传媒的选秀热潮，一大批同质性节目蜂拥而至，如央视的《梦想中国》，东方卫视

---

① 赵继承：《超级女声：一场大众文化对精英文化的反动》，《新京报》2005 年 8 月 20 日。

的《舞林大会》、《加油！好男儿》，江西卫视的《中国红歌会》，北京卫视的《红楼梦中人》以及重庆卫视的《第一次心动》等。雷同性、同质化的节目在中国不断地繁殖与扩散，直至后来国家广电总局对选秀节目加以限制。

“超女”激活了大众的官能细胞，促进了自我意识的觉醒，“超真实”的视觉体验，构筑了传媒活力，制造了盛大的“真人秀”奇观。“超女”通过“拉网式”的海选与极具社会震荡效应的“PK”形式将娱乐文化奇观带到了一个巅峰的境界，建构了极具膜拜性的偶像神话，制造了可观的“粉丝经济”，铸就了媒体/传媒神话。

一、大众狂欢：对“超女”传播形态的解读与透视

自20世纪90年代中央电视台的《综艺大观》问世以来，电视娱乐节目在中国的荧屏上崭露头角；湖南卫视《快乐大本营》的开播对电视娱乐节目形态进行了创新，重视参与性和互动性。历史的航船在驶入新千年之后，电视娱乐节目形态更加异彩纷呈，综艺节目、游戏类节目、益智类节目和“真人秀”节目欣欣向荣。尤其是“真人秀”节目异军突起，吸引了无数怀有明星梦想的少男少女前来参加。以“快乐中国”为核心理念的湖南卫视用高度敏感的嗅觉，觉察出当代中国社会平民大众的表现欲望，强力推出了《超级女声》。2004年5月“超女”正式登陆湖南卫视，刮起了一股“真人秀”的旋风；2005年“超女”开始在广州、长沙、郑州、成都及杭州等地相继推出，受到了全国电视观众的喜爱和追捧。2005年“超女”共吸引了十五万名女性前来参加。8月26日的“超女”全国总决赛吸引了四亿观众，平均收视率为8.54%，居同时段收视首位，超过了中央电视台的“春晚”。“超女”创下了中国电视娱乐节目收视的神话，有效地传播与整合了电视娱乐文化的前景。“超女”宛若一场声势浩大的狂欢盛宴，缓解了电视观众的工作或生活压力，让观众在狂欢中享受精神的洗礼与情操的陶冶。

“超女”是在借鉴美国的选秀节目《美国偶像》的基础上，结合中国特有的传播语境，推出的一档符合“中国口味”的电视“真人秀”节目。电视“真人秀”节目是“一种将真实和虚构融合在一起的电视娱乐节目形态，融合了电视纪录片原生态的拍摄方式，电视游戏节目中的奖励机制、淘汰制，以及电视剧的戏剧化、情节化叙事方式等多种节目元素”①。“超女”熔“海选”的原生态、“PK”的竞争/淘汰机制、“戏剧化”的表演形式以及“粉丝”的狂欢于一炉，以排山倒海之势构筑了娱乐景观，成为“体现了当代社会基本价值观、引导个人适应现代生活方式、并将当代社会中的冲突和解决方式戏

① 孙宝国：《中国电视娱乐节目形态学》，北京：新华出版社2009年版，第142页。

剧化的媒体文化现象"[①]，成功建构了"超女奇观"。

（一）海选："裸视"与窥视的内爆

"超女"选拔的第一环节借鉴了我国农村选官的一种选举形式——"海选"，通过电视技术的"全息呈现"，海选被附上了"娱乐化"的标签，演变为海选热潮，成为狂欢化的文化景观。

"海选"作为一种选举形式，由吉林省梨树县双河乡平安村的农民于20世纪90年代初期在民主政治进程中发明，其特点是让有选举权的农民自由提名自己认可的候选人，上级部门的领导、村干部不加干涉，它使村干部的选拔不再来自于上级政府，而是源于普通农民。1998年11月通过的《中华人民共和国村民委员会组织法》第14条明确规定：选举村民委员会，由本村有选举权的村民直接提名候选人。从此，"海选"成为法定的选举办法。[②]"海选"能够顺利被实施，有助于农民真真切切地实行"当家做主的权利"，体现了农民的"主人翁"地位，推动了社会民主制度迈向新台阶，必将促进社会和谐稳定发展。

"超女"通过拉网式的全国海选，制造了声势浩大的场面，引起了社会极高的关注度。"超女"打破了以往电视节目呈现的靓丽景观和美好愿景，直播"海选"呈现出选手最真实、最原始的状态。参加海选的每一位选手在摄影棚里单色的布景板前，"清唱"自己准备的歌曲，现场有三位评委即兴点评与决定。短短数秒之内就能评定出选手的好坏，决定选手是否进入下一轮比赛。在观众对电视媒体图景产生视觉疲劳之时，"超女"直播海选恰恰满足了观众的"窥视欲"，丰富了电视观众的情感生活。电视媒介以"裸视"的方式对参加海选选手进行原生态呈现，再现了评委真实的面孔，引起了电视美学的革命，凸显了观众对"精英审美"的疲劳以及对"大众审美"产生了无限的热情与欲望。

"超女"能够迅速走红的一个很重要的原因在于比赛不设门槛，"不限身高、年龄、相貌"，这意味着"超女"对所有女性朋友敞开了怀抱，不像其他节目用超级烦琐的比赛规则及程序，让人们感觉"明星梦"是那么遥远。"超女"拉近了与电视观众的距离，吸引了无数有明星梦的女性参加节目。当然这其中难免有许多歌唱水平比较低的选手。"海选"展现了一个多元的舞台，各类选手在舞台上表演/歌唱。选手在舞台上"粗糙"与"丢丑"的表演成为了海选的看点，满足了观众的"窥视欲"，在欢乐之余为自己获取了更多的信心。"超女"评委最大的特色是尖锐、犀利，他们在现场自由地评说，无需

---

① ［美］道格拉斯·凯尔纳著，史安斌译：《媒体奇观——当代美国社会文化透视》，北京：清华大学出版社2003年版，第2页。

② 周宪、刘康主编：《中国当代传媒文化研究》，北京：北京大学出版社2011年版，第97页。

顾及自己和他人的面子，挖苦、讽刺甚至讥笑参赛选手，比如有的评委曾直接对参赛者说：“你唱歌和你说话一样做作”、“你是不是把调忘在家里了”、“好好学习，前途无量；要想唱歌，死路一条”、“你忘了带一样东西，你忘了带调门了”、“你是不是该考虑减肥了”等。“超女”的评委彻底颠覆了评委在我们心中“老好人”的形象，打造了以批判为鲜明特色的“新派评委”。他们出位、别样的点评为制造花边新闻奠定了基础。“电视台对于整个海选过程不论‘洋相’与否都会全盘播出。比赛超低的报名门槛设置导致七八十岁的奶奶和四五十岁的阿姨也混迹于年轻的女孩当中，利用这个难得的机会在全国电视观众面前展示自己，而不害怕被言辞激烈尖锐的评委毫不客气地喊‘卡’的尴尬。这样的比赛和节目，让参赛者自己放手一搏，让全国的电视观众轻松一笑，娱乐了勇敢的参赛者也娱乐了全国的电视观众，并且带动着选手们的亲朋好友纷纷在电视机前捧场，自然保证了高收视率。”①

“超女”的热播使“海选”一词广为流传。“海选”已经成为当下一种社会现象，渗透了民主与公平，折射出当下社会大众对民主的渴望。中国人民大学新闻学院教授喻国明教授认为：“海选是这个节目（‘超女’）能轰动的一个很大的因素。它破除了很多以往此类竞赛的选拔的门槛……最重要的是它展现了我们社会的一个值得注意的现象：社会对于机会平等的渴求。”② 正处于转型期的中国社会感受着多元化的文化氛围，中国文化在走进世界的同时，难免受到西方民主思想的影响，尤其是年轻一代渴望与众不同，不希望受到束缚、受到规则的惩治，拥有独立的发言权成为他们内心强大的愿望。“超女”的海选制度在某种意义上解构了规则，消解了统一，建构了多元化、去中心的边缘文化，体现了不同程度上的民主与公平。

（二）PK：竞争的隐喻

“PK”一词原本是网络游戏的用语“player killing”的简称，原指在游戏中高等级玩家随意杀害低等级玩家的行为，即“谋杀”，后引申发展为“对决”、“竞争”的意思。在“超女”的赛制中，PK 成为比赛最让人激动的一环。根据赛程的安排，需要淘汰一名选手的时候，主持人会宣布 PK 的规则，两位人气指数低或者表现不佳的选手进入 PK 环节，经过评委/观众的再次投票来决定谁会继续留在舞台上，当然票数较低的选手将会终止“超女梦想”，离开万人瞩目的舞台。

“超女”的主持人在说到“现在进入紧张的 PK 阶段”时，现场气氛紧张而凝重，评委和观众的目光都迅速集中于两位“PK 女”的身上。此时，她们的神经处于高度的紧张状态，因为她们的“超女梦”还没有实现，在她们的

① 徐兰兰：《〈超级女声〉现象解读》，四川大学硕士学位论文，2006 年。

② 杜骏飞、袁光锋：《选秀：庄严的嬉戏》，广州：中山大学出版社 2008 年版，第 194 ~ 195 页。

心中都有着极其强烈的晋级欲望以及渴望成为万人瞩目的焦点的想法。如果PK失败就会离开舞台，与梦想失之交臂，同时也会成为失败的“代名词”。PK环节无疑已经成为社会竞争的隐喻，“胜者为王”亦是不变的真理。“在超女最后的晋级赛中，最吸引眼球的恰恰是PK台上的残酷对决，败者的隐喻性死亡（以及临终前的悲恸）正是看客们欢呼的源泉。当然，这一切的悲剧似乎是已经经过闹剧‘扬弃’之后的‘螺旋式回归’；死亡不再惨烈，而是过于草率，甚至荒谬，因为死亡（处死）的逻辑纷乱不堪。”① “超女”实行的PK淘汰制，给“真人秀”节目带来了游戏意味的同时，更多的是残酷，因为站在PK台上的“两女”较量，隐喻了社会竞争的无处不在，这也是中国改革开放之后经济发展的必然趋势，有竞争才有进步。

PK环节激发了观众积极参与的热情，因为在层层晋级赛中，留在舞台上的“超女”都身经百战、实力超群。观众为了能够留住自己喜欢的选手，就会积极参与，以发送手机短信的方式来支持自己所喜爱的参赛选手，即“喜欢她就用短信留住她”。当然，紧张、刺激且惊险的PK环节也是集中煽情的机会，选手通过发表感言来进行最后的拉票，希望自己能够获得晋级的机会，在袒露自己心声时、真情流露的瞬间，让人潸然泪下，同时电视工作者在选手发表感言时，会放出催人泪下的音乐来刺激观众的情感细胞。舞台下粉丝的泣不成声以及评委的无奈表情，给竞争环节增添了人情味。但是残酷的比赛注定要有人离开舞台。“超女”残酷的PK宛若当今社会激烈的竞争，“挑战无处不在、竞争无处不在”成为对社会转型的注解。凡是能够在当今社会拥有一席之地的人，必然拥有与同行/对手竞争的资本，能够在PK中夺取胜利的资本。

（三）粉丝：大众狂欢与群体认同

在早期的传播受众研究中，受众一直被认为处于被动的状态/位置。由大众传媒发出的信息就如子弹击中躯体、药剂注入皮肤一样。随着人们对受众的了解与研究发现，受众并不是被动的信息接收者，他们会根据自己的需要来选择接收与储存信息，我们接触媒介的行为也是使自己获取信息的过程。后现代社会的到来，大众已经不再满足于简单地接受信息，而是积极主动地参与到信息的生产/制造的过程中，并成为抵抗和颠覆“霸权”传播者地位的重要力量。“超女”的受众群体中对“超女”的表演极度热爱、迷恋的人形成了“超女粉丝”。“粉丝”一词由英文“fans”音译而来，主要是指体育、电影和音乐等的爱好者，纯粹属于典型的“追星族”。“超女”比赛的过程中形成了大量的粉丝团体，他们是“超女”奇观中最活跃的元素/因子，他们声势浩大，加剧了“造星”的进程，“他们有组织地支持某一名选手，进行拉

① 杜骏飞、袁光锋：《选秀：庄严的嬉戏》，广州：中山大学出版社2008年版，第193页。

票、宣传和鼓劲等活动，并且这些不同的粉丝团体都给自己起了个名字，例如，李宇春的粉丝叫‘玉米’，周笔畅的粉丝叫‘笔迷’，张靓颖的粉丝叫‘凉粉’，何洁的粉丝叫‘盒饭’等等”①。

偶像崇拜是自古而来的社会心理现象，它通过人们对某一人物被夸大了的社会认知的崇拜而产生光环效应，将其言行举止加以神圣化并神秘化。② 人们会在潜意识之中模仿自己所崇拜的偶像，甚至认同他们的价值观和行为方式。“超女”作为自下而上的民间文化，挑战和质疑了精英文化霸权，形成了声势浩大的草根文化。在这场大众文化场域与媒介场域的相互角力中，“粉丝”推动了大众造星的进程。在“超女”的比赛现场，我们会看到“玉米”、“笔迷”或“凉粉”挥舞着手中的荧光棒，疯狂地呐喊，为自己偶像的晋级喜极而泣。粉丝群体，已经成为众目睽睽之下的媒介事件，他们追星的过程不断地被媒介放大，成为一种媒介/文化景观：舞台下疯狂地呐喊，为偶像而穿梭于各大城市，他们彼此都不认识，但是为了共同的偶像而群聚在一起。他们在偶像身上不断地寻找自己的影子，加深群体认同与归属感，大多的粉丝都认为自己与偶像之间或多或少的都有着某种相同之处，偶像得到的认可，其实就是社会对“自我”的认同。娱乐文化的粉丝以“80、90后”为主，他们年轻，对社会具有反叛的心理，他们喜欢逃避现实，他们因共同的偶像而组织在一起，形成粉丝团体，加强了情感的沟通。粉丝具有极强的“本体意识”，在为偶像疯狂的同时，“自我张扬”也是他们的鲜明特性。粉丝去追星不仅仅是为偶像，也是为自己去张扬青春与个性。

二、跨属狂欢：酷儿理论、两性融合与审美颠覆

“酷儿理论”是音译“queer”而来，它起源于同性恋运动，但很快超越了同性恋的关注范围，对主体性、性、再现之间的关系提出了激进的反思，形成了为少数人群“正名”、解构性属二元对立的性与性别理论。“酷儿这一概念作为对一种社会群体的指称，包括了所有在性倾向方面与主流文化和占统治地位的社会性别规范或性规范不符的人。”③ 酷儿理论挑战了异性恋霸权，打破了男性、女性泾渭分明的认知模式，自觉地跨越了性别属性，消解了处于中心地位的二元对立的性属结构，建构了“雌雄难辨”的跨属（跨越性属）狂欢。酷儿理论与后现代理论在文化症候方面有许多搭接与关联之处，凸显了去中心化、解构主义的文化特质。

“超女”成功打造了一批中性气质的歌手，2005年中性装扮的李宇春问

① 周宪、刘康主编：《中国当代传媒文化研究》，北京：北京大学出版社2011年版，第98页。

② 岳晓东、严飞：《青少年偶像崇拜系列综述（之一）——偶像崇拜的年龄差异》，《青年研究》2007年第3期。

③ 王一川、张洪忠、林玮：《我国大学生中外文化符号观调查》，《当代文坛》2010年第6期。

鼎冠军的宝座，她名气非凡，红透中国，并迅速登上美国《时代周刊》亚洲版封面，美国 TODAY 和英国 BBC 等国际媒体也纷纷对其进行专题报道，使其蜚声国际。亚军周笔畅也是一位非常中性化的女孩。2006 年总冠军尚雯婕的中性气质也是如此。“中国传统的审美标准是以男性为主体的，丰胸、翘臀、纤腰都成为美女的必备因素，而高跟鞋、超短裙、紧身衣是女性的着装标准。”① 以“李宇春”为代表的“超女”变革了传统的审美观念，使原本清晰可见的两性界限趋于模糊与消融，两性融合已经成为后现代社会审美观念的新潮。“超女”奇观作为媒介与文化相融合的场域，充满了冲突与矛盾，性属的二元对立与酷儿理论、中心与边缘等相互对峙、冲突与斗争，粉丝群体心中展现的女性形象——中性气质呼之欲出，挑战了中国男权的主流文化。

电视媒介通过奇观化地呈现“跨属”狂欢，吸引了电视观众，抓住了他们的注意力，从而获得较高的收视率。电视媒介通过其教化功能，提高了人们对“跨属”的认同机制，并使“两性融合”的特质成为一种常态的文化认知，降低了人们对性属二元对立的权威再现与区分能力，颠覆了传统美学的底线。“跨属狂欢”，即跨越性别的狂欢，包含了女性气质的男孩和男性气质的女孩。“电视娱乐节目中有男性女性化，主要的代表如上海东方卫视的《我型我秀》节目的师洋、《加油！好男儿》的向鼎和湖南卫视《快乐男声》的魏晨。这三者完全颠覆了人们对于男性角色的社会预期，在电视中狂欢化地展现男性身上的女性气质。或者用分辨不出性别特质的外貌来展示一向为霸权男性气质所尊崇的粗犷与阳刚的生存空间的消失，或者用沉静温柔的性格占据了男性气质的某种可能性。无论哪种表现形式，都是对霸权男性气质的颠覆。”② 这些凸显“跨属”性质的“花美男”大都生活在时尚的潮流之中，通过树立特立独行的外在形象引起社会的关注，引领了时尚新潮。关于女性男性化的典型事例非李宇春莫属。李宇春作为大众偶像，迎合了受众的心理认知，成为特定的社会语境中的一种审美取向。李宇春能够持续走红，凸显在把李宇春作为品牌形象的包装上。在成为 2005 年的总冠军之后，李宇春立刻成为众多广告的代言人，并保持了她中性的形象与风格。李宇春中性形象的品牌包装使“泡沫论”的选秀节目终成泡影，同样作为大众偶像的《星光大道》的马广福、江苏卫视《绝对唱响》的朱洁都没有成为选秀的偶像符码，在竞争的浪潮中很快隐退与消失。

李宇春作为“真人秀”节目成功者的一个典型，已经成为一种媒介现象，延伸到了审美、文化和思想等领域。她中性的形象包装颠覆了传统女人的“漂亮”、“妩媚”和“娇柔”，形成了风格鲜明的“帅气”、“酷”及“潇洒”

---

① 周宪、刘康主编：《中国当代传媒文化研究》，北京：北京大学出版社 2011 年版，第 91 页。

② 吕鹏：《消费社会背景下的电视娱乐节目与男性气质》，《现代传播（中国传媒大学学报）》2011 年第 6 期。

的形象特色，凸显了观众在收看时审美心理欲望的投射，促成了影像、虚拟、真实和情景的完美结合。李宇春作为一个后现代社会偶像的符码，消解了传统的审美标准，建构了人类新的审美取向——中性美。“中性美在娱乐市场上比较畅销，这是客观存在的。多样化的审美心理较之从前的单一标准，更符合现代人的心态，这是青年亚文化的表现。”① 女性在巨大的压力与竞争面前，没有特殊的优势，为了生存必须付出百倍的努力来获得社会的认可。在工作中能够与男性相提并论的女性，往往必须放弃自我，寻找跨性的空间认同，所以女性中性化是社会竞争导致的必然结果。

“超女”在掀起一场前所未有的娱乐狂欢的同时，引领了新一轮的时尚消费——偶像消费。“超女”和其他选秀节目一样通过制造偶像来提高收视率，加深群体认同感。消费偶像成为“超女”获得经济利益的重要推动力。“消费偶像概念最早是德国学者列奥·洛文塔尔在20世纪60年代提出的……洛文塔尔发现，在1920年之前，美国杂志上报道的人物以生产偶像居多，而在1940年之后，消费偶像占据了大多数。洛文塔尔分析认为，消费偶像逐渐取代生产偶像也是一个历史趋势，它反映了美国资本主义社会从注重个人奋斗和生产发展向消费社会转变。”② 现如今，我们身处一个充满了消费的时代，“超女”也必然成为消费品。观众通过观看比赛消费了电视产品，以发送手机短信的方式付出了一定的费用，同时还通过购买偶像的唱片进行消费。李宇春在成功夺取冠军之时，预示了将会引爆一场时尚风潮，她的着装打扮成为粉丝竞相模仿的对象，化妆品、包包、衣服以及首饰都成为大家谈论的对象，不少粉丝还会通过购买与偶像相同的消费品，以期获得偶像的认同，实现与偶像达成一致的心理期待。

“超女”捧红了中性气质的李宇春，使她获得了极高的声誉和地位。李宇春作为平民偶像的符码，在六年的发展中引导了社会基本价值观念的变化，已成为一种文化现象，成为媒介文化的奇观。李宇春的大获成功，完成了“跨属”的成功转变，预示了后现代社会新的审美标准——中性美的来临，质疑并挑战了当代男权文化的“中心地位”，解构了性属二元对立的性别认识论，建构了两性相互融合的性别表现形态，架构了“去中心化”、“边缘化”的文化审美，促成了男性/女性气质的变更，加速了权力再生产的过程/进程。

三、大众+投票=民主？

“超女”能够吸引大众参与的重要环节在于短信投票，这种方式使节目保持了很强的互动性，大众拥有了掌握选手命运的权利，话语权在精英与大众

---

① 杜骏飞、袁光锋：《选秀：庄严的嬉戏》，广州：中山大学出版社2008年版，第144页。

② 周宪、刘康主编：《中国当代传媒文化研究》，北京：北京大学出版社2011年版，第90页。

之间的位移，彰显了大众拥有至高无上的地位。话语权，是公民权利的一种，即通过新闻媒介公开发表自己意见的权利。大众传媒由单向传播向双向/互动传播的转变，导致了话语权的逐步扁平化，大众拥有了部分话语权。“超女”作为一场透明化、互动性和公开性的选秀节目，大众在拥有投票权利的基础上，是否就真正掌握了话语权，是否真正意味着民主的来临呢？

（一）投票机制引发的民主争议

“超女”为了吸引更多的人来收看、关注和参与这场平民选秀的奇观景象，采用了大众投票的方式，把观众摆在了“主导性”的位置上，调动了收视积极性和投票的主动性。在PK的现场，大众评审掌握着话语权，通过自己的投票来抉择舞台上的“王者”。最吸引人的当属短信投票，即“拇指”话语权，观众可以通过发短信的方式来支持自己喜爱的“超女”。主持人用极具感染力和穿透力的语言“你们的投票将会决定选手的去留”、“喜欢她就用短信留住她”等来吸引观众投票，主持人的这种表达方式迎合了受众渴望拥有或掌握话语权的心理。“超女”的投票机制让大众掌握了话语权，也意味着民众拥有了民主与平等的权利。针对这一现象，中国人民大学新闻学院喻国明教授认为“毕竟中国能够实际的完全用投票的方式进行选择的机会比较少，而中国人已经普遍地接受了‘民主’、‘平等’的观念。有了这种基本理念，总要通过某种方式释放出来，体现到生活里面。而《超级女声》的竞选提供了这样的一种可能性，而且是相对透明的游戏规则，使人们对自己的投票结果有自信”①。观众投票成为民主的预演与操练，大众投票被贴上了民主的标签。美国的《时代周刊》在对“超女”给予更多关注的同时，认为该节目具有了民主的模式。

关于“超女”带来的民主与公平，有人则持相反意见。湖南师范大学蔡骐教授认为，“‘超级女声’名义上倡导民主，可是它以花钱投票的方式将大多数的经济上并不宽裕的民众拒之于门外。它所做的只是在表面上解构了性别本质主义，其实质却是刺激了新一轮的时尚消费。这样看来，‘超级女声’并没有体现所谓政治上的民主及解放，反之，它更能代表的是大众文化与市场的共谋”②。周培勤认为，“‘超女’虽然是选举产生的，实际上只是借着民主的壳子进行的一场游戏，与民主的实质相差甚远。以‘超女’的投票方式为例，投票规则的制定是为了确保主办方短信的受益，而不是为了保障民主的实现”③。

我们认为，“超女”的投票机制只是一场为了吸引观众参与、获得更高收

① 赵继承：《超级女声：一场大众文化对精英文化的反动》，《新京报》，2005年8月20日。

② 蔡骐：《“超级女声”的媒体神话》，《新闻与写作》2006年第7期。

③ 周宪、刘康主编：《中国当代传媒文化研究》，北京：北京大学出版社2011年版，第88～89页。

视率的让大众为之狂欢的游戏，尚未真正体现出民主。“超女”背后胶着着媒体与企业各方利益，民主的外壳只是为了达成利益而实施的一种手段。不论是海选还是大众的积极投票，“超女”宣扬的民主纯粹是一种虚假的文化表象。

（二）民主表象：媒体与企业的合谋

“超女”为平民女子搭建了通向明星城堡的舞台，制造了诸如李宇春、周笔畅等平民偶像，以空前的比赛规格以及参与程度吸引了亿万观众集体娱乐狂欢，建构了蔚为壮观的奇观景象。同时也为湖南广电集团以及蒙牛乳业集团带来了可观的收益。“超女”成为使经济链条高速运转的润滑剂，形成了“超女产业链”，在这个链条上各方利益得到了满足。湖南广电集团与蒙牛乳业集团的合作可谓是天作之合，充分运用了整合影响的传播手段，凝聚了广告、促销、包装和品牌等传播策略，使“超女”创下了电视娱乐节目的经济神话。

湖南广电集团作为“超女”的制造商，获得了巨大的收益。2005 年蒙牛乳业花费了 1 400 万元，获得了冠名权，并且之后继续投入了 8 000 万元，宣传“超女”赛事。2006 年“超女”的冠名费用提高到了 6 000 万元，这笔高额费用为湖南广电集团注入了经济/收益泉水。“超女”作为奇观社会的文化/经济现象，“区分了完全被动式的消费理念，因为这种理念完全是对人类潜在创造力和想象力的异化。奇观社会以广告为中心，遵循媒体文化被高度商业化的原则，通过休闲、消费、服务和娱乐的机制来不断扩展其影响力。向奇观社会的结构性转变实质上既是社会生活原有的、未被侵蚀的领域被迫接受商业化的过程，又是对休闲、欲望和日常生活领域进行官僚主义式的控制逐渐扩展的过程”①。“超女”的火爆引发了湖南卫视广告费用的急速升温，“超女”赛事的广告价格是 15 秒 2 万元，总决赛的价格升为 15 秒 4.5 万元。据估计，2005 年“超女”的广告费用达到了 3 000 万元，2006 年“超女”的广告营销超过了 2 亿元。短信投票也为湖南广电集团的收益增色颇多，每条短信 1 元钱，“超女”的支持率空前绝后，以 2005 年超女的前三甲为例，李宇春总决赛获得了 352 万的票数，周笔畅获得了 327 万，张靓颖获得了 135 万，这些收益使湖南卫视的经济收入再上新台阶。

获得冠名权的蒙牛乳业集团在巨额的投资中也获得了巨大的回报，“超女”活动开始后 20 天，库存变为零。2005 年上半年，蒙牛酸酸乳在全国的销售额比去年同期增长了 300%，销售总额从 2004 年的 7 亿元飙升为 30 亿元。不仅仅是湖南广电集团与蒙牛乳业集团从中受益，天娱传媒在经营“超女”

---

① ［美］道格拉斯·凯尔纳著，史安斌译：《媒体奇观——当代美国社会文化透视》，北京：清华大学出版社 2003 年版，第 3 页。

的品牌中也获得了可观的收入。

“超女”倡导的“民主”背后牵扯着众多利益，媒体、企业等各方利益的相互胶着，使民主充满了内在颠覆性、自我否定的色彩。“超女”的投票机制其实就是有钱人的一种游戏，由有钱人牢牢操控着游戏规则。“超女”票数的神话其实就是经济操纵的必然结果，“超女”的“民主”离真正的民主还相差甚远。

第三章

狂欢的世界——自我消费奇观

步入21世纪的中国电视迎来了一个完全属于自我的世界，《超级女声》、《快乐男生》、《加油！好男儿》、《梦想中国》和《中国达人秀》等以打造平民偶像为主旨的电视娱乐节目在电视文化中占据了重要的位置，并以汹涌澎湃之势席卷中华大地，瞬间演化为平民造星奇观。2009年底山东卫视的《爱情来敲门》以及2010年湖南卫视的《我们约会吧》、江苏卫视的《非诚勿扰》劲爆登场，开启了电视婚恋节目的新时代。一度处于私密的婚恋观念在电视荧屏的魅惑下，成为众目睽睽下的热点话题。每个相亲故事的“主角”在电视“全息镜像”的烛照和映射下谈论自己的婚恋观念，表现出个性、开放和张扬等特点，呈现了“自我欲望”不断膨胀的消费世界。

中国教育一频道《职来职往》以及天津卫视《非你莫属》的热播，给人们搭建了一个求职应聘的舞台。原本严肃的求职被冠以职场“真人秀”的名头，引来了各式各样的应聘者和职场达人。电视职场节目已经超出应聘求职的范围，成为展示“自我”的传播载体。应聘者、职场达人/boss及广告商等各环节的“主角”都以不同的形式上映了数场“自我消费”的文化展演。无疑，“婚恋秀”、“职场秀”电视节目在建构多元竞合的文化场域的同时，反映出各主体性文化元素张扬个性、表现自我的心理特征。在这个随处彰显消费的时代，“自我消费”已在电视娱乐的狂欢中演变为一种媒体奇观现象。

第一节　婚恋交友奇观——“剩时代”的电视宣言

有人将2010年定为“电视相亲元年”，以婚恋交友为主题的《我们约会吧》、《非诚勿扰》和《称心如意》的热播成为2010年的媒介事件。婚恋交友类节目成为人们茶余饭后的主要话题，诸如对“宝马女”马诺、“豪宅女”朱真芳等相亲人物评头论足，探讨她们在舞台上所宣扬的婚恋观、价值观和人生观。“婚恋交友类节目是指未婚男女双方通过电视节目进行配对或者交友，在节目中每个人都有选择另一半的权利，通过这种选择和被选择，确定与对方配对成为情侣或相识成为朋友。”①

一、影像与现实：渐行渐远的交错

景观是一场永久的鸦片战争。它力图使物品与商品、真正的满足与依据其自身逻辑不断提高的生存需要的满足的区分变得不可能。

——居伊·德波（《景观社会》）

流光溢彩的方寸荧屏上，十二位俊男靓女如同十二朵灿烂的玫瑰，正在进行一场青春的约会，或谈笑风生，美目盼兮；或妙语连珠，巧笑倩兮；或轻歌曼舞，如梦如幻。这便是湖南卫视《玫瑰之约》定格在电视观众印象深处的经典画面。它的开播，似一股清风迎面拂来，令人耳目一新，迅速成为人们街谈巷议的热门话题，创下了湖南卫视的收视奇迹，掀起了一股“玫瑰狂潮”②。

《玫瑰之约》在电视荧屏上产生了强大的示范效应，以之为模板，婚恋节目在全国各地遍地开花，迅速形成了一场声势浩大的相亲热。1999 年是婚恋节目热的巅峰之年，20 多个同类栏目遍布各地各级电视台，且大都占据了周末晚间的黄金时段。最多时全国共有 30 多个同类栏目。北有《今晚我们相识》（北京电视台）、《浪漫久久》（北京有线二台）、《心心广场》（河北电视台），南有《真情相约》（福建有线电视台）、《男女当婚》（海南电视台），西有《好男好女》（陕西电视台）、《缘分天空》（重庆电视台）、《香江玫瑰》（四川电视台），东有《今日有约》（山东电视台）、《相约星期六》（上海东方电视台）、《相思树下》（武汉有线电视台），中有《谁让你心动》（河南电视台），婚恋节目呈席卷之势。婚恋节目热播持续数年，其鼎盛之时甚至出现了由几个电视台联合打造强档婚恋节目的奇观：北京有线电视台的《浪漫久久》、辽宁电视台的《一见倾心》、河北电视台的《心心广场》、山东电视台的《今日有约》和湖北台的《今夜情缘》等婚恋节目的主持人和各地征婚的青年男女汇聚到北京，共同制作特别节目《北京浪漫之旅》。

《玫瑰之约》的影响不止于电视领域，它还启发了一批同类广播节目。如衡阳人民广播电台的《都是有缘人》从节目定位到环节设置上都效仿了《玫瑰之约》：每期 8 位男女嘉宾、各自的亲友团、一定数量的现场观众构成节目主体，通过有缘相见、有缘问答、有缘表现和有缘牵手四个环节进行情感交流和确认，以现场直播方式播出，增加了节目的真实性，使得原本临界与边

① 张羽洁、王勇：《从〈玫瑰之约〉到〈非诚勿扰〉——试析婚恋交友类节目的成功之道》，《新闻世界》2010 年第 7 期。

② 《玫瑰之约》栏目介绍，http：//www. hunantv. com/block/rose/jieshao. htm.

缘化的相亲节目逐渐走入人们的生活，提高了节目的影响力。

一时间，适龄男女纷纷选择当地婚恋节目来寻找合适的对象。电视相亲成为人们解决婚恋问题的一个有效途径。“以《玫瑰之约》为例，该节目持续播出 8 年后才停播。参与节目的约有 5 000 人左右，相亲成功率大概在 15%。”① 据栏目组统计，开播 5 年中，2 500 多名各行各业的优秀男女在《玫瑰之约》舞台亮相。600 多对嘉宾现场配对成功，200 多对嘉宾携手走进了婚姻的殿堂。

《玫瑰之约》创办于 1998 年。在凤凰卫视《非常男女》的启迪和湖南卫视娱乐品牌的定位策略下，该栏目通过自由报名和筛选确定 12 名男女嘉宾，并采取一对一形式设置现场环节。每期节目由四个板块构成，即玫瑰印象、玫瑰话题、玫瑰问答和玫瑰派对。场上嘉宾通过特定的话题展示个性，交流情感，展示爱情观，并向心仪的对象提出问题。现场参与的除了普通观众还有亲友团，男女嘉宾在即将作出决定前分别征求亲友团意见。最后，彼此中意的男女嘉宾现场牵手以示配对成功。

1999 年起，《玫瑰之约》将节目录制现场延伸至户外，并转战各地，制作了北京首钢专辑、大庆专辑、桂林专辑、海南专辑、庐山专辑、云南专辑、吉林专辑、镇江专辑、井冈山专辑、惠州专辑和新疆专辑等 40 多期外地专辑，其收视率居高不下。尤其在 2002 年，“请进来 · 走出去”的次数达到了一个前所未有的高峰，上半年就已经成功录制了外景节目 11 期，其中有展现城市风貌的“牵手鹤城——齐齐哈尔特辑”，展现企业风采的“宁波吉利特辑”、“广州华凌特辑”，表现老区风采的“江西安源特辑”，展现山水风光的“大围山特辑”、“成都碧峰峡特辑”和为迎接党的十六大而专门制作的“红色之旅”等，在拍摄当地都引起了热烈的反响，受到空前的欢迎。七月酷暑，录制现场的观众仍有数千人之多，其场面之宏大，令人吃惊，而节目播出后效果非常好，收视率也名列前茅。

《玫瑰之约》的嘉宾并不仅限于单身青年男女，还面向单亲家庭、重新择偶的中年男女以及需要婚恋的老年人。1998 年至 2003 年是《玫瑰之约》的鼎盛期，在这一时期，各地电视台竞相模仿，婚恋类节目收视率居高不下。电视婚恋类节目成为一个人们恋爱、婚配的全新的交际平台。一对一的模式持续到 2003 年。2003 年 7 月，栏目组推出“红丝带”特别节目，打破一对一配对，上演“九男追一女”的真实场景。9 月，因大多数观众质疑节目“走秀”而停播整改。2004 年 7 月，新版《玫瑰之约》重出江湖，栏目主题由“婚恋”改为“交友”，栏目嘉宾由大众细化为都市白领，栏目模式由一对一改为三男追一女，主持人也换成汪涵和郑慧琳、艾艳两人构成的红白玫瑰搭档。

---

① 钱梅：《刍议电视相亲节目的“卷土重来”》，《新闻界》2010 年第 2 期。

2005年，在《超级女声》及韩剧《大长今》的铺天盖地的播出之势下，《玫瑰之约》最终停播。

《玫瑰之约》并非内地婚恋栏目之先河。在它之前，1988年，山西电视台以一档《电视红娘》在荧屏上掀起波澜。参加节目的嘉宾大多羞涩、紧张，按套路背诵征婚广告词，试图借助电视平台找到一个温馨的家。栏目的现实诉求简单明确，即给未婚男女“牵红线”。栏目风格质朴、平实，并未引起过多关注。1998年，凤凰卫视《非常男女》在内地播出，它轻松活泼和时尚尖锐的风格很快受到关注，一时间年轻人以收看该栏目为时尚。

《非常男女》由风趣的胡瓜、高怡平主持，分五个板块：一见钟情、非常话题、二见钟情、老实说和非常速配。男女嘉宾在主持人轻松幽默的引导下就爱情、婚姻乃至两性等较为敏感的话题进行深度交流。该栏目收视情况良好，且在业界得到肯定，曾三度获奖。它被视作《玫瑰之约》的母体。《玫瑰之约》制片人刘蕾曾这样描述当时办节目的初衷，“当时，就是首次运用娱乐化的方式，给未婚男女提供一个表现自己、寻找缘分的机会”①。

令人遗憾的是，全国各地的婚恋节目大都模仿了《玫瑰之约》的形式，风格雷同，节目同质化现象严重，缺乏更进一步的创新和突破。如北京电视台《今晚我们相识》设定的自报家门、谁令你心动、龙凤斗法、旁敲侧击和花落谁家等板块，与玫瑰印象、玫瑰话题、玫瑰问答和玫瑰派对大同小异，其发展后期也模仿《玫瑰之约》采取内景与外景相结合的方式。这样的状况导致婚恋节目在迅速火爆后很快衰退：北京电视台的《今晚我们相识》、广州电视台的《屏中缘》和湖北电视台的《今夜情缘》相继淡出荧屏，2003年，《非常男女》也宣告结束。

在这场轰轰烈烈的电视媒体奇观中，众多婚恋栏目因大胆创新、突破“电视红娘”的陈规旧套而崭露头角，人们的官能欲望被激起，展现自我、娱乐自我的膨胀的消费欲望已逐渐显现，电视娱乐也开始以狂欢的力量登上荧屏。但在发展过程中摇摆于现实诉求与娱乐风格两极而迅速衰退：男女嘉宾和主持人都有成功配对的目的，以不逾越传统规训为边界，显得含蓄、保守，几乎不涉及敏感话题，导致其风格沉闷；其娱乐环节的设置又招致观众对其作秀的质疑。于是，这一场短暂却轰轰烈烈的“玫瑰”奇观以现实婚配诉求与娱乐风格的结合开始，最终因在娱乐与现实的交错中迷失方向而草草收场。

二、幻想与真理：混淆错乱的较量

但是，对于影像胜过实物、副本胜过原本、表象胜过现实、外貌胜过本质的现在这个时代……只有幻想才是神圣的，而真理，却反而被认为是非神

---

① 钱梅：《刍议电视相亲节目的“卷土重来”》，《新闻界》2010年第2期。

圣的。

——费尔巴哈:《基督教的本质》第二版序言

(一)《爱情来敲门》:相亲之争的开端

始于20世纪90年代的电视相亲节目在“平民选秀”的浪潮中逐渐沉寂,选秀盛况可谓愈演愈烈。《超级女声》、《快乐男生》、《梦想中国》和《非常6+1》等娱乐节目渐次流行,同质化、庸俗化的电视选秀逐渐麻痹了人们的神经、左右了人们的思想,一时间“海选”、“PK”、“偶像”和“粉丝”等流行新词渐入眼帘,成为大众文化的时代性标签与符码。2009年12月19日山东卫视推出了婚恋交友节目《爱情来敲门》,节目以“游戏化”和“故事化”的叙事方式多角度阐释了电视相亲文本的文化意义。年轻艺人和生活情侣交相混杂的相亲派对或组合在游戏规则的指引下进行相互选择,“男选女”、“第一次亲密接触”、“女选男”和“再次考验”等游戏环节,增加了节目的趣味性与娱乐性,也成为节目的主要看点。

《爱情来敲门》采用国内最前沿的娱乐方式——游戏性,对节目进行完美的安排与策划,突显了电视镜像天衣无缝的故事化阐述。五位女嘉宾妩媚的出场引来现场一片尖叫,她们职业纷呈、性格迥异。五位魅力十足的男嘉宾也不逊色,各个都“身怀绝技”。五男五女在参与节目组制定的游戏规则中绽放自我魅力。此时,我们已经能够感觉到年轻人在面对爱情、面对婚姻时的那份豁达、坦荡和自信,对父辈矜持的婚恋观进行了强大的解构。电视相亲彰显了大众文化的繁荣,消解了中心话语、中心秩序的规则。

《爱情来敲门》汇集了游戏节目的喧嚣热闹与爱情节目的真情实感,舞台、灯光、音乐和道具等各种游戏元素交相混合。外表帅气、语言诙谐的节目主持人大兵在现场起到了点拨、引导与控制的作用,成为舞台上一道美好的风景线。逼真的游戏设计、虚饰的情感释放和幻想的真理交织共同构筑了视觉艺术与社会心理重叠交错的文化场域。沉浸于幻象世界的电视观众已很难分辨出“真实”与“虚构”之间的界限,二者多元渗透、交叉融合和相互融通,带给人们视听的错乱感。

《爱情来敲门》中的男女嘉宾直言不讳地表达自己的择偶标准,诸如对另一半的外貌、家庭和职业等的要求,张扬抑或大胆的表达成为电视婚恋节目秀的重要表述策略,迎合了年轻人个性、时尚、前卫和新潮的心理特性。他们敢于在众人面前互相接触,以往含蓄的恋爱观念化作泡影,俊男靓女在舞台上的自信与坦荡留在了观众的心里。《爱情来敲门》作为一档婚恋/相亲类节目,已远远超出了早期的《玫瑰之约》、《今晚我们相识》和《浪漫久久》等节目形态,开启了电视相亲的新时代。湖南卫视的《我们约会吧》、江苏卫视的《非诚勿扰》的恢弘上映,把电视婚恋节目推向了高潮,尤其是《非诚勿扰》的热播不仅仅给电视行业提供了新的思考，也对诸如文学、艺术等领域提出了新的方向。《爱情来敲门》在播出了一年之后于2010年12月21日退出江湖，笔者认为，原因有三：一是由于《我们约会吧》与《非诚勿扰》的强势出击，使其难以抵挡；二是因为男女嘉宾身份的真实性遭遇诟病与质疑；三是因为节目定位不够清晰。

（二）《非诚勿扰》：相亲奇观的高潮

电视相亲类节目经过数度转变，掀起了蔚为壮观的收视热潮，形成了电视奇观。2010年江苏卫视《非诚勿扰》的横空出世开启了电视相亲向新派交友的转变，于是电视交友节目刮起了一阵飓风，对中国社会产生了极大的影响。各种消费元素在《非诚勿扰》的舞台上相互内爆，并成为当下的一种新潮与流行，瞬间演化为媒体奇观。"奇观"或"媒体奇观"来源于"景观"这一文化母体，是法国社会学家居伊·德波在《景观社会》一书中提出的标志性概念，景观被认为是"一种展现出来的可视的景色、景象，也指一种主体性的、有意识的表演或作秀"①。江苏卫视的《非诚勿扰》、湖南卫视的《我们约会吧》、浙江卫视的《为爱向前冲》和安徽卫视的《相亲赢未来》等新派交友节目以"真人秀"的表现形式，诠释了"镜像+真人+表演+婚恋"的相亲新模式。美貌如花的单身女生、才华横溢的相亲直男以及个性鲜明的"相亲红娘"和犀利幽默的心理专家都通过镜像的阐释来演绎自己的角色，建构了相亲/婚恋奇观。显然，表演/作秀篡夺了相亲/婚恋的主体地位，一跃成为电视相亲舞台上的主体架构与核心元素，相亲/婚恋这一永恒的生活主题也逐渐沦为"秀场"可悲的附属品。

《非诚勿扰》是江苏卫视2010年1月15日推出的一档新派交友类节目，以"只创造邂逅、不包办爱情"为其创新的诉求点，节目一问世就受到了人们的热捧，稳居卫视收视率的头把交椅，2010年3月28日播出的第15期节目以2.82%的收视率，一举成为周末节目的收视冠军，之后收视率更是节节攀升，更让人震惊的是2010年6月6日播出的第34期节目收视率竟达到了4.53%，有赶超《新闻联播》之势，成为卫视收视神话的象征与典范。国家广电总局于2010年6月9日下发规范婚恋交友类节目的管理通知，要求整治相亲类节目的低俗之风，《非诚勿扰》名列其中。随后，《非诚勿扰》的收视率逐渐滑坡。

《非诚勿扰》之所以能够受到如此之高的关注，很大程度上归因于节目的外化形式及内在蕴涵。

1. 外化形式：表演的秀场

华丽的舞台、刺激的音乐、缜密的规则、靓丽的女生、幽默的主持、犀

---

① ［法］居伊·德波著，王昭凤译：《景观社会》，南京：南京大学出版社2006年版，第2页。

利的嘉宾以及狂欢的观众无不刺激人们无限的欲望。在激情的“频道声”“欢迎来到江苏卫视，随心而乐，步步高音乐手机，《非诚勿扰》，有请主持人孟非”脱口而出时，镜头通过“全知”视角的表达，对T形舞台进行了全景式勾描，同时也拉开了一场华丽视听盛宴的帷幕，主持人“孟非从一扇充满神秘色彩的缓慢开启的门中出现，镜头自下而上摇摄，直到观众的喧闹声、掌声、强劲的音乐伴奏合鸣共响，气氛顿起，画面定格在孟非严肃的表情和强光照射的充满戏谑的光头上”①。随后，“有请24位美丽的单身女生”一声令下，24位气质各异的佳丽和着艾薇儿的《Girl friend》的节拍鱼贯而出，唏嘘声、喧哗声和鼓掌声更是不绝于耳。24位美貌如花的女嘉宾职业多样、性格各异、生活多彩，在镁光灯的烛照与映射之下显得更加动人。她们在一条弧线上等距而立，俨然就是“景观社会”的视觉奇观，足以供人们进行“视觉消费”与“视觉体验”。24位女嘉宾在现场以大胆、惊人的言论进行各式各样的表演。“宝马女”马诺的一句“宁愿坐在宝马车里哭，也不愿坐在自行车上笑”成为大家议论的焦点，也为马诺的走红作了铺垫，另有“豪宅女”朱真芳对自己男友的要求也是极为苛刻，必须有豪宅，甚至连握手都要20万。这些极具戏剧性的话语使《非诚勿扰》的关注度迅速升温。

《非诚勿扰》通过设置“游戏规则”来推动节目的进行，即男生通过“爱之初体验”、“爱之再判断”、“爱之终决选”和“权力逆转”四轮闯关来完成此次相亲，在此期间，女生通过亮灯或灭灯来表示对男嘉宾的认可或否定，如果在“爱之终决选”中所有女嘉宾都灭灯，表示男嘉宾相亲失败。每一环节都配制了不同的音乐来感染观众，诸如在男嘉宾失败时，梁静茹的《可惜不是你》响起，让人在伤感之余为之惋惜。可以说，《非诚勿扰》的音乐设计花费了节目组不少心血，这也为节目的精良制作加分不少。《非诚勿扰》的游戏规则较之于此前的婚恋节目形态，能够凸显出当代电视相亲类节目游戏人生的心理态势，男女嘉宾看似“真实”的演出诠释实质上是处于“拟态化”的虚饰世界中，“真实”与“虚拟”之间相互穿越、相互交叉、相互重叠和相互复写，令人的感官系统错乱不堪。

男嘉宾的出场也是节目的一个亮点，用一句话概括就是华彩亮相要有“明星范”。“镜头同样以缓缓摇摄的方式自下而上地展开，同时与女嘉宾期待、冷眼旁观或是明显失望的充满变幻的面部特写快速切换，音乐声、喧闹声不绝于耳，这样的场景迅速将观众拽进喧哗、神秘和充满变化的视觉空间，其空间叙事的规则截然相异于以往的时间叙事规则。”② 男嘉宾来到节目现场

---

① 赖黎捷、李明海：《仪式·戏剧·欲望——当代电视文化的后现代转向》，《重庆师范大学学报（哲学社会科学版）》2011年第3期。

② 赖黎捷、李明海：《仪式·戏剧·欲望——当代电视文化的后现代转向》，《重庆师范大学学报（哲学社会科学版）》2011年第3期。

之后，通过按键器来选择“心动女生”，而女嘉宾凭借手中的按钮以亮灯或灭灯来表示对男嘉宾的认可或否定。男女嘉宾在进行相互选择的同时，本身就暗含了表演的意味。“正如布尔迪厄所说的那样，‘所谓的选择原则，就是对轰动的、耸人听闻的东西的追求。电视求助于双重意义上的戏剧化，它将某一事件搬上荧屏，制成影像，同时夸大其重要性、严重性、戏剧性及悲剧性的特征。’追求轰动和刺激无疑是消费主义时代电视媒体的首选，甚至为了吸引观众的眼球，它们不惜以引导和夸大的方式去制造轰动效果。因为，轰动就意味着被关注，关注度越高，也就意味着观众量的增加。”①

《非诚勿扰》的点评嘉宾（心理指导老师）光头乐嘉成为节目的一个亮点。乐嘉曾以演讲行走江湖多年，创办了中国性格色彩研究中心，成为中国性格色彩研究的“鼻祖”。乐嘉坐镇《非诚勿扰》，对男女嘉宾的性格与心理进行分析，其点评风格犀利、尖锐而不失幽默。他的光头形象与主持人孟非的光头形象遥相呼应，成为一种可供消费的视觉景观。有人这么评价《非诚勿扰》现场的两位“光头”，“《非诚勿扰》中最引人注目的就属两个光头，一个是沉稳睿智、妙语连珠的主持人孟非，另一个是出语辛辣、判断精准的色彩专家乐嘉。这两个人打破了以往我们对主持人或所谓‘专家’的定义，他们二人丰富的经历、独特的外形和精到的语言已然成为该节目的标志性名牌，成为拉动收视率的增长点”。

无疑，《非诚勿扰》能够迅速走红离不开“真人秀”的表现形式。中国传媒大学教授苗棣认为：“‘真人秀’通过虚拟一个具有强烈戏剧性的人工情境，让普通人在其中尽情发挥表现自我，实现了戏剧性与真实性的结合，打破了传统的‘虚构’叙事与‘非虚构’叙事的藩篱。”②《非诚勿扰》在“真人秀”表现风格的基础上，糅合了戏剧性/故事性的表述策略，建构了一个对情景与结局产生强烈期待的叙事表征，尤其是对场上人物形象的塑造，诸如颠覆传统女人形象的顺从性，建构了新世纪女性的崭新形象，让观众产生了强烈的共鸣与认同感，体验生命的真实感，对命运产生极大的关注。《非诚勿扰》海外专场的开播，更是体现了节目对人性的终极关怀。当然，《非诚勿扰》在国家广电总局对婚恋类节目发出规范通知之后，节目形式稍有调整，以此来适应社会主义文化大发展大繁荣的伟大进程。比如，节目邀请了江苏省委党校的黄菡教授对节目进行价值观的把关，引导“80、90后”树立积极健康的婚恋观与人生观。还有节目的基调也由原来的“新派冲关交友”转向了“生活服务”，但是其“真人秀”的主要表述形态依旧闪耀光芒。

---

① 徐巍：《“非诚勿扰”还是“非钱勿扰”——当电视沦为一场“秀”》，《社会观察》2010年第7期。

② 苗棣：《制作为王：〈非诚勿扰〉的成功之道》，《现代传播（中国传媒大学学报）》2010年第5期。

2. 内在蕴涵：话语的冲突

2010年中国电视荧屏上能够再度刮起相亲的旋风，不仅仅在于节目形式的唯美呈现，也与当下社会“剩男”、“剩女”这一正在剧增的社会群体有重要的关联。进入后工业时代，社会竞争异常激烈与残酷，造就了许多“工作狂”，工作成为他们生活的重要组成部分，甚至是全部。所以与人沟通和交流的时间逐渐减少，成为“异化”的“机器人”。另外，在后现代社会，人们崇尚个性、自由和另类，造就了一批“宅男”和“宅女”，这类人热衷于待在家里，“宅文化”逐渐盛行，它是个人消费的一种象征，瓦解了集体/群体的社会意义。在“工作狂”、“宅男”和“宅女”逐渐增加的趋势下，社会疏离感渐渐增强，消极的逃避取代了积极的交流，两性共同构筑的“婚姻”也就日渐远行，于是“剩男”、“剩女”层出不穷。《非诚勿扰》的热播不仅仅受到“剩男”、“剩女”的青睐，也得到了未婚男女的父辈和祖父辈的关注。在我国，长辈对晚辈婚姻的期待已远远超出了“自我”对婚姻的向往。相亲类节目《非诚勿扰》能够取得较高收视率的原因已昭然若揭。

《非诚勿扰》引起人们争论最多的就是关于相亲现场男女嘉宾的话语竞技与价值冲突。可以说，《非诚勿扰》已经成为“80、90后”价值话语相互冲突、内爆和激荡的文化场域，各种价值观念以竞技的形式展开博弈。曾一度处于私密的婚恋观念在电视荧屏的“全息镜像”的映射之下成为赤裸裸的“交易”。女嘉宾马诺凭借其“我宁愿坐在宝马车里哭，也不愿坐在自行车上笑”的言论，在网络上迅速蹿红，被人们冠以“宝马女”、“拜金女”等不同的称号。拜金主义似乎名正言顺地走向了舞台中央，成为当代青年价值观的一种表征与符码。马诺摇身一变成为话题明星，由原来一个不知名的模特一跃成为二流明星，也因此成为各类访谈节目的嘉宾，并与安徽卫视签署合约。在《非诚勿扰》的现场不仅有马诺，还有“豪宅女”朱真芳、“富二代”刘云超等，他们都以不同的惊人言论冲击了当下的主流价值观，顿时成为人们关注的焦点与谈论的对象。

《非诚勿扰》舞台上那些“语不惊人死不休”的男女嘉宾在吸引人们眼球的同时，也遭到了大家的口诛笔伐，成为人们嗤之以鼻的对象，同时在社会上掀起了讨论婚恋观和价值观的风潮。少数的支持者认为，这些出位的言论是当代青年心理的真实写照，既然是相亲就应该把自己最真实的想法袒露于众，无需遮遮掩掩，否则显得虚伪与矫情。而大多数人持反对态度，婚姻是两情相悦的幸福，不应该建立在金钱的基础之上，尤其是电视媒介应做好做严把关，避免婚恋节目的低俗化。在关于电视婚恋节目低俗化的讨论上，也引来了国家广电总局的一纸限令，对相亲节目进行了规范。可以看出，国家广电总局在对相亲节目的真实性提出要求的同时，更重要的是要求各个电视台对相亲节目进行积极健康的引导，严禁拜金炒作之风在荧屏上盛行。《非诚勿扰》因此进行了多方面改革，诸如邀请了江苏省委党校的黄菡教授进行主流价值观的把控，同时主持人孟非以非常健康的形象在现场点拨、引导与控制，防止低俗之风刺激人们的感官，节目品位逐步提升，与江苏卫视“情感中国”的定位逐步吻合，彰显其“娱乐关怀民生”的时代情怀。

（三）《称心如意》：代际相亲的典范

2010年电视相亲蔚为成风，也使卫视竞争愈演愈烈，电视产业可谓险象环生。竞争的背后难免遭遇各种价值观的冲击，国家广电总局“相亲规范令”的出台，让相亲栏目制造者不得不考虑社会效益。江苏卫视、湖南卫视、浙江卫视和东方卫视等都对其节目进行了适当的调整，江苏卫视的《非诚勿扰》，湖南卫视的《我们约会吧》、《称心如意》，浙江卫视的《婚姻保卫战》和东方卫视的《百里挑一》等相亲节目依然火爆，在电视荧屏上叱咤风云。在这些节目中，湖南卫视在2011年3月9日首播的《称心如意》以“代际相亲”的节目定位，吸引了众人的眼球。节目别出心裁，本土化特色浓重，堪称是我国第一档代际相亲互动节目。

《称心如意》一改昔日男女独自约会的节目形态，提出“带着妈妈来约会”的口号，把电视相亲节目的真实度提高到了新的档位，体现出约会双方对相亲的谨慎与重视。妈妈或爸爸来到现场，一来让父母为子女进行择偶把关，二来对嘉宾自己的言行起到了隐形的约束作用，避免“宝马女”、“豪宅女”等出位的言论戏谑电视公共空间，扰乱社会秩序。

《称心如意》是李湘产子复出后主持的第一个电视节目，李湘主持的转型成为大家关注的焦点。同时“快乐家族”李维嘉鼎力助阵，也为节目增色许多。此时，湖南台同时热播两档电视相亲类节目《我们约会吧》和《称心如意》，引来了社会的质疑，两档节目也陷入了诸如抄袭、主持人PK等问题之争。

尽管《称心如意》体现了父辈对子女婚姻的关注，但仍抵挡不住个性化社会的发展潮流。在这弘扬个性的时代，父母虽然来到现场帮助子女选择相亲对象，但是在节目现场我们经常会听到这样一句话“还是让孩子自己来决定”，也就是说，虽然父母现场助阵增加了节目的气氛，提高了节目的真实性，但是主角依然是“王子”和“公主”，他们在行使自己的权利。《称心如意》在12位单身“公主”的“主位台”后方为她们的妈妈（爸爸）设置了“高台”，不仅仅“公主”们可以通过按键来表示自己对男嘉宾的认可或否定，后台坐镇的妈妈或爸爸也可以通过按键来表达态度。这种节目形式超越了《玫瑰之约》、《非诚勿扰》、《我们约会吧》和《为爱向前冲》等节目的相亲形式，使节目成为代际相亲的典范。男嘉宾的妈妈或爸爸在半空高悬的“密室”里观看儿子在现场表现的同时，也在物色自己未来的儿媳。《称心如意》现场动感镜头推拉摇移、快速切换，糅合着炫彩的灯光、刺激的音乐，仿佛把观众带进了一个幻想的世界，使人们陶醉其中。

《称心如意》在建构秀场奇观的同时，也解构了秩序与规则，成为当代电视文化的一道靓丽的景观。在节目开播之初，通过 VCR 讲述节目的规则：首先，男生进行冲关，男生妈妈进入密室观看，并提出意见。其次，12 对母女通过两轮互动对冲关男生进行了解，不喜欢则按灯。再次，男生反选，母子达成统一，选择一位中意女生。同时妈妈行使复活权，双方妈妈进入密室开会。最后，女生进行最后选择。但是随着节目的不断跟进，节目规则渐渐淡出了人们的视线，灭灯与亮灯之间的界限趋于模糊，因为即使女生灭灯，在各方力量的相互胶着中，最后或许也能牵手成功，不像《非诚勿扰》灭灯后就不会再有机会牵手。例如，在 2011 年 2 月 21 日这期节目中薛杉杉已经灭了男嘉宾黄磊的灯，但是在黄磊的感动与现场的劝说下，两人牵手成功，虽然看上去是“复活权”发挥了效用，但是真正起到作用的还是后现代社会的“感性”存在。在《称心如意》中，我们可以看出“显性”规则逐渐淡化，这也是后现代社会“去中心化”的情态表征。显然，当代电视娱乐文化在“去中心化”的路径中折射出了其后现代的转向，“跨界”与“混搭”的文化特质在逐步显现。

作为全国第一档代际相亲互动节目，《称心如意》之所以能够迅速掀起一股巨浪，不仅仅在于节目所制造的种种冲突，诸如《称心如意》与《我们约会吧》、李湘与李维嘉、男嘉宾与女嘉宾、女方妈妈（爸爸）与男嘉宾以及女嘉宾与男方妈妈（爸爸）等各种话语冲突，更重要的是节目体现出的后现代转向牢牢抓住了人们的眼球，成为景观社会的一种视听奇观现象。12 位美丽的“单身公主”在开场摆出的各种“秀姿”，将一向严肃的婚姻话题置换为娱乐的景象，娱乐已经构成当今社会的一股强劲势力与潮流，像癌细胞一样在社会生活的有机体内扩散与转移。

（四）《非常完美》：微约会前的情感告白

2010 年微博以碎片化、强裂变和超速度等特质把人们带进了“微传播”的时代。一时间，微电视、微电影等微形态纷纷进驻人们的生存空间。与此同时，电视荧屏上相亲类节目热度也在不断升温，尤其是《非诚勿扰》的收视率与热议度遥遥领先其他电视相亲交友节目。若想在电视相亲节目中分得一杯羹，只有制造新的亮点才能吸引观众关注的目光。在卫视竞争中，一向没有优势的贵州卫视，这次进行了猛烈的冲击，于 2011 年底打造了全国首档微约会交友节目《非常完美》。该节目紧扣社会发展的步伐，吻合当代青年人的“微心理”特征，吸引了大家的眼球。其实，节目吸引单身男女参与其中的并非是微约会的邂逅形式，而是“微约会”前的情感告白。

《非常完美》在经历了多位女生对阵一位男生的选择模式之后，转向了多位男生与一位女生展开情感较量，节目的形式趋于稳定。在节目现场，有 100

位男生，但是在现场与女嘉宾进行相互选择的只有十五个人（开始是十二个），其他的嘉宾在现场造势。可以说，这十五位男嘉宾都是经过节目组精心挑选的，他们职业不同、气质各异，成为节目的看点。

女嘉宾在两位男士的搀扶中缓缓出场，在面具的遮掩下更是透露出几分神秘，留给人们遐想的空间。在简短的自我介绍之后，女嘉宾要进行一段才艺表演，以此来吸引男嘉宾的注意。此时，全息镜头在全场快速地转换，把主持人、男嘉宾及观众的表情都给呈现出来。镜头的快速运动让整个节目富有魅惑性。女嘉宾在现场要选出自己最心仪与最不心仪的男生。这种选择方式较之于其他节目更具有创新性。因为在其他相亲节目中，都是选择自己心动的男女嘉宾。选出最不心动的男生这一环节让节目变得更加有趣，也为节目对话增添了语料。

在经过一番相互了解与交流之后，男嘉宾行使自我权利，以亮灯或灭灯的方式表示对女嘉宾是否有好感，亮灯表示愿意与女嘉宾“微约会”。随后，进入最让人兴奋的“表白环节”。这一环节基本上由两个段落组成，第一个段落是留灯的男嘉宾向女嘉宾的表白；第二个段落是女嘉宾向心动的男嘉宾的表白。在细看这两段表白的过程时，我们很容易发现，单纯的表白是无法打动对方的。在留灯的男生中，如果不是女嘉宾心动的男生，即使最后来到舞台上向女嘉宾表白，也会被拒绝。她们不管怎样都要向自己的心仪男生告白。同样如此，男嘉宾如果不留灯，来到舞台接受女生表白，经历一番感动之后，仍然会拒绝女嘉宾。比如，在2012年9月23日的这期节目中，最后约翰为许琳琼留下灯，并来到舞台上向她表达自己的爱慕之情。但是在许琳琼的心里，她有自己心动的男生柏程俊，所以很自然地拒绝了俄罗斯小伙约翰的表白。最后，她向自己的心动男生柏程俊表白，而且试图以唱歌的方式来打动柏程俊，但是柏程俊对她不来电。在女嘉宾向心动男生表白的过程中，女嘉宾都会使出浑身解数，唱歌、送礼物、哭泣和撒娇等不同的招数一一展现，希望能够获得男嘉宾的青睐。

男女嘉宾在表白的过程中，为了能够赢得对方的心，甚至有一种死缠烂打的精神。抒情音乐的响起、经典镜头的回放和浪漫语言的释放相互交织，把观众放入“秀场奇观”营造的文化场域之中，真实与幻象的多维叠合，让娱乐走向泛化的道路。没有结果的相互袒露不断弱化着表白的情感意味，于是，我们不由得发出一声感叹：“这就是一场作秀的演绎。”作为一档相亲类节目，《非常完美》并没有成就单身男女的姻缘，反而让那些风格独特的嘉宾成为议论的焦点，不懂得珍惜爱情，只为秀出个性，这与节目开办的初衷是否产生了严重的背离呢？

（五）《我们约会吧》：魄力十足的全新改版

以娱乐著称的湖南卫视作为第二轮相亲奇观的重要推手，2009年年底就推出了单身潮人交友节目《我们约会吧》。《我们约会吧》以全新的叙事策略，展现了当代“剩男”、“剩女”的婚恋观、人生观和价值观的冲突与内爆，尤其是迥异于传统观念的思想引发了社会大讨论。《我们约会吧》突显了青年人张扬自我的个性特征，迎合了观众日趋强烈的窥视欲望，一时间，成为社会的热点话题，也取得不凡的收视效果。但是随着江苏卫视《非诚勿扰》的热播，《我们约会吧》无论从舞台效果，还是收视效果，抑或话题热度等均略逊一筹，让一向以卫视老大著称的湖南卫视显得十分尴尬。细看《我们约会吧》和《非诚勿扰》，我们会发现两档节目有着惊人的相似之处，舞台设计、节目规则等形式的雷同决定了同一时期只能有一个话题之王。《我们约会吧》也曾以《非诚勿扰》抄袭其节目形式而提出申诉，但是这场有关电视娱乐节目版权的争论以无结果而告终。实践证明，《非诚勿扰》在各项成绩上都领先于《我们约会吧》。

《我们约会吧》在《非诚勿扰》散发的光芒笼罩下故步自封，这与电视湘军的行事风格迥然不同。一直以来，电视湘军都以胆识过人的创新力稳居卫视排行榜之首。《我们约会吧》虽然在国内的电视娱乐节目中取得了不俗的成绩，但是对于想雄霸电视江湖的湘军来说，略显尴尬。电视湘军经过长期的筹划，于2012年7月3日，推出了升级版《我们约会吧》。《我们约会吧》之前虽然也经历了小打小闹的改版，但是节目形态没有发生变化。而这次的改版极具突破性与革新性，给《我们约会吧》注入了新的收视元素，让《我们约会吧》多次成为同时段收视排名第一的节目，诸如20120704期、20120711期以及20120718期等。可以说，《我们约会吧》在改版中完成了一个华丽的转身。

改版后的《我们约会吧》亮点颇多，但是最具吸引力的是“百女墙”的集体狂欢、机器人的现场拷问以及主持人的睿智幽默，这也是改版过程中的重大突破与全新变革。当镜头在气势宏大的“百女墙”上来回穿梭时，炫彩的灯光、劲爆的音乐以及魅惑的色彩裹挟着百位女生的性感狂欢，刺激着男性的荷尔蒙，给人无限的遐想空间。“百女墙”的宏大气势足以让人蠢蠢欲动，再加上百位美女在声光电造型的感染下舞动着美丽的身躯，更是让人浮想联翩。镜头的快速切换与位移，引爆了“秀场奇观”的场域建构。“百女墙”的女生并不是都能来到现场，要经过一番竞争，只有30位女生才有机会与男嘉宾进行深度交流。当男嘉宾悬浮于电梯的半空，未露出庐山真面目的时候，女嘉宾只能通过电梯上半部的朦胧玻璃看到男嘉宾的轮廓。在第一环节“爱情最主张”中，男嘉宾清晰地表达着自己的“爱情三不要”，此时，女嘉宾根据男嘉宾提出的要求与自身的条件，进行选择，如果不符合要求，就要灭灯。经过“三不要”的筛选，剩下的女嘉宾如果超过30位，就由机器人Mr. Right再匹配出相似度较高的前三十位女生来到现场（Mr. Right的匹配原则是根据男女嘉宾之前提供的资料，进行相似度匹配）。匹配出来的30位女生在《Bubble Pop》的音乐声中，舞动着美丽的身姿闪亮登场。款款而来的她们与男嘉宾进行着不同形式的互动，但是都带有几分玩闹的成分。

当30位女生走到自己的位置时，镜头扫视她们的群舞，再次点燃现场的热情。机器人Mr. Right在这30位女生中，匹配出理论上与男嘉宾最合适的一位女生，并且给出匹配的分值。机器人Mr. Right还有一项重要的职责，就是对男嘉宾进行现场拷问。提问过程中所涉及的问题是Mr. Right根据男嘉宾的家庭、性格和职业等而作出的精心设计。在整个拷问的过程中，在男嘉宾所在的舞台的对立面，会出现一个机器人的头像，两旁还有来回穿梭的箭头，给人一种穿越时空之感。每一个问题都会在大屏幕上清晰显示。一问一答的形式，增强了节目的理性化，让人仿佛进入到面试的过程中。可以说，《我们约会吧》引入智能机器人的这一策略，让节目更具趣味性，同时也让相亲交友的相互选择更具理性化。“情感”本身就是一种感性的抒发，如果让理性来主宰的话，社会岂不是更加冷漠？在笔者看来，智能机器人的环节不能作为一个选择的依据，仅仅是游戏的筹码。节目引进智能机器人，试图表现出节目的创新性，让节目更富有理性化，实则加剧了人类情感的悲哀感。

2012年3月24日，时任中央电视台新闻频道《24小时》栏目主持人的邱启明，在微博中发出了“评论部无用，制片人是傀儡”的惊人言论，并说出了要离开央视的想法，引起了不少轰动。随后，他跳槽到湖南卫视，由“新闻主播”变身“相亲红娘”，成为主持界备受关注的明星。《我们约会吧》原来的主持人何炅是全国著名的电视娱乐节目主持人，他的主持风格轻松幽默。而邱启明的主持风格显然有些不同，用一句话概括就是“严肃睿智而不失轻松幽默”。说他严肃睿智，主要是指他在相亲现场敢于说出自己真实的想法，敢于评论选手的观点。比如在20120703期节目中，来自黑龙江的率真小伙王恒遭遇女嘉宾在感情上“花心”的质疑时，邱启明以更加冷静的眼光作出了一番评价，“电视聊天交友工具就是让人自由地认识更多的人，同时，来到舞台上的其他男生，他们都是以一对三十，难道也是花心吗？”最后，让女嘉宾们哑口无言。邱启明的幽默在于他能够以直击心灵的话语对接完成和男女嘉宾的交流与沟通。比如，他对场上的陈文、马施宇等女嘉宾的一种善意的调侃，让现场多了几分轻松和幽默。从整体来看，邀请邱启明主持《我们约会吧》是湖南卫视的明智选择。但是我们不能忽略他不适合做“电视红娘”的一些因素，比如他的热情度不高和情绪不够高涨，语言表达太过于沉稳，难免会让人产生距离感。

在电视相亲节目竞争激烈的今天，《我们约会吧》通过大刀阔斧的改革，进行了全新的改版，展现了电视湘军十足的魄力。但是，节目的改版并没有弱化作秀的成分，反而使之加强。电视相亲本身所具有的服务性、公益性已经销声匿迹，剩下的只是一场秀。我们不由得发出叩问，电视相亲难道只有沦落为秀场，才能吸引大家的眼球吗？电视制作理念是否已经发生严重的“异化”？尼尔·波兹曼的“娱乐至死”是电视媒体的必经之路吗？

相亲与娱乐在当今社会相互“内爆”与“杂糅”，视觉、听觉和触觉等各种官能欲望在此交相混杂，“跨界”与“混搭”成为当代电视娱乐文化的后现代表征。相亲在全息影像魅力下制作了各种“超真实”和“伪真实”幻象，模糊了人们的感官系统，人们已很难分辨“镜像真实”与现实的明显区别，真理与幻想的界限模糊不清，二者相互重叠、相互交叉，拟构了行将远至的错乱感。

第二节　职场奇观——现实冲突的影像较量

当代文化正在变成一种视觉文化，而不是一种印刷文化，这是千真万确的事实。

——［美］丹尼尔·贝尔

2010年相亲类节目火爆荧屏，尤其以江苏卫视的《非诚勿扰》最为典型。而2011年职场“真人秀”节目异军突起，成为荧屏上的亮点。天津卫视的《非你莫属》和中国教育一频道的《职来职往》的热播让我们看到职场“真人秀”的无限魅力，因此有人把2011年称为“职场元年”，随后宁夏第一财经频道推出了《中国职场好榜样》、江苏卫视鼎立推出《脱颖而出》、东南卫视重金打造《步步为赢》和北京卫视倾情演绎《就等你来》等，一时间，职场“真人秀”好不热闹。其实，职场“真人秀”在我国早已有之，1988年“中央电视台第一届主持人大赛”就已初见职场“真人秀”的端倪，限于技术落后、选拔面狭小，并没有引起足够的重视。随着电视技术的进步和发展，2003年中央电视台推出《绝对挑战》、2006—2008年的《赢在中国》以及近几届的央视《主持人大赛》都以极强的渗透力和影响力在中国电视发展史上写下了浓墨重彩的一笔。“职场”渐入人们的眼帘，受到了人们的重视。

央视所推出的《绝对挑战》、《赢在中国》、《主持人大赛》以及《谁将解说北京奥运》等职场类节目并没有将职场“真人秀”的大众性、娱乐性发挥到极致。首先，参赛选手的范畴过于狭窄。以央视《主持人大赛》为例，参赛者都是喜爱播音与主持的人，这个群体在中国还是很小的一部分。其次，涉及的评委也相对面窄，还是以《主持人大赛》为例，评委大都是李瑞英、赵忠祥、沈力和周涛等央视的名嘴，都是播音主持界的佼佼者或者领军人物，无其他行业人士的介入，节目显得单调乏味。同时这些节目最大的缺点在于并不能真正地缓解就业压力，导致关注度较低。《赢在中国》、《绝对挑战》等职场类节目在一阵喧嚣之后，逐渐淡出人们的视野。

2011年《非你莫属》和《职来职往》的热播，将职场“真人秀”的娱乐性与大众性发挥到了极致，同时又兼顾了社会效益。职场“真人秀”的诞生呼应了全国求职人群高达4 000万的局面，在某种层面上成为一种解决渠道，起到一定的缓和社会矛盾的作用。同时，随着这两档职场类节目的热播，不仅仅催生了诸如宁夏第一财经频道的《中国职场好榜样》、旅游卫视的《烈焰门徒》和天津卫视的《海航·完美实习生》等职场“真人秀”节目，更重要的是汇聚了展现媒体奇观的各类因素，诸如豪华场面、竞争冲突和价值观念等各种离子在“职场真人秀”所展现的文化场域中相互涤荡、缠绕、交织与融合，成为当代电视文化“内爆”与“流行”的“竞技场域”。

一、职场真人秀：景观社会的阶段性产品

丹尼尔·贝尔曾于20世纪把人类历史划分为三个阶段：前工业社会、工业社会和后工业社会。他所指的“后工业社会”是以“理论知识”为轴心的科技型社会，知识/智慧竞争成为后工业社会的一个显著特征。在步入新千年之际，我国社会经济蓬勃发展，各类竞争日趋激烈。优胜劣汰的竞争机制致使“就业”成为当下热门的话题。“下岗”、“失业”等各类凸显就业困难的名词逐渐浮出水面，引起人们的关注。社会转型背后所隐匿的“就业观念”助长了求职困难的发展势头。媒体作为信息的有力传播者，肩负着传播信息与推动社会进步的重大责任，如果就业压力问题迟迟未能得到缓解，社会秩序必将面临各种危机。因此，媒体需要通过建构展现职场应聘过程的“媒介事件”来满足社会的某种需求。这种需求不仅仅包括给“待业者”提供合理的相应职位，还应满足人们猎奇、窥私和求知的欲望，吸引大众的注意力，当然企业的软性广告宣传意识也植入其中。

在21世纪前十年中国电视荧屏上出现了“真人秀”节目，如以平民选秀为代表的《超级女声》曾红极一时，把电视“真人秀”推上了高潮，一时间，各类“真人秀”节目“表演真人秀”、“才艺真人秀”、“益智真人秀”和“婚恋真人秀”等电视“真人秀”“你方唱罢我登场”，尤其是2010年江苏卫视的新派交友类节目《非诚勿扰》更是把“真人秀”节目的表述形态演绎得淋漓尽致。2011年上半年江苏卫视与中国教育电视台联合打造的《职来职往》以及天津卫视的《非你莫属》以“求职”为主题掀起了职场“真人秀”的高潮，一向重视财经信息的宁夏卫视也迅速推出了职场“真人秀”节目《中国职场好榜样》，旅游卫视也不甘示弱地打造出了《烈焰门徒》。于是，职场“真人秀”成为社会的焦点性话题，也引发了一场关于“职场秀”的学术探讨。黄秀根、武隽在其《坚守传媒社会责任，打造适合青少年收看的教

育节目——简析中国教育电视台〈成长不烦恼〉、〈职来职往〉栏目》中指出“《职来职往》节目为大学生开设了一堂免费的就业指导课，贴近百姓的生活”。陈昊姝在其《职场“真人秀”〈职来职往〉节目成功要素探析》中从节目新颖形态方面指出了《职来职往》节目的成功原因。当然，也有人认为，以《职来职往》、《非你莫属》为代表的职场“真人秀”是“作秀”的表征，应聘者、主持人和职场达人以及所属企业相互“作秀”，诠释了娱乐景观的主宰模式，质疑了电视媒介的把关功能。我们认为，职场“真人秀”之所以能够在相亲火爆之后呈现出强劲势头，不仅仅在于其节目形态的新颖，更重要的是遵循了电视“真人秀”的发展规律，是当代社会矛盾与冲突激化的必然结果，换句话说，职场“真人秀”是在利益的驱使下描述景观的异化生产，填补了被迫做的工作与消极的自由之间的留白，阐述了“生产之镜”的娱乐化转向路径的实现。

天津卫视大型职场互动“真人秀”《非你莫属》的诞生拓宽了《赢在中国》、《绝对挑战》和《中央电视台电视节目主持人大赛》等职场应试节目的原有范畴，扩大了竞聘者的职业范围，属于经济、艺术、文化和管理等不同类别的人群只要有目标、有理想都可以来到节目现场，寻求一份自己较为满意的工作。《非你莫属》成就的是大众的就业梦想。国内另一档火爆的职场“真人秀”节目《职来职往》也是以大众为招募对象，制片人马竣益介绍：“我们的节目不论年龄，不限学历，更多的是一场面试，求职者要面对由18位企业高管组成的职场达人面试团的提问，不满意将灭灯，只要能够赢得高管们的认可，有权选择自己中意的企业所提供的职位。”①

在《非你莫属》的舞台上，另类爆笑的“天津小伙”张梁胜、北大“标签女”张岩雨、低学历的叛逆达人于世宝、高中毕业生路升、海南大学“撕证哥”王文员、残疾研究生王振雷和海归女硕士艾婧等各类求职者逐一亮相，成为职场“真人秀”舞台上的主角。他们施展自己的竞聘才华，以期能够通过自己良好的表现获得一份满意的工作，当然，其中不乏“作秀”的选手，比如“伪娘”郑涵、跳槽达人白申雄等应聘者“作秀”意图十分明显，赤裸裸地向我们展示了景观社会的被泛化的娱乐。来到《非你莫属》的应聘者无论求职目的是否真实，他们都以表演的形式完成节目既定的游戏规则，让观众沉浸于迷入性的观看中，满足了观众的窥视欲，欣赏、羡慕、嫉妒和审丑等各类心理相互映射，视觉表象成为替代性的表征。《非你莫属》的应聘者站立于圆形舞台的中央，四周的观众团体紧紧环绕，为裹在其中的应聘者搭建了一个可供展演的平台，万人瞩目的心理效应加速了应聘者的表演进程。在应聘者进行程序式表演的一瞬间，立体的人变为一种“视觉产品”，建构了一

---

① 《今年相亲明年求职？电视台酝酿职场类节目》，《都市女报》，2010年12月7日。

个工业化、商品化所构筑的景观平台，流动的影像、跌宕的情节、兴奋的音乐、惊奇的话语和裸露的广告无不体现了利益共存的合谋。《非你莫属》的制作方、广告赞助商以及12位企业高管所属的企业达成了共识，他们的目的已经被暴露无遗，那就是实现各自的利益。对电视台而言，通过可供视觉消费的电视娱乐节目的影像传达，提高收视率，是他们最大的心愿；对于广告赞助商而言，植入式广告宣传促成的营销效果，是他们渴望达到的目的；12家企业的软性广告宣传更是不言而喻。刘惠璞、慕岩所代表的两家婚恋网站能够吸引眼球，很大程度上归因于两人在舞台上的相互调侃、谩骂与攻击，他们在制造冲突的同时，不仅宣传了自己，也为企业做了广告。职场“真人秀”本身就隐喻了电视与企业的共谋，因为职场本身就暗含了商业话语。节目的生产机制及其语言逻辑结构中隐含着的企业文化渐入人们的视野中。不光是《非你莫属》如此，中国教育一频道热播的《职来职往》、宁夏卫视第一财经频道的《中国职场好榜样》以及旅游卫视的《烈焰门徒》等职场“真人秀”节目亦是如此，比如《职来职往》的赞助商恒安集团、百强企业尤其是18位职场达人所属的企业更是名气大增，原本静态的企业文化在动态影像的洗礼下转向了动静结合的文化流变。企业受到的关注渐渐增多，并时常进驻广播、电视、报纸和互联网等媒体的焦点场域，增加了企业的知名度，契合了广告宣传的目的。所以，企业参与《非你莫属》、《职来职往》等节目的录制，招聘只是一个幌子，其真正的目的在于广告宣传。职场“真人秀”已成为“关于其自身统治的不间断地演讲，是永不停息的自我赞美的独白，是其自身生活所有方面极权管理阶段的自画像”①。显然，职场“真人秀”通过隐喻性的自我表扬的陈述策略，掩盖了追逐商业利润与试图统治电视经济的真正目的。

回望电视“真人秀”发展的历史轨迹，我们不难发现，《快乐大本营》、《超级女声》、《非诚勿扰》和《非你莫属》等不同类型的“真人秀”节目可谓红极一时，凝聚着人们的想象力，成为记录景观社会品味、希望、恐惧和幻想的晴雨表，但是它们都没有成为常青树，在短暂的流行与火爆中逐渐沉寂，并为其他“真人秀”节目所取代，这是视觉景观自我演化的内在规律，职场“真人秀”节目在不久的将来也将会遭到诸如《超级女声》一般的境遇，渐渐地走向末路。

二、故事讲述：影像叙事的感性复归

《非你莫属》、《职来职往》等电视职场“真人秀”节目之所以能够吸引众多电视观众的眼球，其故事化的叙事策略起到了关键作用。《非你莫属》把节目规则细分为“自我介绍”、“天生我有才”、“别对我说谎”和“谈钱不伤

① ［法］居伊·德波著，王昭风译：《景观社会》，南京：南京大学出版社2007年版，第7页。

感情”，增强了节目的故事性，各环节层层递进，给节目的悬念与冲突赋予了戏剧性效果，点燃了观众的求知、求新的心理欲望。光与电所成就的影像力量使节目的故事性逼真传递，让人们置身于“超真实”的幻象的世界中，满足人们天生对故事的需求本性。在自我介绍的环节中，“冷面笑匠”主持人张绍刚通过与应聘者进行对话的方式来让 12 位 boss 团的成员、职场专家（心理辅导老师）以及观众了解选手的基本情况，从中挖掘应聘者的职场可塑性。可以说，主持人与应聘者对话本身就包含了故事性，诸如应聘者讲述自己的求职经历，满足了观众了解他的欲望。自我介绍环节本身就隐含了叙事的话语表达，“通过语言或其他媒介来再现发生在特定时间和空间里的事件”①。应聘者如果在自我介绍部分表现突出，boss 团成员将会通过亮灯的方式把选手推向“天生我有才”环节。各环节的依次递进，彰显了职场“真人秀”节目叙事的故事性与戏剧性。《职来职往》规则的叙事亦是如此，但是更具有冲击力与感染力，“职场亮剑”、“职我本色”以及“职面未来”的晋级规则以漫画的形式展现给观众，增加了趣味性。晋级规则呈现出深度跟进，对同一个应聘者而言，三个环节的表演性“面试”是自我的故事呈现，尤其是“职我本色”环节中 VCR 的故事讲述更是吸引大众的眼球。真实生活的纪实写照、虚拟状态的全息表达以及理想环境的幻象诠释等不同的拍摄内容与拍摄手法，把人们带进了一个真实与虚拟相互重叠的世界。夸张的 VCR 在遭遇质疑与诟病的同时，应聘者与求职岗位也产生了错位与反差，与求取目标渐行渐远的结局在观者的意料之中。可以说，职场“真人秀”的节目规则以层层递进的话语张力尽显其故事性。

奇特场景的设置为“真人秀”节目的故事讲述提供了丰厚的生存土壤，营造了秀场氛围，使“真人秀”节目得以顺利开展。无论是《非你莫属》里的圆形舞台、《烈焰门徒》的开场性空间，还是《职来职往》中的融入性舞台，职场“真人秀”节目的魅力在于把普通人放在各种奇特而极端的环境中，以特定的情境设置来激发人产生真实而即时的反应，从而洞悉人性百态。

在职场“真人秀”节目的舞台上，叙事话语视觉化引起了人们的关注，主要表现为镜头语言的故事性颇显丰满，张力十足。“欢迎来到《职来职往》，有请主持人李响”的开场语响起，远景镜头进行全场扫描，并最终定位于一扇充满了神秘色彩的门前，主持人李响的身影由下而上出现在镜头中，当李响的整个形象完全出现在镜头中时，全体站立的观众开始疯狂地尖叫、鼓掌与呐喊，营造了巴赫金所言的“广场式”狂欢的文化氛围。主持人李响在近景镜头中缓缓前行，呐喊声、喧嚣声更是不绝于耳。镜头迅速在现场做了 360 度的转换之后，以仰视的视角呈现李响做开场语时的形象，颠覆了传统电视

① 申丹、王丽亚：《西方叙事学：经典与后经典》，北京：北京大学出版社 2010 年版，第 3 页。

节目中一以贯之的平视视角的叙述方式。仰视镜头使原本单薄、瘦弱的主持人的形象瞬间变得高大，同时折射出《职来职往》的权威性与稳定性。由此可见，在大众传媒盛行的时代，话语权依旧掌握在少数精英手中。随着李响的一声“欢迎我们的18位达人，有请”，近景镜头在现场做了360度渐入消失的旋转之后，18位达人的形象渐入眼帘。“行走”的镜头迅速定位，给主持人和LED屏幕以特写来推进节目的进行。

《职来职往》镜头语言叙事的转换与续接借鉴了电影叙事的蒙太奇技巧。在电影叙事中蒙太奇主要是把单个电影镜头进行串联、组合和拼接成新的镜头语言，展现了不同机位的拍摄而产生的不同的艺术效果。蒙太奇原理用空间断裂和扩张的方式打破了戏剧的历时性叙事，时间与空间的界限被镜头组接所超越。比如，在应聘者回答18位达人的问题时，特写和近景镜头聚焦于舞台上的主角——应聘者，他（她）的一举一动都在光影力量中得以显现，让观众能够捕捉到应聘者的每一个细节，因为观看《职来职往》本身就暗含了观众“使用与满足”的实现，观众接触媒体的目的就是为了增加自己对应聘环节的了解。通过仔细观看应聘者在舞台的表现，可以提高自己应聘的技巧。在应聘者面试的环节中，特写与远景、全景与近景相互观照，镜头切换自如，蒙太奇的组接魅力彰显无遗。在近景的影像拍摄中选手做好自我介绍，镜头迅速切换到18位达人的身上，此时，为了能够展现18位达人的全貌，远景镜头成为最佳的影像叙事方式。在李响的一句“接下来进入职业技能考评环节，有请×××”之时，近景镜头开始锁定在×××身上，但是此时我们发现，镜头中往往还会出现×××身边的一位达人，使画面丰满，张弛有度。在应聘者与达人对话期间镜头跟随着发言者不断地进行切换，把节目紧张与严肃的一面体现得淋漓尽致。不只《职来职往》运用了蒙太奇原理，《非你莫属》的镜头组合与串接亦然，比如《非你莫属》在选手与12位boss团进行对话时，特写、远景和近景等各类镜头语言相互穿插、相互映射，对节目的严肃性、紧张性等进行了完美的体现。蒙太奇技巧的使用给观众造成了强烈的视觉冲击，进而牢牢地吸引了大众的眼球，提高了职场“真人秀”节目的收视率。

自《职来职往》、《非你莫属》等电视职场“真人秀”热播以来，制造话题最多的是关于职场观念、人生观和价值观的探讨。《职来职往》中的个性应聘者、语言犀利的18位职场达人以及语出惊人的心理分析师雷明在现场传递的各类职场理念抑或人生观念引起了人们的关注。尤其是18位达人层出不穷的话题制造，成为节目的噱头。天启一方的马丁、光线传媒的刘同、尚涛造型的尚涛、东方风行的夏骄阳等达人以自己看似合理的价值判断来对选手进行毫无情面的批判，他们“作秀”的意图十分明显。刘同与马丁的斗嘴更是成为制造冲突的噱头，吸引人们的关注，可以说，长期做达人评委的他们，每一次话语的表达构成了系列剧，成为故事化表述的重要元素。无论是《职来职往》的马丁、刘同和杨石头还是《非你莫属》的刘惠璞、慕岩和葛晓非等评委，他们以惊人的语言预示了职场“真人秀”的“泛娱乐化”时代已经来临。在这个泛娱乐化盛行的职场博弈中，“以消费主义、享乐主义为核心，以现代媒介为主要载体（电视、戏剧、网络和电影等），以内容浅薄空洞甚至不惜以粗鄙搞怪、噱头包装及戏谑的方式，通过‘戏剧化’的滥情表演，试图放松人们的紧张神经，从而达到快感的思潮”①。职场达人们喜欢通过饱含哲理性的语言来震惊全场，个个语出惊人，吸引全场的注意力。他们把自己对选手的标准提高到某个高度，让应聘者难以企及，这样有助于提高自己企业的知名度与实力感，对自己的企业进行了软性的宣传。其实，这些达人们都非常善于表达，善于玩弄文字游戏。职场“真人秀”在纪实性的基础上不断地制造冲突、制造话语噱头，面试的场合变成表演的场合，纪实性向戏剧性转变。犀利语言的表达，适时奏响的刺激性音乐，与现场观众的欢呼声遥相呼应，伴随着蒙太奇镜头的切换与转接，共同构筑了多元竞合的戏剧场域，创造了合法性的狂欢借口。

从竞争的心态来看，职场“真人秀”的竞争隐喻了看客的替代性满足。对于应聘者而言，胜利创造欢乐，失败铸就痛苦，但是从整个节目的形态来看，胜者的愉悦与败者的隐忧在舞台上构成了互文性的情感冲突。晋级的结局有两层意味，在为观众制作娱乐的同时，也展现了当今职场竞争的残酷。败者的隐喻性死亡正是看客欢呼的源泉。既然是一场面试，就难免有求职失败者。失败的选手一方面向大家展示了竞争的残酷性，另一方面也提供了可供求职者借鉴的素材。竞争冲突本身就隐含了故事的讲述策略，体现了职场“真人秀”叙事的感性归位。故事化的叙述路线往往借用“纯叙述”和“模仿”的口吻来展开情节。“纯叙述”主要指用自己的语气来概述事物，而“模仿”主要指模仿他人的语气来表达事物。在《职来职往》的舞台上，18位职场达人通过创立一套独特的表达方式来为自己贴上标签，诸如马丁的语言犀利、冷酷，杨石头的语言深度而富有内涵，郑艳的语言柔和而有张力等。18位达人以“纯叙述”的语言风格稳居宝座，而应聘者、雷明以及主持人李响善于运用“模仿”的语言风格来显示自身光彩。诸如雷明在分析选手的时候，经常引用18位达人的某句话来评价应聘者的表现。主持人李响在串联节目的过程时，尤其在与选手进行对话时，也善于引用某位达人的经典语言来表达观点。应聘者就更不用说了，往往去讨好达人，现场引用达人的话语以期获得达人的认同，获取成功。

---

① 郝伟：《论泛娱乐时代电视“真人秀”节目的文化自觉——以职场“真人秀”〈职来职往〉为例》，《福建师大福清分校学报》2011年第6期。

近年来，就业问题已经演化为社会的危机与冲突，肩负着高度社会责任感的电视媒体不能置若罔闻，在运用新闻手段进行客观报道的同时，也糅合了电视娱乐的表述形态，推出了《职来职往》、《非你莫属》、《中国职场好榜样》、《脱颖而出》和《步步为赢》等职场“真人秀”节目。一改昔日《绝对挑战》、《中央电视台电视节目主持人大赛》等节目的传播理念，不限行业、不限年龄以及不限性别的“零门槛”应聘机会在某种意义上缓和了社会矛盾。但是，能够真正走进电视荧屏的应聘者都是经过节目组精挑细选的。

职场“真人秀”节目在“求职”主题的引导下，展现了一个充满自我消费欲望的秀场奇观，主持人、职场达人/boss团、应聘者、企业、心理辅导专家以及舞台设计的各个元素在“秀场奇观”的主体建构中相互内爆，逐渐演化为风靡一时的媒体奇观。职场“真人秀”节目的叙事结构在赤裸裸的自我消费中追求短暂的价值依托，以此来吸引眼球、占领收视制高点。眼球经济、听觉消费相互渗透，各类穿越时空界限的元素让电视媒体放弃了对文化精神的坚守，整个社会严重“失语”。电视艺术的崇高感在自我欲望消费中被解构，理性的价值观判断被混淆错乱的感官系统所支配，影像与现实的界限早已模糊不清。电视媒体理应在自主创新中把握文化价值的脉络，把握正确的价值取向，提高电视艺术的文化自觉。

第四章

颠倒的世界——叙事奇观

第一节　情感奇观——化解焦虑的疏导空间

作为人类生命不可分割的一部分，情感是人类特有的本质特征。美学家苏珊·朗格认为，情感活动是指伴随着某种十分复杂但又清晰鲜明的思想活动而产生的感受，这种感受是有节奏的，情感还包括全部的生命感受、爱情、自爱，以及伴随着对死亡的认识而产生的感受。由于电视媒介具有视觉叙事的先天优势，情感成为人们透过镜像空间自我审视的一个重要通道。

1996 年，中央电视台《实话实说》栏目的收视盛况，掀起了中国情感类谈话节目的第一波热潮。此后至 2000 年年底，情感类谈话节目开始疯狂地扩张，国内谈话节目多达 170 个。从中央电视台《艺术人生》、《讲述》到《半边天》，从湖南卫视《真情》到湖北卫视《往事》、河北卫视《真情旋律》和广西卫视《真情讲述》，从凤凰卫视《鲁豫有约》到《冷暖人生》……几乎每个电视台都有自己的情感类谈话节目。湖南卫视的《真情》堪称早期情感类节目的典范，它调用各种电视手段，极尽煽情之能事，令现场嘉宾在方寸舞台上肆意宣泄和抒发种种情感。

当《实话实说》、《艺术人生》走过最为辉煌的时刻，渐入成熟期后，新一波情感热潮席卷地方卫视。这一批情感类节目一改以往含蓄、传统的风格，刻意渲染气氛，铺张情节，风格夸张、大胆，直指中国人的情感底线，典型代表有四川卫视《真情人生》、江苏卫视《人间》、贵州卫视《人生》和东方卫视《幸福魔方》等。情感类节目成为同期发展最为迅猛的节目形态，数量庞大，种类繁多，风格各异。在地方频道中，北京电视台生活频道的《生活广角》、上海时尚生活频道的《心灵花园》和河南都市频道的《情感密码》等在区域范围内热播，形成了一定的区域品牌效应。

2008 年，第二届“东方情感文化论坛”出台了首部《中国情感类电视节目市场报告（2007—2008）》。该报告指出，全国情感类电视节目在 2006 年广告投放额接近40亿元，比当年电视选秀节目的30多亿元广告收入还要多。与2006年相比，2007年上半年全国市场情感类谈话节目的收视也明显增长，在晚间9点半的“后黄金时段”，情感类节目往往可以成为同时段的收视冠军。① 情感类谈话节目自20世纪90年代初以来，在我国电视荧屏上掀起了一波又一波的收视热潮，形成了蔚为壮观的文化景观。借助电视媒介，演绎情感人生，分享情感体验，已经成为大众文化生活不可或缺的一部分。

一、众声喧哗：交流的窗口

因为社会变化给人带来的困惑需要交流，需要与人分享自己的经验；长期的封闭使人少有所思或思有偏颇，人们需要沟通，需要得到他人的理解；而面对未来，人们似乎永远处于选择之中，渴望答案……其实我们干的事儿很简单，就是告诉你别人想什么和怎么想的。②

情感奇观始自谈话，但在其发展过程中又超越了谈话，直指人们的内心世界。最早引起人们关注的谈话节目有两档：一个是上海东方电视台开办的大型综合信息类节目《东方直播室》，一个是中央电视台开办的《实话实说》。一南一北两档节目掀起了中国谈话节目的热潮。《东方直播室》于1993年推出，其风格亲民、温和，采用棚内直播方式，一经播出就在上海滩引起了热烈回应，成为当时电视新闻领域的一大突破性事件，其影响范围远远超出上海，在全国产生了深远影响。1996年，中央电视台推出的《实话实话》将这场谈话热潮推向一个新的巅峰。崔永元“邻家小伙子”的平民风格和话题的日常化直指人们内心的情感需求，反响剧烈，一度雄踞黄金档榜首。创办不到六年，就成为拥有5 000万观众的名牌栏目。在它们的启迪下，各地电视台纷纷推出谈话节目，如北京电视台的《银屏连着我和你》，中央电视台体育频道的《五环夜话》、《名将之约》，到现今广为人知的中央电视台的《艺术人生》、《高端访问》，湖南卫视的《真情》和凤凰卫视的《名人面对面》、《鲁豫有约》，甚至还有一些独立节目制作公司出品的明星访谈节目《超级访问》、《天下女人》等，构建了一个倾诉情感、叩问内心的人性探讨的交流天地。

《东方直播室》和《实话实说》产生的影响更多地扩展到具有平民文化风格的纪录片和贴近生活的民生新闻中。在谈话类节目领域，真正将“情感”旗帜植入人们内心世界的是湖南卫视的《真情》、中央电视台的《艺术人生》和凤凰卫视的《鲁豫有约》。挖掘、交流并展示人们内心深处的情感体验，以各种方式再现情感经历是此波浪潮的特征。

---

① 郝江涛：《对情感类节目热的冷思考》，《当代电视》2008年第5期。

② 时间主编、中央电视台新闻评论部撰稿：《实话实说》，北京：华龄出版社1997年版，第1页。

《真情》被誉为第一档大型电视情感倾谈节目，由湖南经济电视台于1998年7月17日推出，原名《真情大复活》，是大型综艺情感节目《真情对对碰》中的一个环节。2000年2月12日，节目全面进入中央电视台国际频道（央视第四套节目CCTV-4）黄金时段播出，并正式更名为《真情》。2001年1月5日《真情》进入湖南卫视黄金时段播出，收视率稳居湖南卫视综艺节目前三位。该栏目以“真情”动人，每期节目将给当事人创造一个互相沟通的机会，以第一人称角度叙述真情故事，深入彼此心灵深处，袒露真情，表达对过往的追悔、对现在的选择和对未来的憧憬，也有在现场仍然无法说清道明的感情纠葛。《真情》的播出在观众中产生了强烈反响。

随着节目在周末的定时播出，节目形成的冲击波愈演愈烈，1999年元月，《真情对对碰》跃升为湖南省收视最火爆的周末栏目，收视率稳居全国榜首。越来越多的观众成为节目的忠实拥护者，每周五的定期相会成为他们的一种期待。每周一上班之时，你会在公车上、车间里、办公室内随处听到人们议论节目的声音……①

以《真情》为首的情感类节目共同创造了轰轰烈烈的平民真情奇观，与之交相呼应的是，《艺术人生》、《鲁豫有约》和《超级访问》等创造了缤纷炫目的明星真情奇观，极大地满足了普通百姓迫切希望交流真情实感的诉求和窥探明星、成功人士内心真实世界的强烈欲望。非凡人士的真情奇观以挖掘、感悟为特征，除去明星、名士华丽的包装，着眼于其平凡的内心世界和曲折的成长经历，通过挖掘鲜为人知的生活琐事与个人隐私，令其流露真情，倾吐心声，更显平易近人，以平常心示人，以意外动人，以真情感人。

《艺术人生》由中央电视台综艺频道于2000年年底推出，其宗旨是“用艺术点亮生命，用情感温暖人心，周五之夜，探讨人生真谛，感悟艺术精神”。栏目邀请文艺界的知名人士做访谈嘉宾，在主持人的引导下，与现场观众一起回忆嘉宾的生活经历、心路历程和艺术生涯。首期《艺术人生》开播就不同凡响，收视率高居当日综艺频道所有节目的第二位。② 在很短的时间内，《艺术人生》迅速蹿红，收视率居高不下，长期位于央视综艺频道榜首。恰如《艺术人生》制片人王峥之言，“《艺术人生》没有成长期，它从一开播就进入了成熟期”③。

2003年5月8日，借央视综合频道（CCTV-1）改版之机，《艺术人生》与《开心辞典》、《幸运52》等栏目一起作为央视的品牌栏目占据了《晚间新

① 陈晓东：《“真情”是怎样炼成的？——湖南卫视〈真情〉栏目策划制作之路》，《新闻天地》2004年第1期。

② 王峥：《冷静点燃〈艺术人生〉》，央视国际 http：//www. cctv. com/program/ysrs/20030228/shtml，2003年3月28日。

③ 时间主编、中央电视台新闻评论部撰稿：《实说实说》，北京：华龄出版社1997年版，第1页。

闻》之后的准黄金时段。凭借央视综合频道的高覆盖率和庞大的收视群，《艺术人生》的收视群体有了明显的扩张。此后，由于频道的改版和栏目自身发展的需要，《艺术人生》栏目在央视综合频道的播出时间出现过多次变动，节目的宗旨、定位以及受访嘉宾的选择标准也有了细微的变化：节目的宗旨比原来更简洁、更准确，变成“用艺术点亮生命，用情感温暖人心”；访谈的内容也并非每一期都严格按照“生活经历、心路历程和艺术生涯”这三块来展开；对于“知名人士”这个概念的界定也出现了一些微调。在部分节目中，嘉宾自身的知名度并不高，但是他们的艺术作品曾经是或者目前是家喻户晓的。例如，在《歌声走过二十年》这期节目中，很多嘉宾并非为观众所熟知，他们要么已经淡出演艺界，要么在歌坛默默耕耘，但他们所演唱过的作品是过去二十年里曾经红极一时的流行歌曲。另外，每期节目的嘉宾也不再严格地限制为最初的一位或两位，有些节目是以一个特定的群体作为访谈对象的“集体记忆”模式，比如《红楼梦二十年后再聚首》等。虽然节目不断在变化，但是主持人朱军深厚的艺术底蕴、静水流深的艺术气质以及与艺术家诚挚而从容的交流，使其收视率一直位于央视综艺类栏目的前列。如今，每期《艺术人生》都要先后在央视综合频道、综艺频道和汉语国际频道（CCTV－4）分别播出两次，除此之外，《艺术人生》栏目还曾在央视西部频道（CCTV－12，现已改版为“社会与法”频道）播出，在央视的收视份额中占据了相当大的比重。

《艺术人生》树立了明星模式的典范，《鲁豫有约》则无论在主持人风格还是情感捕捉上都达到了一个新高度，主持人陈鲁豫被 CNN 誉为“中国的奥普拉”，该栏目则被《时代周刊》誉为“15 年来中国最有价值的电视节目之一”。

《鲁豫有约》是凤凰卫视 2002 年 1 月推出的一档由总策划刘春、制片人樊庆元和策划人阿忆为陈鲁豫量身定做的谈话节目。该节目的目标受众定位于有一定文化修养和社会地位的群体，深入挖掘人物事件背后的故事，探究被访者内心深处的感触，以开放式的交流为特色，深受观众喜爱。开播时每周一期，每期采访一位或几位嘉宾。开播仅一年后，即被网友评为“凤凰卫视十大最受欢迎节目”之一。该节目主要走明星路线，大多邀请知名人士、演艺界明星。初期主要选择历史人物的访谈，2005 年改版后，增加了当红明星以及与社会事件、焦点话题相关的新闻人物或热点人物，受访者除了明星外，还有特殊群体，如同性恋、变性者、感染艾滋病的患者、未婚妈妈、后舍男生、艺术类考生、整容打工女和肥胖女等。改版后的《鲁豫有约》将播出平台扩展到内地。至 2007 年，该栏目已在全国 29 个省级电视台播放。蓝色背景、黄色沙发，连同主持人鲁豫知性、睿智和优雅的风格，已经成为《鲁豫有约》的鲜明符号。据 AGB 尼尔森统计资料显示，从 2008 年年初到 9

月底，上海累计就有76.9%的观众收看过该节目，且平均每位观众的累计收视时长达到3小时21分16秒，相当于收看四集一般连续剧的时间，其受欢迎程度及受众知晓率不容小觑。[1]

《鲁豫有约》自创办以来，有着长盛不衰的美誉和稳定忠实的收视群体，其品牌影响力和谈话水准堪称典范。它与《真情》、《艺术人生》一道形成了世纪之交内地情感浪潮的三足鼎立之势。

二、反客为主：宣泄的舞台

在由谈话节目掀起的一波又一波情感浪潮中，大众由静观走向宣泄，由倾听走向倾诉，一改在节目中被动接受的地位，反客为主，将电视屏幕作为一个表达自我的舞台。在这波新的情感浪潮中，江苏卫视《人间》高居风口浪尖，引领地方卫视、普罗大众走进喧嚣世界。

2007年，以情感频道著称的江苏卫视对频道资源进行整合之后，推出了号称"中国第一个事件类栏目"的《人间》。该栏目以"正在发生的事件，不同寻常的情感"为主题，选取发生在普通人身上的"有悬念，有戏剧冲突，正在发生的情感事件"。开播第一周，该栏目即成为全国卫视的同时段、同类节目的双料第一，三周后更是持续高居全国卫视所有节目排行榜榜首，《人间》刷新了江苏卫视的收视纪录。《人间》栏目的出色表现进一步扩大了江苏卫视的情感冲击力，为原来尚处在"物理整合"状态的"情感地带"带来了"化学反应"，真正完成了"情感特色"的升级换代。[2] 作为一档情感谈话类节目，在晚间九点半这样一个各大电视台以热播电视剧作为主打的收视难点时间段占据收视高峰，抢到收视冠军，实属不易。首期节目《天价征子记》播出后，收视率跃升全国省级卫视之冠。此后，《叛逆的儿媳妇》、《揭秘妻子外遇》、《婆婆媳妇和大姑》、《叔嫂之恋》和《减肥悲剧》等节目相继推出，不仅维持了全国省级卫视同时段收视第一的骄人战绩，更是成为网络媒体的热门讨论话题，创下了电话、短信以及热心网友留言在两小时内突破万条的纪录。2008年4月15日，在"2007《综艺》年度节目暨十大节目制片人评选颁奖晚会"上，《人间》获得"最具人性深度情感节目"的荣誉。在2008年"世界媒体高峰会"上，《人间》又荣获了由《哥伦比亚新闻评论》中文版评选出的媒体行业的"中国标杆品牌"。"标杆品牌"是指能够代表一个国家在同行业中最有高度、最具影响力的品牌，每个行业只评出一个，是一张"国家名片"。这一成就也表明，《人间》在节目形态和策略上的独到之处得到了同行的认可。

---

① 王昊灵：《2008年〈鲁豫有约〉上海地区投放研究》，《新闻爱好者》2009年第11期。
② 尹鸿、吴丰军：《人生如戏与心灵鸡汤》，《新听界》2007年第5期。

江苏卫视《人间》栏目的全新亮相和湖南卫视《真情》栏目的精彩转身，带动了情感谈话类节目发展的新热潮。在《人间》的启迪下，地方卫视纷纷重新审视情感类谈话节目。湖南卫视《真情》调整定位，放宽栏目视角，挖掘大时代背景下小人物的生活，以此折射社会和时代变迁。从2006年起，《真情》更加关注新闻事件背后的情感故事，比如通过呼吁帮助家庭贫困的双胞胎兄弟圆大学梦，促成分别半个多世纪的亲人团聚等。尽管该栏目在2008年停播，但停播之前收视率依然不俗。据栏目制片人陈晓冬分析，经过10年，情感类节目依然有很大生存空间，因为老百姓有这个需要，所以现在才会有越来越多的情感类节目。《真情》之所以立于不败之地，关键在于当事人的表现。从某种意义上来说，当事人的现场“爆发力”更能够吸引观众。[①] 北京电视台《真情互动》原来以“感受真情、呼唤真情、回报真情”为宗旨，视角直击弱势群体的生存状态，用爱心帮助社会中需要帮助的人群，并解决一些社会矛盾，改版后，以发生在普通百姓中间的真情故事为主要内容，每期讲述一个感人至深的真情故事。重庆电视台也于2007年推出一档新的情感娱乐类节目《情感龙门阵》。节目以挑战尖锐、敏感的情感话题为主，用大胆、犀利和辛辣的方式将镜头移向两性，洞悉现代人的情感生活。其特色在于有强大的嘉宾阵容，现场讲述私密的情感故事，让心理专家逐一进行剖析。

《人间》的出现以及它对节目的内容样式的改造，直接掀起了2007年后情感访谈类节目的收视热潮，将这一情感谈话类节目的老类型重新带回收视前线。在掀起节目的收视高潮之后，《人间》自我革新，开始频频尝试影视剧访谈、解密催眠和解密魔术等新节目形式，在同质化的竞争到来之前，成功转移《人间》的品牌价值，开辟新的内容阵地。

此波热潮以贵州卫视《人生》的登场而步入巅峰，进而进入转折。2008年年初，贵州卫视晚间时段推出了纪实故事类栏目《人生》。《人生》栏目每期时长25分钟，定位为纪实故事类节目。栏目组期望将它打造为一档以关注“人”为核心价值的故事类栏目，以故事为载体，以人为落脚点，关注有非常故事的普通人，关注热点事件中当事人的经历和故事，关注特殊人物的特殊故事。栏目的选题和节目的结构都定位于“讲故事”的形式，电视表现手法的运用为大量从民间征集来的新闻事实注入强烈的情感和内容，更凸显事实的张力。

无论是《人间》，还是《人生》，其共同特征就是极力发掘和表现生活中的普通百姓的情感冲突，强调其戏剧性，以新奇、悬念吸引人，以情感打动人。此类情感节目从策划环节开始，通常会有意识地选择社会生活中富有离

---

① 《〈真情〉：嘉宾的“爆发力”是看点〈人间〉：抓住人们“爱听故事”的心理》，《都市时报》，2009年3月28日。

奇性、刺激性的事件，如不寻常的夫妻关系、家庭伦理矛盾和网络中具有异常心理的人等。在采访的过程中，节目的创作成员更是直接介入事件，发掘事件中的冲突和戏剧性。之后在节目的制作过程中，通过主持人和嘉宾的作用，或者通过事件多方当事人在现场的直接交锋，把事件的冲突和戏剧性进行局部放大后，展示给受众看。情感类节目中情感是来自真实生活中真实的人物，面对镜头所表达的是不经雕饰的情感，无论是喜悦还是悲伤、痛苦和愤怒，都是人物最真实的情感表达。这种原生态的情感表达给了观众的心理以莫大的刺激，满足了人们对他人隐私的窥探欲望。与之前选秀节目的火爆相比，各地方台的情感类节目毫不逊色，其中一些还成为台里的王牌栏目，如浙江卫视的《涛出心里话》、陕西台的《诉说》等。

《人生》引来的情感巅峰状态很快受到挫折。随着情感类节目日渐火爆，越来越多的观众质疑节目的真实性，指出某些节目为博收视率编造低俗情节，一些节目组甚至聘请编剧“编”、演员“演”。某栏目情感类节目制片人的话颇具代表性：“哪能找到那么多素材啊？现在普遍都缺线索。有时为了博取观众的眼球，我们不得不编造故事，然后再请些演员来演。至于节目素材，大都来自网络论坛，再经过编导添油加醋的编撰，唯一的标准就是越曲折离奇越好。”① 在江苏一档节目的贴吧中，一位匿名网友发帖直言：“导演，如果你想作假，想请群众演员，请在屏幕上注明。我们观众就当小品看还是可以接受的，但是我没看到，只看到当事人某某某……你以为观众是这么好忽悠的吗？”而在一次网友自发评选的“最恶心节目”投票中，重庆一档情感类栏目入选，网友的理由是：“该节目特别钟情于婚外情、第三者、二奶、二爷、不伦恋、畸形恋等题材，完全是低俗地满足观众的猎奇心理，有几个是真的呢？”2008 年 12 月，广电总局向全国各地方台下发了一则“整改令”，禁止情感类节目低俗化。2011 年 4 月，贵州卫视《人生》栏目因单纯追求收视率，不顾及当事人的心情和处境，放大个人隐私和社会的阴暗面，缺乏同情心，被要求不得复播，即永久性停播。②

勒庞曾将大众形容为乌合之众。当自由放纵的大众成为舞台的主角时，情感浪潮演绎成情感风波，人们的视线转而投向关注如何理解、审视周遭的情感世界。

三、观以致用：疏导的空间

同济大学文化批评研究所王晓渔认为，“在一个充满焦虑感的时代，情感

① 张静：《广电总局整改情感节目禁止编故事〈人间〉〈真情〉被整》，《西安晚报》，2008 年 12 月 24 日。

② 方芳：《贵州卫视〈人生〉栏目因放大隐私被永久停播》，《法制晚报》，2011 年 4 月 8 日。

类节目恰如心灵鸡汤，它的作用和于丹的节目没有本质区别，都是心理按摩”①。

情感类节目的第三波浪潮是以心理节目的兴起为标志的。它发展迅猛，在近几年的中国电视荧屏上掀起了新的收视热潮。从《心灵花园》、《大话爱情》，到《心理访谈》、《情感之旅》，再到《相伴到黎明》、《情感方程式》和《幸福魔方》，情感访谈类电视节目遍地开花。早期的心理节目按照风格可分为两类：一类以心理分析为目的，另一类以情感交流为旨归。前者以中央电视台《心理访谈》为代表，后者以《心灵花园》为代表。

《心理访谈》是中央电视台于2004年12月28日在社会与法频道（CCTV－12）推出的全国第一档现场个案访谈的大型日播心理栏目。定位于“观察心理个案，打开心理话题，探索心理路径，促进心理健康，实现和谐人生”，独特的栏目定位和专业的心理分析使之开播后迅速产生了良好的社会反响，栏目收视率曾一度攀升至频道首位。它的热播带动了国内其他电视媒体也相继推出同类栏目，如北京电视台的《谁在说》、上海电视台的《心灵花园》等。除了谈话节目常见的环节和手段外，《心理访谈》还增添了专门化的心理学测试和诊断方法，集情、事、理于一体，将谈话节类目推向了一个新的高度。

在该栏目中，心理学教授常使用一些道具来进行心理测试。这些道具是具有特定学理意义的符号载体，如各种玩具动物、沙盘、色块和画板等，嘉宾把它们摆放成自己心目中的各个角色场。在场景模拟中，嘉宾选取最符合自身问题的演员，一起模拟往日事件的过程，心理学专家根据测试中嘉宾的表现找出问题的关键，并有针对性地进行分析，提出相应意见和建议。当事人自身的经历——事，内心的困惑——情，与心理学分析——理紧密结合，使节目对电视观众产生了巨大的吸引力。《心理访谈》基于各种人际关系而精心挑选和梳理选题，通过对当事人“进行时”及“后续时”的回顾和分析问题的形式来呈现解决问题的过程。通过心理专家对嘉宾进行现场心理分析和指导，产生一定程度的示范效应，通过电视对观众潜移默化的影响修正不良心理，帮助嘉宾和观众树立健康向上的人生观和价值观。

《心理访谈》以心理学专业性和核心价值观倡导为特色。与之不同的是，《心灵花园》是以情节曲折和心理宣泄见长。该栏目以“讲述都市真实的情感故事”为主线，通过加入心理、社会等学科的深入分析和讨论，在真实故事的基础上为观众提供现实生活的指导，引导人们面对生活困境和心理疾患作出智慧的选择。周一至周五为常规的节目模式，通过小演播室内的访谈和外景穿插，讲述当事人真实的情感故事，情节曲折，发人深省。周六和周日为

---

① 《〈真情〉：嘉宾的“爆发力”是看点〈人间〉：抓住人们“爱听故事”的心理》，《都市时报》，2009年3月28日。

大演播室的特别板块《大话爱情》，由当事人讲述、嘉宾讨论和观众互动等环节构成，话题矛盾突出，引人入胜。节目开播以来收视率曾高达6.8%，为同时段收视率最高，并成为业界知名品牌。2007年，该栏目被《综艺》杂志评为年度地方频道节目20强，被誉为“现代都市人心理倾诉，解决情感困惑的平台”。《心灵花园》还被誉为“2006年沪上电视传媒收视黑马”。自2006年1月改版以来，收视率一路飙升。据尼尔森收视调查公司提供的数据显示：2006年1月，《心灵花园》的平均收视率为2.2%，4月份的平均收视率则达到了5.8%，最高一期收视率达到7.2%。与2005年同期相比，收视率增长了527%。截至2008年，该栏目的市场份额也在进一步扩大，已稳定地成为每晚9点档上海电视频道收视的第一名；与此同时，《心灵花园》在全国的影响力也正在迅速扩大，广东、四川、山东、江西、福建、浙江和湖南等十多个省市的电视台都已购买播出。[①] 遗憾的是，《心灵花园》未能坚守心理学疏导的专业特色，终因深陷前述情感宣泄泥沼而被叫停。

情感类谈话节目并未因广电总局2008年以及其后频频出现的整改令而销声匿迹，而是在低谷中崛起，全方位创新，重新竖起“情感”大旗，《幸福魔方》便是引领新型情感节目的旗手。2010年，情感类谈话节目再度火热。因师生恋这一敏感话题而备受关注的湖南卫视《8090》、以《透支爱情》而备受“80后”关注的上海东方卫视《幸福魔方》等一系列栏目引起电视观众和网友的极大关注。中国电视再刮情感之风。

《幸福魔方》自2010年1月4日23：00开播以来，收视率节节攀高。央视索福瑞26城市的调查数据显示，其收视率在上海地区高达3.91，全国高达0.74。[②] 一座“透明玻璃屋”、一方“网友九宫格”、一个“心理疏导师”、一位“知性主持人”和一扇“幸福回归门”，演播室360°玻璃屋时尚新颖的设计风格给情感类谈话栏目吹来了一缕新空气。有网友评论，这就是电视版《知音》——致力于“反映中国社会在城市化进程中的人与人的关系，挖掘人间真善美和内心深处的情感”。东方卫视推出的此档栏目立足于情感，却又不止于情感。节目以情绪性的谈话彰显其矛盾冲突和情感的真实性，以主持人和心理专家情理交融、精辟深刻的分析引导当事人解决情感困惑。它抛弃了前期情感栏目滥情、窥视之弊端，以客观、理性和务实见长。

值得关注的还有湖南卫视的《8090》。该栏目由《真情》蜕变而来，聚焦“80、90后”的情感问题，定位明确、清晰，同时也与湖南卫视“年轻、快乐”的频道风格珠联璧合。开播不到一个月曾夺得同时段收视第一的骄绩。节目以“80后”的视角讲述情感故事，创造性地调动各种互动元素：组织12

---

① 耿蕊：《新定位　新视角　新风格——上海生活时尚频道特色栏目〈心灵花园〉分析》，《当代传播》2008年第3期。

② 张敬潇：《情感类节目〈幸福魔方〉高收视率因素浅析》，《新闻传播》2010年第9期。

人现场情感观察团“8899 情感观察团”，就当事人的事情说出自己的看法，为矛盾双方增加多元视点与选择方案；利用情景再现设置悬念，比如在较受关注的师生恋这期节目中，在学生喜欢的老师出场之前，节目利用 VCR 情景再现，播放了几段电视剧美女教师的视频片段，引导观众猜测老师的相貌。小众化的栏目定位和大胆的游戏风格令《8090》脱颖而出。

由《幸福魔方》、《8090》掀起的情感浪潮仍在继续，并与此前的同类栏目一道，切中时代脉搏，满足了社会转型期现代人因心理困惑和情感压抑而亟须宣泄和疏导的巨大需求，通过交流心理感受、倾诉心路历程和解决心理难题而得到情绪释放，赢得了广大受众情感和心灵上的强烈共鸣。

第二节　故事奇观——戏如人生的仿真镜像

情缘于事，境由心生。故事奇观与情感奇观有很深的渊源。有学者将《生活空间》称作中国情感类电视节目的始祖。事实上，按照节目形态，《生活空间》属于纪录片栏目，其重心在于叙事，恰如其定位语所说的：“讲述老百姓自己的故事”。它在中国掀起了一场故事浪潮，由纪录片而波及整个电视荧屏，乃至在文化领域都产生了深远影响。故事奇观也自此开始。

一、故事人生：百姓的家园

1993 年以前，中国老百姓跟电视从根本上说是无缘的，老百姓难得在电视上自己讲话。让老百姓说话，让老百姓上电视，这是十年来中国电视第一次革命最重要的意义。[①] 20 世纪 90 年代，中国出现了前所未有的纪录片运动，其纪实理念和平民化风格引起人们的共鸣，电视荧屏一时间成为百姓的精神家园。引领这一运动的就是中央电视台的《东方时空 · 生活空间》和上海电视台的《纪录片编辑室》。

《生活空间》开办于 1993 年，是中央电视台《东方时空》板块栏目的子栏目之一，每期播放一个短纪录片。该栏目一经面世就引来了各方赞誉，其贴近生活的全新角度、带有浓郁生活气息的纪录形式吸引了一大批观众。一时间，纪实风格蜂拥而起，普通老百姓第一次真正进入电视观众的视野。其“讲述老百姓自己的故事”的定位语家喻户晓、深入人心。在初创时期，《生活空间》的创作理念是反映普通百姓的真实生活，从而起到人文教化的作用。作品普遍运用长镜头再现生活，真实自然，极少修饰，不下定论，让观众自己去解读。在开头与结尾处加上主持人的一句比较有哲理的话，起到启发观

① 李幸：《〈南京零距离〉与中国电视的三次革命》，《广告大观》2004 年第 3 期。

众进行解读的作用。1994 年以后，《生活空间》不再满足于停留在事实表面上，转而深入人物的内心世界。1997 年起更新创作理念，采用纪实加表现的手法，在纪实的基础上追求多样化。其编辑制作原则是强调原汁原味，强调唯真不唯美，强调观赏效果。《生活空间》创作的大量优秀纪录片，以生活美为基础，对艺术美进行淋漓尽致地发挥，从而创造出中国式的“生活流”。

与《生活空间》遥相呼应的是上海的《纪录片编辑室》。1993 年 2 月，上海电视台八频道推出了一个新栏目——《纪录片编辑室》，这是中国电视史上第一个打出纪录片旗号的栏目。该栏目创办之初，连续数年创下收视奇迹，最高曾超过 30%。该节目每周一期，每期 40 分钟。在很长一段时间里，都被视作上海电视节目的骄傲。因为它有着最为广泛的收看群体，收视率甚至一度超越电视新闻，有着很好的口碑，曾经是街头巷尾议论的中心。更重要的是，它的存在是纪录片栏目化生存的奇迹。

《纪录片编辑室》栏目几乎在一夜之间就成为街谈巷议的热门话题。1993 年夏天，编导王文黎正在拍摄外来民工，同事冯乔讲了一个真实的故事。他太太同事的邻居是个腿有残疾的男青年，被一个外来妹告上了法庭，要他承认是孩子的父亲。这个身世不明的孩子，当时还是个刚出生不久的婴儿，叫毛毛。身无分文的外来妹大热天带着小毛毛住在街道招待所里，在一些热心人的帮助下，坚持要打官司，讨个说法。王文黎就是从这里介入，拍下了曲曲折折的案件发展过程和结局，拍下了一个令人心酸的故事。这部纪录片中王文黎以作调查和记录的记者身份出场，分段叙述，取名《毛毛告状》。没想到节目播出后，收视率高达 36%。上海的老百姓都在讨论毛毛的故事，公共汽车上、电梯里认识或不认识的人都在猜测这个故事的结局。那时候，纪录片的概念还没有像今天这样为大家所接受，不明白的人说：“那个叫《毛毛告状》的电视剧真好看，我看得直掉眼泪”，明白一点的人说：“《毛毛告状》比电视剧还好看，头一次看到电视里放这样真实的东西”。栏目推出之初，反响较大的作品还有一批，如《大动迁》钻进了成都路沿线的一户户普通人家的简屋陋室里，以平民视角记录下了上海这座大都市在城市化进程中的一幕幕人间悲喜的戏剧化场面。由于牵动上海市民的切身利益，收视效果极佳，并在国内多次获奖。

2002 年元旦，上海电视台率先在国内开设了纪实频道。除了《纪录片编辑室》，还开辟了《新生代》、《星期五档案》和《经典重访》等原创栏目。开播之初，《纪录片编辑室》栏目的收视率始终占据首位，超过该频道引进播出的美国国家地理频道、“探索与发现”等机构的节目。一批优秀作品还获得各种奖项，如《干妈》获上海电视节“白玉兰”评委特别奖、亚广联 2002 年最佳纪录片奖；《厂长张黎明》获国家对外节目 2001 年一等奖、金鹰奖 2002 年长篇提名；《靖大爷和他的老主顾》获中国纪录片学会 2003 年学术奖长篇大奖；《我的露露》获2003年学术奖长篇二等奖，同年又获得四川电视节"金熊猫"评委特别奖。一些海外传媒机构先后购得《一个叫做家的地方》、《干妈》和《学昆曲记》等一批纪录片在香港、台湾地区的播映权和亚洲及全球的播映权。

《生活空间》所形成的"京派"风格、《纪录片编辑室》所形成的"海派"风格，以及以四川电视台国际部为代表的西部风格等多元化地域特色的平民纪录片共同引领了普通百姓的故事时代，其影响延续至今。百姓家园、纪实风格以及原生态故事体，是这一波电视奇观的主体特征。《神鹿啊，我们的神鹿》、《远在北京的家》、《半个世纪的乡恋》、《德兴坊》、《流浪北京》、《老头》和《三节草》等大都对底层社会人群给予了人文关怀，对其生活状态进行了观察与思考。这个阶段的中国电视纪录片被命名为"故事"时期，"讲述老百姓自己的故事"也被作为对中国当代纪录片的特别阐释。在其影响下，拍摄普通人逐渐成为一种潮流。

二、祛魅人生：平民的学堂

"祛魅"（Disenchantment）一词源于马克斯·韦伯所说的"世界的祛魅"，汉语也可译作"去魅"、"去魔"、"解魅"和"解咒"，是指对世界的一体化宗教性解释的解体，它发生在西方国家从宗教神权社会向世俗社会的现代性转型中。通俗来讲，"祛魅"是指对于科学和知识的神秘性、神圣性和魅惑力的消解，引申之，也可以指主体在文化态度上对于崇高、典范、儒雅、宏大叙事和元话语的能指疑虑或表征确认。

中国的历史是一部关于英雄和神话的鸿篇巨制，一直以来传颂不休的都是关于文人仕士、英雄豪杰的赞歌。这些历史人物的人生和经历对于普通百姓而言是陌生、遥远而神秘的。以中央电视台《百家讲坛》为代表的"文化讲坛"类栏目的热播，掀起了一场关于历史人物、经典故事的祛魅运动，伟人、经典走下神坛，与大众共飨人生况味。随着栏目收视率以及品牌知名度的飙升，原本默默无闻的易中天、于丹等人大红大紫，形成了颇为壮观的电视文化景观。易中天、于丹现象，一时之间，引发坊间热议。

"文化讲坛"类电视节目的雏形可以追溯到1999年，湖南经济电视台凭借湖南丰厚的人文地理条件推出了别具特色的余秋雨《走向21世纪的中国文化》的电视演讲，从而开"文化讲坛"类电视节目之先河。2004年，中央电视台科教频道的《百家讲坛》首创收视狂潮，并激发了国人对学术、对文化的关注。"文化讲坛"类电视节目作为一种新的电视节目类型得到了迅猛的发展，继而，各地方台的"文化讲坛"类栏目也纷纷闪亮登场。

《百家讲坛》创办于2001年7月，是央视科学教育频道的一档学术普及性栏目。该栏目开播以来经历了三个发展阶段和两次改版，可谓一波三折。

开播初期，《百家讲坛》秉持“文化品位、科学品质和教育品格”的“三品”定位，从自然科学、人文科学，到饮食起居、养生保健，无所不及。所邀请的讲解人也都是大家，如杨振宁、李政道、丁肇中、周汝昌、叶嘉莹和霍金……但由于曲高和寡，开播两年后，栏目收视率总是萎靡不振。2002 年 5 月 16 日，《百家讲坛》进行首次改版。节目开始以“建构时代知识、享受智慧人生”为宗旨，定位于“一所汇集名家名师的开放大学”，注重主讲人的名气和学术品位。然而，收视率仍然不佳。2003 年 9 月 14 日，《百家讲坛》进行了第二次改版，从昔日的“广种薄收、跑马圈地”转向“集中火力、精耕细作”[①]。2004 年 5 月，由著名清史专家阎崇年主讲的《清十二帝疑案》的热播，成为《百家讲坛》发展历程中的重要转折点。在此之前，节目收视率能达到 0.1% 就已经很理想，而《清十二帝疑案》的火爆使该栏目的收视率一路飙升，最高时竟达到 0.57%。[②] 自此，《百家讲坛》的风格发生根本性的转变，栏目的内容由过去的包罗万象细化为普及中国优秀传统文化，栏目宗旨改为“让专家、学者为百姓服务”，以“不断培养专家、学者的公众意识，不断强化媒体为受众着想的服务意识”为制作理念。过去高高在上的专家、学者开始放下身段认真考虑观众的需求。2005 年，《百家讲坛》被评为央视十大优秀栏目之一，仅次于《新闻联播》，排名第二。2007 年 3 月 17 日，《新周刊》2006 年度中国电视节目榜揭晓，《百家讲坛》获得年度电视节目奖，制片人万卫获“创新电视人”奖。与此同时，阎崇年、刘心武、易中天、纪连海、于丹和王立群等一批学者也开始蹿红荧屏，甚至有人将易中天称为“学术超男”，将于丹称作“学术超女”。

从反响平平到站稳脚跟再到火爆荧屏，《百家讲坛》的收视率长期排在科学教育频道的第一位。在央视网站的 300 多个栏目中，其点击率排在第二位，仅次于《同一首歌》。《百家讲坛》的成功还衍生了巨大的附加产值：《刘心武品读〈红楼梦〉》在作者与红学家的激烈争辩中狂销 60 万册；阎崇年根据讲稿所写的《正说清十二帝》在出版后的一年内销量即达到 32 万册；上海文艺出版社以 500 万元的高价夺得《易中天品三国》（上）的版权，首印 55 万册，两个月之内数次重印，销量超过 200 万册；于丹的《于丹〈论语〉心得》2006 年 11 月在中华书局出版时首印竟高达 60 万册，一个月之内两次重印，印数已达百万。这样的发行业绩与以往的普及性人文社科类出版物相比，无异于天文数字。不仅如此，《百家讲坛》还带动了原本滞销的经典读本的销售，各大出版社借势推出各种解读传统文化的普及读物，为“国学热”再添一把旺火。

---

① 马燕：《电视讲坛节目：精英与大众的融合》，《传媒观察》2007 年第 6 期。

② 《百家讲坛如何酿造“好酒”》，央视国际，2005 年 12 月 30 日。

《百家讲坛》引发了新一轮的模仿、克隆之风。继《百家讲坛》大获成功后，许多电视台都陆续创办了风格类似的“文化讲坛”类电视节目。其中，一部分的选题是以受众容易接受的人文历史知识为主，如北京电视台的《名师讲坛》、河北电视台科学教育频道的《燕赵大讲堂》、黄河电视台民生频道的《黄河讲堂》以及湖北电视台的《荆楚讲堂》等。还有一部分的节目选题多偏重于某一专业领域或社会生活的某个方面，例如，央视三套的《经济大讲堂》、湖南经济频道的《电大讲堂》以及山东教育电视台的《名家论坛》等。此外，还有注重普法宣传的央视社会与法频道的《法律讲堂》，以“普及全民国防教育、传播国防人文精神"为宗旨的央视七套的《和平年代·周末开讲》等。

诚如英国学者康纳所言：“一种令人不安的流动性开始影响传统上作为大学独占领地的高雅文化与通俗文化的分界线。诸如电视、电影这样的通俗文化形式开始自称具有高雅文化的某些严肃性，而高雅文化也采纳了某些通俗艺术的形式和特征。”①

三、人生如戏：演绎的现实

人生如戏，生命是舞台，每个人都扮演着自己的角色，且让每个人都好好过有意义的一生。

——莎士比亚

每天我们的视野半径只在周围延展，每天我们都和小同的世界擦肩而过，人生的起起落落，生活的悲喜无常，更多人的命运，正在历经传奇……

——《传奇故事》

如果说中央电视台的《生活空间》是百姓故事热的始作俑者，那么，在新一轮的电视“故事”热中，江西卫视的《传奇故事》无疑起着推波助澜的作用。

近年来，国内上星频道的节目创新出现新动向，大量不同形态、不同题材的栏目的叙事语态纷纷向讲故事转变，其中省级卫视以江西卫视《传奇故事》、湖南卫视《背后的故事》等为代表，全国卫视荧屏掀起一股讲故事风潮。在众多讲故事的节目中，江西卫视《传奇故事》节目成为同时段、同类型节目的龙头老大。2006 年江西卫视《传奇故事》一直不断刷新自己的收视传奇，收视率排名在全国 35 个城市中稳居前两位，2007 年元月，《传奇故事》以其独特的个性魅力再创收视传奇，与同期相比上涨 61%，并跃升同时

① ［英］史蒂文·康纳著，严忠志译：《后现代主义文化》，北京：商务印书馆 2002 年版，第 23 页。

段收视第一，成为同类型节目的翘楚。①

《传奇故事》的前身是江西都市频道的《传奇》。该栏目开播后收视表现突出，其市场份额在南昌曾高达42%，2005年改版更名为《传奇故事》进入江西卫视，收视率节节攀升。开播一年后，即在全国10个城市AC尼尔森数据中跃居全国卫视晚间自办节目前三位。之后长期占据同时段省级卫视全国收视前两名。② 一时间，《传奇故事》成为公众认可的品牌，成为江西卫视走向全国的"主打产品"。

热播的《传奇故事》每周播出六期节目，每期节目20分钟，定位于中下层普通观众。这些群体受教育程度普遍不高，收入水平较低，较易接受故事性、娱乐性和通俗性较强的作品，喜欢富有新鲜感和离奇性的身边故事。针对此，《传奇故事》多取材于人们日常生活中发生的真实事件，汲取其中体现真善美、德义理的素材，将人们见惯不惊的现实生活演绎得精彩缤纷、曲折离奇而又深刻隽永。如《怒海中的生死大营救》、《被亲情遗忘的孩子》等节目关注生命、呼唤亲情，《吃煤奇人》、《是什么厄运纠缠三十个村娃》、《村老太的风波》和《真实僵尸附体之谜》等节目则在离奇、跌宕的情节上不惜浓墨重彩，凸显事件的故事性、悬念性。

《传奇故事》引人入胜，将普通百姓的平凡生活演绎得生动透辟、回味无穷。这可从其屡次获得的美誉窥见一斑：

2006年，第十六届中国新闻奖评选，江西卫视的《传奇故事》以其对舆论导向的准确把握、对社会现象的深刻分析以及选题和叙述方式的贴近性，获得中国新闻最高奖——中国新闻奖（邹韬奋奖）一等奖。

2008年，中央电视台发布了"2007年全国电视观众抽样调查"结果。这项调查显示，江西卫视的《传奇故事》在观众最喜爱的电视栏目的前20位中名列第12位。

同年，《新周刊》中国电视节目榜评选，江西卫视的《传奇故事》荣膺"最会讲故事的新闻节目"。颁奖辞称：《传奇故事》，以一流讲解救活了二手新闻，讲真善美，乐而不淫，讲德义礼，哀而不伤。主持人金飞把"说新闻"的主持风格推到"说故事"的更高境界，精准拿捏市井故事与人情和法律之间的微妙平衡，把社会生活万象转化成一种沁入人性深处的报道和教化。

除了不俗的收视率，《传奇故事》还有着强大的的社会影响力，从讲正面故事，到让负面故事产生正面效果，使观众形成积极向上的人生观和价值观，使观众与节目形成强烈的共鸣，既对人生有了更深的认识，同时也加强了自

---

① 徐会：《讲述〈传奇故事〉的传奇——解读江西卫《传奇故事》节目》，《青年记者》2008年第12期。

② 杨贡江：《浅析故事类新闻专题栏目———以江西卫视〈传奇故事〉为例》，《声屏世界》2009年第7期。

身的社会责任感。

“关注社会上离奇、有故事、有特点的新闻人物和事件，讲述普通百姓的市井生活、情感故事，带有猎奇性和曲折性。从讲正面故事，到让负面故事产生正面效果，使观众形成积极向上的人生观和价值观，形成强烈的共鸣。通过主持人金飞生动形象的讲故事方式，再加现场背景的重现，给观众提供了一种从未有过的看故事、听故事的全新途径。”① 这是江西电视台《传奇故事》在其网站上的欢迎词。《传奇故事》以最原始的“说书人”方式，讲述社会转型期的故事。栏目组工作的重点之一就是低成本收购全国电视频道曾经热播过的法制类电视节目，通过重新解构故事来形成了主持人口中的传奇。主持人金飞面对观众娓娓道来，以浓郁的人文关怀精神解析故事情节，以场外采访与公众形成互动，打造公共话语平台。在金飞的演绎下，人间冷暖、爱恨情仇被瞬间放大，平凡无奇的人生经历变得曲折离奇、扑朔迷离。与平民化故事浪潮不同的是，此波故事浪潮的魅力远不止于在主持人的生动呈现上，更多地源于他颇富个性的深刻分析和理性点拨。“说书”风格广受效仿，如辽宁卫视 2008 年推出的《王刚讲故事》特意聘请“说书人”出身的王刚做主持人。相当多的此类栏目主持人运用中式对襟装、折扇等鲜明的“评书”符号作为栏目标志。

除了《传奇故事》，湖北卫视的《中国故事》、山东卫视的《天下故事》、辽宁卫视的《王刚讲故事》、东方卫视的《真情实录》、吉林卫视的《人生一刻》、南京台的《周涛讲故事》和吉视法制频道的《老刘故事会》等各地卫视、地面频道的大量故事栏目交相辉映，共同书写着新世纪普通老百姓的戏剧人生。

四、戏如人生：仿真的镜像

拟象和仿真的东西因为大规模地类型化而取代了真实和原初的东西，世界因而变得拟象化了。

拟真不同于虚构（fiction）或者谎言（lie），它不仅把一种缺席（absence）表现为一种存在（presence），把想象（imaginary）表现为真实（real），而且也潜在削弱任何与真实的对比，把真实同化于它的自身之中。

——鲍德里亚

当人们尚未从故事浪潮中回过神来，一种虽不是剧，却充满了虚构和演绎，虽不是新闻，却时时强调其纪实性和真实感的新型栏目遍地生花，风靡大江南北，以致有人惊呼：这影像世界怎么看起来都像是真的！发生在剧中

① 江西电视台《传奇故事》介绍，http：//tv. openv. com/col_ 450. html.

主人公身上的故事仿佛就是我们身上真实的经历！这就是当年被学界称为“四不像”的栏目剧。

栏目剧的开山之作可以说是重庆电视台在20世纪90年代就已推出的《雾都夜话》。这档栏目一路走来，历经波折，终将栏目剧这种新样态推入人们视野。栏目剧一度成为中国电视荧屏的新宠。从重庆时尚频道的《生活麻辣烫》到上海电视台新娱乐频道的《百家心》，从广东卫视的《博客奇谭》到北京电视台生活频道的《大城小事》……从西到东、从南到北，几年之间，电视栏目剧在全国形成了一派勃兴景象，其收视率一路攀升，不少栏目剧甚至还超过了黄金时段的电视剧的收视率。栏目剧如此火爆的态势着实使其成为当今中国电视界的一道全新的风景线。

浙江电视台《本塘第一剧》于2006年1月1日开播，其故事大多是在本地真实新闻素材上进行改编、演绎，在保留新闻性、时效性的基础上，添加几分戏剧性。出人意料的是，栏目仅开播一周便在杭州市网收视率突破2.7%。①

湖北经视的《经视故事会》收视率超过当地15家频道同时段的收视总和。湖南卫视效仿韩国反转剧开创了《爱情魔方》，内容主要是男女爱情故事，男女演员名气不大，但是时尚靓丽，注重青春时尚的元素。此栏目开播不久便进入“中国电视剧排行榜”榜单。因此湖南卫视大胆舍弃在黄金时段播放电视剧，转而加强打造精品栏目。

在收视一片火红的情况下，栏目剧创作者们着意联手打造，真正把栏目剧做大、做强。2006年1月10日，浙江经视联手重庆卫视、湖南经视、湖北经视、山东卫视和陕西卫视五家媒体，成立全国电视台栏目剧合作体，更是让栏目剧吸引了众多眼球，该会议也被称为全国电视栏目剧发展史上的“遵义会议”。

2006年，中广协会电视学研委会和浙江广电集团在杭州共同举办了“全国电视栏目剧研讨会”，来自中广协会、中广协会电视学研委会、中央电视台、全国30多家省市电视台（频道）的部分领导、业内代表以及栏目剧研究的专家学者共近百人纷纷到会献计献策，就电视栏目剧的本土特色、形态创新、营运模式，以及电视栏目剧的现状和发展趋势进行了广泛而又深入的探讨和交流。有学者分析，“说2006年是中国电视栏目剧年也许并不过分。杭州、苏州两大人间天堂在同一年里就分别举办了关于电视栏目剧的研讨会，应该说，能够使全国四五十家电视台积极地、主动地汇聚到一起对某一具体节目形态进行研讨，只有栏目剧做到了”②。

---

① 江虹：《电视栏目剧研究》，西南大学硕士学位论文，2007年。

② 张步中：《中国电视栏目剧现状及发展之我见》，《中国广播电视学刊》2007年第3期。

第一次对栏目剧进行理论上的界定是在2004年中国情景剧产业研讨会上。《雾都夜话》的制片人马及人首次阐释了“栏目剧”的定义：每一个情景剧都有一个共性，以栏目的时间来播出，有固定的时间，今后这样的情景剧式的短剧就叫栏目剧。栏目剧不是电视栏目和电视剧的简单相加，也不完全是以栏目的形式播出的戏剧故事或电视剧，而是一个有自己的特色和内涵的节目形态，形态生活化、内容平民化、演员群众化、语言地方化（不排除普通话）、情节真实化和观众的参与性是其主要特征。[①] 马及人提出的栏目剧概念随后被广泛接受，用以界定《雾都夜话》一类的电视节目。

栏目剧不是一般的电视剧。中国传媒大学关玲教授在谈到《本塘第一剧》时指出，栏目剧是既有栏目属性和栏目形态，又以新闻为由头的一个短剧，既不能叫新闻剧也不能叫趣味剧。[②] 栏目剧首先是一种仿真性的节目，它源于新闻素材，运用纪录片情景再现的手法，具有纪实性。栏目剧的绝大多数题材取材于真人真事，并且时刻不忘提醒观众这是真人真事。《雾都夜话》早期多借用新闻化的叙述方式，记者以目击者、采访者甚至亲历者的身份介入生活，后来所采用的主持人解说和画外音的形式依然在提醒着观众故事的真实性。浙江电视台的《本塘第一剧》甚至给自己一个别称“新闻剧”，特别强调其新闻性。此外，它更注重叙事，通过挖掘素材的戏剧性和启用非职业演员，来力求表现原汁原味的现实生活。剧中生活与现实生活形成戏仿关系，使这种节目形态具有很强的本土性和亲和力。

栏目剧真正地走出了电视，走进了百姓生活。无论是重庆的《雾都夜话》、上海的《百家心》，还是浙江的《本塘第一剧》、北京的《大城小事》……各地的栏目剧几乎都将“关注民生民情、反映百姓生活”作为自己的节目目标，其内容大都着眼于与百姓日常生活息息相关的婚姻家庭、子女教育、经济纠纷和伦理道德等社会问题，这些问题同时也常常被人们称为“鸡毛蒜皮”的小事，栏目剧正是通过这种与人们日常生活密切相关的故事内容，切实地做到了生活化。

在众多栏目剧中，川渝栏目剧和陕西方言剧较为突出。在重庆，《生活麻辣烫》及其系列衍生栏目剧《麻辣江湖》、《麻辣冤家》、《麻辣一家》和《麻辣小冤家》等构成时尚频道的主打内容，使之成为重庆地区唯一不播电视剧的频道。《生活麻辣烫》于2002年创办，由重庆电视台·重视传媒节目制作公司制作，该栏目一出现就迅速占据了重庆地区收视榜的显赫位置，一直排名前三。这档节目制作成本远比电视剧低，收视率却超过很多黄金时段播出的热门电视剧。《生活麻辣烫》自2005年8月份以来收视率保持在4%，收视

---

① 何菲：《中国内地电视栏目剧研究》，河北大学硕士学位论文，2009年。

② 关玲：《〈本塘第一剧〉研讨会讲话整理》，浙江在线新闻网站。

份额保持在15%，最高曾达到25%（该数据截至2007年）。从2004年1月上星播出后，衍化为精装版和黄金版两个版本。[①] 2006年，重庆电视台对频道资源进行重新整合，将重庆喜剧频道改版为重庆时尚频道，交由重视传媒节目制作公司（简称节目公司）全面运营。同年5月，节目公司把自办品牌栏目《生活麻辣烫》从重庆卫视落户到重庆时尚频道播出，同时内容也从30分钟扩容到90分钟。这一举动拉开了节目公司、重庆时尚频道打造“栏目剧航母”的序幕。2006年5月1日起播出《今夜不设防》栏目，2006年6月20日起播出动画片《麻辣小冤家》，2006年7月1日起播出电视剧《生活麻辣烫》（五一期间也有播出），2006年8月17日起播出古装方言栏目剧《麻辣江湖传》。依托栏目剧，重庆时尚频道收视份额得到迅速提升：5月初，即从2006年初的第8位跃升至第3位，7、8、9三个月份，更跃升至第2位，成为重庆电视圈的一匹黑马。以《生活麻辣烫》为首的栏目剧个个表现不俗：《生活麻辣烫》2004年荣获全国“百佳栏目”称号；《麻辣冤家》成为重庆地区2005至2006年度收视率最高的方言喜剧；《今夜不设防》曾发行到全国十余家电视台，单集发行价高居全国栏目剧榜首。

四川地区主要的栏目剧有四川电视台经济频道的《麻辣烫》、成都电视台都市生活频道的《成都情事》、四川卫视的《一级设防》、四川电视台原六频道的《大城小事》、成都电视台新闻综合频道的《老蔡讲故事》和四川妇女儿童频道的《闻香识女人》。据尼尔森收视调查，其中播出较早、收视率较高的是《麻辣烫》和《成都情事》。

《成都情事》开播四年，收视率取得了不俗的成绩。据统计，《成都情事》收视率高达3.5%（2006年数据），远远超过许多热门电视剧大戏。成都都市生活频道属于市级电视台，没有上星的优势，却击败了众多省级上星电视台的栏目，一直遥遥领先。[②]

陕西地区仅方言栏目剧就有六档：西安白鸽都市频道的《狼人虎剧》、陕西电视台都市青春频道的《都市碎戏》、陕西电视台新闻综合频道的《百家碎戏》、陕西卫视的《街坊邻居一台戏》、西部电影频道的《千家故事》和陕西农林科技卫视的《邻里乡亲》。

《狼人虎剧》于2004年推出，是陕西的第一档方言栏目剧。其后一系列方言栏目剧的出现，使得陕西栏目剧的创作规模不断加大，在电视节目市场上形成了包括导演、编剧、演员和摄制人员在内的上百个剧组，从而形成了数千人参与的电视产业链，其影响力也不断加强，成为继重庆之后又一个方言栏目剧生产与消费的重要基地。

---

① 江虹：《电视栏目剧研究》，西南大学硕士学位论文，2007年。

② 孙娟：《从〈成都情事〉看栏目剧的现状及未来空间》，西南交通大学硕士学位论文，2008年。

《狼人虎剧》最初采用的是周播形式，后来改为日播。其创作宗旨是把西安当作偌大的摄影棚，利用讲本地方言的非专业演员，拍摄发生在西安地区的老百姓生活。《狼人虎剧》最早播出的《杠头义警》、《小保姆》和《三天三夜》等创下了较好的收视率，在观众中打开了市场，赢得了口碑。在最初的一年里月平均收视率高达4.0%，最高收视率达11.0%，在西安地区各类节目收视率排行中名列前茅。①

《都市碎戏》一经播出，收视率便逐月上升，最高时曾达到11%。《都市碎戏》在西安地区晚10点后的竞争力较强，特别是在25岁至54岁的收视群体中，收视份额连续两个月都有所增长。在西安地面的主力频道中，《都市碎戏》的时段收视份额非常稳定地领先于其他频道。②

用洛朗·理查森的话概括这场由栏目剧掀起的电视奇观也许最为恰切：叙事是一种推理模式，也是一种表达模式。人们可以通过叙事“理解”世界，也可以通过叙事“讲述”世界。③

第三节　新闻娱乐化奇观——被戏谑的现实世界

“新闻从某种意义上，已经从传统那个男性的、政治的、评论性的和国家的世界，摇身一变成了女性的、私人的、视觉的、叙事的和个性的天地。”④

一、《南京零距离》：民生新闻潮起潮落

电视民生新闻，就是报道带有本土化、人本化，为平民百姓所关注，并与之日常生活、生计相关的信息的电视新闻。其内容包括群众的生存状况、生存空间和生活环境，关注与百姓生活息息相关的并对群众有影响的事件及讯息；形式上充分利用现代化传播手段，提高新闻报道的时效性和互动性，以拉近电视与观众的距离。⑤ 事实上，学界对民生新闻的探讨虽然很多，但并没有一个达成共识的成熟概念。民生新闻的深入人心要归功于电视。在20世纪初，以《南京零距离》为首的电视民生新闻栏目遍地生花、遥相呼应，并由电视反哺报纸、广播，形成了蔚为壮观的民生新闻景观。

《南京零距离》是江苏广播电视总台城市频道的一档新闻资讯栏目。业内

---

① 刘瑛瑛：《陕西方言栏目剧研究》，西北大学硕士学位论文，2008年。

② 刘瑛瑛：《陕西方言栏目剧研究》，西北大学硕士学位论文，2008年。

③ ［美］伯格著、姚媛译：《通俗文化、媒介和日常生活中的叙事》，南京：南京大学出版社2002年版，第11页。

④ 陆杨、王毅著：《大众文化与传媒》，上海：上海三联书店2000年版，第106页。

⑤ 朱天、程前、张金辉：《解读电视“民生新闻”现象》，《传媒观察》2004年第8期。

将其诞生誉为“一群身陷困局的电视人的一次前途未卜的突围”。2001 年，江苏省广电总台成立。次年元旦，新改版的城市频道“怀着兴奋而忐忑的心情”推出了《南京零距离》。形式为日播，每期 60 分钟，以市民生活为落脚点，大胆启用光头主播孟非。该栏目开播不久就屡创奇迹：

开播后第 2 周进入 AC 尼尔森南京地区电视榜，第 28 周名列 AC 尼尔森南京地区新闻节目第一名，从第 36 周开始名列 AC 尼尔森南京地区所有电视节目第一名，平均市场占有率曾高达 37.3%，第一次创造了电视新闻类节目收视率超越电视剧、综艺娱乐类节目的奇迹。

2003 年，在由福布斯和史坦国际联合主办的首届中国最有价值媒体的评选活动中，《南京零距离》与中央电视台《同一首歌》、《对话》一同成为当年中国最具投资价值的三大品牌栏目。

2004 年，《南京零距离》独家广告经营权以 1.088 亿元被买断，2005 年达到 1.038 8 亿元，2006 年则以创纪录的 1.069 亿元天价拍出，成为国内“身价”最高的电视新闻栏目。

《南京零距离》异军突起，其影响范围远远超过了电视领域，短短两年时间就使“民生新闻”成为新闻领域引用频率最高、最具影响力的名词之一。成都、广州、海南及浙江等地相继策划并推出了类似的新闻节目，其他各省、市电视台也不约而同地把具有浓厚本土特色的“民生新闻”当作拓展生存空间的制胜法宝，如安徽电视台的《第一时间》、合肥电视台《直播合肥》、湖南经视的《都市一时间》、江西电视台的《都市现场》、成都电视台的《成都全接触》、吉林电视台的《守望都市》、海南电视台《直播海南》和山东电视台《民生直通车》等。到 2004 年底，根据有关方面的统计，全国已有半数以上的省（市）、地（市）电视台设置了民生新闻栏目，全国各地方电视台类似的栏目总数超过 100 个。

民生新闻栏目的大量涌现，也给当地新闻市场增添了几分色彩，各地围绕本土新闻展开激烈竞争。在南京，《直播南京》、《法治现场》、《标点》、《服务到家》和《新闻地理》等民生新闻栏目陆续在相似时段开播，并由此引发了本地区以大时段直播或“准直播”为特征、以关注本土化市民生活形态为主体内容的城市新闻大战。在成都，2004 年 4 月，公共频道推出大型新闻直播节目《成都全接触》，经济服务频道也在 4 月份推出了滚动播出的新闻节目《第一现场》，都市生活频道在 5 月份推出《直播 60 分》，新闻综合频道则针对《成都全接触》和《直播 60 分》等节目，推出大型实录新闻节目《绝对贴近》。在河南，2004 年元旦，经济生活频道推出《民生大参考》，遭到本地电视新闻王牌栏目、收视率老大——都市频道《都市报道》的全面封杀，但在资金、设备、人力和信号覆盖等方面明显处于劣势的《民生大参考》，收视率仍然一路攀升，开播一年后，其收视率戏剧性地超过了《都市报道》。在浙江，从《阿六头说新闻》到《温州零距离》、《直播绍兴》等，民生新闻栏目受到百姓热捧，新闻热线成了投诉热线，一档新闻节目源90%来自百姓的报料。

民生新闻一改过去媒体传者本位立场，不再以高高在上的姿态俯视观众，也不再将题材局限于重大时政新闻，而是站在受众立场上，以普通百姓的视角平视观众，将自己视作观众之一员，以富有特色的“说”新闻方式和短、平、快的风格引起了观众的普遍认同和强烈共鸣。“南京零距离、就在你身边”、“天天630、贴近老百姓”等栏目定位就很好地诠释了这种理念。民生新闻利用城市频道的本土优势，掀起了一场意义深远的革命。

学者李幸将其意义提升为中国电视的第三次革命，得到了广泛认同。他认为，自1993年以来，中国电视有过三次革命，第一次以《东方时空》为始作俑者，第二次以湖南的《幸运3721》以及《快乐大本营》为标志，第三次则肇始于江苏，以《南京零距离》为代表。① 这次革命之所以引起广泛呼应，是因为它刷新了新闻内涵，把有关人民生计的新闻、市民生活的新闻推上新闻节目的主体位置，并以此为导火索，引发了各级电视台的激烈竞争。这场革命并非自2002年始，而是起源于20世纪90年代，如1995年的《北京特快》。更远地，可以追溯到80年代末报刊的扩版热潮以及90年代初的都市类报纸热潮。电视民生新闻以其简洁明快的视听双通道将民生新闻理念推向高潮。形象普通、甚至有所缺陷的平民主播，对植根百姓的日常生活状态的白描，对各类新闻评头品足的普通视角，构成了新一代民生新闻的鲜明标识。

二、《锵锵三人行》：新锐另类“聊”“侃”成风

我并不认为有什么问题是几个嘉宾在半小时的时间里就可以探讨明白的，我甚至认为问题不可能有最终的答案。听说人一思考，上帝就发笑，既然如此，就让我们聚在一起娱乐吧。

不求高度，只求广度；不求深度，只求温度；不求结论，只求趣味。

——窦文涛

民生新闻的兴起将新闻纳入寻常百姓视野，并且令其前所未有地接近每一个普通百姓。作为普通观众，人们不再是旁观者，而是随时可以参与其中，随时可以评头品足，可以为自己所用。软新闻占据主体地位，硬新闻软化只是新闻娱乐化奇观的开端。新闻被随意言说，甚至作为茶余饭后的笑料登上大雅之堂，《锵锵三人行》可以说是其典型代表。

《锵锵三人行》开播于1998年，至今已经15年。该栏目开播一年多就成

① 李幸：《〈南京零距离〉与中国电视的三次革命》，《广告大观》2004年第3期。

为凤凰卫视的一档王牌栏目，从一开始在小众范围内受关注到逐渐进入大众视野，后来成长为一档深受海内外广大观众喜爱的品牌栏目。3.3亿元的品牌价值使主持人窦文涛屡获殊荣：被《蒙代尔》杂志评选为2008年度“中国最具价值主持人”第二名；被中国电视艺术家协会主持人专业委员会推选为2004年度最佳电视主持人；同年，被《新周刊》评选为“15年来中国最有价值的电视节目主持人”。《锵锵三人行》的风格被誉为“窦式脱口秀”，并被称作开启了中国电视的“三人谈”模式。[①] 其创意源于将谈话、新闻和娱乐三个元素融为一体，在挑战严肃新闻题材的同时，也开辟了谈话节目的另类风格。

《锵锵三人行》还开创了一路新的电视文风——“亲爱的坏品位”[②]。正是这种“坏品味”博得了观众好感。在《新周刊》对《锵锵三人行》的网络受众调查中，“锵锵”观众的男女比例达到可贵的平衡，分别占到一半（女50.75%）对一半（男49.25%）。在接受调查的受众中，77%的人热爱“锵锵”是因为其话题的热辣和主持人的风格，56%的观众认为“锵锵”影响了自己生活中的谈话风格，教会了他们怎么有趣怎么说、更加愿意与朋友交谈以及谈性不是禁忌。《锵锵三人行》以其敏锐的新闻嗅觉和轻松的风格吸引着稳定的、不断扩大的受众群：老“锵锵”们为F40（意指60年代生人的新一代中年人），社会影响力越来越大，老“锵锵”们追捧三人行。70年代生人从上学时就听说这一档节目，一直到行走江湖进入社会，依然买账。而新的一代小朋友们则在视频网上能够轻易捕捉到他们感兴趣的话题和节目单，网络电视和即时通信让他们在观看和观感时保持同步。[③]

这档栏目的播出时间一直固定在晚间11时30分（首播）和中午12时（重播），周一至周五每天播出一期，播出频次高，成本低，但收视稳定，影响力较大。特别是十几年来保持了很好的口碑，在电视栏目中较为罕见。《锵锵三人行》的最大魅力源自其特别的嘉宾定位：两岸三地导演、作家、学者、政界及传媒界精英，加上主持人无厘头、无功利和互动开放式的调侃，再现了日常生活中人际交往的轻松与快乐。

《锵锵三人行》的最大特点就在于其娱乐性。每期话题来自社会热点、重大新闻事件或是焦点新闻人物，这些看上去严肃、古板的材料，一经主持人和嘉宾聊侃，就变得耳目一新、妙趣横生。如《搞乱台湾，阿扁有几种方

---

① 何雄飞、胡赳赳、柯勇、胡尧熙、胡斐：《〈锵锵三人行〉之窦文涛：一个话痨的十年》，《新周刊》2008年第4期。

② 何雄飞、胡赳赳、柯勇、胡尧熙、胡斐：《〈锵锵三人行〉之窦文涛：一个话痨的十年》，《新周刊》2008年第4期。

③ 何雄飞、胡赳赳、柯勇、胡尧熙、胡斐：《〈锵锵三人行〉之窦文涛：一个话痨的十年》，《新周刊》2008年第4期。

式》、《政治舞台上的“铁娘子”们》、《可怜天下父母心》和《超级女生全民狂欢》等，观众在轻松惬意中获取了对身边大事的深刻理解。有些节目邀请的嘉宾尽管行为传统、严谨，但在主持人激发、启示下也一改常态变得另类、锐意，如《王安忆谈上海》、《张扬谈〈向日葵〉》、《李文谈英语教学》和《李敖大师来做客》等。节目追求一种本色、随意的风格。用窦文涛的话来说，这个节目“就是我们平常朋友聊天这一类，我们就是用本色，把生活中的聊天尽量本色地搬上电视”。“聊天往往是强调一个聊的过程……大家都是性情中人，畅所欲言，享受的是整个过程……”①《锵锵三人行》的栏目设置简单、温暖：一张桌子、三把椅子、三个杯子，没有现场观众喧闹的捧场，只有主持人和嘉宾恣意的聊天。三人的装扮也尽量随意、自在。这样的环境设置让嘉宾的紧张感释放，回到平实自然的状态，如作家王朔在节目中聊到开心之处时，将座椅旋转90度，笑得前仰后合，手舞足蹈，俨然一个孩童。这些嘉宾平时接受媒体采访时严肃、庄重且不苟言笑，常有拒人千里之外的感觉，在这档栏目中却完全放松下来，不经意间露出了本色，说出了心里话，反倒让人感觉本色状态下的他们妙语连珠、幽默风趣，更具亲和力。谈话的过程也尽可能表现得随意、自然：主持人与嘉宾不断跑题，谈话顺着联想自由推进，不刻意追求某个主题、某个方向。观众看完一期节目，也许根本记不清严整的内容，但节目中智慧的火花和深刻的触动往往历历在目。正如该栏目的定位：不求高度，只求广度；不求深度，只求温度；不求结论，只求趣味。

民生新闻将新闻立场降到极处，并将“说”新闻牢固树立在新闻播报方式中。“说新闻”之风由凤凰卫视开启，很快为内地电视台所呼应，并盛行于各类民生新闻节目，极大地增强了新闻的娱乐性与亲和力，新闻从“播”到“说”，不仅是话语权的转移，更是对观众喜好的充分尊重。如创办于1998年的《元元说话》令主持人元元在京城大街小巷耳熟能详，此外，1999年的新闻栏目《第7日》、《7日7频道》也备受市民青睐。这股“说”新闻潮流还衍生了方言新闻播报等潮流，直到《锵锵三人行》将“说”新闻演变为“聊”新闻，嬉笑怒骂间尽享其趣。业界甚至将中央电视台新闻频道改版称作“侃”新闻风格塑造，尽管声明不效仿任何电视台，其娱乐精神与《锵锵三人行》等栏目实有异曲同工之妙。②

三、《壹周·立波秀》：嬉笑怒骂秀无度

2009年，一个留着旧上海式样分头的脑袋，几乎在一夜之间占据了很多

① 根据网易文化频道窦文涛口述摘录，http：//culture.163.com/06/0425/14/2FIGNVH000280024.html.

② 《央视“24小时”侃新闻获认可不效仿任何电视台》，《天天新报》，2009年8月12日。

媒体的头条，众多娱乐媒体对他趋之若鹜，包括中央电视台、上海文广传媒集团、湖南卫视和凤凰卫视在内的主流媒体都对他做了访谈节目，他不仅是上海民众茶余饭后的话题，而且成了专家学者津津乐道的文化现象，甚至认为他是海派文化的代言人，一时风头无二。他就是周立波，海派清口创始人。①

《壹周·立波秀》是2010年凤凰卫视和东方卫视为海派清口创始人周立波量身打造的春节特别节目。与《锵锵三人行》类似，《壹周·立波秀》也是一档以新闻事件、社会话题为主的谈话节目，自推出之后便广受欢迎，屡创收视新高。一档表面看起来并无多少新意的电视娱乐脱口秀之所以能够逆势而上，其成功之处恐怕正在于周立波本人及其节目中对新闻信息的娱乐化解读，在不经意中迎合和契合了电视观众的时事娱乐消费，满足了电视观众更深层次的新闻信息需求。②

《壹周·立波秀》在不经意间掀起了一场对新闻的纯娱乐式解构潮，其对观众的吸引力甚至超过了一年一度的春节晚会，这在电视领域还是第一次。2010年春节期间，《壹周·立波秀》一炮走红。从年初一到初六，以全国平均0.94的收视成绩，雄踞全国同时段节目第一位，对比平时的全国平均水平翻了3倍，在上海本地更以近7倍的速度增长，刷新了23：00深夜节目档的收视纪录，被媒体誉为毫无争议的“电视之王”③。首轮播放高调收关之后，重庆、广东等卫视以及地方频道迅速跟进，将海派清口迅速推向了全国的电视观众。2010年春节只是一个开始，2011年春节，此后每逢重大节庆，如五一、国庆，甚至建党九十周年，都是《壹周·立波秀》现身荧屏的日子。这档栏目不同于以往的电视节目，它没有固定的播出时间，只在特别时期作为特别节目现身各地卫视。

《壹周·立波秀》由三个部分组成：周立波个人专题脱口秀、周立波和周瑾搭档的娱乐新闻播报（立波梦话）以及周立波对新锐人物的别样访谈。时长45分钟（东方卫视将时长压缩为30分钟左右），其中，最精彩的是其个人脱口秀。周立波将舞台表演搬上电视荧屏，用上海腔浓重的普通话对热点事件、人物进行趣味盘点和善意笑侃。栏目不仅仅是纯娱乐的目的，而是在娱乐大众的同时还能针砭时弊，让人们以另类眼光了解“非主流”新闻时事和社会百态，以幽默调侃的方式道出了众多人心中所思，引起广泛认同和共鸣。“海派清口”的独特魅力是将栏目的娱乐精神发挥到淋漓尽致。这种流派融评

---

① 黄海：《一个人和一座城市的“清口”营销》，http：//finance. ifeng. com/leadership/scyx/20100818/2526079. shtml.

② 高贵武、邓燕玲：《“脱口秀”的拓展空间与新闻信息的另类消费———“壹周立波秀”高收视的缘由与启示》，《新闻与写作》2010年第4期。

③ 李云灵：《央视春晚上海收视回跌，《东方早报》，2010年2月21日。

书、小品、演唱和独角戏等各种艺术形式于一体，以“无主题变奏”方式延伸话题，借助滑稽说、学、做和唱等手段，用诙谐的语言调动现场气氛，辅以剧院的声光音效设备和现场观众的互动掌声，制造鲜明的舞台效果。比如2010年春节期间的《壹周·立波秀》，每个环节都取材于社会热点和时事焦点，如中国足球、奥巴马访华、楼市涨跌和重庆打黑等，环环相扣。所邀请的嘉宾也是热点人物，如演艺界的李宇春、姚晨，体育界的姚明，文化界的韩寒，地产界的王石等。周立波以其特有的幽默对新闻事件和人物进行讽刺和调侃，简短精辟，点到为止。观众在轻松愉悦的欣赏过程中既纾解了胸中愤懑，又消解了疲惫与紧张。

以娱乐精神消解严肃新闻并非始自《壹周·立波秀》，在前文所述《锵锵三人行》、民生新闻栏目中的《阿六头说新闻》等中都已见雏形。在《壹周·立波秀》的启迪下，各地电视台在新闻栏目中再掀娱乐潮，如在杭州，除了西湖频道备受欢迎的《阿六头说新闻》外，杭州五套阳光电视还推出了男人侃新闻栏目《新闻五味和》。这档栏目将主持人设为“酸甜苦辣咸”五味，分别是来自浙江交通之声电台的阿宝、杭州滑稽剧团的阿民、杭州中波954的主持人阿通伯、交通91.8的小奔以及杭州五套的阳光男主播马骞，代表“60后”、“70后”以及“80后”三代人的观点，主持人们性格各异、快人快语、灵活应变。《壹周·立波秀》把新闻中的娱乐精神从地方电视台推向省级卫视、推向全国，进而挑战“春晚”，把新闻娱乐化奇观推向一个新的高峰。

下编

XIABIAN

第五章

中国电视娱乐文化生态变迁

文化是一个动态过程。正如荷兰学者皮尔森在其《文化战略》中所言，文化不是名词，而是动词。① 每一历史阶段的文化都会随着社会形态以及随之而来的人们审美观念的变化而不断发生变化。特定阶段的文化总是为下一阶段的文化作积淀，每一种新的文化形态并非是对前一阶段文化形态的简单否定或者重复，而是在不断否定、重塑和多元交汇中逐渐成长。

中国电视娱乐文化在历次娱乐节目奇观的映射下完成了华丽变身。从20世纪五六十年代娱乐节目初登荧屏至今，大众文化悄然登场，继而以彻头彻尾的平民风格与精英文化相抗衡，再转而走向以草根精神为标志的娱乐巅峰。在此过程中，中国电视娱乐文化主体从精英阶层降至普罗大众，再由芸芸众生凝聚为与精英对峙的平民阶层，进而以娱乐颠覆神圣，高举“草根精神”旗帜，建构以源自民间的明星为主体的全新娱乐文化。电视娱乐栏目的属性从承担教化作用、发挥舆论喉舌功能的工具变为社会主义市场经济体制下的文化商品，进而成为渗透到人们日常生活的具有审美功能的消费品。在这场愈演愈烈的娱乐风潮中，中国电视娱乐文化的精神内核也经历了从领导权威到集体主义再到个人主义的变化过程，其风格从“独乐乐”到“众乐乐”再到“众神狂欢”，发生了质的变化。进入人们视线的各类热播狂潮由自发到自觉到人为制造再到常态化，已经在不知不觉中被植入日常生活。物欲横流，全面的商品化使人们为之癫狂，却也充满无奈。在这场以符号为主导的内爆、仿真的镜像变革中，娱乐文化的表达方式也经历了巨变：从传统引导的符码化到内在引导的超符码化再到他人引导的解符码化，娱乐的主体与客体彼此交融，难分高下。

纵观中国电视荧屏，以娱乐节目奇观为视点，大致经历了三次重大转变。第一次是以20世纪八九十年代中央电视台《综艺大观》、《正大综艺》和《春节联欢晚会》为标志的综艺节目热潮，标志着中国电视娱乐文化的滥觞。

① ［荷］C. A. 冯·皮尔森著，刘利圭等译：《文化战略》，北京：中国社会科学出版社1992年版，第3页。

在这次热潮中，“娱乐”一词首登中国电视的大雅之堂。此前，我国电视节目被明确定位为广大人民群众的教育工具，仅有的部分娱乐节目也以教化的面孔呈现于观众面前，比如早期的音乐节目以知识讲座的形式播出，纪录片以宏大叙事为主调。以《春节联欢晚会》的登台亮相为例，其首次出现在20世纪60年代，并没有产生轰轰烈烈的效果，真正为人们所津津乐道的是在20世纪80年代初，以内地明星刘晓庆、港台歌手费翔等产生的巨大影响力为标志。这场热播潮具有明显的自发性，没有经过过多谋划和预测，在人们不经意间掀起狂波巨澜。尽管只是娱乐的初步裹挟，但这次奇观也彰显了不同于以往的娱乐主体：受众人追捧的娱乐明星，流行、大众喜爱等开始成为其标签。由传统所引导的符码化被内在的现实需求所引导，人们对于荧屏上的明星、娱乐活动的热衷源自其内心强烈的娱乐需求。

第二次是20世纪90年代末以湖南卫视《快乐大本营》为标志的全民娱乐风潮。它标志着中国电视娱乐文化开始从表层转向内在，从外源性娱乐诉求转向内生性娱乐释放的深层转变，并逐步走向鼎盛。我国电视娱乐文化在这一次娱乐奇观中完成了从大众文化向平民文化的转变。此次娱乐节目奇观一反我国电视节目从中央到地方的传统轨迹，而是以地方电视台湖南卫视为起点，以其“快乐”精神席卷全国。以湖南卫视《快乐大本营》为起点，地方卫视掀起以《玫瑰之约》、《缘分的天空》等为代表的婚恋节目热潮，中央电视台掀起了以《幸运52》、《开心辞典》等为代表益智博彩类节目热潮，全民娱乐、全民狂欢一时之间喧闹荧屏。此次娱乐风潮与纪实类栏目平民化浪潮交相辉映，影响深远，其重要标志就是中央电视台《东方时空》子栏目《生活空间》的口号“讲述老百姓自己的故事”深入人心，令普通观众产生强烈归属感和认同感。在这次转变过程中，大众不再是旁观者，而是去参与、体验和呈现，颠覆传统的权威感，去中心化为其重要标志。每一个普通百姓都可能成为娱乐主体，用平民视角，以平等的身份参与到这场文化盛宴中，使平民阶层与精英阶层平起平坐，并大有取而代之之势。这一场奇观明显增添了人为策划的痕迹，是一场由平民百姓推波助澜的文化热潮。

第三次是21世纪初延续至今的以《超级女声》、《非诚勿扰》和《非你莫属》等为标志的波澜壮阔的草根文化奇观。2005年以湖南卫视《超级女声》为龙头，再掀娱乐热潮，由此开始了波及整个电视荧屏并颠覆种种传统文化观念的娱乐文化革命。这场热潮最先登场的是选秀节目，以《超级女声》为范本，由地方至中央，仅2005年就有20多个同类节目频频出场，最有代表性的有《梦想中国》、《我型我秀》等。选秀节目从最初的音乐节目扩展至演艺节目，乃至戏剧、绝技节目，如《加油！好男儿》、《舞林大会》、《快乐男声》、《谁是英雄》、《寻找金花》和《梨园春》等。除了娱乐节目，新闻、纪录片和法制节目都没有逃脱这场娱乐文化革命的裹挟。以《南京零距离》

为代表的民生新闻浪潮向我们展示了新闻故事化叙事的魅力，以《传奇故事》、《人间》为代表的情感栏目故事化呈现，演绎了普通百姓的戏剧化人生，《百家讲坛》的热播则将精英阶层拽下神坛，以世俗化解读颠覆传统文化中束之高阁的文化经典。《非诚勿扰》、《非你莫属》等各类“真人秀”节目的热播则将此次娱乐风潮推向一个新的巅峰：平民不仅是文化主体，而且是文化明星，娱乐不再是“独乐乐”或者表层意义上的“众乐乐”，而是具有深层颠覆意义的“众神狂欢”，每一个草根大众都是这场娱乐盛宴的主角，由之汇聚的草根精神成为新的娱乐文化的标志。这场奇观无疑具有彻头彻尾的革命性和颠覆性，娱乐不再为节日所特有，娱乐已然融入人们的日常生活中，进而将日常审美与消费奇观化、神圣化，将草根大众推上神坛。这是一场自我消费的娱乐活动，也是一场发自自我却又受他人操控的解符码化革命。现实与娱乐，自我与他人，在这场文化变革中混淆了边界、迷失了方向。

第一节　第一次转型：从精英文化到大众文化

一、寄人篱下的大众娱乐文化

（一）大众文化初登场：明星崇拜＋大众狂欢

中国广播电视事业在各个时期的发展与党的路线、方针和政策紧密地联系在一起。在发展初期，中国电视事业基本定位是“根据自己的工作特点，担负起宣传政治、传播知识和充实群众文化生活的任务”①。直到党的十一届三中全会后，建设社会主义物质文明第一次被明确作为广播电视事业的任务之一。1983年10月26日，《中共中央关于批转广播电视部党组〈关于广播电视工作的汇报提纲〉的通知》明确指出广播电视是教育鼓舞全党全军和全国人民的最强大的现代化工具。

长期以来，在广播电视文化领域，中国电视的任务“就是站在时代的高度，通过积极地提高工作和引导工作，提倡主旋律精神产品，扶持高雅文化，支持严肃的、健康的、有益的文化的生产，并采取行政和法律手段，抵制和打击那些伪文化、反文化的东西在社会上流行，更不允许进入电视这种大众传播领域”②。电视在文化领域所承担的主要是文化传承和教化功能，娱乐只是伴随着教育过程的副产品。在广播电视节目中，可见娱乐身形的也是一些传统的教育节目，如电视音乐、电视小品、电视剧、电视文学、电视曲艺和

① 杨伟光：《电视改革论集》，北京：人民出版社1995年版，第368页。
② 杨伟光主编：《中国电视论纲》，北京：中国广播电视出版社1998年版，第62页。

电视文艺晚会等，给观众带来轻松和愉悦感。从栏目名称和形态上看，它们所承载的主要是精英式的知识灌输和情操陶冶，代表性栏目如中央电视台的《中国音乐电视》、《曲苑杂坛》和《电视散文》等。这些栏目以规范悦目的画面和精挑细选的题材传递高雅的审美情趣，意图借助完美精致的画面创造出一种理想化的人类生活图式，向广大受众传播高尚的审美体验，从而提高人们的审美水平。

《笑的晚会》打破了教化一统天下的局面。《笑的晚会》是《春节联欢晚会》的前身。早在20世纪60年代初，北京电视台推出的全部是相声的《笑的晚会》就受到观众的好评，这可以说是电视娱乐功能的萌芽阶段。此时的相声荟萃由于承载了传统节日——春节的特殊意蕴而别具魅力。《笑的晚会》崭露头角，向人们呈现了中国式“精英主体+大众娱乐”的电视娱乐文化。1961年至1962年，北京电视台举办过三次《笑的晚会》，引起强烈反响。三次晚会均以相声为主打节目，逐步添加了话剧、小品等，尽管曾引起一些争议，但其茶座的形式和相声、小品等节目为日后长达30年的《春节联欢晚会》创造了经典模式。

随着文化大革命爆发，电视娱乐雏形惨遭扼杀。改革开放后，电视荧屏上频频出现的港台连续剧、海外电视剧揭开了遮蔽人们娱乐欲望的神秘面纱，《血疑》、《望乡》、《霍元甲》、《陈真》、《上海滩》、《射雕英雄传》等电视剧形成万人空巷的收视盛况。人们对这些既熟悉又陌生的影像世界充满了好奇与渴望，长期以来受到压抑的娱乐诉求得到释放。有学者对20世纪80年代的文化作了如下概括，“对于刚刚从十年浩劫中解脱出来的中国文化，一方面面临着百废待兴的发展任务，另一方面，又面临着清算极左文化路线的任务。当文化从过去那种整一的政治文化中一定程度地分离出来时，转变时期特有的松动和文化复兴的冲动，使得各种新的尝试和探索不但逐渐合法化，而且受到鼓励。当然，这时中国文学艺术的各种尝试，无论是作为新时期文学最初曙光的‘伤痕文学’，走出样板戏模式的喜剧探索，还是音乐绘画的复兴，大都是沿着五四以来的现实主义道路前进。一种比较带有精英文化色彩的文化一时间勃然沛兴”①。《笑的晚会》以及通俗电视剧将娱乐正式推上中国电视荧屏，在人们心里产生强烈的震撼，人们第一次发现原来内心压抑已久的娱乐需求也是可以登大雅之堂的，而电视剧中对人们内心深处情感体验的细腻刻画也填补了长期以来的虚空与缺憾。此前文学领域几乎对所有类似作品进行资产阶级情调批判和全盘否定，压抑了人们对精神世界的追求和向往。以市场经济为背景的明星制对封闭已久的中国观众来说，也充满了神秘感与吸引力。

---

① 齐亚娟：《论中国当代电视娱乐文化》，上海大学硕士学位论文，2004年。

20世纪80年代末90年代初，几乎与我国社会主义市场经济体制转型同步进行的是，电视荧屏上也刮起了一场充满商业色彩的娱乐风暴，其肇始者就是《春节联欢晚会》。《春节联欢晚会》起初就是以联欢晚会的形式出现，由知名演艺界人士主持，台下圆桌围坐，以示欢庆、喜气。当受到众人瞩目后，《春节联欢晚会》在不经意中逐渐演变为一个明星荟萃的舞台：刘晓庆、李谷一、马季、王景愚、彭丽媛、宋祖英和赵本山等明星大腕照亮了“春晚”舞台。当《春节联欢晚会》向港台明星敞开大门后，港台商业运作下的明星光环一度令观众沉迷忘返，张明敏、费翔等港台明星出现在观众视线中，令观众领略了霓虹灯下光芒四射的明星风采。此时的明星与《春节联欢晚会》初期出现在舞台上的风格质朴、庄重的明星有着本质区别，初期的明星具有浓厚的官方色彩，承载着主流意识形态的教化功能，而此时的明星受大众追捧，除去了刻意雕饰的外壳，以喧闹、随和的风格抓住了人们的视线。

《春节联欢晚会》自1983年起改为现场直播方式后，更多的商业元素融入其中，如各种庆贺电报宣读、新年钟声报时和广告招标等，“春晚”成了一个打造明星的舞台。越来越多的青年演员因《春节联欢晚会》而一炮走红，如毛宁、赵本山、巩汉林、牛群和冯巩等都是借助“春晚”舞台走向观众心中的。中央电视台《春节联欢晚会》长期傲居收视霸主地位，其背后日渐成熟的产业链也吸引着地方电视台纷纷效仿。全国各地刮起了大大小小的“晚会风”。至90年代初，《春节联欢晚会》的明星已经具有了产业运作的明显痕迹，人为策划，经济效益与社会效益并重，使此一阶段的《春节联欢晚会》带上了浓郁的商业气息。然而，在这场娱乐盛宴中，明星与大众之间依然保持了距离，明星与主流文化、与官方意识形态之间依然有深层联系，此时的大众对明星的崇拜与神往明晰可见。以中央电视台一年一度的《春节联欢晚会》为代表的各种类型的综合性电视文艺晚会的兴盛成为中国电视娱乐文化大众狂欢的一个突出现象。作为当时中国唯一覆盖全国的国家级电视媒体，中央电视台自1983年首次正式现场直播以“欢乐、团结、祥和、鼓动”为宗旨的《春节联欢晚会》后，并连续三十多年不惜投入大量的资金和人力于每年的除夕之夜如期推出，并且逐渐形成了一种特定的情调和模式。虽然从主创人员到为数不少的观众都在这种周期性的“狂欢”中多少都感到有些审美疲惫，但又往往难以割舍。电视综艺晚会成了一种时尚、一种新的民俗。这些电视综艺晚会以大众节日狂欢的形态出现，通过吸引受众的关注、调动受众的参与，以制造出一种节庆的幻象或者一种狂欢的乌托邦。①

借着《春节联欢晚会》及其蓬勃兴起的“春晚经济”潮，综艺类节目迅

① 刘丽彬，赵曜：《当代中国电视娱乐文化特点探析》，《湖北经济学院学报（人文社会科学版）》2008年第7期。

速崛起，以《综艺大观》、《正大综艺》为首的综艺类节目奇观与《春节联欢晚会》奇观交相呼应，蔚为壮观。这一时期的综艺类节目以精英式娱乐为特征，节目内容强调知识性、趣味性，延续了说教的传播理念和风格，如《综艺大观》的子栏目《东方奇观》、《天南地北》和《正大综艺》中的《中国真奇妙》、《世界真奇妙》、《动物神趣》等都充满了寓教于乐的精神。这些节目的呈现形式主要是明星加表演，他们连同串联节目的主持人一起构成了荧屏上神秘的符码，其中舞台、话筒建构了观众可望而不可即的神圣本体。受众，是一个纯粹的“看客”或“他者”。①《正大综艺》和《综艺大观》是国内第一批成熟的综艺类节目，集相声、小品、歌舞、杂技和魔术等各种文艺手段于一体，丰富的内容和新颖的形式令观众眼前一亮。观众仿佛是初入学堂的孩子，对一切充满了好奇和冲动，沉浸在欣赏的快感中。而这一时期播出的电视剧《编辑部的故事》(1992)、《爱你没商量》（1992）和《海马歌舞厅》(1992）等更是刺激了中国电视的娱乐需求，迎来了中国电视第一个娱乐高潮。

（二）精英式娱乐：旁观的大众

尽管大众文化喧闹登场，但这一时期的精英文化仍然占据主导地位，处于起步阶段的大众文化寄生于精英文化之下。20 世纪 90 年代初的中国社会，通过改革开放进入新的阶段，社会主义市场机制得以确立，市场的意识形态作用在社会生活结构中的合法性得以确立，大众文化的商业性因素迅速生成并疯狂膨胀。大众文化开始在人们的日常生活、精神世界产生越来越深远的影响。然而，由于我国广播电视的事业属性以及政治制度并未改变，文化领域的强烈变动虽然极大地冲击着既有的主流意识形态，但以家国意识为核心的传统知识精英、学术权威仍然占据主导地位。大众文化不过是主流文化之外新生的一个强劲支流，并日益成为流行文化。

这次娱乐文化高潮的到来标志着我国电视文化的第一次转型，也是中国文化整体上又一次转型的必然结果。90 年代初期，我国社会主义市场经济体制初步确立，改革开放成果初步呈现，商品经济得到进一步发展，人民生活水平得到极大提高，广播电视文化的功能也从教化、认知转向游戏、娱乐，其整体特征也从政治、启蒙转向娱乐。1958 年，北京电视台刚刚建立不久，党中央就提出电视台应根据自己的特点，担负起宣传政治、传播知识和充实群众文化生活的任务。在长达 20 多年的时间里，我国历经三年经济困难、三年经济调整、十年文化大革命，几起几伏，直到 1983 年我国实行“四级办”方针后，形成了从中央到省、市、县四级混合覆盖的统一的传播网络。当娱乐风潮席卷全国，刚刚建立的统一网络发挥了巨大作用，特别是省级以下的

---

① 宋妍：《十年媒介娱乐文化对受众主体性的培育》，《新闻大学》2008 年第 3 期。

电视台由于节目匮乏，转播晚会、播放电视连续剧成为其主要的运作方式，起到了推波助澜的作用。

文化精英在电视娱乐的舞台中保持着炫目的光环，娱乐节目的主角经过精挑细选，多为影视明星或者专业演员，如小品演员、相声演员、歌唱家等，他们受过严格的专业训练，在荧屏上也主要以参加庆典式的歌曲演唱会或竞争激烈的歌手大赛等方式出现，这些节目虽然具有一定的开放性和群众性，但出现在镜头里的普通观众仅仅充当着配角，而且其开放性是有限度和指向性的，只向符合选拔标准的专业人士开放。这种娱乐洋溢着一种文化精英的精神，舞台上下等级分明，舞台上的精英以其高水平的娱乐承担着对场内外观众的训导和启蒙，场内外观众则充当了局外的观者角色。大众在这场娱乐中并未从根本上僭越精英的主导地位。与传统精英文化不同的是，此一阶段的精英与大众是既对立又和谐的关系。精英的娱乐方式是追求完满并兼顾大众喜好和需求的，大众的观看则充满崇拜、向往与追捧。文化精英在展现自身才艺和涵养时绷紧了神经，因为精英式娱乐容不得半点差池，以致出现了部分演员为避免差池以假唱偷换真演的情况。于是，精英的表演总是字正腔圆、光彩照人，台下的观众须仰视方可见。电视仍然具有隐秘的神坛色彩，与大众的生活保持了一定的距离，炫目的灯光和缤纷的舞台构成了梦幻世界，只是，这世界如此切近，拨动了观众躁动的心弦。

二、世俗的审美观：回归现世生活

在精英文化的观念中，文化是由文人和知识分子创造的，它悬于神龛之中，带有原创性、超越性和精神性，其审美以追求纯文学、纯艺术为目标，这种观念将审美和文化都神圣化了。在这种观念的指引下，诗人不屑成为手艺人式的诗人，鄙弃工匠式地批量作诗；演员不屑成为剧作的道具，而追求超越现实的“绝对真理”，强调对生命的感悟和对人性的洞见；艺术家追求理性的美，探求超越时代、跨越国界和永恒的普遍的人类精神。这样的价值体系将审美神圣化，与日常生活是疏离乃至对立的关系。大众文化的兴起改变了文化的内涵，颠覆了精英文化的神圣性，以其世俗的狂欢与神性的理智相对立。

（一）从神圣到世俗

在大众传播媒介中，电视是与人们日常生活高度吻合的一种类型，它天然具有娱乐消遣功能。在我国，相对落后的物质条件和等级森严的传统观念钳制了电视与百姓生活的联系。市场经济的渗入赋予了观众特殊的地位。过去以传者为中心的节目制作模式已经不再适合电视事业的进程，企业化运营要求电视台转变观念，受众作为收视率的决定元素开始受到重视，并逐渐占据中心地位。在以大众为主体的新的文化形态中，文化的含义转变为对特定意义与价值的特定生活方式的表达，它从特定的文化观念中扩散出来，向人们的日常生活全面渗透，并进而成为日常生活的一部分。当原本被视作低级、庸俗的大众文化日渐占据人们生活的中心地带，并为大多数人所接受时，其便堂而皇之地登堂入室，成为精英文化的参照物，与之相对而立。

大众文化与电视等大众传播工具的批量复制与工业化生产特质密不可分。费斯克洞见到，大众文化就是工业化社会中意义的生产和流动，是工业现代化中生活的方式。大众文化源自现实生活，源自普通百姓的日常生活，它消解了精英文化经典话语的神圣性，追求文化的生活化、平民化和世俗化，它不再关注抽象的、理想主义的精神教义，不再居高临下地进行宗教式的布道与说教，而是将视线聚焦于现实生活，关注平凡百姓的命运，力求表现实实在在的日常生活。平凡即美，这一审美转向在我国电视荧屏中有明显表现。以电视纪录片为例，20 世纪 80 年代风光片、政论片盛行一时，如《话说长江》、《话说运河》等，这些作品具有浓郁的精英色彩，沉浸在对祖国大好河山的讴歌、赞美以及对抽象意识形态的演绎和书写中。这一时期的编创人员多与当时的文学界有较深的渊源。伤痕文学、朦胧诗、意识流小说、探索性戏剧和抽象画等一股新的文学艺术浪潮悄悄在中国文坛崛起，这些新的浪潮追求艺术本体价值，冲破60 年代以来形成的“三突出”、“高大全”的创作模式，使文学回复到革命现实主义之前的创作道路。文学思潮的时代印记鲜明地烙在了电视文化上。以人文精神关注普罗大众，精心刻画现实生活的精英意识在纪录片、电视剧等各种节目形态中都得以灌输，并会同官方意识形态占据显要位置。

大众的登场使现世精神日益重要，人们开始追求实用理性而不是未来主义和理想主义。中国电视文化开始进入多元共生的文化生态。大众文化消解了经典的中心话语，使元叙事日渐衰落，精英文化的有效性和合法性遭到质疑。传统社会大一统的、专制的意识形态不复存在，大众以其强有力的潜在话语彰显其存在（如收视率在电视产业运作中起到决定性作用，大众则是收视率的决定者）。我国文化从单一的革命教化的文化向多元的大众文化发展。[①]日常生活成为新的意识形态的中心，在主流权力话语之外，由民众建构的公共话语空间描绘了大众生活的喜怒哀乐，真实地反映了大众对公共事件的态度和立场。民主成为大众社会的关键概念。“民主意味着每个人不仅享有充分的政治上的公民权，而且每个人一般的文化偏好都潜在地像传统精英们的偏好一样有价值，一样受尊重并应当得到实现。”[②] 大众以其彻头彻尾的世俗颠覆了精英的神圣，文人和知识分子不再是唯一的文化主体，个人的情感和文

① 贾明《现代性语境中的大众文化》，上海：上海人民出版社 2007 年版，第 174 页。

② ［英］多米尼克·斯特里纳蒂著、阎嘉译：《通俗文化理论导论》，北京：商务印书馆 2001 年版，第 13 页。

化诉求构成了新的文化中心。审美的去神圣化使艺术变得通俗化、生活化和实用化，深深地嵌入人们的日常生活中，成为人们日常生活的一部分。过去在艺术殿堂中方可领略到的艺术品如今现身于时装、广告、畅销书、流行歌曲。人们无时无刻不在审美。快节奏的物质生活、消费欲望，使人们渐渐淡忘了乌托邦式的理想主义情结，转而对现世生活给予了密切关注。

（二）从批判到娱乐

在精英文化观念中，文化总是高于现实。文化意味着对道德、审美等精神价值的执着追求，文化意味着对现实社会的理性审视和批判，人们在对日常生活的不断反思和超越中追求更高的精神价值。文化既是自由的创造者，又是社会变革的积极力量。

在精英文化中，审美作为超越性的文化，与高雅文化相结合，以超理性的形式对现代社会进行批判，而在大众文化中，审美作为世俗的文化，与通俗文化相结合，以感性化的方式关注现代社会。精英文化以精英知识阶层为主体，保持人的超世俗的精神追求，以其超越性和自由的品格，批判现代性，试图解决现代人精神世界的困扰。大众文化以普罗众生为主体，将审美渗透到生活的每一个角落，体现在感性消费中，以精神和物质的双重消费阐释现代性。精英审美文化具有超世俗性、反叛性、精英化、非理性主义和经典性等特点；大众审美文化具有强烈的感性化、消费性、极度通俗化、趣味化、高度商品化、实用性和流行性等特点。

在现代性语境中，从精英审美文化到大众审美文化实现了从批判到娱乐的转变。现代社会的崛起以工业化大生产为标志，一方面极大地提高了生产效率，解放了劳动力；另一方面又导致工具理性，带来了科学技术对人的异化。在大众传播媒介的进程中，电视也是对工具理性的绝佳注解。在美国和日本，媒介研究者发现，伴随着电视成长起来的一代具有明显的种种异化现象，“沙发上的土豆”、“容器人”等新名词得以诞生，电视在人们的日常生活中部分地取代了现实生活，钳制了人们之间真实的人际交往。电视中的意识形态统领着懒惰的受众，导致他们与现实世界相隔离，言行孤僻，丧失理性。精英文化的审美意识形态强调人的主体性，主张价值理性，积极超越现代性，以理性反思和批判唤起生存自觉和意志自由。大众审美文化则以非理性对抗理性异化，以工具理性取代价值理性，强调人的自由和感性。大众审美文化形成了狂热的明星崇拜。同时，大众审美文化作为感性化的审美现代性，具有两重性：一为与感性现代性之间的契合性、亲和性，因而具有低俗性；一为对理性现代性的消解性、反叛性，因而具有民主性。大众审美文化迎合了现代消费主义浪潮，借助市场经济，全面地加入到感性消费浪潮中，使自己商品化，成为感性现代性的组成部分。大众审美文化仅仅满足人的消遣娱乐需求，缺乏深刻的思想和高尚的审美品格，具有低俗性。这样，大众审美文化就成为现代性的战利品，丧失了自己的超越品格。[①] 正如本雅明在《机械复制时代的艺术作品》中所言，现代生产方式与科学技术导致传统艺术无可挽回地衰落，传统艺术作品的贵族性的审美价值的“光晕”消失了，而现代大众艺术大量复制、批量生产，导致了划时代的革命，它满足大众的“社会消费”需求，为大众提供了“消遣”。文化的批判功能在大众文化那里发生了根本性的转变。文化从塑造人们的批判意识演变成培养人们的消费意识和娱乐精神。

三、价值体系：从领导权威到集体本位

（一）精英文化领导权威的消退

精英文化以较高的知识内涵和理论素养著称，主张凭借知识在社会上立足。人类知识是关于世界普遍性和必然性的揭示。文化精英带着批判眼光对现存世界进行观察和审视，发现问题，指出其不合理性，并运用其深厚的人文社科知识进行剖析和论证，提出前瞻性创见。价值体系在精英文化中居于核心地位，它不仅直指现实，而且以超出寻常人的敏感与睿智指向未来，在观念领域构造现存世界通往理想之途的应然状态。知识分子具有一种超越感，总是追求一种更为完满的社会理想，这种理想也许在现实生活中并不能实现，但他总是以这种他所认定的理想境界为尺度，来衡量自己所处的社会现实。这就是说，知识分子往往有一种终极关怀，由一种基于所理解的美好目标的追求，而采取的道德立场。[②]

福柯认为任何时期的知识型同时就是权力机制，学术研究的目的是为了实现对社会的控制，知识分子就是权力系统的代理人。精英文化的价值体系在整个社会进程中明显地体现为领导权威。

在我国，精英文化的领导权威是深深植根于政治权威当中的。新中国成立以后，我国社会主义建设经历了从自然经济向商品经济转变的过程，以改革开放为分水岭，先后经历了政治主导型和经济主导型社会。在政治主导型社会中，官方意识形态与知识分子结成利益共同体，在整个社会发展进程中占据主导地位。他们以较高的理性审视力获得了政治权威的赞赏与认同，因而也获得了比其他群体更多的话语权。“学而优则仕”的传统观念使中国人文知识分子向往政治和权力结构中心，通过进入其中来获取社会的尊重。

20 世纪 90 年代以来，商品经济大潮使精英文化陷入困境。精神家园曾经是精英文化的标志，人文知识分子一直以其强烈的社会责任感和历史使命感引领芸芸大众。然而，当物质极大丰富，人们的物质欲被极大地激发，对金

① 杨春时：《美学》，北京：高等教育出版社 2004 年版，第 156 页。
② 萧功秦：《知识分子与观念人》，天津：天津人民出版社 2002 年版，第 129 页。

钱、物质趋之若鹜时，便向精英文化的非功利性及其权威性竖起了战旗，将其精神家园冲毁。著名学者孟繁华指出，“进入 90 年代，传统的文学批评，或称为审美的文学批评、文本批评，正在悄然流失，这已经成为文学界不争的事实。批评家失去了阅读的耐心也失去了批评的自信，甚至失去了批评的兴趣。……代之而起的批评方式是‘会议批评’、‘新闻评点’、‘随笔印象’和‘对话感想’……由于这些批评的随意性，使批评越来越失去了学院的郑重和严谨，批评的‘波普’化和市民倾向，使批评日渐流于时尚随从的角色，它的权威性和严肃性的丧失，使人们对它不再怀有敬意”①。1992 年，社会主义市场经济体制在中国得以确立，主流意识形态接受市场经济，这使文化精英们不得不面对新的商品规则的考验。但是，习惯了依靠政治和权力纵论关于人生、道德、价值和理想等宏大叙事而又不屑于物质和世俗之利的文化精英们，面对这一新的考验，显现出应对上的极大的不适应，正如陈平原所描绘的那样：“对他们来说，或许从来没像今天这样感觉到金钱的巨大压力，也从来没像今天这样意识到自身的无足轻重。此前的那种先知先觉的导师心态，真理在手的优越感，以及因遭受政治迫害而产生的悲壮情怀，在商品流通中变得一文不值。”②

批判意识的丧失、行动的钝化表明，精英文化的主导地位遭到挑战，精英文化一度失语。

（二）新“集体本位”的大众文化崛起

与精英文化的消退和冷场形成鲜明对比的是，大众文化在中国迅速崛起，而后极度繁荣。市场化运作的都市报，崇尚时尚、流行的杂志疯狂扩张，而电视作为大众传媒的典型代表，开始奉行收视率至上的行动准则。曲高和寡、收视率惨淡的栏目被淘汰，取而代之的是能够吸引观众眼球、赚取高额广告利润的通俗栏目，煽情式的谈话类节目、轻松消闲的娱乐类节目赢得了观众的青睐。低成本、粗制作的快餐式栏目在这场文化变革中站稳了脚跟，它们与现代社会大工业生产的需求不谋而合。人们发现文化也可以像物质产品一样通过流水线批量复制、重复生产。这种生产模式决定了这些文化产品具有高度同质化的特点。精英文化的理性化、深度模式不复存在。在新的文化生产中，形式大于内容，包装对于产品流通的意义空前重大，人们把更多的精力放在了形象塑造而不是内容打磨上。大众文化注定了要走向平面化、低级化和新的“集体本位”。

“集体本位”观原本是中国传统价值观的核心，它强调集体的“公”，弱化个体的“私”，认为人欲是乱世的根源，为了社会的稳定、国家的发展，个

---

① 孟繁华：《众神狂欢—世纪之交的中国文化现象》，北京：中央编译出版社 2003 年版，第 158 页。

② 陈平原：《当代中国人文观察》，北京：人民文学出版社 2002 年版，第 2 页。

体必须克己灭欲。在“集体本位”观的浸淫下，中国人的幸福总是被降到仅仅满足个人基本生存需要的水平。20世纪80年代，大众文化的萌芽在观众疯狂追捧港台影视明星、追逐流行歌曲的浪潮中完成，但与此同时也遭到了来自主流文化和精英文化的共同排斥。直到90年代初，社会转型引发各种利益关系的变化，全民兴奋点由过去对政治的崇拜和激情转向对金钱、物质的向往和追求，大众文化才得以登堂入室。因此，崛起的大众文化空前一致地达成了新的“集体本位”观。

新“集体本位”观实质上是大众作为一个新的群体在与精英主体相抗衡时表现出对自我身份的一致认定和赞同，其形成也得益于现代化批量复制和大工业生产催生了扁平化、同质化的大众需求，同时也抹杀和遮蔽了个人意志。新“集体本位”观也突出表现为新公共性的形成。当精神至上的精英式的人文关怀遭遇尴尬，现实世俗的关怀以其质朴、真实广纳人心。20世纪90年代初形成万人空巷盛况的《渴望》等热播电视剧就体现了这种观念。当人们惊讶地发现，荧屏上演绎的正是自己身边发生的事情，人们的自我意识被深刻唤起。从前微不足道、难登大雅之堂的个体的日常生活中的喜怒哀乐被放置在荧屏中央，一时间成为社会瞩目的焦点，这使人们体验到空前的自我感和成就感。面对权威的文化精英，大众不再低俗，而是沉迷于自我的呈现，热衷于不加任何修饰的、原汁原味的现实生活的再现。纪录片创作在90年代初使用的原生态创作手法，电视连续剧的现实主义风格都是明证。集体的力量是强大的，大众正是在这种消除个性、集体凸现的自我书写中显示了文化主体的魄力。

在这种新的“集体本位”观的指引下，越来越多的私密领域被暴露于公共空间。市场经济的飞速发展，以其独特的方式使私人领域透明化和公共化，消灭文化差异，去除深度模式，使一切扁平化、一致化。相同的广告氛围、相同的商品呈现，培养了趋同的文化时尚、趋同的审美趣味。

第二节　第二次转型：从大众文化到平民文化

如果学习是精神的食物，那么没有什么别的东西比古老的休闲更令人兴奋……一个人可以在美好的休闲活动中有道德地、充满智慧地、高尚地成长。这就是生命的价值。

——古希腊哲学家西塞罗

20世纪90年代，我国电视文化明显分化，精英文化阵地失守，大众文化强势崛起，主流文化仍然占据统治地位，但已受到大众文化的剧烈冲击。主流文化、精英文化、大众文化既三足鼎立，又并非彼此对立，而是相互浸染、影响，共同面对当下的社会文化环境。90 年代以前，主流文化代表着官方意识形态，占有绝对话语权，精英文化与主流文化达成共谋，以共同的话语方式引领社会文化发展；90 年代以后，社会主义市场经济体制逐步确立，电视传播技术得以推广，消费主义价值观被人们广为接受，娱乐文化风头强劲，大众文化逐步走向成熟，由自发走向自觉，从旁观走向参与，开始挑战主流文化、精英文化的主导地位。与此同时，精英文化更加曲高和寡，遭遇冷落，在众声喧哗的文化景观中不得不俯下身段，迎合大众的娱乐需求，在市场化和娱乐化的夹缝中寻求突破。主流文化也日益重视源自底层的呼声，并部分地开放话语权，在求同存异中集结力量。三种文化形态在面对消费主义文化语境时选择了直面现实，在冲突中相互矫正、相互补充、共同成长。

电子媒介尤其是电视的发展使娱乐文化空前繁荣，继 20 世纪 80 年代末我国经历了第一次电视娱乐文化高潮后，再次掀起了以平民文化为特征的电视娱乐文化高潮。此次高潮奇观迭起，典型代表有以《快乐大本营》为首的综艺奇观、以《玫瑰之约》为首的婚恋奇观、以《开心辞典》为首的益智奇观和以《生活空间》为首的纪录片奇观。观众在这场娱乐盛宴中真切地看到了自我，感受到从未有过的自豪与荣耀，平民阶层频频出现在电视荧屏中，抹上了浓郁的意识形态色彩。以平民为主体的电视文化开始呈现娱乐化、狂欢化等特征，公开向象征权威和经典的主流文化、精英文化宣战，并以其强烈的商品意识和消费欲望消解传统价值观。

如果说电视娱乐文化的第一次高潮完成了娱乐启蒙的历史使命，那么，第二次娱乐文化高潮则是市场意识和消费主义掌控电子媒介的必然结果。当我国电视节目市场渐次开放后，欧美、港台娱乐节目蜂拥而至，上述奇观中的节目形态多经历了从欧美到日韩到港台再到大陆的行进路线。在此次电视娱乐文化浪潮中，以轻松、娱乐为基调的各类娱乐节目垄断荧屏，我国电视娱乐文化悄然走向成熟。由于这场娱乐风潮的背后，积攒着强有力的市场体制转型的力量，随着集团化、产业化改革的逐步深入，独立经营、自负盈亏的压力迫使不少电视台在广告商和观众的欲求中不断妥协，在电视频道和节目内容日益丰富的同时，也出现了内容质量低下、同质化严重等问题。平民阶层强烈的归属感和认同感也使刚刚形成新“集体本位”观的大众文化不断膨胀，乃至走向极端化。

一、众声喧哗的平民文化

20 世纪 90 年代的大众文化完成了由旁观到参与、从懵懂到成熟的成长过程。这场革命来自社会底层的平民百姓，其娱乐需求和诉求也经历了渐变，分别在 90 年代初和 90 年代末形成两个高潮。90 年代初以《生活空间》等为代表，将视线转向身边的普通百姓，以朴实无华的手法极尽客观叙事之能事，向观众再现了原生态的生活之美；90 年代末以《玫瑰之约》等为代表，以新颖、时尚为特色，以清新的快乐精神赢得观众的喜爱。90 年代末的电视娱乐节目打破了 90 年代初期简单、呆板的僵局，不断标新立异，呈现出激烈竞争的格局。以湖南电视台《快乐大本营》、《玫瑰之约》为首，各地方电视台纷纷效仿，推出各类品牌节目，如福建台的《开心 100》、江西台的《非常快乐》等，与 90 年代初相比，它们具有更强的参与性、更浓郁的娱乐色彩，强调轻松、热闹与休闲。

（一）大众文化走向成熟：底层革命

大众文化兴起之初，大众只是旁观者，他们接受着文化精英施行的训导和启蒙。随着大众文化的逐渐成熟，大众不再只是局外人，而是亲身实践的参与者。在镜头下，一个个普通百姓成为主角，他们的平凡生活成为观众津津乐道的话题，他们给他人带来快乐的同时也满足了自我尊严和获得了价值认同。大众文化的喧哗热闹与精英文化的曲高和寡形成对比，以其洋溢的平民精神宣告着与精英文化的对立。

什么是平民文化？汤普森在研究了 18 世纪早中期的英国社会后提出了工人阶级形成理论。他认为，工人阶级是在日益加剧的阶级斗争的过程中自发地利用传统文化反抗剥削、捍卫自己的传统权利而不断觉醒的。事实上，当时的社会上层阶级就已经觉察到，在劳动人民中间出现了一种与贵族文化极为疏远的平民文化，但他们并不能真正理解这种文化，而只是把它们作为各种奇怪的习俗仪式记录了下来。①

在汤普森看来，平民文化是非理性的，实质上是劳动人民利用家长制社会的习惯、传统，创造性地应对资本主义剥削的一种阶级斗争方式。在这场“没有阶级的阶级斗争”中，平民由自发到自觉，从早期的缺乏持续性的自我意识、清晰的行动目标和组织结构，到后来的自我认同、自觉地组织行动，逐步成长为一种新生的文化力量。

平民文化是人民在具有“反叛性”的抗争活动中自我创造出来的。一方面，人民为自己的抗争活动寻求合法性依据，自发地诉诸那些源于家长制社会的传统、习惯和常识等；另一方面，人民对已有的传统、习惯和常识等进行自主选择、自我创造，形成“人民自己的文化”。在平民文化中，可以明显辨识出不同于以往文化形态的意识形态立场、价值体系。

中国社会虽然从封建社会跨越了资本主义社会进入社会主义阶段，但是从不同阶层生产关系形成的场域的角度来看，封建社会长期以来形成的家长制作风并未根除，新的官方意识形态选择了代表传统文化的知识精英作为其

① ［英］汤普森著，沈汉等译：《共有的习惯》，上海：上海人民出版社 2002 年版，第 1 页。

代言人，主流文化与精英文化在共谋中实际上达成了对平民百姓的文化统治，统治与服从关系依旧普遍存在。在精英话语的权威和强势面前，平民百姓成为沉默的大多数。然而，沉默并不代表认同，传统文化精英与普通百姓构成了一个文化场。在这个文化场中，尽管在公开场合中平民百姓表现出遵从和仰视，但实质上积攒了抗争情绪，一旦矛盾爆发便以公开或匿名的方式表达对传统力量的对抗和不满。平民百姓对政治权威和文化精英的对抗是有意识的，是在长期压抑后的自我觉醒，一旦付诸行动便爆发出惊人的力量。

平民文化是非理性的，甚至充满狂暴力量。由于平民文化在许多精英看来是庸俗的、令人不屑一顾的，甚至是晦涩暗淡的，所以在荧屏世界里鲜有呈现。当平民精神在大众文化中迅速崛起时，极低的视角、平等的立场，都为人们所重视，寻常百姓的日常生活和平凡人的不平凡故事逐渐占据了主导地位，人们表达着对他们的尊重和惊讶。平民文化从起初的沉默式再现逐步走向高声喧哗，以其十分强大的自我激励力量发出呐喊。

平民文化本质上是一种反叛性文化，它反叛性的激进传统代代相传，向居于统治地位的主流文化和精英文化宣战，举起了底层革命的大旗。在中国电视荧屏上，出现过一大批张扬颠覆和叛逆精神的节目，如以《编辑部的故事》、《渴望》为代表的平民风格的热播电视剧，被称为DV新世代的电视纪录片。这些电视作品洋溢着平民精神，以其口语化、功利性的话语方式，表达对权力阶层的反叛。它们颠覆传统的权威形象，极尽调侃、嘲弄之能事，以鲜明的民间立场和独立精神显示着源自平民阶层的智慧。《编辑部的故事》取材于当时社会生活中的种种热门话题，其主角有精英知识分子的身影，但更多的是有平民式的思维。该剧以嬉笑怒骂、针砭世态的语调投射主角对生活的洞察与睿智，同时也以实实在在的、不加掩盖与修饰的表达，反映当下平民百姓的真实生存状况。《过把瘾》以表现一对平民恋人的爱情、婚姻故事受到观众好评。20世纪90年代中后期，DV纪录片由“地下”转为“地上”，其创作者有着精英式的人文精神，关注底层、弱势群体的现实状况，更透着一股平民精神，以一种公开对立的话语方式书写着他们对社会现实的洞察和领悟。在这些纪录片中，一度盛行悲情主义，以同情的目光、共鸣式的情感关注底层人民的喜怒哀乐。粗糙的艺术、低成本独立制作，均是其标识。DV独立精神还代表着民众的声音出现在各种电视节目形态如新闻节目中，并逐渐站稳了脚跟。

（二）平民认同：参与的大众

平民意识是伴随着大众文化走向成熟而日益凸显的。在我国，这种平民意识最早体现为对底层百姓的深度关注。生活在社会底层的百姓相对于精英阶层无疑是弱势群体，对他们的寻常生活的关注夹杂了较多的人文关怀。随着社会生活的快速发展和整个国民经济水平的提升，普通百姓的经济实力不断增强，他们对较高阶层的文化生活方式充满向往。对较高阶层的模仿和追求致使平民阶层的价值体系与精英阶层不再是简单的二元对立关系，而是交叉、重叠又相对独立。

平民意识形态的核心是具有自我规范和判断的独立价值体系。它源于大众文化，又与之相区别，是大众文化中独特的一支；它与主流文化、精英文化相对立，但对其话语权和统治地位充满向往，因此，平民意识形态与这三者之间有着千丝万缕的联系，难以将其截然分开。

平民意识形态直接宣告了与以往意识形态的对抗，否定过去沉重的政治理想和道德情怀，去除过去教化工具式的使命感，而直接以安抚民众为目的，帮助他们纾解压力，展示小我的喜怒哀乐，从自我书写中获取自我满足，从而获得简单、纯粹的快乐。这种精神从我国平民风格的纪实作品中可窥见一斑。90 年代备受追捧的纪录片大多选择底层民众的生活点滴，如《藏北人家》、《沙与海》和《神鹿啊，我们的神鹿》等，直接将视角对准普通人家，深描其真实生活，展现其在生活中的种种抉择与困惑。在这些作品中没有高大全的宏观叙事，也没有抽象深远的理想表达，有的只是有血有肉有缺憾的现实生活。越来越多的观众聚集在荧屏前，在看与被看的过程中达成共识，形成强烈的群体认同感和归属感。他们都认为自己是处于社会结构中相对底层的阶位，有着类似的生活体验；他们都对生活充满热爱，在艰苦的生存环境中追寻自我价值；他们都视娱乐为简单、民主和享乐的；他们都认为面对生活的种种困顿与疑惑时，应该坚韧不拔、乐观向上。这种发自内心的对社会发展现状和自我价值观的认同，会产生一种强大的向心力，使平民阶层在身处社会转型语境下，成为推动国家进步的中坚力量。

平民文化以纯熟的、富有挑战意味的修辞技巧和圆滑的风格表达了与主流文化不同的政见和价值观。他们以世俗的眼光审视现实，以通俗的方式表达自我，甚至故意揭丑，以看似低俗的姿态嘲弄装腔作势和故弄玄虚。观众在主人公身上看到了最质朴的善良、宽容和忍让等美德，领略了主人公在遭遇社会重大变迁和观念碰撞时表现出来的牺牲和奉献精神，并在这种欣赏中产生了强烈的情感共鸣，仿佛看到了另一个鲜活的自我。

平民娱乐文化处于从精英娱乐向草根娱乐过渡的区域，它以严肃认真的态度对待现实生活，坚守社会基本道德，强调一种独立意识形态的存在及其重要程度，同时又以悲情色彩和煽情主义，令人滋生恻隐之心，从而呈现出自身的相对弱势。在平民式的娱乐节目中，男女主角以不事雕琢、原生态的再现和生活化的表演拉近与观众的心理距离。这种低调和悲情里既有对自我的肯定与坚持，也充满着对未来的渴望和现实的无奈，是民众的集体无意识爆发的结果，也是对传统意识形态的一种下意识的呼应。民众自我情结的纾解帮助人们了解身处的国家、地区的真实状况，对社会发展现状产生认同感，从而增强民族自尊心和自豪感，在内心深处感到安全、放松。

在我国，崛起的平民阶层不仅包括了生活在底层的普通百姓，还包括社会中坚力量——中产阶层，而后者在电视娱乐文化中无疑是后起之秀，扮演了多种角色。中国推翻封建制度沉疴，经历短暂资产阶级革命后直接跨越到社会主义阶段，自新中国成立以来政权牢固，社会稳定，经济持续高速发展，文化生态发生剧变。民众的力量一步步壮大，改变了政治强权、文化权威对大众文化和艺术颐指气使的状况，文化多元化取代了文化一元化，各种不同的声音和观念被主流意识形态所容纳，形成了蔚为壮观的多声部和谐气象。自20世纪80年代电视荧屏上出现晚会、综艺热后，娱乐对平民百姓而言不再是新鲜事物，以平民百姓为主要角色的各类娱乐节目激发了蛰伏在观众心中、被压抑已久的快乐渴求。《快乐大本营》所标榜的快乐精神正是抓住了这一时代脉搏。在荧屏上下，人们凭直觉表达和呼应着某种特殊需要。在平民主角身上，在狂热的观众心中，蕴集了这个时代最强烈、最集中的话语主题，意味着全民性的集中体现，意味着民众集体无意识的表达和广泛接受。

电视文化在我国经历了渐进的发展过程，由单纯的作为耳目喉舌拓展为体现全民文化动态的镜像，成为连通文化精英和平民百姓的桥梁。电视是日常生活不可或缺的一部分，无论是文化精英还是平民百姓都意识到电视是自我精神存在和生存意识表达的绝佳工具。文化精英的价值观只有俯身与平民百姓的喜怒哀乐相渗透时，方可被接受。精英与平民的合流意味着中国电视文化的话语权真正回归到民众手中。从前偏居一隅的平民文化，如富有独立精神的DV纪录者，随着平民认同感的增强，表达欲望从地下走向公开，从另类走向主流，用洞察的眼光、纪实求真的思维，记录着社会转型期各种暗流涌动的思潮。在新的文化生态中，他们不再被视作边缘或地下的文化人，而是被看作是民众的代言人。北京电视台《荧屏连着我和你》通过现场讨论的形式展示各种职业的人们的日常经验，贯以强烈的社群意识，不同的人们共同分享对生活的选择和理解，达成对平凡人生中的平凡或超越性的共识，从而产生对“我们的文化”的认同感。纪录片《老头》发现了经常在街角聚集的一群退休老人，他们如上班般地整日准时聚集在一起，为曾经对国家作出的贡献而自豪，为自己被下一代人所忽略而抱怨。作者杨天乙是新纪录片群体的一员，其身份具有代表性，她是非专业人士，拍摄此片时是国家话剧团的一名演员，属于社会中产阶级。她与片中的主人公建立了友好和谐的关系，在片外，他们因为对社会的共同态度和认知而有着某种认同感，在片内，则是记录与被记录的关系，杨天乙通过作品扮演了老人们的代言人角色，借助片子真实地再现了老人们的生活状况和心理状态。类似的新纪录片还有《铁西区》、《北京弹匠》和《姐妹》等，从前难登大雅之堂的边缘弱势群体如城市打工一族、发廊姐妹等都成为镜头主角。这从根本上对多年来电视仅仅是官方对民众传达旨意的舞台这一状况提出了质疑，文化精英在民众意识中的绝对权威地位也遭到颠覆。事实再次证明，无论是主流，还是精英，只有赢得了最大多数受众的信赖和认可，才能站稳脚跟。平民百姓连同其新兴的价值体系以锐不可当之势在整个文化生态中占据了重要地位。

二、民主的审美观：存在即美

娱乐由精英化转向平民化的心理支持在于对一种等级模式的无意反动，也就是说，在现代社会中，每个人内心越来越不会无理由地轻视自己，也越来越不会将别人的认真，尤其是装模作样的认真当回事，他们不承认天然的不平等，否定特权的合法性，民主意味着每个人不仅享有充分的政治上的公民权，而且每个人一般的文化偏好都潜在地像传统精英们的偏好一样有价值、一样值得尊重并应当实现。①

在第二次转型中，平民百姓大胆地参与节目，大胆地表达他们的审美观，表达了这个群体自我关注和自我肯定的强烈欲望，其审美体验不再只是旁观带来的快感，而是面对现实、体味现实，存在即美，真实即美。人们为现实欢呼，为自我喝彩，以不事雕琢的质朴美表达了对世界的理解和思考。

（一）以质朴对抗主题先行

由于我国媒体的事业属性和喉舌性质，长期以来效仿苏联模式，将主题先行、主题表现理念渗透于各个传媒文化领域，包括电视节目。主题先行就是先确立题材，确定立意和观点，然后为已确定的主题寻找与之相验证和匹配的视频材料。其最大特点就是主观性，即突出传者想要表达的观点，这是源于传者本位的观念，也是反形象思维审美观的体现。

受政治教化功能的影响，我国电视创作实践曾长期被反形象思维审美观所统治，特别是在“文革”期间，甚至提出了扭曲原意的“内容决定形式”观点，所谓的“内容”，实际上是政治口号或没有经过调查、根据宣传需要预先确定的主题，紧紧束缚了形式的发展。“四人帮”攻击形象思维是反马克思主义的，他们主张反形象思维论，要求先根据政治需要确定主题思想和要宣扬的某种观点，然后再按图索骥寻找符合需求的素材，塑造人物，设计框架。这样一来，就违背了事实本位的规律，不符合新闻规律，也不符合艺术创作规律。“文革”期间的“三突出”原则则是主题先行和主题表现的极端异化。在这一原则的误导下，主观意旨拥有至高无上的权威性，观众被视作俯首听命的臣子。公式化、教条式的主题表达，伴随着明确的政治目的，激起了观众的强烈反感和排斥。人们内心被压抑已久的对于正常的美的向往和渴求直

① 陈占彪：《当代中国娱乐文化的三大新变》，《西北师大学报（社会科学版）》2006年第4期。

到20世纪80年代才慢慢得以释放。不过初期的晚会、综艺节目的主角仍然是明星、文化精英，他们的字正腔圆、对形式美和艺术境界的追求依然与观众保持着较大的距离。直到90年代，大众演化为平民，人们在荧屏上看到了许多不事雕琢、自然淳朴的形象，才真正体会到找到自我的审美愉悦。这种审美体验意味着真正屏弃了令人厌倦的政治教化，意味着对长期以来一统天下的主题至上的审美理念的大胆质疑和否定。

新的审美观以质朴为美。质朴无论在生活中还是在艺术中，都属于美的最高形式。质朴美相对于雕饰美而言，虽然质朴与雕饰都能产生魅力，但它们的经久力并不相同。前者给人以韵味，是由于它的真，后者虽心劳力拙，却终不免流于表面。质朴美在艺术上是一种化境，因技巧的炉火纯青而达到的一种纯正、自然和平实的美学境界，是创作主题素朴本真、坦荡自然的内在本质和特性的对象化。

平民文化下的情感类谈话节目、纪录片、栏目剧等富有艺术性的电视栏目，向我们呈现的多是原生态的现实生活，对主人公忠实纪录，没有刻意的雕饰。节目中的主角与观众有着相似的心理历程，有着真实、细腻和丰富的感情，其愤怒、悲痛和怜悯都以直接外露的方式得以展现，毫无夸张和粉饰。随着对节目主角内心世界赤裸裸的剖析和再现，观众的内心世界也随之跌宕起伏。观众被主角率真自然的情感所打动，为其蕴含的美好精神力量所震撼，在对本色现实生活的体悟中完成了审美体验。

真实就是力量。20世纪90年代热播的电视节目的一个共同的特征就是回归自然，以自然为美，以通俗为美，其审美观主要包含为以下三个层面：

首先，自然真切。我国传统美学中，以真为美，以自然为美，是艺术创作的精髓与核心。在经历了前一阶段过分雕饰的阴影后，90年代的电视节目力图去除人为雕琢的痕迹，将创作者或者编导的意图尽量遮蔽。让镜头说话，一时之间成为纪录片、栏目剧等的创作原则。在纪录片中，编导的主观意图被降到最低，尽量不用主观性强的表现手法，如主题曲、解说词等，有的纪录片甚至从头到尾都靠画面来表达，即便为了理解顺畅，编导也不直接站出来说话，而是借助画龙点睛式的字幕串接。如王海滨的“三家”（《藏北人家》、《回家》和《深山船家》）从起初的尽量屏除预设的主题，到后来的纯客观手法，折射了早期我国电视创作的巨大转变。《藏北人家》以客观的手法再现了一个年轻藏民一天的日常生活，而《深山船家》则基本上由镜头中的主人公来表达，编导只是在摄像机后默默观察，长镜头、跟镜头等纪实风格的手法得到娴熟运用。至于热播的谈话类节目、栏目剧，其自然真切的审美观已经上升到一个极致，大量的非专业群众演员的启用、无剪辑手法的普遍运用，都体现了人们审美观的转变。在这些节目中，事件的产生、人物情感的变化都自然而然、水到渠成，没有生硬的剪切，没有牵强的灌输，一切都实实在在、真真切切。这在心理上极大地拉近了与普通百姓的距离。

其次，生活化。90年代热播的电视剧、情感节目、新闻栏目和纪录片等都紧紧围绕老百姓的日常生活。事件是生活中的事件，人物是生活中的人物，语言是生活中的语言。观众看到的荧屏中的一幕幕事件就是身边事的重现。家长里短、街谈巷议，如着眼于凡人小事的《重逢的日子》，反映家庭纠纷的《毛毛告状》等。参与性的娱乐类节目如《超市大赢家》等紧贴普通百姓生活中必不可少的柴米油盐酱醋茶。《生活空间》深入到社会各层面，紧贴百姓生活，“讲述老百姓自己的故事”；民生新闻则立足本地，从群众日常生活中选取素材，锁定群众的生存状况、生存空间，关注群众的冷暖痛痒、喜怒哀乐，用百姓喜闻乐见的通俗化形式表现出来，大量采用百姓原汁原味的生活用语，让观众入耳入心，倍感亲切。

再次，平实化。与选材的生活化相呼应的是风格的平实化。所谓平实化，就是力求摆脱华而不实的技巧，避免人为的戏剧化效果，注重对社会生活各个层面的全景式观照。这种风格是在追求真实自然的基础上，关注当下，努力观照当下社会中人们的生存状态和价值变迁。

平实化的一个含义就是立足当下。人是社会生活的总和，随着转型期中国社会的巨大变化，人们的生活由内而外发生了根本改变。电视作为深深嵌入日常生活的大众传播媒介，有利于对社会生活的各个角度、各个层次进行深描细画。在第二次电视娱乐文化转型过程中，普通人的命运得到格外的关注，在大批节目中出现了贴近百姓，以平等、朴实的心理反映百姓日常行为和表达百姓日常话语的镜头。节目深入到平民百姓的内心世界，选取一些富有内涵的生活片段和行为过程，让平民百姓在镜头前平实地表达他们对生活的看法、当下的焦虑和对未来的期许。观众通过镜头自主地品味主人公的现实状况和精神境遇，从而获得对生命真善美的深层感悟。

平实化的另一个含义是与百姓共悲喜。平实化甚至不排斥以“下等社会人”的思维方式、行为方式观察社会、把握社会和表现社会。在我国，农民在人口基数中占据了较大比重，城市与农村的流转和交替使农民心理弥漫在各个社会阶层，工人、市民、商人、知识分子和政府工作人员，都或多或少地隐含着农民心理。一个电视栏目受到农民的欢迎，也往往能够得到工人、市民等多个阶层的欢迎。不少电视节目在表现生活时，往往出现农民化倾向，传达的感情、再现的事件和塑造的人物，特别让农民感觉到亲切自然。将视点降低，体会普通百姓的喜怒哀乐，抛却唯美的、不切实际的情感体验，是第二阶段电视娱乐文化转型中受到百姓关注的节目的共同情感诉求。热播节目中不乏悲情主义题材，选择弱势群体或另类人群，以包容、理解的姿态记录人生百态，如孤苦无助的老人、濒临绝境的患病学生和惨遭不幸的生活强者等。在巨大的不幸面前，人们表现出坚韧不拔、顽强不息的精神，面对社会不公和冷漠的现实环境，人们选择了隐忍和坚持。观众被节目主角身上散发出的精神所感染，为其不公鸣不平，从而产生人道主义的情怀。自《焦点访谈》为普通百姓利益鸣不平以来，各类栏目中对寻常百姓苦难的关注使许多观众伸出双手，提供支援，全社会予以关心和帮助已经逐渐成为一种新的风尚。

（二）功利的娱乐："新现实原则"

精神分析的鼻祖弗洛伊德将娱乐分为快乐原则和现实原则，这两个原则大致与无意识和有意识相呼应，其心理过程和特征表现出明显差异。由快乐原则统治的无意识构成了较古老的主要过程，无意识过程所追求的只是获得快乐。凡能引起不快乐的活动，心灵都拒绝参与。当快乐原则滥加施行，以至于和自然环境、人类环境发生冲突，甚至对他人和外部现实造成破坏和损失，个体本我的需求越来越难以得到完全的满足。在对现实的重新审视和利益权衡后，现实原则逐渐取代快乐原则。人们意识到，为了得到延迟了的、受到限制的，但却是"保险的"快乐而放弃暂时的、不确定的、破坏性的快乐。① 快乐原则与现实原则并非截然对立，而是相互修正的关系。

在平民文化全面崛起的电视荧屏上，人们对娱乐的追求既有对本我的释放，也有对此前基于政治意识形态和国民教化的现实原则的对抗，后者渐居上风，称之为"新现实原则"。

娱乐是人追求快乐、缓解生存压力的一种天性。根据心理学家斯蒂芬森的"游戏说"，人的活动可以分为工具性传播和游戏性传播，其中游戏性传播意味着放松、无压力，寻求本真的快乐和愉悦。结合我国审美历程长期以来对源于政治意识形态的美的功利性的追求，大众文化在转向平民文化时继承并颠覆了这种对美的功利性认知。

由于长期以来平民百姓的娱乐欲望受到极端压制，这一时期，得以释放的娱乐欲望具有明显的功利性，即力图改变自身被统治的状态，表达对官方意识形态和文化精英权威话语的对抗，同时，也是释放压力，适应转型期社会巨变的一种现实诉求。从这个意义上讲，此一阶段的娱乐依然具有明显的功利性。在关于人与社会的认知中，平民娱乐文化中不乏对生活美的肯定，认为人与人的关系组成了社会，而一个社会的存在和发展要依赖丰厚的物质基础，在现实里有很多美的事物。正如别林斯基所说，一切美的事物只能包括在活生生的现实里。另一位世界文化名人弗兰科，说得更为干脆、彻底：我们唯一的美学法典，就是生活。平民娱乐文化既是本能的又是现实的。一方面，出于纯粹的或自在目的的本能欲望，在经历了长期压抑后爆发出强大

---

① ［美］赫伯特·马尔库塞著，黄勇、薛民译《爱欲与文明：对弗洛伊德思想的哲学探讨》，上海：上海译文出版社 2008 年版，第 18 页。

的力量；另一方面，面对外部现实天翻地覆的变化，前所未有地渴望参与主流文化，参与话语表达，因此其看似无序的欲望释放中又潜藏着明确的目标：颠覆精英的话语霸权，通过话语表达和扭转格局来捍卫自身利益。平民娱乐文化也承担着对各种利益需要的满足。

当前中国在全面建设小康社会的过程中，社会阶层流动的基本趋势是从底层百姓占绝大多数的金字塔结构向中产阶层占较大比例的橄榄球结构演变。当中产阶层日益壮大并成为社会的主流时，会自觉地保持强烈的责任感和使命感，以平民百姓的代言人角色重建新的价值观和道德体系，推动中国社会转型向纵深发展。这种角色意识渗透到娱乐节目中就将其“新现实原则”推上了一个新的起点。

中国社会科学院社会学研究所“当代中国社会结构变迁研究”课题组将中国社会群体划分为十大阶层。其中归入中间阶层的就业人口所占比例为15%左右，人数达到8 000万人以上。[①] 除了收入之外，当代我国的中产阶层具有如下特点：①以经济体制与所有制关系的变化为前提条件；②新、旧中产阶层同步发展；③中产阶层存在于不同的行业、职业和所有制之中；④中产阶层呈现出很强的地域性；⑤现阶段的中产阶层具有较强的不稳定性；⑥相对而言具有良好的教育背景；⑦求稳怕乱；⑧具有较强的社会责任感；⑨是现代消费观念的引领者。[②] 在我国，中产阶层是一个有点钱、有点闲，同时压力很大的阶层，在对京、沪、穗和鹏四城白领调查的结果显示：感觉“压力大”的排位次序为：上海67%，深圳64%，广州46%，北京45%。另有数据表明70%的白领处于亚健康状态。[③] 中产阶层来自社会的多种阶层，特别是与底层民众有着较深的渊源，一方面，希望通过身先示范引领平民阶层，获得平民阶层的认同和拥戴，另一方面，因为有一定的文化修养和社会责任心，渴望跻身上流社会和权力阶层，但又为社会不公鸣不平，试图对上层社会进行约束和抗议。

平民娱乐文化崛起的两个重要标志：一是捍卫百姓权益的《焦点访谈》、《新闻调查》等调查类栏目迅速兴起；二是张扬快乐精神的《快乐大本营》等娱乐节目备受热捧，前者体现了转型期平民文化的现实需求，后者则是中国式平民文化的精神标识。一时之间，电视栏目的记者、编辑被百姓视作人间包公，无所不能，心中若有冤屈、怨怒，宁可向记者“状告”，也不诉诸公堂。这种情绪一直延续到下一个阶段，演变成民生新闻栏目在百姓心中牢固的根基。和上一阶段相比，综艺类娱乐节目明显转向自觉，平民大众热衷于

---

① 陆学艺主编：《当代中国社会阶层研究报告》，北京：社会科学文献出版社2002年版，第73、254～256页。

② 陈义平：《分化与组合——中国中产阶层研究》，广州：广东人民出版社2005版，第177页。

③ 宋妍：《媒介之镜与休闲时代》，沈阳：辽宁教育出版社2009年版，第186页。

亲身参与，“我的快乐，我做主”的娱乐精神在文化版图中凸显。

电视是一个被商业规律操控的功利场，在收视率的把控下，观众逐渐把握了一定的话语权。电视文化的大众属性又决定了其受众主要由底层民众组成。电视的个性就在于让人潜移默化地将之视作日常生活中不可或缺的一部分。其娱乐、消遣的功用能够有效地化解处于快节奏、高压力生活状态下的人们的种种焦虑。从前的精英式的娱乐逐渐被观众所抛弃，人们前所未有地钟爱自由自在的休闲娱乐，醉心于戏谑、通俗，甚至无厘头。被称为第一部恶搞电视剧的《武林外传》就以无厘头的风格赢得了观众，它在形式上对所谓的“精英”进行拆解，将通俗化的日常生活的审美观融入到大众文化中，获得了观众的认同。喻国明谈到《百家讲坛》时说：“我想到一个词叫做雅俗共赏，现在理解雅和俗是两个词，我理解雅俗是一个词，跟恶俗相对应，包含着高雅的文化内涵和价值，又为社会普遍享用的文化产品就叫雅俗……把高雅的文化通达社会的时候。关键就在于突破两种文化形式之间的壁垒，就像女子十二乐坊打破了表演艺术和演奏艺术的壁垒，就形成了新的表达方式。”① 谈话节目中的《锵锵三人行》也以其自由散漫的谈话风格和游戏式的聊天形式吸引了大批观众。

平民的娱乐精神逐渐被精英阶层所接受，不少名人政要选择了在新生代娱乐节目中获取民众的好感。政界精英连战和马英九在“大选”期间都不约而同地选择了新生代娱乐节目《康熙来了》，连战向小S“招认”了自己内裤的款式，马英九让小S来了个“熊抱”，二人的得票数在观众的哈哈一乐中飙升。于丹则以其老少皆宜的“白话”《论语》受到观众的热捧。

第三节　第三次转型：从平民文化到草根文化

当平民文化完成了新集体意识的汇聚与自我成长后，“平民”这个标识逐渐被“草根”所取代。在当代中国电视文化的版图中，草根民众已经不再满足于仅仅是登上舞台，或者以数量吸引眼球，而是以彻底的娱乐精神将自我神圣化，重建自我中心。

第三次电视娱乐文化转型一波三折，起初以“超女”、“快男”掀起选秀热，继而以故事化叙事赚尽人间泪水，新闻被娱乐，情感被娱乐，人生大事婚恋嫁娶也被推上秀台，当一波又一波的秀场奇观甚嚣尘上、渐入癫狂之时，一纸限娱令使获准开播的正规选秀类节目仅剩寥寥几档。正当人们以为娱乐偃旗息鼓之时，忽然发现改头换面的选秀类节目、情感类节目再掀狂潮：浙

① 刘江华：《学者使电视走向深刻　电视不再使学者浅薄》，《北京青年报》2005 年 4 月 5 日。

江卫视《中国好声音》、安徽卫视《势不可挡》、青海卫视《花儿朵朵》和云南卫视《完美声音》重启选秀大战，再造荧屏选秀热潮。以煽情、故事演绎为能事，赚人眼泪的情感类节目遭到批评和禁止后，变身案情演绎，潜入法制类节目等其他纪实节目形态中。

在这场波澜起伏的电视娱乐文化浪潮中，选秀成为一个最具代表意义的文化现象。中国内地选秀的鼻祖应该是全国青年歌手电视大奖赛，创办于1984年，由中央电视台主办。该项大赛分专业组和业余组，参赛内容除歌曲现场演唱外，还有综合素质考核，后来还新增设“观众最喜爱歌手奖”，由专家评委与电视观众共同投票产生。大赛决赛、“观众最喜爱歌手奖”、颁奖晚会等共二十六场，全部采用现场直播，创下中央电视台连续直播场次之最的纪录。但“青歌赛”由于其主流文化色彩过浓，还不能被视为真正的平民选秀。平民选秀的真正崛起始于2003年，以《超级女声》、《快乐男声》和《加油！好男儿》为代表，掀起了一场波澜壮阔的选秀狂潮。最初的选秀是以青少年为主，以狂热的追星为标志，继而演变为引起全社会高度关注的青年造星运动。这场青年偶像文化狂潮在《红楼梦》海选推出时已现疲态，褒贬不一。直到2010年，电视选秀的主体悄然转移至青年群体，其标志是极富戏剧性和仪式感的相亲类节目奇观的形成。以《非诚勿扰》、《我们约会吧》和《百里挑一》为代表掀起了新一轮轰轰烈烈的相亲热潮。在聚光灯下，男女嘉宾粉墨登场，在五彩霓虹灯的照射下，每个嘉宾毫无保留和毫无顾忌地展示自己，相亲节目变身为欲望机器，青少年偶像狂潮衍生为青年追星狂潮。在相亲奇观的熏染下，各类选秀奇观蜂拥而至：以《我爱记歌词》为首的全民K歌运动，以《中国达人秀》为首的草根明星运动……甚至是限娱令后以公益来标榜自己的《中国好声音》依然没有摆脱选秀本色。

选秀现象的背后，是狂欢化的文化消费机器将草根民众推上了媒介和舆论的风口浪尖，其表面的全程直播和内在的极具戏剧性、成熟的市场化包装极大地刺激了观众的消费欲望。选秀节目“没有任何门槛、不限任何才艺”的设定向草根民众敞开大门，帮助平凡而富有才华、拥有梦想并渴望创造奇迹的普通人一夜成名。秀场嘉宾以极富挑战性的行为和刺激性的言谈与主流文化标准相背离，掀起秀场狂欢，如《超级女声》中以中性风格著称的李宇春，《快乐男声》选拔中着烟熏妆、蓝丝袜和高跟鞋，外形、声音和打扮都十足女生相的男生刘著等。

选秀运动不仅席卷电视荧屏，还掀起了粉丝运动，波及互联网、移动互联网，如喜欢李宇春的“玉米”、喜欢陈楚生的“花生”、喜欢江映蓉的“萤火虫”、喜欢张靓颖的“凉粉”、喜欢胡灵的“灵芝”、喜欢谭维维的“维生素”、喜欢尚雯婕的“芝麻”、喜欢许飞的“飞碟”、喜欢郝菲尔的“爱菲尔铁塔”等，形成了各大粉丝团。草根明星的粉丝借助网络平台交流对偶像的崇拜和喜爱，不少选手在百度贴吧、天涯论坛等大型门户网站品牌栏目中进行互动，甚至掀起粉丝大战。每逢重要的选秀节目比赛，天涯论坛都会成为各粉丝团必争之地，在这里上演口水战，其激烈程度非同凡响。如 2005 年天涯论坛的“万人签名要求‘超女’评委柯以敏下课”。压倒性的舆论让湖南卫视不得不更换评委柯以敏，以此响应网友的要求。2006 年，“玉米爱心基金”在红十字会设立，这是国内第一个以粉丝名义设立的专项基金。粉丝成为草根明星的幕后造势者，成为最具消费实力的群体。互联网和移动互联网极强的交互性，将庞大的粉丝群体迅速凝聚在一起，制造了众神狂欢式的娱乐气氛，也制造了来自草根民众的明星偶像。在观看与表演的多元社会中，粉丝是表演舞台的真正主角，粉丝的媒介消费行为成为预测消费者媒介使用行为的风向标。

上述选秀运动中洋溢着悖于主流的娱乐反叛精神。在以多元化、个性化为特征的草根明星身上，粉丝们投射了自我认同感，他们以狂热的影像消费的方式全身心地投入，将喜爱的明星推向神坛。电视媒体以其与日常生活深度嵌入和伴随的特质将选秀活动推向巅峰：现场直播中喧哗热烈的场面，现场观众歇斯底里的呼叫声、应和声，主持人、嘉宾评委的屡掀波澜，绚丽的灯光与舞美效果等都给予感官强烈的刺激。这种新的娱乐反叛精神以其新奇、怪异和破坏性特征投射着与主流文化的矛盾、对抗等多种关系，也投射着青少年、青年群体高涨的自我精神需求和明星崇拜欲望，以其对家庭、对社会各种压力的仪式性抵抗，释放着这个群体特有的极度热情和被压抑的情绪，具有极强的抗争性和革命性，总体上具有明显的进步性和创新性。这些为青年人制造出来的偶像，或者说经由青年人自己的手选择出来的偶像，往往是具有某种特殊品质，带领人们通向真善美的境界，如《变形记》。

在这场草根明星的狂欢盛宴中，充斥着消费娱乐精神，也以非统一的、极富个性化的新的审美观挑战着传统审美标准。来自草根民众的选手大多自信满满、动作夸张、勇气可嘉，哪怕自身实力不济也愿意在评委和镜头前一展身手。观众为其勇气鼓掌，为其新奇搞笑喝彩，在一片喧闹声中将这些颇具有反偶像特质的选手捧上神坛。《中国达人秀》、《非诚勿扰》等掀起的收视奇观无不如此。此起彼伏、屡禁不止的选秀热、故事热，其背后是草根精神的强力推动。

一、众神狂欢的草根文化

在我国，长期以来，庙堂文化在整个文化生态中居于绝对主导地位。它形成了一整套仪式化、符号化和规范化的文化体系，并高居统治地位，在不知不觉间与民众拉开了距离。老百姓对高高在上的庙堂文化存在某种集体意识的对抗。民众发自内心地反抗着他们认为陈旧落后、假模假式的庙堂文化。

所以，形形色色的电视选秀得到了广泛的社会文化认同。选秀在中国的出现和“娜拉的出走”一样，具有某种决绝的心灵革命的意义，预示着草根文化已经开始走出庙堂文化的框架，开始了艰难的独立历程。① 选秀的出现也蕴含着草根文化对知识精英的不屑与颠覆。

（一）草根力量崛起：颠覆权威

从官方意识形态到精英、主流文化，从大众文化到草根文化，文化形态的变革背后是草根民众由感性而理性、由自发而自觉的蜕变历程。在这场新的电视娱乐文化的转型中，草根力量的崛起将矛头直指主流文化，直指精英文化，以其颠覆权威、反叛传统和文化创新的精神显示了一个新生文化力量的崛起。民众在这场文化变革中充当了主角，以其彻底的文化觉醒释放着参与社会的激情。

“草根”来自英语词汇 grassroots，其意蕴丰富，包括群众的、基层的、乡村地区的、基础的、根本的等义项。草根主要有两层含义：一是指来自民间的普罗大众，与官方组织相对应；二是指市民阶层、弱势群体，与精英阶层相对应。草根以其顽强的生命力和广泛的民众基础为特征，不以人性弱点为耻，而以真实、执着的生存意识和丰富多彩的个性特质为自豪。

作为中国社会主义市场经济发展到特定阶段的产物，草根文化成分复杂、多元，除了上述平民百姓、市民阶层和弱势群体外，还夹杂着没落的文化贵族。这些群体以特别的身份和姿态出现在娱乐文化中，如在选秀节目中频频亮相的部分评委、在天涯论坛上活跃的意见领袖，他们自称是草根代言人，却以其不菲的收入和较高的社会地位与草根民众相区别，他们既不为庙堂文化所收编，又被精英文化排斥在外，他们在草根大众的娱乐狂欢中保持着清醒的头脑，以挑剔的眼光和游戏的姿态指斥草根明星不甚完美的表演。在这些没落的文化贵族身上，既有着对精英文化的向往和不甚自信，又有着对草根文化的亲近和鄙夷，他们在草根明星面前盛气凌人，在知识精英面前又自惭形秽。他们有着远离庙堂的文化觉醒意识，也有着强烈的民主政治的参与和表达欲望，同时显示出鲜明的独立意识和创新精神，他们的身上被打下了文化民粹主义的烙印。

与此前的娱乐节目不同的是，此轮娱乐奇观中，草根不再仅仅充当节目的配角，而是成为媒介事件的幕后主谋，与媒体一道将选秀活动推上舆论的风口浪尖，又在电视荧屏内外将草根明星推上舞台中心。人们对待草根明星的态度更深层地折射出一种新的意识形态：在社会转型、新旧交替的市场化大潮中，所有的神圣性都成为一种可资嘲弄的把柄，人们充满着普遍怀疑的意识，对一切微小的人性弱点重新审视，投以关注，报以同情，渎神行为仿

---

① 杜骏飞、袁光锋：《选秀：庄严的嬉戏》，广州：中山大学出版社2008年版，第10页。

佛是一种新的时髦。人们在久居批量机械复制的文化工业语境后，尽情地释放着长久积压的厌倦与逃避，在电视荧屏上寻得一片自由自在、肆意挥发的乐土。在荧屏上，娱乐狂欢的“类象”取代了现实世界，在没有原来的摹本的世界里，人们置身于悬浮在半空的倒影的世界，一切都成为当下，没有来龙去脉，没有过去与未来，传统观念中立体化的生命的质感与情感的厚度都被驱逐出境，剩下的只有仪式、消费和娱乐。

从海选到短信投票，从传统媒体到网络，从追星到造星，草根文化的崛起昭示着一个新的时代正在启幕。草根在中国有着重要的意义，既代表着历史发展的必然，具有重要的解放和民主意义，同时也与商业文化逻辑紧密相连。

（二）自我中心：再神圣化的大众

经历了第三次转型的电视娱乐文化，其主体发生了质的变革，观众不仅成为主动的媒介使用者，而且在使用过程中消费着自我，在消费过程中搜寻和建构着自我，并将自我置于虚拟与现实世界的中心，将之再神圣化。

继霍尔针对受众行为提出了“编码—解码”理论后，1998 年，亚伯克比和贺朗斯特提出了新的理论，即观看与表演理论。他们认为，新的传播行为就是一场观看与表演的过程。人们在观看与表演中重塑自我，每个人都在观看与表演中体验着自恋带来的满足，观看者从表演者身上看到了自我，表演者在观看者狂热的追捧中享受着自我。

人们在关注舞台上的表演者的同时，也在想象的世界里消费着自我。在疯狂崇拜与追捧的行为中，观众变身为主动的参与者和表演者，借台上的表演和台下的追逐理直气壮地展现自我。每一个个体都急于表现，每一个个体都试图混淆影像与现实的边界，在现实的喧嚣和虚拟的迷幻中颠倒权威，表达着个体对整场表演的思考和判断。在荧屏内外，私密与公共融合，虚拟与现实消解。在荧屏上，人们盛装演出，充斥着仪式与想象、恣意与夸张，日常生活的一切细节都成为表演的绝佳元素。观看者与被看者都是表演的主角，在虚拟与现实的交错中即时分享着关于人生的感悟和对生活的思考。每个人在观看他人的同时，也成了被观看的对象。在荧屏外，拟态环境的包裹消弭了虚拟与现实的界限，在镜头前，人们会下意识地表演。常态化的表演渗透到人与人之间的关系建构中，成为世俗生活的必修功课。无数充满激情的、狂热的和流动的个体集体参加了一场偷窥盛宴，与表演者共享人性与欲望，在看与被看的主体转换中共同建构了后现代文化的自我主体性。《非诚勿扰》、《中国好声音》和《我是歌手》等热播栏目具有上述典型特质，其栏目的成功元素充满着仪式感，刻意营造的虚幻的舞台效果既将荧屏上的每个人都捧上了明星圣殿，也将场外的观众卷入盛宴。

透过偶像，人们追求梦想，将个人风格、个性旨趣投射其中，在充满想象和创意的追逐中寻求欲望的满足。在一场场视觉消费盛宴中，欲望四处播撒和流动，撞上了成功的表演者，也撞上暂居台下的观看者，使每个怀有自我实现梦想的人都仿佛成为梦中的主角，尽享美梦成真的愉悦。人们在荧屏中看到自己欣赏的明星，仿佛看到了自己，并借助荧屏外人们的狂热追逐感受到自我实现的快感。虚拟世界给人们带来的真实感比现实世界来得更激烈，调动了人们的无限想象，并在想象中陶醉不已，尽享真实世界难以企及的乐趣。

在第三次的中国电视娱乐文化转型中，受众已经能够娴熟地运用媒介技巧，通过挪用文本、对影像的再生产和重构，表达内心真实的渴望。在我国，起初受众的抵抗只是间接地、借助幕后的推波助澜来表达。随着草根民星的隆重登场，受众不再满足于隐身幕后，而是以鲜明的立场来表达其特立独行的观点。不仅如此，即便在草根文化的场域中，也有明显的阶层差异，如按照成员的地位高低、媒介经验的多寡，拥有不同的地位和权力。

这是一场借助电视娱乐将自我再神圣化的历程。当神圣化长据主流，以致严重抑制了人们的思维时，人们内心埋藏已久的对真实的渴望、对人的本真的寻求，就催生了人们对自我的再神圣化。心理学家马斯洛指出，当今一些青年人怀疑价值与美德的可能性，觉得自己在生活中受了欺骗或挫折，会产生一种非常重要的防卫机制，也就是去神圣化防卫机制。去神圣化以其对世俗化的极度追捧，试图颠覆现代社会居于统治地位的宗教性的世界观，试图屏除各种传统规约和制度对人们生活所达成的约束和影响。

再神圣化是在去神圣化基础上的进一步升华。“再神圣化”一词来自斯宾诺沙，其要义就是愿意重新从“永恒的方面”看待人或者以中世纪基督教的统一的概念来看待人。再神圣化实质上是要唤醒人的内心，是个体对本性回归的必然结果。无论人的生存状态如何，都会在内心深处保有对人性真善美的追求，保持着其自身所认定的良知、怜悯、羞耻和爱，并以此判断和评点周遭人们的生存境遇，以自己最真实的状态直面现实世界中的喜怒哀乐。后现代是一个破碎的时代，也是一个重构的时代。人们前所未有地渴望新的世界，在新的世界里，价值体系被重建，人人寻求真正的自我，人人皆英雄，人人都在一个更高的水平上形成一个整体。人们在再神圣化的过程中期待着一个新的完整的人的概念诞生。完整性的期待就是要去除心理学所谓的“去神圣化机制”，从表象的幻象回到人本身的神圣、永恒的一面上来。

在当下的社会生活中，物欲横流，物质成为衡量生存真理的至高标准。各种谎言在精美的包装下肆意横行，贪婪、残酷和怯懦不断挑战着人们的尊严和良知，为了生存，人们不得不坠入其中。外部世界和内心深处遍布着精神的废墟，人们总是有一种向下坠的冲动，有一种摆脱任何束缚和克制的欲望。不断被弱化，使人类感到前所未有的孤独与恐慌。人类陷入了迷惘、挣扎、沉沦和疯狂。当下的痛苦与困惑重新唤醒了人们内心深处的对人的神圣性的渴求，它使人们强烈地渴望摆脱世俗化社会的日常规约，渴望重拾道德、正义与责任。

再神圣化意味着重新回到人自身，使人类灵魂和肉体重新达到和谐的统一，警惕物化、异化对人的侵蚀，以全新的道德、责任和正义将人类重新凝聚在一起，使人类不再孤零零地飘落在被喧哗和各种欲望淹没的尘世。再神圣化的核心就是面对现实，重新审视自我，接纳自我，肯定自我中光鲜亮丽的一面，也肯定自我中暗淡真实的一面。

当私有化致使一切不再以团体的方式存在，逐渐转变成个人化的东西时，个人主义精神得到尽情宣泄。人们具有不归属任何团体的信仰，传统的意识形态难以达成大一统的格局，只得退让到私人领域，以更普遍的灵性现象出现。不稳定性和怀疑渐成风气，人们以更绝对的个人主义精神，混合并挑选自我的信仰，试图重塑一个自我英雄主义的新世界。

二、娱乐至死：从审美走向审丑

选秀，是一场媒体娱乐、一场商业游戏，不过，在它那嬉戏的身影上，依稀散发出庄严的气息。①

草根文化的崛起发人深省。全民造星运动的蓬勃兴起向我们开启了一个大众自娱自乐的新时代。在这场草根盛宴中，平民大众为有朝一日成为民星而奋斗。旁观者和表演者的边界不断消融，观众的热情急遽膨胀。民星是大众自己，草根是大众新的代名词，娱乐和被娱乐在荧屏内外真正融为一体。

（一）从喧嚣到娱乐至上

此起彼伏的电视娱乐节目浪潮激发了人们视觉体验的强烈欲望，帮助人们窥视他人私密空间并对此津津乐道。浮华的外观和炫丽的光晕取代现实生活的晦暗，人们不断追求感官的刺激和快感，实现了视听感官的无限延伸。现实社会物欲横流所带来的失落，导致人们无比沉迷于完美的虚拟世界。人们在虚幻的梦想中寄托着对现实的某种期待。被神化的影像空间令人们暂时忘却了源自现实生活的失落、无奈、挫折与绝望。人们在狂热的冲动中恣意地释放着对美好梦幻的内在的原始冲动，在不断追求奇异和轰动中表达了潜意识中压抑已久的追求完美的本原欲望。

然而，这种喧闹和盲从并不能从根本上满足人类的审美需求。从表面上看，人们对现实的渴求和不满似乎得以宣泄，实际上众声喧哗最终只会使人们更强烈地意识到影像空间与现实空间的巨大落差。当美的事物四处泛滥，

① 杜骏飞，袁光锋著：《选秀：庄严的嬉戏》，广州：中山大学出版社2008年版，第12页。

美就会失去自身的神圣性，进而导致审美疲劳。泛审美化的结果必然是对审美的颠覆与重构。要获得审美快感，就需要新的更强烈的刺激。个人化的出现，一定程度上解决了这个问题。所谓个人化，是指从个人的视点、角度去切入历史。……一个从颇为个人的视点切入的叙事，可能构成对权威话语和主流叙事的消解、颠覆，至少可能成为一道完整的想象图景上的裂隙。①

第三次中国电视娱乐文化的转型，一个明显的特征就是从众声喧哗到众神狂欢。在众神狂欢的世界里，人类生存的本真性和本质性得到重新的阐释和强调。人们借助对聚光灯下的草根民星的追捧婉转地表达着作为一个独立个体意识的人的自由意志、自我意识和原始欲望。人们陶醉于舞台上草根民星英雄般的为所欲为、自私放纵的狂欢化的一言一行。在我国，消费性的、充满娱乐性意味的市场文化构成了政治文化的对立面，并取而代之成为当代中国文化的主流。②

众神狂欢的另一个显著特征是多元主义。在狂欢的世界里，统一不再是目的，交流和对话才是最重要的，人们的交流是一种没有伪饰、毫不矫揉造作的直接对话。人的精神活动处于非理性状态，潜意识的作用大于意识，人们用虚无主义对抗生存危机，用感官主义把握世界。人们在镜头前坦陈隐私，随意、即兴地表现自我，以无深度的、碎片式的表达展现内心深处对自我表彰的最深刻的感性。在草根民星身上，性格古怪、自我分裂、思维混乱和奇谈怪论屡见不鲜，然而，观众依然痴迷陶醉，在他们眼中，一切的不雅已经无足轻重，重要是这些符号和道具背后的象征和隐喻。

乌托邦式冲动是众神狂欢的又一表征。欲望的横陈消除了人们的独立思考能力，此起彼伏的强大刺激力量导致感官的迟钝和退化。人们在欲望和激情的冲击下，一方面感到厌烦，当厌烦膨胀到极限，便渴望逃避，逃避到一个可以给人以新鲜感和心灵慰藉的心灵港湾；另一方面会产生新的欲望，通过重新呼唤某种深度来消解对当下的不满，即乌托邦式冲动。崇尚深度是人的精神领域中的一种固有模式。一个时代愈是被怀疑、被否定，或者离理想之境愈远，人们就愈是求助于这种尚未来临的理想社会。长期以来，人们的这种冲动被长久地强制性地阻隔和延宕，于是便需要一次贪婪的吮吸、一个饥不择食的饕餮，审美在众神狂欢的盛宴中被审丑所取代。

（二）从审美走向审丑

事实上，审丑与审美并行不悖。审丑快感，也属于美学范畴。人类生存不得不面对诸多的丑与恶。人具有两面性，美的对立面即是丑，美是人的精

① 戴锦华：《犹在镜中》，北京：知识出版社 1999 年版，第 198 页。

② 孟繁华：《众神狂欢——世纪之交的中国文化现象》，北京：中央编译出版社 2003 年版，第 5～11页。

神追求。丑常常伴随物质而生，丑具有独立的社会价值，也是人的一种生命意识。

在我国，随着时间的流逝、时尚的变迁，特别是城市大众消费文化的兴起，人们的价值取向、审美标准发生了巨大变化，审丑快感在商业元素的推动下蔚然成风。外来文化的入侵、经济转型的阵痛，与我国农业大国文化相对滞后形成反差，尤其是民间文化的主体多是文化素质偏低的民间艺人，擅长用通俗化甚至低俗的文化形式嫁接西方娱乐文化、性感文化，追求粗野、狂放、热闹和短暂快感的演艺风格，无形间培养了观众的文化习惯。《壹周·立波秀》嬉笑怒骂秀无度的风格受到追捧，由此可见审丑心理的作用之大。这源于观众在长期的生活习养中形成了一种深层次的审美心理结构，不喜欢文雅的东西，执着于享受粗俗野性、豪放粗犷的审丑快感。

当电视媒介与网络媒介达成共谋，在线上线下完成了关于审丑的重新启蒙和推波助澜后，娱乐至死的精神甚嚣尘上，一拨又一拨的争议人物受到大众围观，并呈愈演愈烈之势。2010 年，江苏电视台《人间》栏目将“凤姐”推入公众视线。旋即，“凤姐”以各种雷人囧语迅速走红。江苏卫视《非诚勿扰》则塑造了“拜金女”马诺形象。在电视上一夜爆红的马诺商业价值飙升。相亲类节目逐渐成为草根青年成名的平台，婚恋嫁娶反倒成了附属。各类选秀节目演变成造星机器，不断地上演全民审丑运动，它们的背后实际上是“丑星”、推手和公众的合谋，在越丑越出名的泡沫里，三方共赢，均得到了利益的满足。在心理学家眼中，凤姐是典型的病态型自恋人格。正是这种心理上的病态，折射出了普通人当下的生存状态。当代人生活、工作压力大又很无奈，缺乏宣泄的出口，凤姐、马诺等争议性人物以有悖常规的姿态给了大家宣泄情绪的出口。现实社会浮躁的人心、亟须表达的情感，以及对传统价值观的厌恶，让许多人追捧这些“丑角”。他们的走红，更多的是靠线下民众的质疑、争论和骂战。民星制造的成功，也反映了公众对审丑的潜在需求。公众用审丑的心态，把原本温情脉脉的善举，变成了“消费盛宴”。

在后现代社会中，人类深刻地认识到自身的危机，用怀疑、茫然、孤独、痛苦和病态的情绪表达着内心深处蕴含着的人生悲凉。看似灰暗的情绪实质上标志着人类自我认识的深化，显示出人类主体意识的真正觉醒。审丑以调侃戏谑的姿态折磨着人们的审美期待，以丑恶搞怪的形象刺激人们的感官，使人们在痛快淋漓的宣泄中体验极致的快感。暴力、色情和晦暗揭示着被文明秩序遮蔽的世界的本真和人的潜意识的恶性冲动，实质上，却是人对自身的一种更为清醒、更富有现实感的自省和反思。

中国社会的快速转型滋生了大量新问题和新现象。农业大国的背景和城镇化的大规模铺开，催生了大量生活在社会底层的小市民阶层。他们执着于原始积累、渴望一夜暴富。由于受教育的短暂甚至缺失，造成他们文化心理素质低下，自身法制观念淡漠，在物欲的冲击和诱惑下，掩饰不住对暴富的渴望和盲目违禁的原始冲动。

从“审美”到“审丑”，不仅是审美范式的转换，而且是娱乐精神的重大转型，娱乐精神由对现实进行神化和建构的宏大叙事的精英意识与启蒙意识转向了碎片化、非理性、世俗化和欲望化叙事等的解构意识与批判意识。审丑是对日常生活的透视和现实生活本身的还原刻画。日常事物乃至平庸的现实，都成为可供审美的对象。泛审美化与欲望本体化、庸俗化的感官主义和深入骨髓的泛娱乐化一起，成为个体自我体认的坐标。

第六章 娱乐心理镜像

当代社会，娱乐的疆域不断地扩展，并呈现出了空前的繁盛。它用其固有的快乐原则有力地改变着文化生态及运作方式，调剂着人们的精神交往。孟德斯鸠说过：“幸福和快乐是满足人欲望的最好药剂。”快乐的人生不但是人们的现实追求，而且是人们的永恒理想。人们在追寻娱乐讯息的过程中，实现着消费的动机。大众传媒传播的绝大多数内容以娱乐为主，就算是对日趋娱乐化的新闻进行消费，主要的也是为了娱乐，这是一种与新闻知识内容无关的消费。

在媒体勃兴之际，闲暇时间窝在家里看电视成为了一种重要的娱乐体验，建构了以镜像体验方式参与现实的生存法则。大众传媒用“心理上”的“相互影响把我们同如此众多的人既直接又象征地联系在一起”。直接诉求于人类情感和心理的娱乐样式，使大家产生一种“人同此心，心同此理”的凝聚力。这种日益增大的相互影响“不仅导致了社会差别，而且作为一种经验方式也导致了心理差别——它造成对变化和新奇的渴望，促进了对轰动的追求，导致了文化的融合”①。

娱乐不仅是一种个人的心理态度，更是一种复杂的社会现象。大多数娱乐行为和娱乐冲动都受到人的心理情绪和潜在动机的影响，它与人们浅层次的身体需要交相辉映。如果一个人的生活中毫无娱乐，那么他的一生注定是严肃、乏味的，甚至缺乏任何鲜亮色彩。如若长期置身于喧嚣而狂欢的娱乐环境中，人似乎就不再是原始意义上的社会人，而是活在娱乐幻象中的“娱乐人”。当然，娱乐产生的原因多种多样，整个社会的“娱乐化”势必与当前语境下的各种政治、经济和文化等因素紧密关联，势必与大众的心理预期密切配合，势必与社会中避而不见的种种冲突和矛盾相互协调，以此向我们展示着一幅表面上风平浪静甚至是欣欣向荣的美好图景。

---

① 潘知常：《西方著名学者、作家论大众传媒》，http：//www. scuphilosophy. org/ScholarsLibrary_ display. asp？userid = 768&art_ id = 3693.

第一节 快感冲锋与自我扭曲

大众文化日常惯例式的快感，可能来自大众文化所提供的历时性的控制感，然而其间也存在着切身相关的关联性快感。“快感、切身相关性与赋予权力的行为其共同的母体，就在大众文化的核心。”① 费斯克认为：“大众快感的产生主要通过两种方式：规避（或冒犯）与生产。规避就是对现存的权力、意识形态以及其他社会规范的逃避；生产则是对对象的体验、认同。”② 当电视观众和参与者全身心沉迷于娱乐现场时，他们通过群体性参与及对娱乐游戏规则的冲撞与颠覆来获得快感。同时，他们将自我与“镜中我”进行感知并产生认同，以此获得一致性的愉快。

一、自我呈现和个人展示

（一）自恋情节

当代社会的多元价值观和消费主义意识形态加速了自恋型人格的发展。当人们对自己的生存状态无所适从时，通常会出现两个方向的膨胀：一是自我暴露和倾诉的欲望，希望在自我暴露中感知自己的存在；二是对周围人的过度关注，以此来感知自我的存在。这种自恋人格集中表现为公众生活与私人生活的模糊，私人生活堂而皇之地出现在公共领域中。真实电视提供了一个公共舞台，人们应邀而来，在自己的生活中成为观察者和参与者。早期受众的身份是观察者，在屏幕前看别人的生活。而在这种自恋人格的集体表现中，不仅以他人的生活作为娱乐，更将自己的生活作为娱乐。其最大忧虑不是被别人窥视，而是无人注意，其背后隐含着浓厚的自恋文化。美国学者克里斯托弗·拉什就曾指出，当代的都市文化是一种自恋文化，而自恋的城市人又有为自己而活、渴求在人前表演、求存意识强烈和需要通过别人来肯定自己等特征。在消费社会中，安东尼·吉登斯认为：“消费资本主义努力地使消费标准化并通过广告来塑造品味，这样的做法在促进自恋上起着基本的作用。”“自恋者所需要的有魅力的、漂亮的和个人名望等诸如此类的东西，都可以通过‘恰当’种类的物品和服务来得到满足。”③

---

① ［美］约翰·费斯克著，王晓珏、宋伟杰译：《理解大众文化》，北京：中央编译出版社 2001 年版，第 80 页。

② ［美］约翰·费斯克著，王晓珏、宋伟杰译：《理解大众文化》，北京：中央编译出版社 2001 年版，第 61 页。

③ 安东尼·吉登斯：《大众传媒与现代性》，http：//www. tckaoyan. com/forum. php？ mod = viewthread&tid = 11061.

当代人有极强的表现欲和表演欲。自我通过“表演”（performance）获得自我意识。一张照片，一片汪洋，一间祈祷室……任何物品几乎都可作为表演的舞台。[①] 通过表演，我们既可以展示自我，又可以洞察自己的灵魂。而且，大众常常扮演“先锋”的角色，不仅追求与众不同，而且想要大家崇拜他。他们崇尚主流文化的表面与形式，蔑视其本质、价值及意义。

在对身体的窥视中，也包含着自恋的情绪。自恋是一种对自我的强烈认同感，也是一种对生命的体认。真实电视发展的原始驱动力则是对自恋人格的充分的集体表现，参与游戏的已经不仅仅是因逐渐淘汰而减少的参赛者，他们更多的是可以找回自我，压抑的个性得到张扬，体验凭实力取胜的快乐。比如，当下热播的婚恋交友节目，极大地满足了观众的窥视快感。男性对女性的身体窥视、女性对男性的魅力窥探，无不体现着人们在娱乐中享受着自恋的快感。观众则通过观看和短信或电话参与等方式，成为这场真实娱乐情境中的一员。电视节目的参与者始终生活在这样的意识中，即任何时候自己的言行都可能被记录并播放。尤其是生存类“真人秀”节目，从纯自我展示，到野外求存，再到身体的自我改进，无不体现了自恋人格中的自我表演意识和实现自我的理念。

（二）个性展示

尼葛洛·庞帝认为在“后信息时代中，大众传播的受众往往只是单独一人。所有商品都可以定购，信息变得极端个人化”[②]。比如，广告变得非常个人化，以至于我们几乎分辨不清什么是新闻，什么是广告。

在市场经济的消费背景下，源于本能的自我在各种“解放”的理念中得到极度的膨胀，受到自由话语体系包装的“个人主义”成为文化的主宰。无论是“自我”还是“个人主义”都必须纳入消费的轨道。换句话说，个人所展示的“自我”必须是和消费相关的自我，所崇尚的“个人主义”也须是与购买有关的个人主义。一方面，“流行”已成为当代审美文化的标志之一，只要“流行”，就会有追随者。而在电视娱乐节目中，大众很容易接触到流行歌曲、流行时尚、时髦的服装和新锐的语言等，这些娱乐节目切合了当前青年的消费心理和时尚需求；另一方面，电视娱乐节目中的表演风格夸张，并鼓励参与者张扬个性，这些不同于中国传统文化中的“中庸”、“含蓄”等思想，却迎合了当前青年人追求个性、崇尚自我表演的心理。

譬如，电视选秀节目把影像奇观和个人化展示发挥到了极致，并把这一切都放在一个令人炫目的、奇观化的平台上。2007 年英国独立电视台（ITV）

---

① ［美］B. 约瑟夫·派恩、詹姆斯·吉尔摩，夏业良等译：《体验经济》，北京：机械工业出版社 2002 年版，第 18 页。

② ［美］尼葛洛庞帝著，胡泳、范海燕译．《数字化生存》，海口：海南出版社 1997 年版，第 191 ~ 192 页。

的《英国天才秀》获得了惊人的成功，人们被冠军选手“傻男”波尔深深感动。波尔是个说话结巴、相貌平平，看起来傻乎乎的，骑着脚踏车的手机推销员，他以独有的天籁之音、富有个性化的真情演唱，出色地演绎了高雅歌剧，给人以“感性的愉快”。再如，浙江卫视的《中国好声音》以“盲选”为节目特色，取得了不俗成绩。其成功主要取决于参赛者的个性化声音和不拘一格的表演形式。节目凭借独特动人的嗓音和真实感人的故事，寻找出与众不同、有能力坚持并带来独一无二的声音的人。此外，四位导师的个性鲜明，风格迥异，各具特色，其“明星效应”强化了奇观效果。为了争夺学员，他们互相吐槽，互相“打压”。哈林性格活泼，有综艺精神，善于插科打诨，在导师之间调侃。那英的性格比较直爽，主要负责本色发挥，听见好声音立刻就选。刘欢的定位则是对声音做学院派、大师级的评判，他在现场轻松幽默的表现出乎人意料之外，令人惊喜。杨坤常常用他自己曲折的音乐经历去引发共鸣，他一直以“我今年要举行32场巡回演唱会，我会邀请你担任嘉宾”的承诺来拉拢学员加盟，让人忍俊不禁。

二、快感冲锋

在消费游戏的过程中，游戏者生产着意义和快感，并将这种意义和快感转化为文化资本，用于相互之间的交流沟通，以此来“表达和促进他们的利益”。

（一）窥视快感

窥视快感通常体现在对窥视癖心理的满足上。窥视癖是一种人们喜欢看电视的深层心理冲动，这个概念其实是精神分析中的术语“窥淫癖”的变形。窥淫癖又被称为观看癖，是指酷爱观看他人性活动或者性器官以获得自我性满足的一种变态性心理。

按照精神分析大师弗洛伊德的看法，人的所有生活、工作的动力都来自人的原始本能，这主要包括两类：一是“性本能”，即爱的本能；二是死本能，即攻击本能。窥淫和这两种本能都是紧密联系在一起的。首先，窥淫来自人的性快感，即通过偷窥的方式看到他人隐秘的时候，给自我带来巨大的心理满足和快乐；其次，这种窥视在正常的人类社会中是不合法、也不合理的，它违背社会规范，也违背伦理道德，所以必须偷偷地进行，这背后隐含着社会压抑的影子。在“窥淫”中我们能够发现一种“隐藏/揭秘”的二元对立，即引起人们快感的东西往往是被隐藏的，人们若想获得这种快感就必须采取偷偷摸摸的方式去揭秘，避开超我、甚至是自我的监视。

影像中存在大量制造快感的可能途径，电视的视觉快感通常是由窥淫癖和自恋构成的，前者通过观看他人获得快感，后者是通过观看自身来达到自我建构。第一种快感即是弗洛伊德所谓的“窥淫癖”，抑或把他人看作客体的快感。如电视奇观中的女性形象基本都是按男性“欲望裁剪的幻觉”制作的。其中，女性外貌被一种强烈的窥淫欲望构造成充满魅惑力的身体奇观。正如电影理论家劳拉·穆尔维认为：“电影院中观众的位置，说穿了就是他们对暴露癖的压抑，并且把被压抑的欲望投射在女性表演者身上。”第二种快感就是自恋，自恋基本上是被动的，是通过认同银幕上客体/图像而发展出来的。

当复制技术将一切物品或文化拷贝变成满足大众炫耀性消费物品时，这些物品或文化的使用价值失去效用，剩下的只有游戏和消费的快感，那些物品或文化成为名副其实的摆设了。[①] 在当代娱乐狂欢中，对感性与快感的追求可谓无所不用其极。从电视节目对私人话语的征用，到广告中公共形象的“去隐私化”，再到影视节目对隐私和黑幕的彻底曝光，一直到造型艺术形象的无所顾忌，都存在着私人话语和公共话语、公共领域与私人领域的混淆。

在福柯的观念中，整个社会就是一个超级全景监狱（superpanopticon），一套没有围墙、窗子、塔楼和狱卒的监督系统。而这正是由今天的大众传播媒介与先进的电子信息技术所构成的。超级全景监狱，是在后现代、后工业化的信息方式下对大众进行控制的手段。传播的技术革命正在促成一种新的社会结构——“共景监狱”。与“全景监狱”相对，“共景监狱”是一种围观结构，是众人对个体展开的凝视和控制。在此语境中，几乎每个人都感受到了集体凝视和挑战的压力。

当人们凝视电视达到一种“出神忘我”的状态时，这实际上就是一种“窥视欲”的生产与再生产。人们借助影视可以窥视他人的生活，甚至是性与暴力、犯罪的过程。由此，人们的私有空间成了媒体聚焦之所。欲望写作和激情戏成为感官压迫和解放的动力，传媒调动一切手段刺激人们放纵自己的欲望，挑动身体感觉、本能情绪的后现代手法日渐满足人们的窥视欲。

在消费时代，娱乐化的快感生产和消费是当下电视文化的主体，其中窥视的快感是其典型形式之一。“娱乐是无目的的，而娱乐节目则是有很强目的性的，其目的就是让观众从中获得尽可能多的感性愉悦。”[②]

大众传媒将以前浸淫在内心的“窥私癖”公开化、合法化。比如，“真实电视”给人们带来的最大快感即是窥视的快感，这种节目会助长人们窥视他人隐私的社会风气。电视仿佛已经成为真实的“窥视机器”，而且简单易行，谁都能掌握和驾驭，无需付出什么代价，就能获得满足和快感。它像流水线上的自动化机器一样，自动运转，比如，换一批人放在“老大哥”的房子里和换一批观众，可能会有不同的情节与股市，但其运转的过程和产生的快感是一样的。

---

① ［法］让·鲍德里亚著，刘成富、全志钢译：《消费社会》，南京：南京大学出版社 2008 年版，第 116 页。

② 陈龙、杜晓红：《试论当下电视娱乐文化的快感表征》，《中国电视》2011 年第 4 期。

当代电视媒介创造了“窥视”的便利。从某种意义上说，媒介就是职业的窥视者，揭露社会中被隐藏的事实是它们的天职。越是能满足人们窥视欲望的节目，收视率就越高。比如，中国台湾的游戏综艺节目《我猜我猜我猜猜》、《康熙来了》，湖南卫视的《快乐大本营》，江苏卫视的《非常周末》等，这些节目通常会邀约明星，表演其不擅长的内容，尽量使他们进入一种比较尴尬窘迫的状态，让他们不知所措甚至出丑，表现出在与其他正常状态下迥乎不同的形象。这种形象对于他们自己来说是负面的，但对于观众来说，却属于隐私，具有“窥视”的价值。

在电视选秀节目中，我们会发现，“权威对普通人的侮辱”成了这类节目重要的噱头和卖点，选手们的窘迫和尴尬成了观众津津乐道的内容。参赛者的发型、服饰、化妆和舞蹈动作，甚至一些算不上缺陷的生理特征往往都会遭到评委的刻薄点评。“对于电视观众来说，把丑陋的东西毁灭给人看忽然变成了一出喜剧。”现实生活中每个人都有自己的尊严，当一个人丧失尊严或被人侮辱时，他最本能的反应是远离人群和社会，不愿让人看到他被侮辱的形象。但是，依据“窥视癖”的心理原则，人们越是不想被别人看到的东西，越是要隐瞒和遮蔽的东西，就越是能够吸引人的“眼球”。观众会觉得选手们的这些窘迫比较贴近自己的日常生活。并且，他们看到的是活生生的人的梦想被毁灭后的真实的形象和情境，这在感同身受的同时具有一种“窥视”的快感。例如，《非常男女》经常把一个个具有离奇性爱经历的个案充满刺激性地展示出来，在所谓的高潮点，受众从他人卧室的刺激与快感中，使自己的性爱经历在现实与幻想中合二为一，使自己在进入他人的私隐领域这个过程中获得了快感，满足了窥视他人的冲动。

电视娱乐文本十分擅长于对快感符码的编织。如《冬季恋歌》的编码方式，我们曾引用斯威德勒、瑞普和索萨尔等人关于爱情故事的研究，即系列剧和连续剧等剧集形式让那些传统的一对男女相遇，然后坠入爱河的爱情故事不复存在。[①] 如果你从爱情故事编码者的角度去看，你会发现，形成这种爱情形态并不是编码者刻意为之，而是在确定文本类型的基础上，为了实现爱情电视剧的快感最大化，必然会出现的现象。这里的情况也类似，是爱情的动力、持力和阻力三力博弈中阻力设置的需要造就了“不纯洁”的爱情。

（二）身体与消费快感

随着人类越来越走向文明、越来越高级，人的身体展示、身体交往也日渐被社会化和符号化了。大众媒体根据观众“想看什么”和“怎么看”的需求，去进行指向性编码，使影像已然成为身体欲望与快感的再现。

观众对银屏上的明星偶像、政界名流等多元身体进行凝视，在反观自身

① 章浩：《流行文化的快感生产》，北京：中国广播电视出版社2012年版，第46页。

的同时，通过认同、模仿和追捧等方式，有意识或无意识地期待缩小自己与明星之间的差距，从而达到身体主体性与主体意识的确认。

梅洛·庞蒂认为，身体先于世界和精神，身体自身具有意义并编制这个世界。在历经一千多年的清教传统后，身体在现代消费社会获得了极大解放。我们是“体感一代”的最佳践行者，体感取代了沉思，身体回归物体，沉重的肉身放逐了沉重的精神；我们是“乐感文化”的忠实追随者，心中“找乐”的意识不断澎湃。身体失控后那种极度兴奋的快感——即自我的丧失——是一种躲避式的快感，是从自我的控制/社会的控制中逃避出来的。而这双重的控制，用福柯的话说，便是“人治理自身，也治理他人”。它也是对意义的躲避，因为意义永远是在社会的层面被生产出来，并在主体中再生产出各种社会力量。①

鲍德里亚在《消费社会》一书中论述身体消费时说：“在消费的全套装备中，有一种比其他一切都更美丽、更珍贵、更光彩夺目的物品，它比负载了全部内涵的汽车还要负载了更沉重的内涵。这便是身体。”② 今天的一切都证明身体变成了救赎物品。在这种心理和意识形态功能中它彻底取代了灵魂。依照鲍德里亚看来：“身体之所以被重新占有，依据的并不是主体的自主目标，而是一种娱乐及享乐主义效益的标准化原则、一种直接与一个生产及指导性消费的社会编码规则及标准相联系的工具约束。”③ 费斯克认为躲避的要素集中在身体上。他指出，身体及其快感一直是并且仍将是权力与规避、规训与解放相互斗争的场所。“大众快感来自人们创造意义的生产过程，来自生产这些意义的力量。”④ 逃避式的快感往往集中在身体上，而对抗式的快感则集中在心灵上。意味深长的是左派理论家（如巴赫金与巴特）多倾向于发现身体快感的正面价值，而右派理论家（如康德与叔本华）则视身体为虚假与低级的快感的来源。关于身体的意义以及身体快感效力的一种争斗，是一场权力争斗，在这场争斗里，阶级、性别与种族错综复杂地形成了相互交叉的轴线。⑤

在对符号的消费中，身体自然而然地成了各种符号彰显身份的最佳展示。

---

① ［美］约翰·费斯克著，王晓珏、宋伟杰译：《理解大众文化》，北京：中央编译出版社 2001 年版，第 62 页。

② ［法］让·鲍德里亚著，刘成富、全志钢译：《消费社会》，南京：南京大学出版社 2008 年版第 139 页。

③ ［法］让·鲍德里亚著，刘成富、全志钢译：《消费社会》，南京：南京大学出版社 2008 年版，第 143 页。

④ ［美］约翰·费斯克著，王晓珏、宋伟杰译：《理解大众文化》，北京：中央编译出版社 2001 年版，第 153 页。

⑤ ［美］约翰·费斯克著，王晓珏、宋伟杰译：《理解大众文化》，北京：中央编译出版社 2001 年版，第 61 页。

在消费时代，消费主义一方面促使身体成为被消费主体，促成了身体文化的兴起；另一方面，身体在消费的过程中，又反过来刺激着商品的生产，在“消费—生产—再消费”的关系中，身体文化必然带有浓重的消费主义色彩。身体文化作为大众文化的一种，它的凸显有着多方面原因：消费主义使身体成为被消费的主体；大众传媒所造成的视觉文化使身体成为商业影像的元素；后现代的泛审美化又使身体变成一种重要的审美载体。

身体的解放与个性的张扬，似乎使身体文化成为现代民主的一种大众化标识。然而，在民主背后潜伏着的是消费主义和大众媒体的价值导向和审美标准。主导消费走向的时尚杂志和吸引大众崇拜、效仿的明星名流，在流行色彩、搭配风格等方面都对身体外在形象的审美追求起到了潜移默化的诱导作用。身体文化以视觉愉悦与快感经验为主。

身体符号正是借消费快感从隐蔽的历史阴影中走向耀眼的前台。身体在消费神话中成为了新的神话。身体的满足成为灵魂逃亡的最新形式——休闲本身的意识形态。如在时装表演舞台中，“身体在时装表演中的出场是供观看的，为了满足观看，身体必须尽可能地展示体态和体感，用身体的质态填满直观的欲望，而直观的欲望又恰恰基于身体的欲望；直观的视觉感性欲求规定身体的扭行，身体的在世的纯此岸欲望又规定着直观的欲望”①。

“身体文化无形中成了电视审美不可或缺的支撑。电视审美的广泛性、普及性又使得身体文化伴随着娱乐也一起更趋市场化和合法化了。”② 在当代消费文化和视觉文化的语境中，娱乐节目服从商业逻辑，热衷于展现人们身体的审美和娱乐价值。电视娱乐节目擅长对身体作出不同形式的展示。在电视娱乐节目中，身体成为影像消费中的主要形象，并引发娱乐效应。由于娱乐节目的目标受众大多锁定青少年群体，节目便将身体的呈现指向青春、美丽、性感与时尚等特质。俊男靓女充当了游戏舞台的主角，明星和偶像占据着娱乐风潮的中央。娱乐节目制造和推崇对身体的崇拜为我们提供了理想身体的范本，塑造了外观标准与穿着标准，身体画面感被空前放大。“它告诉我们应该看上去如何，应该如何被看、如何行为、如何感受与被感受。”③ 在节目中凸显身体“性”的美感意义和价值。身体的“性感”成为娱乐节目中的最佳看点，观看和讨论异性的身体成为获得快感的最佳途径。

由于视觉对身体的迷恋，使身体文化暗合了当下电视文化的需求与认同。在电视娱乐节目中，大多数节目成为身体的秀场，由于身体在第一时间对视觉本能进行刺激和获得满足。才艺借助身体的表现力得以实现，才艺中的身体表达部分体现出“身体能力”对人的娱乐价值的意义。如在韩国游戏节目

① 刘小枫：《现代性社会理论绪论》，上海：上海三联书店1998年版，第332页。

② 金丹元：《电视与审美——电视审美文化新论》，北京：学林出版社2005年版，第283页。

③ 陶东风：《镜城突围：消费时代的视觉文化与身体焦虑》，《中国广告》2004年第9期。

《情书》中，竞技体育活动融入到节目中，增强了娱乐氛围。《情书》节目主要分为六大板块，其中有男士的跆拳道比拼和女士的摔跤比赛，以及男女舞蹈、单杠比赛、情侣运动会等身体游戏部分。嘉宾中个个都是“武林高手”，活力四射，既阳光、健康，又有娱乐看点。再如湖南卫视娱乐旗舰栏目《天天向上》的一期节目中，女子十二乐坊用刻意的身体语言——恣意的身体摆动和迷离的眼神传达出她们对现代民乐如痴如醉的态度。此时，身体的表现力在视觉冲击力上附加给音乐以很强的感染力。

在当代，越来越多的男性杂志和以男人为主体的电视节目使人们惊呼“男色时代”的到来。身体的表现对象逐渐打破了以往以女性为主体的格局。借助媒体的展现，视觉空间里的身体被改写成男性的欲望、娱乐与消费。对男性身体的凝视和展现，不仅丰富了身体文化的多元性，也透露出当代身体文化中对两性平等的快乐追求。

消费社会对具有美感的身体的询唤，使得人们一方面通过审视他者满足窥视的欲望；一方面在凝视中镜像自身，满足自我身份的确认与表达。不能否认，“突出的审美概念就是对象的外观魅力和主体的快感体验”①。

三、自我扭曲

由于大众对感官文化的痴迷，不仅娱乐消遣成为电视文化的主要内容与形式，占据人们的生活空间，“而且各种渲染色情、暴力的低级庸俗的文化产品、服务也堂而皇之地走进市场，获得合法地位以至受到追捧”②。

大众文化“压抑了人的主体意识，压抑了人的创造性和想象力的自由发挥，助长了工具理性，进一步削弱了在西方业已式微的‘个体意识’和批判精神”。电视娱乐在编码的过程中，围绕快感，打造出种种视觉奇观，其生产与传播的逻辑是集体快感的折射，它必然导致缺乏个性，带来自我扭曲和心灵空虚。在娱乐性的文化产品之中，“意义”只是作为一种“装修形式”被安放在文本中，重要的是作品带来的快感。快慰机制下的产品生产、文化伪装，都将导致对现实和历史的“盲视”。这必然使“文化精品”沦落为一个又一个花瓶一样的“文化碎品”。

（一）窥视快感下的自我扭曲

任何失去控制的东西，都是潜在的威胁，也总是招致道德、法律或美学上的权力规训。我们热衷于把畸形“快乐”建立在别人的痛苦之上。在某种

① Virginia Postrel：Substance of Style：*How the rise of Aesthetoc valne is remarking commence*，*culture and conscionshess*，New York：Oxford University Press，1946. p. 342.

② 许丽、刘义甫：《消费主义的全球化扩张与中国传媒的异化》，《广西职业技术学院学报》2008 年第 5 期。

意义上，观看是一种力量，更可能形成一种暴力。对于被围观者和社会而言，观看就是一种暴力的实施。

媒介对大众窥视心理的一味迎合不仅容易侵犯个人的隐私权，而且还会带来对快感的过度滥用。柏拉图说过："过度快感可以扰乱心智。"人类文艺史反复证明，有两种文化，会扰乱民族的心智、破坏国家的文化和谐：一是专制文化，它压制人们的思想；另一种则是"娱乐至死"的文化，它可以使一个民族只知道笑而不知道为什么笑。受众视听时生理感官的过度快感，必然造成精神心智的失衡破坏；无节制的感情刺激，必然造成审美心理的理性紊乱；伴随着过度的快感享受，美感能力和反思能力必然衰减。

观看本身成了快感的源泉。由于在现实生活中我们被规定了太多的视觉禁忌，所以视觉禁忌的事物在媒介文化中获得了自由甚至是放肆性的展示。由于过多关注反常的东西，热衷于把人性丑恶的东西呈现在电视上，使人们从他者的受虐中得到极大的快感。

从媒介文化本身来说，它为我们的眼睛提供了一个无所不能的、可以触及各类视觉禁忌的空间。某种程度上，受众与媒介的合谋共同完成了当代电视文化窥淫化机制的建构。这既迎合了人性的好奇心，又放纵了眼睛对快感的极限追求。于是，生活中几乎所有的视觉禁忌都通过影像再现出来，如性行为、同性恋、强奸、凶杀、天葬……比如，不少情感故事类节目，或专门展示丑恶、迷信，或展示因亲情矛盾、家庭纠纷导致的极端行为、过激言论、"揭伤疤"或恶性案件，或过分渲染悲情、阴暗、颓废心态……①尤其对儿童而言，我们知道，是视觉禁忌保证了儿童"童年"存在的合法性，如梅洛维茨和波兹曼所暗示的，"看"的放纵（即禁忌的解除）将会导致"童年"的消失，因此，以年龄为基础形成的伦理规范遂成为问题。

（二）消费快感下人的"异化"

什么是异化？马克思的异化理论则是在继承费希特、黑格尔和费尔巴哈异化论的基础上进行的一种新的突破。马克思主义所言的"异化"、西方马克思主义所论的"物化"，在当今消费社会处于前所未有的凸显状态。对此，马克思一针见血地指出："物的世界增值，同人的世界的贬值成正比。"在这里，马克思充分肯定了劳动使人成为类存在物，劳动活动是人类的生活。然而，正是资本的生产，使人类劳动发生异化：感性与理性、精神与物质的二元分裂也正来源于这种劳动本来面目的失去。"在当今人性的自由被物质的欲望普遍统治的状态下，以本能的满足来追求浅薄的快乐，以人性的奢侈、安逸和麻木取代人的真正自由，这种状态并非人的解放，它只能使个体进入新的异化过程。"按照费尔巴哈的理解："人把自己的内在本质对象化为一个外在的

① 许青红：《广电总局严管婚恋情感节目：引社会恶评嘉宾不许再用》，人民网，2010年6月11日。

对象（上帝），但是人所创造出来的这个对象却反过来压抑、支配、奴役人本身，人在异化状态中迷失了自我。”① 在布尔迪厄那里，则是人们通过消费商品这种特殊“符号”来进行地位区分的结果。凡此种种，都形成对人的一种“异化”，使人被物欲所驱使，失去内心的宁静与平和。

消费快感下人的“异化”离不开凡勃伦提出来的“炫耀性消费”，它是指富裕的上层阶级通过铺张浪费那些超出实用和生存所必需的范畴内的物品，向他人展示和炫耀自己的金钱财力和社会地位，以及这种地位所带来的荣耀、声望和名誉。炫耀性消费导致社会和财富资源极大浪费的同时，使人们的价值观扭曲，甚至导致人的腐化堕落。当人们看重自己的财富地位、权贵身份时，就会尽其所能地去炫耀和攀比，把人生的目的和意义定位在不断满足日益升级的炫耀需求上。在凡勃伦看来，上层阶级在炫耀性消费的同时，他们的消费观点也影响了其他一些相对贫困的人，导致后者的消费方式也在一定程度上包含了炫耀性的成分。

中国式消费有一种标榜性和夸示性，这不完全等同于西方的炫耀式消费。西方的炫耀式消费具有普遍性和自然性，它是为了一种兴趣、一种生存感受性或者保持一种与身份相应的教养和尊严，而中国的炫耀性消费是标志性的，不是为了生存感受和尊严，而是为了地位和身份。这使中国的消费行为把人们的生命精神和生存现实复杂化了，让消费中的物质与精神的两个层面相分离。

鲍德里亚已经看到后现代传媒在加剧人们心灵异化、肢解社会心理和个体心性的健全方面所造成的严重威胁，并进而对传媒在“文化工业”生产中具有销蚀意义的功能加以清算。他将物质丰富化与心理贫困化联系起来，并将过度的物质消费同人的精神生态问题联系起来。他认为，极度生产耗费资源，庞大的消费主义刺激消费欲望，这些日益成为人们生活大循环中的癌症，使一种丧失了简朴精神的生活状态成为当代物质过剩中的精神贫乏常态。

在媒介经济活动领域也存在异化，具有企业属性与市场需求的媒介组织进行“经济活动”本无可厚非，但是一味在经济利益的驱动下向市场和公众献媚，致使媒介本应承担的社会责任被大大削弱，使媒介陷入世俗化的境遇。从长远来看，媒介的世俗化过程，同时也是媒介失信于受众的过程，在此过程中，媒介活动就走向了反面。我们可以推断，只要有媒介活动存在，就有伴随而生的媒介异化现象。

媒介营造的“仿真环境”成为一种实质意义上的异化力量，当“媒介真实”代替了“社会真实”，生存在媒介语境中的当代人，变得远离“真实”

① 许俊达：《超越人本主义——青年马克思与人本主义哲学》，北京：中国人民大学出版社 2000 年，第 150 页。

生活，失去了批判精神与超越维度。大众媒介消除了人的多样性和思想的丰富性，它用“单向度”的言语不断压抑着人的主体性及天性，让人们习惯于轻松的“表层娱乐”，而放弃了理性思考和对深度模式的追问。大众媒介正是这种“对于异化毫无自觉意识的所谓个性的实现”，其间，媒介一方面“异化”着他者，一方面也在不知不觉中经历着“自我异化”。

在消费体系中，过去的无功利性的快感转化为当今的消费利益诉求，过去有限的纯个人情感交流转化为当今无限性的社会性交换。消费本身成为幸福生活的现世写照，成为人们互相攀比、互相吹嘘的话语平台。消费活动本身也成为人获得自由的精神假象，从而丧失了人与自然、人与社会、人与他人和人与自我的丰满关系，成为全面的商品“拜物教”的信徒。“幸福自由”本身被消费化了。生活的意义和快感仅仅是来自疯狂的购物，以及纸醉金迷的生活。生活的社会功能在于“奢侈的、无益的、无度的消费功能”。当这一切成为人们普遍共识时，消费中的惊人浪费就成为日常生活的合理景观。就像电视广告明白无误地诱导和训导人们该怎样安顿自己的肉身，获得身体感官的快乐。如高贵、时髦、浪漫和认同感等象征衍生价值被附加于商品上，散发出身份符号的魅惑力。消费者在一种被动迷醉的状态下被物化成社会存在中的符号——自我身份的确认。

第二节　虚饰的世界与自我的废墟

一、虚饰的世界

（一）虚拟世界

在一个技术崇拜的时代，复制成为这个世界最大胆的谋划。大众媒介制造出来的虚拟影像逐渐代替了现实本身。一切都成了形象与符码，“想象界”与“真实界”的距离完全消失，幻象与真理相互混淆。大众看到的是一个让人惊奇、逆转、充满幻觉和被亵渎的超级真实的媒介景观，这个景观不仅具备超级真实性，还具有一种魅惑力和诱导力，极易让大众沉浸在幻觉的世界中。“超现实”标志着一种与真实观念的断裂。“真实”意味着独一无二的、具有自我属性的事物。但在复制时代，真实变成了通过媒体复制可以无限扩展的事物，不再具有自我属性。

鲍德里亚指出：“在我们不断积累、增加、竞相许愿的现代性中，我们已忘掉的是：逃避给人以力量，能力产生于不在场。虽然我们不能再对抗不在场的象征性控制，我们今天还是陷入了相反的幻觉之中，屏幕与影像激增的、幻想破灭的幻觉之中。”① 韦尔施则重点论述了电子传媒对日常生活的影响。他的关键词为“虚拟化”，而这一虚拟化又尊崇着审美原则，形成一种主流趋势。“传媒的图像提供的不再是现实的纪实见证，更像是安排好的、人工的东西，并与日俱增地根据这一虚拟性来加以表现。现实通过传媒正在变成一个供应商，而传媒就其根本而言是虚拟的，可操纵的，可作审美塑造的。”② 大众传媒的种种表现导致虚拟泛化，并以其不间断的升级使现实终止。李普曼在《舆论》一书中也提出，大众媒介为人们建构起一个由真真假假的影像组成的虚拟世界，即“脑海图景”，人们通过这个虚拟世界去感知已经“不可触、不可见、不可思议”的身外世界。他们并非根据真实发生的情况采取行动，而是根据媒介所提供的人们信以为真的描述采取行动。由此，大众被文化工业所俘虏与操纵，在不知不觉中屈从于现存的事实和制度。我们不再认真地对待现实或努力求真。我们对现实的态度，变得越来越像在仿真。

（二）虚幻性和虚假性

在一定程度上，电视在走向娱乐化的过程中找到了其存在的意义。大众在无休无止的电视节目的包围中，无限制地复制着自己前一天的生活。生活本身被情节化、抽象化和故事化。人们满足于被模拟的快感，如各种代码、民意测验、指标和图示场景。类象则是一种没有原作的、机械的复制。

尽管普通观众对电视媒介的接触和熟悉程度很高，他们自认为对于电视媒介中的游戏、电视剧的“虚拟”、“表演”和生活的“现实”是有判别能力的，但是实际上并非如此。电视娱乐传媒或通过议程设置（agenda - setting）等手段，让受众忽视节目中可能包含的有价值的或可能引起某种动荡的因素；或通过不断强调游戏性和戏剧性，利用可选择的符号并经过精心加工，在人与客观现实之间制造一幅被歪曲的图像。它们诱使观众忽视其中可能存在的严肃或重大的议题，仅仅用一句“This is just a game”打发这样的想法。

大众传媒技术通过运用神奇的形象在梦幻般的表演中恢复了某种“真实的世界”，让观众在高科技的仪式中体验各种各样的可能性，以此强化媒介影像的虚幻性质。通过传媒技术，一切都可以被虚构或虚拟，一切不可能都会成为可能，一切非现实的都可以变为“现实”的，想象与真实不再对立，虚构与现实不再抗争。电视娱乐叙事常常具有“欺骗性”，使人产生误解。媒体通过不断地制造各种“热点”和“事端”来吸引观众的眼球。媒体成为当代价值的命名者——在制造虚假和谎言的同时，不断地拿虚假的幸福感和存在感来搪塞人们。“娱乐节目用对那些矫情的贵族意识的嘲笑、对虚伪道德和价

---

① ［法］让·博德里亚尔著，王为民译：《完美的罪行》，北京：商务印书馆2000年版，第8页。

② 潘知常：《西方著名学者、作家论大众传媒》，http：//www. scuphilosophy. org/ScholarsLibrary_ display. asp？ userid =768&art_ id =3693.

值观念的瓦解，为处在生存压力下的大众提供了一种‘假释’。它兴高采烈地用一种能够逃脱惩罚的游戏方式，提供给大众一个欢乐的平台，一个世俗化的万众同乐的世界。”① 正如有人精辟地指出，“文化工业用令人兴高采烈的预购，来代替现实中陶醉和禁欲的痛苦”。

娱乐工业在虚假情感价值的掩饰下，制造出精心包装的“文化偶像”。比如，电视剧的叙事者经常进行大胆的想象和虚构，描摹出主观臆想的人物，不惜曲解历史事实本身，如《寻秦记》、《宫锁心玉》等各种穿越剧的流行就是最好的例证。再如，在各大省级卫视中的相亲类节目中，像《非诚勿扰》、《为爱向前冲》、《我们约会吧》等，其中很多节目对嘉宾身份进行“造假”，电视相亲节目几乎已经变味成“情景连续剧”。网友将某些“明星嘉宾”的真实身份进行了揭露，引起了观众极大的愤慨。参加节目的男女嘉宾都是演员，他们和主持人共谋，按照剧本来演出。这里已经不再是一个真诚的、善意的、谈情说爱的地方，不是像观众所想象的那样，都是现实生活中的人上电视，而是被安排好的人上演一段被计划好了的情节，以出位来博收视率。

总之，我们面对的娱乐文化不再是对生命体验的真实表达，而是通过制造各种各样的虚假体验来实现对消费情感的操纵。在文化工业面前，人失去了真正的本质，而只能体现为一种“类本质”，“每个人只是因为他可以代替别人，才能体现他的作用，表明他是一个人”②。当大众文化的生产者不够清醒和理智的时候，传媒所提供的虚拟娱乐化，就将渗入大众文化中，并潜移默化地影响大众文化，使大众文化走向庸俗、虚伪和浅薄。正如阿·托夫勒曾比较温和地指出，在一部内容经过刻意安排的电视节目中，它的情节和主要人物的行为举止经常为人们描绘出一幅虚假的社会现实图画。

二、“傻乐时代”与精神的废墟

在当代社会，一方面人们在国民生产总值的增长中感到幸福生活为期不远，另一方面这种“增长”的神话“掩盖一种集体迷恋的巫术”。刘小枫曾说：“现代人喜欢追求种种伪造的理想：在这些名目繁多的理想中，生活的所有实质内容变得越来越形式化地空洞，越来越没有个体灵魂的痕迹，生命质地越来越稀薄，人的自我却把根本不再是个体生命感觉的东西当作自己灵魂无可置疑的财富。”③

博德里亚尔所宣告的“仿真时代”就此来临。“漂浮的能指”在电视荧

① 《学者对话：电视节目正在庸俗化吗》，千化网，2001年9月29日。

② ［德］霍克海默、阿多诺著，渠敬东、曹卫东译：《启蒙辩证法》，重庆：重庆出版社1993年版，第137页。

③ 王岳川：《消费社会的文化权力运作》，http：//www.zgyspp.com/Article/y6/y53/2010/0503/22662_4.html.

屏的影像世界中被放任自由，嬉戏着，它脱离了所指的实质而使形象蜕变为躯壳。人们通过各种移情方法在非现实的虚拟空间获得释放，在消费社会中获得虚假的自我平衡。在此时代，“意义就不可能健康地活生生地自我呈现了”。大众传媒业就像是产业化的“长舌妇”闲聊业，即被纳入机械复制模式中进行生产——大众传媒界的从业者不过是显得体面一些的职业“长舌妇”，是处于“闲聊”状态的人们的帮闲，即昆德拉所说的“传媒小丑”①。

娱乐用欺骗性的轻松愉快将人囚禁在一种被奴役的状态，心甘情愿地滞留在自己的“囚室”，这也即是麦克卢汉所说的“媒介即按摩”。人在被媒介“按摩”时体会到了轻松、愉快，在不知不觉中大段的时间被不见血地“杀”掉了。事实上，电视等媒介给予人的按摩，同享受“按摩女郎”的服务一样，都是一种引你就范的诱饵，你的感官、大脑在长年累月被传媒免费征用的过程中，一天天荒废、贫瘠下去（麦克卢汉，1967）。正如萨特所言：“我是一只惊呆了的寄生虫，无法无天，没有理智，也没有目的，我躲进了家庭表演之中，我在旋转，奔跑，从一种欺骗飞快地转入另一种欺骗。”生活中没有理想与激情，没有真理和智慧，只有自以为是和自我伪装。我们的青少年在电视娱乐长期的销蚀中变得头脑简单和更为惰性化。孩子们全神贯注地坐在电视机前，消耗了时间，他们不得不放弃有益的读书及户外活动，甚至是简单的独立思考。

我们已经走进了一个精神空虚的“傻乐时代”，对于现实和历史的逃避，造就了整个娱乐文化出现一种“傻乐”状态。人们之所以沉溺于各种各样的娱乐活动和消遣，是因为他们不愿意费力地思考，或不愿意看到自己的精神空虚。而大众文化承诺给人们的欢乐神话与身体解放，却往往只剩下娱乐透支后的身心疲乏和精神空幻。人们过着一种得过且过的“犬儒主义”式生活，寻找着一种自我安慰、自我欺骗的替代性满足。所谓“傻乐时代”，正是这样一种时代：“对于历史和现实，乃是‘看，却看不见’；对于快乐与刺激，则是‘一定要看’。无形中，人们觉得，只要是崇高的，就是假的；只有那些幻觉的，才是真的；或者直接说，只有快乐的，才是我们要的”②，这就是“傻乐时代”的生存逻辑。而所谓“傻乐”，就是以肌体快慰来代替精神愉悦的一种“后情感形式”。

在后情感时代，只有“快慰”才是最好的感情商品。对情感和思维的劫持使电视娱乐呈现出符号的空洞性，现实生活中本真的情感被舍弃了。如在电视情感类节目中，眼泪是最廉价的，眼泪过后是哽咽，最后就是沉默了。但眼泪的精华往往成为主持人提炼主题的对象，此时，“眼泪也就成了话筒的

① 吴伯凡：《孤独的狂欢：数字时代的交往》，http：//www：tianyabook/zhexue/lonly/008. html.

② 周志强：《电影贺岁化与“傻乐时代”的文化消费》，《东方早报》2010 年 1 月 25 日。

玩偶，我们的感情被践踏了。眼泪是过场，眼泪是道具，正如朱军的《艺术人生》，分享的仅仅是湿润的眼眶，除此之外，没有什么”①。

第三节　回归自然与自我实现

一、回归自然与真实生活

文化的活力和生命力在于它的真实性。大众文化代表着生生不息的、看得见和摸得着的现实生活。真善美是人类共同的价值取向，是大众文化价值体系的中心内容。“真”，让我们了解了世界中原本存在的人、事、物的动态以及发展变化中的事物。

品质好的电视节目将更多地走向真实化和日常化。正是因为不少电视在谍战、“穿越”以及戏说之间打转，而大众文化又普遍出现了恶搞、揭丑和造假等现状，致使不少人以为“真”就是社会上那些“假恶丑”，而忽视了挖掘自然之美和百姓日常生活中的真实美、细节美。在此语境下，不追求场面的奇观效应，不追求人物和事件的“超日常性”，对自然的回归和表现真实生活的影像文本才尤其显得珍贵。

从审美学的角度看，“真人秀”节目记录了真人、真事和真情，并创造了以真实为基础的意境美，这种反映现实生活的作品更能够唤起大众同悲同喜的真实情感。例如，电视频道的“真实世界”（the real world）和“交通规则”（road rules），在电影《真人秀》（The Tureman Show）和《艾德私人频道》（EDTV）中也有类似的东西。虽然关于它们还有争议，但“真实生活”似乎成了一个合法而成功的娱乐来源。这种“电视真人秀”的成功，表明了当代人已经不再满足某些影视中遥远而虚假的故事，而更关注现实生活中人们在遇到各种生存危机时的真实反应和抉择。

对纪录片而言，自然与真实是它的生命和灵魂。比如，中央电视台推出的美食纪录片《舌尖上的中国》，自2012年5月14日播出以来，其风头盖过同时段的热播电视剧，让无数人守在荧屏前，看得食指大动、口水涟涟。它成功的主要原因就是追求自然、真实，不矫揉造作，用朴实的镜头打造了几千年民俗文化下的视觉盛宴。《舌尖上的中国》以“中国美食”为主要题材，探讨了当代社会中人类如何善待食物、如何与大自然和谐相处。其中原野与土地的馈赠、双手与食物原始关系的回归，唤起了中国人对现代饮食的珍惜

---

① 张念：《话筒工厂及其神话》，世纪中国 http：//www. comment-cn. net/culture/20061032/ovrticle 18771. html.

和朴素的情感，表达着对农耕文明的怀念以及对现代文明的反抗和漠视。

我们再以当前电视里的“谈话节目”为例，电视正融入生活，生活也正融入电视。在电视节目中所发生的事情显然是一种模拟，但生活自身也已常常成为对电视节目里情节或画面的模拟。比如，中国内地第一档电视谈话节目《实话实说》，它的整体风格就是要在轻松愉快的氛围中探讨普通人要共同面临的人生问题。当《实话实说》将日常生活中生动活泼的谈话搬上荧幕时，它的魅力就是话筒的魅力，它的力量在于真实话语的力量。崔永元与以往的主持人相比，少了几分浮华，多了几分睿智和幽默。他虽貌不惊人，但善于寻找一种人和人之间真诚沟通的谈话方式，真诚地与观众分享自己的人生经验。观众对崔永元的充分认可也反映出了社会的某种审美取向——人们渴望得到的是内在真实，而不仅仅是表面空洞的华丽。

此外，电视剧通常用“日常性”来创造亲和体验，更加强调与现实生活的相互参照。“如果说电影是一个‘梦’，那么电视更像是一扇‘窗’，电影提供的是超日常经验，那么电视提供的则更多的是一种日常经验。”① 透过电视这扇窗户，我们可以看到与我们此时、此地息息相关的大千世界、芸芸众生。一般而言，电视剧不追求场面和画面的奇观效应、不追求故事的复杂和精巧、不追求叙事空间的张力，也不追求人物和事件的超日常性，它们多取材于日常生活素材，以人们日常的生活空间为背景，还原普通人的生活状态。就像电视剧中医生、律师和侦探的扮演者在现实生活中经常会收到咨询、请求或建议等来信。在电视剧中，大多数爱情都不会有好的结局，大多数发财梦都只是“白日梦”，因为生活本身就是这样，虽有烦恼但充满乐趣，你不会得到太多也不会失去太多，它给予大众的是对生活本身的体验感和认同感。

“在娱乐中生活，在生活中娱乐。成功的娱乐节目的内容大多来自日常生活，其显著特点是自然、真实和随性，还原出人们生活和“日常”的本来面目。“优秀的电视节目应该展示老百姓的生活，展示快乐和有魅力的人物，从观众中来，又回到观众中去。”② 在电视娱乐节目中的主持和嘉宾，他们从屏幕的“偶像”角色中走出，转向“生活化”，看上去像生活一样自然、不矫揉造作。譬如《天天向上》的选题十分贴近我们的社会生活，像是身边的朋友在和你聊天，同时又透着很多文化、社会和道德的信息。它“以全新的定位，在表演、游戏、短剧等娱乐环节中牢牢扣住‘传统文化’这一主题，在幽默轻松的氛围中加入了人文关怀的底色，将模糊抽象的传统文化演绎成雅俗共赏的精神食粮，使人在轻松愉悦之余心灵受到熏陶”③。

由此可见，“平民化”与“生活化”已成为电视娱乐传播的重要策略。

---

① 尹鸿：《电视化的电影与电影化的电视》，http：//news. artokok. com/2007/0322/25332. html.

② 张小争：《娱乐财富密码：引爆传媒心经济》，上海：复旦大学出版社 2006 年版，第 6 页。

③ 张金华：《超越娱乐的文化追求——〈天天向上〉成功的原因探析》，《声屏世界》2010 年第 11 期。

电视的娱乐化生存，其主要特征是生活和娱乐的边界日渐消融，娱乐意识渗透在生产流通的各个环节及个体的日常生活中。电视形态娱乐化并非要改变节目内容的真实性，而是要改变其表达方式。优秀的电视娱乐节目应该真实地再现民众的“原生态”生活，在百姓充满着柴米油盐的生存体验中去展示人的悲欢离合，从中挖掘出令人回味的趣味性和娱乐性。正如美国的著名经济学家瑟罗指出：“电视不再是反映现实，它就是现实。如果饥饿的索马里儿童上了电视，全世界都想为此做些什么。如果没上电视，他们就不存在，人们什么也不会去做。”①

二、“娱乐人”的自我实现

波尔斯与考特赖特（Courtright，1993）总结出了传播可以满足人类的十一种需求：放松、娱乐、忘掉工作或其他头疼的事情、与朋友交往、获知关于自己或他人的事情、消磨时光、感觉兴奋、感觉不孤单、满足一种习惯、让其他人知道我在乎他们的感情和让某人为我做某事。反观以上需求，娱乐节目能大行其道就不足为奇了。

电视娱乐能比较充分地满足大众心理上自我实现的需求，它与马斯洛的“五层次需求理论”中最高级的“自我实现”理念相一致。马斯洛认为，可以将自我实现定义为“不断实现潜能、才能和天赋，定义为完成或达到终身使命，定义为人对自身的内在本性的更充分的认识与承认，定义为在个人内部不断趋向统一、整合或协同动作的过程”②。自我实现“可以归入人对于自我发挥和完成（self-fulfillment）的欲望，也就是一种使它的潜力得以实现的倾向。这种倾向可以说成是一个人越来越成为独特的那个人，成为他所能够成为的一切”③。换句话说，自我实现就是使自己成为自己理想中的人，将个人的潜能发挥到极点，这种潜能或是具有个人特征的，或是具有人类共性的。人的自我实现能够通过充分释放精神世界中人的创造力和鉴赏力，促使人对自在自为的生存意义进行自由的思索与体验，从而促进人的全面发展和使人真正地走向自由，在这过程中充分地体会到“高峰体验”的愉悦心情。

娱乐之所以重要，是因为它与人的自我价值密切相关。自我实现者具有强烈的表达欲望，观众通过电视时空中的自我展现来获得群体认同。娱乐是人的一种自由生存方式，如电视娱乐里的竞技状态是自我实现的最佳方式，能实现一种自由生命的最佳状态。

娱乐“狂欢”的本质是自我满足与自我实现，是一种“成为人”的过

---

① ［美］莱斯特·瑟罗著，周晓钟译：《资本主义的未来》，北京：中国社会科学出版社1998年版，第143页。

② A. H. Maslow. *Towand a Psychology of Being*. D. Van Nosttand Company，1962. pp. 19－41，23.

③ A. H. Maslow. *Towand a Psychology of Being*. D. Van Nosttand Company，1962. pp. 19－41，23.

程。它是人们自由选择的，用来实现自我、获得“畅”或“心醉神迷”（ecstasy）的心灵体验。它的最大特征在于体验性的快乐满足，这恰恰弥补了人们在看电视的时候所缺乏的人机对话氛围。因而，对电视娱乐化生存而言，不是制造“伪娱乐”，而是要从“心”开始，电视娱乐的核心是创造体验性的情感和快乐感受，尤其是体验情感上的接近性和认同感，让大众在娱乐狂欢中充分发挥人的创造能力和个性精神。

心理学家克珍特米哈依在其名著《畅：最佳体验的心理学》中提出了沉浸体验的标准是“畅”（flow），即“具有适当的挑战性而能让一个人深深沉浸于其中，以至忘记了时间的流逝、意识不到自己的存在”。一旦人们完全地投入到建构媒介文本内在结构的情境当中，集中全部注意力，过滤所有不相关的知觉，就会处于一种欲罢不能的沉浸状态。这种内在的心理因素，促成了媒介迷的自然形成。处于“迷”状态的人具有最高程度的认同，最接近真正的自我，达到了自己独一无二的人格或特质的顶点。学者亨利·珍肯（Henry Jenkins）在《文本的偷猎者》一书中提到，“迷”是指“狂热地介入球类、商业或娱乐活动，迷恋、仰慕或崇拜影视歌星或运动明星的人”。“迷”将媒介使用行为看成一种文化活动形式。①

人们不约而同地喜爱娱乐节目并不是一种巧合，而是因为这些节目可以让人们更好地以各类“迷”的方式介入，根据费斯克的观点，所有电视文本都是多义的，也就是说，它们的意义都是开放的，需要由观众自己来解释。但有些文本会比其他文本更加开放，因而更有可能成为“迷”的偏好。

总而言之，电视传播首先要满足社会需求的不是灯红酒绿的奢华和浮华的爱情，不是时髦的“数字化生存”，而是日常化生存。我们期待这个屏幕上少一些虚假、造作和莺歌燕舞，而多一些“讲述老百姓自己的故事”和自我价值的实现，让大众在电视的真实中寻找到本我的快乐。

---

① 张嫱：《迷研究理论初探》，《国际新闻界》2007年第5期。

第七章 社会群落众生相

电视娱乐文化的崛起与发展映射了当代社会的心理症候以及社会群落的面貌。不同时期的电视娱乐狂欢展现了不同社会群体的行为方式与精神状况。在以《超级女声》为代表的选秀类节目风起云涌之际，整个社会预演了一场“庶民的胜利”，大众意识与自我观念以增殖与裂变的方式向社会渗透；以《非诚勿扰》为代表的相亲类节目的热播，把“剩男剩女”这一特殊人群推向了荧屏，原本极富私密性的婚恋交友在相亲奇观的施为之下，竟成为众目睽睽下的媒介事件；以《中国达人秀》为代表的草根竞技类节目全景式地展现了当代社会草根阶层的精神面貌，折射出电视媒体透视底层民众的文化愿望。可以说，在这个娱乐方式多元化的今天。不同社会群体通过不同的娱乐方式阐释着自我的娱乐观念，这是当代社会发展的结果，也是历史的一种必然选择。

第一节　庶民的胜利

在大众传媒勃兴之际，极具神秘色彩的“偶像”标签在时代的洪流中被更改、被重新书写，敬仰、膜拜和神化的色彩开始褪去，标准、统一的审美模式被个性、潮流的风尚所替代。精英式的偶像崇拜正逐渐向大众偶像崇拜过渡。电视媒体无疑是颠覆传统偶像、重塑新兴媒介的重要推手，湖南卫视《超级女声》的成功就是最好的佐证。无论是赛事规模、收视热度，还是审美观念，《超级女声》都绝对称得上是21世纪中国电视史的重大媒介事件。以“想唱就唱”为宗旨的娱乐选秀活动，在中国大地上迅速刮起了一股势不可当的娱乐风潮，一群名不见经传的年轻女孩在短短几个月内成为万人瞩目的焦点人物，成为人们心中的偶像，一场平民造星运动在中国迅速崛起。《加油！好男儿》（东方卫视）、《我型我秀》（东方卫视）、《红楼梦中人》（北京卫视）、《绝对唱响》（江苏卫视）、《梦想中国》（中央电视台）和《超级偶像》（河南电视台）等选秀类节目“你方唱罢我登场”，全民总动员的大众狂欢成为当今社会的最佳注解。

一、秀场奇观：消费社会的饕餮盛宴

法国著名社会学家鲍德里亚曾指出：“今天，在我们的周围，存在着一种由不断增长的物、服务和物质财富所构成的惊人的消费和丰盛现象。它构成了人类自然环境中的一种根本变化。恰当地说，富裕的人们不再像过去那样受到人的包围，而是受到物的包围。”① 物质的不断丰富刺激了消费的进一步演化，以消费为中心的消费社会强势渗入人们的生活。消费社会主要是指在后工业时代，物的极大丰富与系统化而形成的社会状态。在全球化浪潮日益凸显的今天，经济高速发展的中国也逐渐步入消费社会。身处在消费社会中，人们已经不再满足于对物质的纯粹消费，已经超越了对商品使用价值和交换价值的利用，而是更多地利用商品的符号价值、美学价值和社会意味，也就是在消费商品的符号意义、象征意义和社会所指意义。如人们对奢侈品的消费，并不仅仅是对它本身的消费，而是对自身经济层次、社会地位的展现。心理作用迫使整个物质消费转向符号消费与观念消费。电视媒体以逼真的声画呈现与全息的技术表达创建了一个仿像的世界，在这里，生活的逻辑诠释为符号的表达，意义的所指逐渐取代符号的能指，社会生活也曾呈现出高度的娱乐化，审美活动和艺术活动成为游戏人生的拟态规则。

湖南卫视作为国内首个将自己定位为凸显娱乐的卫星频道，《快乐大本营》的播出创造了中国电视娱乐节目的崭新局面，成为中国电视史上的里程碑事件。娱乐文化的凸显，使湖南卫视的收视率日益上升，节目好评度也逐渐提高。2004 年湖南卫视再度出击，推出了音乐选秀节目《超级女声》。节目一经播出，就吸引了成千上万怀有音乐梦想的女性前来报名，海选、PK 等流行新词不断涌现，让人们应接不暇。一首“想唱就唱，唱得响亮”沸腾了 2005 年的整个夏天，李宇春、周笔畅和张靓颖等一个个原本十分普通的女孩在短短几个月内成为了民间偶像的代名词。“超女”开创了中国电视“真人秀”节目的新纪元，“体现当代社会基本价值观、引导个人适应现代生活方式、并将当代社会中的冲突和解决方式戏剧化的媒体奇观现象”，同时引发了电视选秀的热潮。《加油！好男儿》、《绝对唱响》、《超级偶像》和《快乐男声》等“真人秀”节目热播荧屏，秀场沉浮成为电视娱乐文化的新表征，建构了秀场奇观。

以《超级女声》为代表的音乐选秀类节目之所以能够引起人们的关注，这与它们的节目定位有着极其密切的关系。节目的聚光灯不再聚焦于当红歌

① ［法］让·波德里亚著，刘成富、全志钢译：《消费社会》，南京：南京大学出版社 2000 年版，第 1 页。

星，而是锁定在普罗大众的身上。在消费社会，人们的消费方式不断多元化、多态化，对张国荣、谭咏麟、周杰伦等明星的关注只会让人们身心疲惫，距离感油然而生。这场声势浩大的选秀局面，与万千大众紧密贴合，无论是参赛者还是支持者都充分体现了大众的力量，一场“庶民的胜利”由此展开。以2005年《超级女声》为例，15万人的热情参赛，总决赛4亿多观众的鼎力支持，数以千万计的短信投票，湖南卫视的广告报价15秒高达11.25万元，收视率突破10%，稳居全国收视榜首，冠军的七位数广告代言费让人瞠目结舌。显然，《超级女声》已经不单是一场简单的音乐选秀，而是一场裹挟着消费心理、审美意识、文化狂欢以及商业逻辑的媒体奇观。

二、幻象之镜："伪满足感"的实现机制

电视“真人秀”节目作为近几年荧屏上蔚为大观的一种节目样态，“是对自愿参与者在规定情景中，为了预先给定的目的，按照特定的规则所进行的竞争行为的真实记录和艺术加工”①。其最大特点在于真实记录或真实呈现。《超级女声》对海选的原生态呈现、《加油！好男儿》对好男儿们生活的实况播出等都试图把“真人秀”的“真实”的特点展现出来，“真实是最大的娱乐”。殊不知，电视媒体向观众提供的不是客观世界的原材料，而是经过电视媒体修饰与加工过的拟态环境，拟态的真实让观众沉浸其中，满足于虚幻的想象世界。电视媒体“打着‘满足受众需求’的旗号追求自身的合法化，这其中存在一个‘伪需求’问题，他们所谓的受众需求实际上是生产者为自己培养目标受众所需。媒介通过不断制造兴奋点和热点，使媒体成为当代价值的命名者，在制造虚假和谎言的同时，不断给人们带来虚假的幸福感和存在感”②。

电视媒体通过全息技术的呈现，制造了一个充满魔幻的世界，“真实”的世界在“超真实”的类象内爆中，碎片化为形式的表达，这一形式意义的生产建构了一个幻象的世界，“真实”与“伪真实”的界限在符号生产机制的促使下日趋消融。无论是《超级女声》、《快乐男声》，还是《加油！好男儿》都十分重视大众的参与。“零门槛”的参赛要求吸引了形形色色的参与者，就连几岁的孩童、六七十岁的老人都来体验电视之感，希望能够在电视上露面，实现自我的“星秀价值”。在海选中，选手丑态百出，让观众忍俊不禁。同时，在每一场比赛的过程中，现场粉丝的广泛参与、场外观众的短信互动，使大众参与的热度升温至极。每一次残酷的PK、每一位选手的离开，都把煽

① 尹鸿、冉儒学、陆虹：《娱乐旋风——认识电视真人秀》，北京：中国广播电视出版社2006年版，第6页。

② 李林容：《透视电视娱乐节目的“伪满足感”》，《传媒观察》2011年第12期。

情的电视语言表达发挥到了极致，让无数观众为之落泪。哭泣声、呐喊声和狂欢声沸腾了整个赛场，狂欢落幕、喧嚣褪去，当一切归于沉寂之时，观众的心似乎已被掏空，带来了情感的透支。电视媒体呈现的拟态环境往往显现出情绪化的色彩，让人们忘却现实，或把荧屏世界当作真实，从而把大量的时间、金钱浪费在这样虚幻的世界里。幻象不过是媒体与大众之间的一场游戏罢了。

电视制造娱乐幻象的真相就在于，弱化实用价值的消费功能，以情绪化的渲染把消费品的附加功能与符号意义展现出来，从而实现精神消费。可以说电视在消费的过程中充分发挥了“编织者”的角色，不断地给人们带来虚假的满足，诸如把李宇春、张靓颖、蒲巴甲、张杰、魏晨和井柏然等选秀明星打造得完美无瑕，成为人们的偶像。观众在偶像身上不断地找寻自我认同，享受着娱乐的无比温情，此时，虚拟的“共性”残酷地掩盖了消费的本质，遮蔽了娱乐对真情实感的亵渎。声势浩大的海选看似是一种真实发生，其实这些都是经过一系列策划而建构的新的话语体系，所谓的“公平”与“民主”也只不过是民众的虚幻想象。但是人们仍然愿意沉醉于“伪需求”的表象之中，获得“伪满足”带来的虚饰的快乐。

情感作为人们审美的重要环节，是客体与主体连接的重要纽带。大众传媒通过操控“娱乐”来实现其价值追求的目的，对人们发自肺腑的情感造成了强烈的撞击。电视“提供的是可望而不可即的虚假快乐，它是用虚假的快乐骗走了人们从事更有价值活动的潜能”。电视媒体凭借其独有的声光电造型优势，营造各种氛围，掀起情感上的波澜，迷惑观众的视听，使观众在“虚拟互动”中产生情感共鸣，麻痹人们的神经。《超级女声》的海选让观众捧腹大笑，《快乐男声》中点评嘉宾的犀利语言让人倍感震撼，《加油！好男儿》呈现的好男儿故事让人为之动容，以及《我型我秀》中的残酷 PK 让观众泪流满面。欣赏的过程令观众心潮澎湃，促使人们不断地“狂欢”。但是故事谢幕之后，感性的狂欢悄然退去，个体生命的价值虚无、价值空缺油然而生，消解了情感的意义深度。显然，“平面化”、“简单化”的虚饰情感，降低了人们思考的能力，摧毁了人们的精神追求。

电视“真人秀”节目以逼真的影像传达，诠释了后现代电视文化幻象之境的生成路径，把拟态环境的复制化表征推向了一个崭新的境地，真实与超真实的界限模糊不堪，娱乐已不再是单纯的表达，而是成为一种裹挟着电视企图的虚构生产的流程，制造了“伪需求”的表象，“使用与满足”也成为形式的附属品。观众在电视媒体构建的表象世界里，津津乐道，乐不思蜀，并和着电视娱乐的每一次节拍不断狂欢与跳舞，兴奋地参与选秀的短信投票，完成着“伪互动”的娱乐环节。当选秀落下帷幕，“超女”、“快男”已经成为众星捧月的对象时，手中的投票器已经变得毫无意义，自我的价值被置于一个可有可无的境地，“本我”不再兴奋与狂欢，忧郁、孤独和失落成为诠释“伪满足感”的最佳注脚。

三、平民偶像：大众文化的巅峰之作

李宇春、周笔畅、张靓颖、张杰、魏晨、陈楚生、苏醒等一批“超级偶像”的诞生绝非偶然，这与大众文化的威力紧密贴合。大众文化作为后现代思潮中的重要文化力量，与精英文化形成了鲜明的对照。精英文化以树立权威、形成规范及聚焦中心为文化表征，成为官方文化的代表。而大众文化则与精英文化形成对抗，成为疏离经典、远离中心、解构规范的象征，代表民众力量的崛起。在精英文化长时间的影响下，社会景象沉闷不堪，文化开始由中心向边缘扩散。彭丽媛、刘德华、宋祖英、谭咏麟等明星的仪式光晕渐次淡化，李宇春、陈楚生、张杰等代表着流行与时尚的平民偶像开始登上历史舞台。

《超级女声》、《快乐男声》等音乐选秀类节目一改“青歌赛”的庄严，把门槛降至最低，不分唱法、不论年龄、不论外形、不分地域，只要有音乐梦想都可以成为明日之星。显然，音乐选秀没有把“专业化”作为评判的标准，而是努力展现时代的多样性，挖掘青年人的个性。个性意味着文化的多元、个性意味着价值的多元，同时个性也意味着青春的绚丽。许多怀揣着音乐梦想的年轻人，他们认为自己拥有独特的气质与过人的才华，不甘于在茫茫人海中被淹没，他们渴望表现自我，引起别人的注意，然而在日常生活中却往往难以如愿。《超级女声》、《快乐男声》、《加油！好男儿》、《我型我秀》和《梦想中国》等选秀类节目的出现恰好为他们提供了一个在大庭广众面前展现自己形象与才华的绝好机会，于是“表现”的欲望便被诱发出来。本着“人生不能上台露一小脸，活着和一条咸鱼又有什么分别”的信念，“表现”也可以成为一些女孩最纯粹的动机。对有些参与者来说，唱得好不好、能否得到认可并不重要，不图别的，只要能在这个大舞台上“表现”一回，哪怕如歌里所唱的那样“过把瘾就死”也在所不惜。既然是比赛，淘汰在所难免，终归有些人要淡出荧屏，能够在舞台上形成一定影响的人所剩无几。这些人就成为新时代的“平民偶像”的代名词。2005年问鼎《超级女声》总冠军的李宇春无疑是大众偶像/平民偶像的最具代表性的人物。“李宇春是借选秀一夜成名的天后，空前、绝后，宝马香车，前拥后戴，有一辈子用不完的钱，还有成千上万人朝圣般的膜拜。”①

借着选秀节目走红的民间偶像以性属模糊的荧屏形象掀起了新一轮的审

---

① 郑欣：《平民偶像崇拜——电视选秀节目的传播社会学研究》，北京：中国传媒大学出版社2008年版，第60页。

美观念的变革。《超级女声》的李宇春、周笔畅、尚雯婕，《加油！好男儿》中的师洋，《快乐男声》的魏晨等消费偶像以独特的中性气质刮起了一阵娱乐旋风，引领了新的审美热潮。以《超级女声》为例，具有中性气质的李宇春登上了2005年超女冠军的宝座，迅速红透中国，并登上美国《时代周刊》亚洲版封面，国际媒体的专题报道，使其蜚声国际。李宇春已经成为一种媒体奇观现象，甚至延伸到审美、文化和思想等领域。她中性的气质打破了传统女人的“漂亮”、“妩媚”，形成了风格鲜明的“帅气”、“酷”的形象特征。李宇春代表了“后现代”的审美取向，消解了传统的审美标准，建构了人类新的审美取向——中性美，“中性美在娱乐市场上比较畅销……更符合现代人的心态，这是青年亚文化的表现”①。著名社会学家李银河认为“超女”并没有明确的女权主义意识，但是李宇春这样的“超女”至少体现出了一种跨性别主义的思想。跨性别主义者认为，传统标准所规定的男女必须恪守的细节都是无效的，减轻了人为建构的性别标准对男性和女性的压迫，从而减轻了男人和女人为展现“性别”而面临的压力。② 可以说，李宇春等带有中性气质的平民偶像的诞生成为中国社会转型时期的独有景观，消解了传统的审美认知，引领了时尚的变革。

在这个消费无处不在的时代，李宇春、周笔畅、张靓颖、苏醒、魏晨、张杰等人之所以能够迅速走红，与企业对他们的包装有很大关系。《梦想中国》的冠军王思思、熊汝霖等人并没有因为夺冠而成为万人瞩目的焦点人物，也没有套上明星的光环，比赛过后淡出荧屏，这与他们没有得到很好的包装有着很大的关系。湖南卫视的《超级女声》、《快乐男声》与其他电视选秀节目的不同之处在于，他们充分挖掘赛后品牌产生的效益。2004年6月，湖南卫视控股了上海天娱传媒有限公司，开始经营“超女”。“超女”开始之后，天娱传媒更是当仁不让。他们甚至直接影响赛制的进行，根据“超女”规则，各个赛区的前20强选手都必须与天娱签订八年合约，如果不签约就退出比赛。天娱在经营“超女”时确实花费了不少的心思，从个人形象的包装到演唱会的筹备以及唱片的发行都经过精心设计，打造出了能够与国内一线明星相抗衡的消费偶像，李宇春、张靓颖、魏晨等都已经成为如今的大牌明星。

在明星建构奇观效应的过程中，粉丝的力量不容小觑。他们作为选秀活动中最为活跃的一个群体，推进了造星的进程。在“超女”的比赛现场，我们经常看到声势浩大的“玉米”、“凉粉”等粉丝团体挥舞着双臂，疯狂地呐喊。粉丝已经成为众目睽睽下的媒体奇观事件，他们为偶像而穿梭于各大城市，他们不断地在偶像身上寻找着自己的影子，偶像所得到的认可就是社会

---

① 杜骏飞、袁光锋：《选秀：庄严的嬉戏》，广州：中山大学出版社2008年版，第144页。

② 李银河：《“超女”是“跨性别主义”的胜利》，唐浩主编：《大话超女》，北京：北京出版社2005年版，第98页。

对“自我”的认同。他们结成粉丝群体来聚合自我情感，以最为传统的亲情的形式体现出来，这既是对自我认同和精神归属的寻求，也是对现实残酷的有声反抗。同时粉丝具有极强的“本体意识”，他们追星不仅仅为偶像，也是为自己“呐喊助威”。

选秀作为一个超大型的大众文化文本，以狂欢的力量、生活的笔触诠释了奇观文化的魅力，媒体、广告商、选手和粉丝等各种势力在选秀场域中相互胶着、渗透与融合。在后现代风格的影响下，人们的审美观念与价值判断不断地进行转换与调整，文化势力的狂欢性也已全面展开，“庶民的胜利”成为选秀奇观的最佳注脚与合理阐述。

第二节　剩时代镜像

2010年相亲之势席卷电视荧屏，江苏卫视的《非诚勿扰》、湖南卫视的《我们约会吧》、浙江卫视的《为爱向前冲》、东方卫视的《百里挑一》、安徽卫视的《周日我最大》、贵州卫视的《相亲相爱》以及河南卫视的《原来就是你》等婚恋交友类节目劲爆亮相，把人们带进了一个诠释奇观逻辑的相亲世界。“宝马女”、“富二代”、“剩男剩女”、“豪宅女”等流行新词裹挟着人们的价值判断，涌入时代浪潮之中，多视角展现了中国第二轮电视相亲热潮。

电视相亲始于1988年山西电视台的《电视红娘》，节目的初衷是为那些穷得找不到媳妇的单身汉牵线搭桥。1990年北京电视台推出了《今晚我们相识》，节目开始引入主持人来担当红娘的角色。但是限于人们思想的保守，以及电视技术与电视观念的落后，电视相亲并没有走进大众的视野。直到1998年湖南卫视的相亲类节目《玫瑰有约》播出，电视相亲节目才有所好转。该节目突出了单身男女在现场的话语对接，同时将游戏的元素融入相亲环节，增强了节目的互动性与娱乐性。随后，上海卫视的《相约星期六》、辽宁卫视的《一见倾心》、陕西卫视的《好男好女》、河南卫视的《谁让我心动》以及四川卫视的《特别心动》等相亲类节目相继播出。“相似的名字、相似的形式、相似的诉求，电视相亲类节目在上个世纪90年代末21世纪初出现了第一次高潮。”①

随着电视节目形态发展的多样化，《幸运52》、《开心辞典》、《超级女声》和《梦想中国》等娱乐节目热播，《玫瑰之约》、《相约星期六》等电视相亲类节目逐渐消沉。2010年江苏卫视《非诚勿扰》以全新的呈现方式吸引观众

① 蒋肖斌：《从〈电视红娘〉到〈非诚勿扰〉——电视相亲节目的历史考察》，《现代视听》2011年第9期。

的眼球，掀起了新一轮蔚为壮观的相亲热。电视相亲之所以能够火爆，有着极其深刻的社会根源，“剩男剩女”的逐日增多为电视相亲提供了全新的阐释语境。电视相亲旨在缓和“剩时代”加剧的社会矛盾，推进社会和谐共生的进程。

一、“剩时代”：电视相亲的生存语境

近年来，“剩男剩女”作为一种流行现象进入人们的视野，宣告了一个生产过剩的“剩时代”的来临。“剩时代”展现了青年人的生活状态以及新的婚恋观念。他们崇尚单身、崇尚自由的生活习性消解了传统的婚恋观念。电视媒体作为当今社会的第一媒体，具有社会瞭望者的重要功能，肩负着缓和社会矛盾的重要职责。因此，《非诚勿扰》、《我们约会吧》等电视相亲类节目的横空出世，很大程度上是为了缓和“剩男剩女”婚姻竞争的激烈程度，规避深层次社会矛盾的发生。

（一）“单身潮”：日趋显现的社会问题

中国社会正处于急剧转型期，人们的生活方式发生了很大变化，甚至“男大当婚，女大当嫁”的伦理传统在现代城市中也受到了一定冲击。“剩男剩女”已经成为一个新词语走进人们的阅读视野。所谓“剩男剩女”，社会上流行的观点认为是指过了一定的年龄（三十岁左右）仍然保持单身状态的男性和女性。① “剩男剩女”的增多，成为城市景观中的流行趋势，同时是社会矛盾激化的一种表现。“单身”呈现出的不仅是个体生命的存在方式，而且是现代文明的内在结构问题。

经济的快速发展，也给社会增加了无形的压力，对年轻人的影响尤为明显。现代都市的年轻人进入工作岗位之后，面临着各种压力。工作、房子、车子等生活压力让年轻人感到窒息，他们不得不把大量的时间用在赚钱上，因此就很难腾出时间来考虑婚姻的问题。同时，在高科技盛行的网络时代，虚拟的互动更符合年轻人的生活习惯与接受心理，对于现实的社会互动往往采取回避的态度。时下流行的“宅男”、“宅女”俨然就是城市化进程中社会疏离的表现，这也必然导致青年男女之间缺乏生活的交集，更谈不上沟通。“剩男剩女”在社会冷漠中陡然增多。

“剩男剩女”刮起的“单身潮”让我们为这一生产过剩的局面产生担忧。物质生产过剩必然带来精神焦虑，被剩下的“剩男剩女”必然产生焦虑。其一，源于社会群体压力。“男大当婚、女大当嫁”的伦理观念依然处于主流地位；其二，孤独的个体难以承受生命之重。也许，在许多年轻人看来，单身

---

① 曹媞：《都市“剩男剩女”现象解读》，《人民论坛》2011 年第 17 期。

是一种时尚，单身是一种个性。但是从长远角度来看，生理需求与群居需要所暗含的意义指向会改变“单身”的观念。“单身”不仅冲击着人们的家庭观念，而且影响着家庭模式的走向，对社会和谐发展将会产生不利的影响。

（二）电视相亲：私人领域与公共空间的渗融

时下热播的电视相亲类节目《非诚勿扰》、《我们约会吧》、《称心如意》、《百里挑一》、《为爱向前冲》以及《非常完美》等，把一向处于私密的婚恋问题搬上荧屏，成为众目睽睽下的媒介事件，导致私人领域与公共空间朝着多元渗透的方向发展。对于婚恋这一私人性较强的话题，人们不再躲躲闪闪，而是大胆地袒露自己的观念。比如，男女生都勇敢地在荧屏上讲述着自己的恋爱经历、择偶标准，他们不避讳对金钱、财产的向往，不回避谈论与性有关的敏感话题。“宁愿坐在宝马车里哭，也不愿坐在自行车上笑”成为这一时期青年人对婚恋的经典表达。

在电视相亲的映射之下，婚恋这一私密话题越过本身的界限，闯入公共空间，频频制造话题。婚恋话题搬上荧屏，成为共同空间里带有刺激色彩的元素，因为人们天生对饱含生理需求的东西极度敏感。“人类两性的战争是有史以来最长的战争。”敏感的话题在时尚青年人的犀利表达中，满足了观众的窥视欲，形成了替代性的使用与满足。观众也被卷入相亲浪潮，“单身观众从选手中寻找自己理想的配偶形象，验证着自己的择偶条件；已婚的局外人也可以对选手评头品足，被节目裹挟到波澜起伏的择偶过程中，不自觉地为别人相亲做起参谋和评论员”①。

二、性别叙事：“伪女性”话语建构

在人类发展的进程中，叙事无处不在，对话、文字记载、舞台艺术和影像传达等都体现了较强的叙事功能。“叙事就是叙述事情，即通过语言或其他媒介来再现发生在特定时间和空间的事件。”② 它超越国度、超越历史、超越文化，犹如生命一样的存在着。性别叙事主要指“从叙事中探究其中的性别意识形态，看其内里到底是男权思想还是女权思想”③。电视相亲类节目在为单身男女提供相亲机会的同时，通过性别叙事展现了当下青年男女的婚恋观、人生观与价值观，从中让我们看到了隐匿其中的女性话语与男性权力的张弛关系。有人认为，以《非诚勿扰》为代表的新派交友类节目体现出了女性意识的增强，冲击了男性霸权地位。其实不然，在这个多元、多端和多态的世

① 高长力：《非为相亲而来——新一轮相亲电视节目热的冷思考》，《中国广播电视学刊》2010年第6期。

② 申丹、王丽亚：《西方叙事学：经典与后经典》，北京：北京大学出版社2010年版，第2页。

③ 张劲松：《〈非诚勿扰〉中的性别叙事探析》，《新闻爱好者》2011年第21期。

界，女性表达方式多样化是一种必然趋势，能够体现出当今社会女性对女权意识的向往，但是并不能动摇男性话语的支配地位。

（一）女性话语：呼之欲出的语言表达

无论是《非诚勿扰》、《我们约会吧》，还是《百里挑一》、《为爱向前冲》，抑或《称心如意》、《非常完美》，都展现出了新时代女性的魅力。她们以自己独有的语言方式或行为表达，来向男性世界发出挑战。以《非诚勿扰》为例，多对一的交流模式，让人们感叹女性气势的咄咄逼人。24 位佳丽呈扇形站成一排，宛若 24 位美丽的天仙，让人眼花缭乱。与之对阵的 1 位男士要接受 24 位佳丽的挑选。在影像叙事的每一次路径选择中，1 个男人与 24 个女人之间的故事不断上演。“爱之初体验”、“爱之再判断”、“爱之终决选”三个模块的闯关，把戏剧冲突推向高潮。美丽的女生们已经不再像《玫瑰有约》时代那般羞涩可人，而是使出浑身解数，考验场上的男嘉宾。同时，她们毫不羞涩地袒露自己的交友经历，甚至直言不讳地表达自己对性爱的见解。“握我的手要付 20 万”、“宁愿坐在宝马车里哭，也不愿坐在自行车上笑”等惊人语句层出不穷。温顺的女性在舞台上只会受到冷落，那些个性鲜明的标签人物才是媒体的宠儿。比如，校花马伊咪、中性女孩谢佳、豪宅女朱真芳、宝马女马诺、艳照女闫凤娇等女嘉宾不再以传统观念的形象出现，而是开始标榜个性。

同时，在相亲现场女性对男性的视觉消费，似乎压制了男性意识。其实，电视相亲场上的“男色消费”是女性的一种本能欲望的释放，充其量只是女性意识的一种提高，并不能威胁到男权文化的存在与维续。在《非诚勿扰》的舞台上，男嘉宾的外在形象作为最直观的呈现元素，难免成为女嘉宾评头论足的重要素材。男性味十足的选手为女嘉宾的狂欢提供了充足的理由。因为，“男色消费”满足着女性的生理渴求与天生的窥淫癖。“看”与“被看”之间的凝视关系成为电视镜像的心理表达。男性在女性们的集体审视下面临着危机和挫败，场上或悲壮或欢快的音乐则无时无刻不在衬托着女性对男性的期待和期待之后的失望与无奈，比如，开场时男嘉宾出场的背景音乐《Can You Feel It》、男生失败退场的音乐《可惜不是你》，这些暗合着节目氛围与女性内心活动的音乐来自节目细节的精心设计。而浙江卫视的《为爱向前冲》则在男嘉宾出场的环节上做了更多的文章，让在场女嘉宾选择“想要看男嘉宾的某一部位”，由此彰显女性在这个舞台上的主动权和支配地位。“形式上的大胆设计和突破为女性话语的释放提供了基本空间，同时也为女性话语的进一步展开奠定了基础。”①

女嘉宾在电视相亲现场一改往日羞涩的特点，直言不讳地与男嘉宾进行

---

① 王雪：《电视相亲节目中女性话语的矛盾表达》，《新闻知识》2011 年第 12 期。

对话，袒露自己的婚姻观、人生观和价值观，不惜以出位博得关注。从某种意义上来讲，女性表达的欲望在逐步增强，女性的话语权力在逐渐加强。但是这些都是充满表象的浅层解读。电视相亲在塑造新时代女性形象的同时，更把男性支配女性的权力体现得淋漓尽致。

（二）男性归属：性别权力的意义指向

福柯认为话语就是权力，操控着话语指向的人就掌握着权力的实施。以《非诚勿扰》为代表的新一轮电视相亲热潮试图通过凸显女性的语言表达来解构男性业已形成的支配地位，进而引起社会对电视相亲的探讨，提高节目收视率。的确，节目通过把女性推向风口浪尖的方式频频制造噱头，引发相亲争议，为节目收视率的提高奠定了一定的基础。但是节目展现的是性别叙事的伪命题，因为男性话语权力不但没有遭到重创，反而不断增强。

首先，从节目规则上来看，话语权呈现出失衡的状态。以《非诚勿扰》为例，24 位女生与 1 位男生对阵的时候，女性的话语权力依附于男性话语。男嘉宾在 24 位佳丽中可以任意挑选自己喜爱的女生，男性被赋予了一种主动权。对于女性而言，其话语对象仅仅是一位男士。在这样的话语分配模式下，男性成为了稀缺资源，可能产生优越感与幸福感。包括男嘉宾选择心动女生的过程中展现的话语模式亦然如此。在最为关键的时刻，男嘉宾可以让自己的心动女生亮相，同时拥有是否选择牵手的权力。

其次，男性话语对相亲场域的全盘操控。在节目现场，女嘉宾的发问、陈述和表达等都是在主持人的引导下进行的。无论是孟非、沈涛，还是何炅等都是男性主持人。从这一意义上来讲，主持人的现场把控与调度，使男性权力深度介入相亲过程。《非诚勿扰》的节目主持人孟非出身于新闻节目，拥有一般娱乐节目主持人所不具备的睿智，他能够迅速整合女嘉宾碎片化的语言内容，形成理性的话题。而性格色彩分析专家乐嘉一针见血的犀利评点增加了节目的看点。乐嘉作为一名男性，他对性格心理的分析影响女嘉宾的判断。这样的话语引导模式再次体现出了男性权力的强大。在广电总局对相亲节目的“限令”发出之后，《非诚勿扰》请来了心理学女教授黄菡，从整个节目来看，黄菡的出现并没有改变男性话语支配现场的模式。

三、观念交锋：主流价值的伦理反思

《非诚勿扰》自播出以来收视率日益攀升，并成为街头巷尾热议的对象。以《非诚勿扰》为代表的新一轮的电视相亲带来的不仅仅是电视形态的一次变革，更体现出了当代青年人价值观念的冲突与对峙。

（一）多元价值冲突

国内电视相亲类节目大都以英国的 *Take Me Out* 为蓝本，节目形态如出一辙。新派交友、单身潮人交友等相亲类节目的出现，在某种意义上缓和了剩男剩女这一突出的社会矛盾，但是节目通过展现男女嘉宾的话语冲突，多角度地呈现了当代社会价值观念的冲突与较量。“我的男友要年薪20万”、“宁愿坐在宝马车里哭，也不愿坐在自行车上笑”等雷人话语惊现相亲的舞台，赤裸裸地展现了拜金主义、享乐主义构建的私欲世界。电视相亲已不再是简单的提供一次邂逅的机会，而是男女嘉宾的一次秀场展演。有人这么评价当今的电视相亲，“从来就不是相亲节目，而是一场感情娱乐秀，是男色时代的秀场、雷人时代的小品罢了”①。

相亲节目充斥着非主流价值观：崇尚拜金主义、享乐主义；盲目追求收视率，刻意制造敏感话题；女嘉宾频出“丑闻”、“绯闻”，恶俗炒作吸引眼球；语言暴力充斥节目，嘉宾言语极尽嘲讽、挖苦之能事；让低级趣味成为流行，随意贬低真善美的主流价值观，突破社会道德底线等。② 这些非主流价值观的电视呈现，向世人展现了多元价值的存在，同时也表达了非主流价值与主流价值之间新的对抗。《非诚勿扰》作为电视相亲类节目的领头羊，女嘉宾在择偶时，过于看重男嘉宾的经济状态，诸如是否有车、是否有房、是否高薪等。童话般的爱情故事向物质充裕的世俗观念低头，恋爱已经不再属于精神上的追求，而是拜金主义的时代产物。“豪宅女”朱真芳、“宝马女”马诺成为《非诚勿扰》中的典型人物。另外，浙江卫视的《为爱向前冲》对拜金的宣扬也毫不逊色。温州小老板“豹哥”亮相《为爱向前冲》的舞台时，1.6米的个头受到了女嘉宾的“嫌弃”与“嘲弄”。当他亮出自己的底牌——钻戒、房产证和兰博基尼时，立刻在现场引起一场“海啸”。可见，女嘉宾对爱情的向往充满了极强的拜金主义色彩。当然，相亲节目中男嘉宾的炫富也表现出了极强的功利主义色彩，比如《非诚勿扰》上的“富二代”刘云超，向女嘉宾展现物质财富的同时，也把他扭曲的心灵真实地呈现出来。

电视相亲节目展现出来的生活观念、职业观念和恋爱观念势必对当今青年产生巨大的冲击，使主流价值观的传播异化，危害社会精神文明建设的健康发展。所以，2010年6月9日，国家广电总局下发了《广电总局关于进一步规范婚恋交友类电视节目的管理通知》和《广电总局办公厅关于加强情感故事类电视节目管理的通知》，要求整治“相亲类节目泛滥、造假、低俗”等倾向，明确规定“严禁伪造嘉宾身份，欺骗电视观众”、“不得以婚恋的名义对参与者进行羞辱或人身攻击，甚至讨论低俗涉性内容，不得展示和炒作拜金主义等不健康、不正确的婚恋观”。广电总局的一纸限令，让相亲节目在反

① 高长力：《非为相亲而来——新一轮相亲电视节目热的冷思考》，《中国广播电视学刊》2011年第6期。

② 高军梅：《主流与边缘：从〈非诚勿扰〉看当代青年的价值观冲突》，《中国青年研究》2011年第4期。

思中进行整改。《非诚勿扰》的节目格调由犀利转向温和，并以社会生活服务为核心指向。

（二）媒体责任缺失

电视媒体应在客观、准确、及时传播信息的同时，牢牢把握社会的舆论导向，弘扬时代主旋律，促进社会主义精神文明建设不断迈向新台阶。但是电视相亲类节目在各种利益的驱动下，过于追求感官享受，过于展现视觉冲击，过于凸显逻辑错位，过于制造人为冲突，过于张扬边缘文化。电视媒体的社会责任与使命被收视率的外壳所遮蔽，比如，对嘉宾的身份造假、刻意制造噱头、放大争议人物的形象、对虚化的色情进行大肆渲染等。电视媒体对相亲的过分修饰让人们对真爱产生怀疑，对人性产生怀疑。电视媒体的公信力何在?

电视媒体的声像传递功能提供了真实的世界，同时电视的真实本身就隐含着放大的功能，影响着人们的行为方式与价值判断。如果传播精神毒品的话，则会增强杀伤力。因此，电视台应该牢牢坚守职业操守和工作原则，主动承担传播先进文化、弘扬社会主旋律的重任，真正发挥其服务社会、整合价值的重要作用，为推动社会主义文化大发展大繁荣作出积极的贡献。

在“剩男剩女”作为一种文化现象日渐凸显的今天，电视相亲节目的再度兴起恰逢其时，在一定程度上缓和了社会矛盾。但是相亲能够真正成为电视奇观，其意义远非如此。性别话语权力以及价值观念的冲突成为了“剩时代”的热门话题。在相亲现场，女性一改往日羞答答的形象，大胆地展示自己的风采。话语犀利、观念前卫等新时代女性形象的出现，制造了“女性话语权”时代来临的幻象。新派交友、潮人交友等电视婚恋类节目在男女嘉宾的话语对接中，赤裸裸地展现了拜金主义、享乐主义的非主流价值观念，冲击着社会主义核心价值体系的建构。电视相亲节目亟待改变现有的策略，应凸显电视媒体的服务性功能，把社会责任置于首位，传播社会主流文化，推进社会精神文明建设向更高的目标出发与迈进。

第三节　草根盛宴

在以《非诚勿扰》为首的电视相亲类节目发展得如火如荼之际，电视荧屏上出现了另一番热闹的景象，身怀绝技、怀揣梦想的各类草根达人纷纷亮相舞台。2010 年 5 月东方卫视引进了《英国达人》的节目形态，成功克隆出以实现身怀绝技的普通人的梦想为宗旨的电视娱乐类节目《中国达人秀》。节目分为海选、半决赛、决赛与总决赛，海派清口创始人周立波、台湾著名歌手伊能静、著名音乐人高晓松、台湾音乐才子黄舒骏以及资深媒体人杨澜等坐镇点评，东方卫视当红娱乐节目主持人程雷担当主持。独特的节目定位、新颖的节目样式吸引了观众的眼球。收视率取得了可喜的成绩，“第一季总决赛取得了上海收视34.88，全国5.7的成绩，位列全国同时段收视率第一”①。同时，《中国达人秀》实现了许多草根人物的梦想。周彦峰、汤康敏、菜花甜妈、四喜丸子、乌达木、彭德铭和胡启志等人梦想的华丽绽放，印证了“这个舞台属于每一个平凡人，在这里谁都有可能成就自己的梦想”。

同年9月，中央电视台综艺频道推出了大型跨界互动综艺节目《我要上春晚》。节目以“寻访百姓绝技、打造草根明星”为宗旨，成为《春节联欢晚会》的品牌延伸。《我要上春晚》由央视当家花旦董卿担当主持。每期有三位点评嘉宾，他们仅仅对选手的舞台表现作出评判，但是不作出肯定或否定的结论。节目的最大魅力在于向草根达人提供了施展才华的舞台，并使他们有机会登上亿万人顶礼膜拜的央视“春晚”舞台。西单女孩任月丽、旭日阳刚、“大衣哥”朱之文等人通过《我要上春晚》实现了登上央视“春晚”的梦想。节目一经播出就受到了观众的认可，“首期节目便获得1.39%的收视份额，而临近春节、连续七天特别节目的收视份额更是高达4%以上”②。

2011年4月浙江卫视推出了大型公益圆梦节目《中国梦想秀》，该节目引进了英国BBCW频道的王牌综艺节目《就在今夜》的节目形态，紧紧围绕“梦想的实现”这一主题，铺陈了“小人物、大梦想”的转述空间。一场由明星帮助平民实现梦想的电视“圆梦”热潮迅速蔓延。作为季播性节目，前两季践行“不必是达人、有梦有舞台”的节目理念。每一次梦想的实现，圆梦者的惊喜、感动与幸福，感染了电视观众，让他们为之动容、泪流满面。海派清口创始人周立波加盟第三季《中国梦想秀》之后，节目形态发生了严重的变形。节目开始以展现圆梦者的才艺为主要内容，梦想的力量逐步削弱。如此发展下去，《中国梦想秀》俨然就成为《中国达人秀》的翻版与延续。

毋庸置疑，《中国达人秀》、《我要上春晚》以及《中国梦想秀》把聚光灯转焦于草根人物，多角度透视他们梦想的实现、才华的施展、魅力的绽放，让草根精神在舞台上得以真正展现，让电视文化植入观众的心里。以《中国达人秀》为首的电视娱乐类节目超越了以《超级女声》为典型的单一的内容指向，音乐、舞蹈以及杂技等不同的艺术形态在舞台上呈现，让观众在仿象的拟态环境中观摩达人精湛的表演，体会草根民众对梦想的执着。一次次才艺的展演、一次次集体的巡礼以及民众的数次狂欢，全景式地勾勒了当代媒介事件的生成路径，成为“体现了当代社会基本价值观、引导个人适应现代

---

① 转引自李德顺：《从〈中国达人秀〉的成功反思电视节目的“三俗”之源——兼谈电视媒体如何把握受众的需求》，《新闻记者》2010年第11期。

② 王怡琳：《“真人秀”浪潮中综艺娱乐节目的新探索——央视〈我要上春晚〉节目浅析》，《中国电视》2011年第10期。

生活方式、并将当代社会中的冲突和解决方式戏剧化的媒体奇观现象"①。

一、梦想绽放：草根精神的在线狂欢

近年来，关乎美学判断与精神价值的"梦想"一词频频出现在电视荧屏上，"相信梦想、相信奇迹"、"梦想照进现实"、"梦想不再遥远"等激励性语句促进了当代社会转型的思想与观念的变迁。"梦想"褪去了往日庄重的色彩，不再以宏大的叙事描绘理想的天国梦，而是从微观角度阐释生活逻辑的重要意义，让梦想贴近现实、贴近生活、贴近群体。电视媒体在推进梦想实现的进程中发挥了不可替代的作用，让梦想照进普通人的内心。由此，梦想成为了普通民众狂欢的力量支撑，成为草根达人狂欢的精神符码。早在2008年，河南电视台都市频道就推出了一档草根达人秀节目《你最有才》。节目"凭借平民化的娱乐视角，真实性的故事情节，意外地收获了良好的民间口碑，屡屡创下河南市场的收视奇迹"②。《你最有才》不再局限于某一类舞台艺术，集合了音乐、舞蹈、杂技和相声等多种艺术形态，立体式地展现了民间达人精湛的艺术技艺，呈现出了异彩纷呈的电视景象。但是限于都市频道的覆盖范围较小，《你最有才》并没有引起国内学界的足够关注与重视。

2010年东方卫视《中国达人秀》的横空出世，为民间达人提供了一个华丽的舞台，草根精神裹挟着娱乐文化，在线狂欢。《中国达人秀》不限才艺、不限身份、不限性别、不限年龄，充分尊重了个体的生命价值，成为普通民众发声的重要渠道，充分挖掘了草根精神所体现的自身价值。"断臂钢琴师"刘伟、"孔雀哥哥"姜仁瑞、"80后RAP达人"寿君超、"小周立波"张冯喜、"怪脸达人"杨迪、"菜花甜妈"蔡洪平以及"四喜丸子"向延红等普通民众在达人秀的舞台上尽情绽放。梦想从来就没有高低、贵贱之分，对梦想执着的人的可爱之处让人们充满敬意。比如，获得2011年《中国达人秀》总决赛亚军的"菜花甜妈"，天生一副好嗓音，但是各种自然因素使她与音乐梦失之交臂。但是她并没有放弃自己的梦想，在卖菜的同时为大家唱歌。她把生活体验融入了自己的作品之中，创作出"送你葱"等流行语，引领了时代风尚。在草根达人开创的属于自己的天地空间里，央视的《我要上春晚》也毫不逊色。2011年"大衣哥"朱之文满口山东口音，但是一首《滚滚长江东逝水》如原音重现，浑厚的声音、精准的音调让观众目瞪口呆。有"红孩儿"之称的邓鸣贺，小小年纪唱功非凡的他在戏剧表演上的造诣令观众惊艳。《我要上春晚》作为中央电视《春晚联欢晚会》的品牌延伸，在为普通民众提供

---

① ［美］道格拉斯·凯尔纳著，史安斌译：《媒体奇观——当代美国社会文化透视》，北京：清华大学出版社2003年版，第2页。"

② 李旦、任杰：《选秀节目不能只是"秀"——以第一季〈中国达人秀〉为例》，《新闻世界》2011年第7期。

展示自己机会的同时，可让他们登上“春晚”的舞台，成为万人瞩目的焦点，建构亿万电视观众翘首以盼的平民神话。“大衣哥”朱之文、“红孩儿”邓鸣贺等选手通过《我要上春晚》这一平台，最终登上了央视“春晚”的舞台。

无论是《中国达人秀》还是《我要上春晚》，虽然打着“零门槛”的宣传口号，实质上并非如此。才艺比拼无疑是其叙事的关键所在。可以说，《中国达人秀》、《我要上春晚》相比《超级女声》、《快乐男声》等“真人秀”节目，才艺的范围明显拓展。在《中国达人秀》、《我要上春晚》的舞台上，我们可以看到许多才艺的展示。比如，《中国达人秀》中有刘伟的钢琴表演、彭德铭的魔术表演、胡启志的水晶球表演、吴永清的模仿秀表演、阎玺的武术表演、安东的柔术表演和乌达木的唱歌表演；《我要上春晚》中有朱之文的唱歌表演、邓鸣贺的豫剧表演和吴英组合的老年街舞表演，同时小品剧、魔术等艺术形式在舞台上一一呈现。丰富的艺术形式让观众目不暇接，扩大了节目的影响力与聚合力。

才艺比拼使草根达人的梦想附带了利益的色彩，与选秀节目有着本质的关联。而浙江卫视推出的大型公益圆梦节目《中国梦想秀》的第一、二季弱化了才艺的能量，把梦想的实现置于新的理想境地。“不必是达人，有梦有舞台”的独有标志强化了对梦想的关照。第一季《中国梦想秀》帮助52位圆梦者实现了梦想，这52位普罗大众中只有不到三分之一的人拥有特殊才艺。节目组在锁定这些圆梦人的时候，看重的是他们身上所发生的“故事”，因为梦想不分身份的贵贱、地位的高低，每一个人都有追求梦想的权利。第一季中沈阳建筑大学的“保洁叔”王世金，因为对女儿的一句承诺迷上了舞蹈。迈克杰克逊的舞蹈对于左眼近乎失明、右眼视力仅为0.3的他而言是何等的艰难，但是带着执着的梦想，他创造了奇迹；天津的一名义工刘淼，虽患有先天性的残疾，但是依然坚守着自己的梦想，自信乐观地生活着。第二季《中国梦想秀》“最美妈妈”伍金凤的故事更让我们感动。为了能够让聋哑儿子像正常人一样生活，在丈夫不辞而别的窘迫环境下，她放弃了外地的高薪工作，在家照顾儿子。以每年上万次的触摸喉咙和每月上千次的口型矫正，迎来了奇迹的发生，她儿子开口说话了……对梦想执着的坚持，让我们感受到他们乐观、勇敢、真诚和善良的人生态度与人格魅力，一次又一次地见证了他们梦想的力量在舞台上激情绽放。《中国梦想秀》以梦想的名义唤醒了大众疲劳的身心，让普通民众走向荧屏，享受集体狂欢的快感，多角度阐释了电视娱乐文化文本的意义生产与内容建构，成为媒体奇观视域下的一朵奇葩。

以《中国达人秀》为代表的电视娱乐节目体现出了较强的草根精神，因此被许多人认为这是对精英文化的一种反叛。一直以来，精英文化/主流文化与草根文化/民间文化处于相互对峙的混合场域之中。但是以电视娱乐类节目中展现出的草根精神来批评精英文化，势必会曲解电视文化的生存态势与未来走向。《中国达人秀》等电视娱乐节目在着力渲染草根文化的同时，也把民众对精英文化的赞扬融入其中，民间的反抗力量最终还是屈从于英雄的仪式光环。不论是《中国达人秀》中的彭德铭，还是《我要上春晚》中的邓鸣贺，抑或是《中国梦想秀》中的“波浪三姐妹”，他们对中心舞台的渴望，实质上是对明星生活的膜拜。登上舞台，一旦成名，身份就发生了明显的变化。从这一意义上来讲，权威文化不但没有被消解，反而得到了加强。

二、故事表达：真情的释放？煽情的火种？

当下热播的电视娱乐类节目善于在故事中挖掘新奇元素，音乐选秀、职场竞技和电视访谈等娱乐类节目充分利用故事化的叙述路线，吸引了观众的注意力，成为电视荧屏的奇观文化。而以《中国梦想秀》为代表的梦想奇观在故事阐述上则更胜一筹。梦想作为一个远景式的生活想象，它本身就隐藏着叙事的情节。梦想总是和现实的某段故事相联系，这样方能衬托出梦想的可实现性。林林总总的故事充斥着电视荧屏，浸染电视文化的奇观化建构，诠释了故事奇观在当代社会的隐喻义。

《中国达人秀》在选手进行才艺展示之前或之后，都会让表演者讲述与特殊才艺之间的故事，成为情感释放的舞台。第一季“达人秀”的冠军断臂青年刘伟的故事感动了在场的评委以及电视观众。十岁那年，一次意外的电击事故，使他失去了双臂，但是残酷的现实并没有让他消沉或一蹶不振，而是以顽强的意志、超人的毅力克服重重困难，每天坚持七小时用脚趾在键盘上刻苦训练，创造了音乐奇迹。断臂青年刘伟在现场用脚趾弹奏出施特劳斯一段优美动人的旋律时，感动了所有的人。台湾著名歌手伊能静感言：“你让我找到了达人中的达人，我觉得真正的达人就是用生命展示他的才华，而不是一个什么秀。”音乐人高晓松也发出深深感慨：“这样的年轻人怎么能够（用双脚）弹动钢琴，而且打动人心……我们应该放弃所有对生活的抱怨，精彩地活下去。”《中国达人秀》舞台上的故事层出不穷，如乌达木的母亲离开了人世，与奶奶相依为命，但是他是一个非常懂事的孩子。每当他想到妈妈的时候，就会唱《梦中的额吉》来表达对妈妈的思念之情。

相对于东方卫视的《中国达人秀》，浙江卫视的《中国梦想秀》则更加注重圆梦人的故事。故事化的叙事路线始终贯穿于电视节目的进程之中，成为《中国梦想秀》节目的一条隐形主线。《中国梦想秀》把电视娱乐文化凸显的故事奇观推向了一个崭新的境地。第一、二季的《中国梦想秀》在圆梦人实现梦想之前，首先播放一段有关圆梦人基本情况的 VCR。比如在6月4日播出农民工翟金海的“美声梦”时，第一段 VCR 通过逼真的画面与解说，再现了“主人公”在窘迫的生活条件下依然不放弃自己的“美声梦”，并为此作出了许多艰辛的努力。同时增加了对圆梦人同事、亲戚和朋友的采访，让故事的真实性、可信性充分显露。第二段 VCR 的主要看点在于栏目组精心设计的圆梦计划。圆梦地点的设置与圆梦人的爱好、性格和习惯都有很多的关联，在圆梦人不知情的情况下给他惊喜。“榨汁哥”海翔的圆梦地点根据他唱歌的爱好设置在广播电台；“保洁叔”王世金的圆梦地点设置在沈阳建筑大学的画室里；餐厅打扫阿姨陆丽娟的圆梦地点是她工作的餐厅；十一岁姑娘古佳泓的圆梦地点设置在深圳欢乐谷主题公园。在第二段 VCR 中一向在舞台上光鲜靓丽的主持人朱丹、华少为了给圆梦人制造惊喜，不惜以“丑相”出现，令无数观众惊叫，尤其是华少的“龅牙”成为他的标志性扮相，“犀利哥”、“18 岁实习生”、“相亲男”、“表演老师”等一个个形象，都是为了让圆梦人体验惊喜。当然，朱丹的形象也是“丑态百出”，有“化妆师”、“服务员”、“民间艺人”、“卡通人物”等形象，尤其在帮助包子铺老板圆梦时，她扮演的“民间艺人”突然忘词，还闹了不少笑话，圆梦计划没有按原计划完成，让我们看到了主持人真实的一面，这些都为讲述圆梦人的故事“添枝加叶”。在主持人亮出自己身份的那一刻，圆梦人难以抑制自己内心的激动，诧异、惊奇和兴奋都表露无遗，热泪盈眶的他们只有以拥抱或鞠躬来表达谢意。VCR 以戏剧化的表述形式阐释了故事的丰富性、多彩性，但是这些“小伪装”、“小悬念”都是为了帮平民圆梦所制造的“小故事”，目的是都是为了“激起的巨大情感互动，破涕而笑、喜极而泣的巨大情感宣泄”[①]。

作为“圆梦大使”的明星们的出场也颇具“戏剧性”，充满了故事色彩。作为刘淼的圆梦大使的韩庚，在刘淼拍照的时候出现在刘淼的背后，主持人华少通过让刘淼观看照片使其发现偶像的到来，最后趁刘淼不备的情况下，韩庚出现并随意交谈，给这个小女孩带来了无限惊喜。而圆梦大使羽泉的出现则更为有趣，他们装扮成录音棚中极为严苛的老师，考验麦尔丹的演唱表现，挑剔、苛刻的他们唱着歌曲出现在麦尔丹的面前时，惊呆了这个新疆的帅小伙。《中国梦想秀》以展现戏剧冲突的形式让故事更加生动，让梦想触手可及。

以故事阐述推进情感发生，成为电视娱乐生产机制的核心架构与重要内容。在《中国达人秀》、《中国梦想秀》等电视娱乐节目中，故事的每一次上演，势必击中人们内心最柔软的部分，触发情感的碰撞与交流。在《中国达人秀》的舞台上，“孔雀哥”姜仁瑞背着自己发明的孔雀开屏装置，表演动作僵硬滑稽的孔雀舞。笨拙的舞姿，竟然是为了逗笑多年瘫痪在床不能言语的妻子，以唤回妻子消失的意识。这样的举动展现出了他对妻子不离不弃的情感与责任。患有先天唐氏综合征的岳祥在舞台上表演武术时，他母亲的付出让所有人发出了“母爱伟大”的呼号。当然还有许许多多的情感故事在舞台

① 许继锋：《〈中国梦想秀〉的品牌价值和媒介响应》，《中国广播电视学刊》2011 年第 8 期。

上绽放。因此，有人认为中国梦想秀承载了“中国人大爱的情感力量”①。中国电视艺术委员会副主任王丹彦也对《中国梦想秀》给予了高度的评价，“该档节目体现了我国社会转型期多元利益主体并存、多元文化诉求。注入了我们民族的文化形象，有文化传承的态度，有文化追求的力量，通过普通人的视角展示，在这个平台上给予一个释放”②。

当然，在《中国梦想秀》的舞台上，情感叙事依旧贯穿其中。第三季《中国梦想秀》中的故事化策略依然清晰可见。2012 年 6 月 8 日的节目中，来自黑龙江哈尔滨的追梦人任福祥为了寻找自己的爱徒潘万玲而登上《中国梦想秀》的舞台。首先，大屏幕上播出了一小段有关他梦想的短片。随后，他用真挚的情感、朴实的语言讲述了他和爱徒潘万玲之间曾经发生的故事。四十年未见，他并没停止寻找，他的执着、善良感动了在场的所有人。潘万玲的到来，让全场的气氛升温，师徒二人泪眼婆娑之中的浓浓情意胜过千言万语。

《中国梦想秀》、《中国达人秀》等电视娱乐类节目凭借故事化策略，成为了情感释放的舞台。但是有人认为，节目在运用故事化表现人物的同时，突出了消费的特性，“当选手把它带到舞台上，呈现在电视荧屏上的时候，就让人多了一些遐想。特别是当一些选手在不同的选秀舞台上一遍又一遍地重复同样一个凄美的故事的时候，性质就完全变了。选手在用他的凄美的故事博取同情，以获得晋级、奖金、名声等；电视台在用他的凄美的故事及其所博取的同情以提高收视率，赚取更高经济利益”③。

电视媒体通过一体化的艺术生产，修改人们生活的经验形式，化具象体验为抽象感觉，突出煽情的力量。有人这样评价《中国达人秀》，“24 强名单里全是一些有故事有典故的选手，也是那些曾让评委们感动甚至有些煽情的选手。另外也有网友质疑达人秀 24 强名单，被疑达人秀节目是一场感人秀，而不是达人秀”④。“鸭脖夫妻”就引发了争议，“既然他妻子有这么好的歌喉，为什么还要丈夫来‘抛砖引玉’呢？显然这是经过设计的，因为煽情可以吸引更多眼球”⑤。由此观之，电视娱乐节目在运用故事表达的同时，要把握好火候，不可以通过制造故事来吸引观众的眼球，尊重选手在舞台上的真情表达，做到不矫情、不滥情，让电视娱乐节目成为缓解压力、释放情感的舞台，让电视娱乐节目成为对情感的纯粹表达的舞台。

---

① 李晓星：《论“中国达人秀”的精神内核》，《今传媒》2011 年第 1 期。
② 转引自林川：《解读〈中国达人秀〉营造的“媒体奇观”》，《新闻世界》2012 年第 1 期。
③ 逄格炜、何志钧：《〈中国达人秀〉的消费主义批判》，《现代视听》2012 年第 1 期。
④ 马佳明：《对〈中国达人秀〉栏目走红的冷思考》，《今传媒》2010 年第 11 期。
⑤ 李红艳：《中国达人秀被指过度煽情炮制感动观众反感》，《北京日报》2010 年 8 月 31 日。

三、平民乌托邦：神话世界的异化想象

近年来，从《超级女声》到《非诚勿扰》，再到《中国达人秀》、《我要上春晚》等电视娱乐类节目频频推出“草根”一词，意在迎合大众文化的消费特性，满足观众的收视心理。电视娱乐类节目的叙事逻辑和剧情结构在跌宕起伏的巧妙构思中展开了一场大众文化与主流文化的博弈。各利益之间相互挤压与渗透的过程，代表着文化产品生产机制的实现。作为产品的电视娱乐类节目以释放压力、愉悦大众为幌子，进行着利益交互的意义传递。任何产品的产销过程都以追逐利润为最大目的，电视娱乐节目也不例外。电视娱乐节目能否流行、能否为节目制作方和广告赞助商带来利润，在很大程度上取决于其娱乐效果。娱乐作为一个极具感官色彩的词汇，它以刺激欲望、提升感性价值为手段来吸引观众的眼球，从而达到商业追求的目的。以《中国达人秀》为代表的电视娱乐节目以梦想为噱头，以普通民众为对象，似乎实现了主流文化向大众文化转向的话语范式，传统的话语霸权正在经历着平民化、平等、互动和开放的话语力量的颠覆与解构。

《中国达人秀》、《我要上春晚》、《中国梦想秀》等电视娱乐类节目的最大特征是其节目宗旨强调“平民理念”。撇去宏大叙事转而聚焦小人物命运，为平民百姓提供展现真实的日常情感生活的舞台，观众亦通过对舞台上普通参赛者/圆梦人的投射，完成了自己成功的梦想。“平民理念”被认为是电视文化“去中心化”的一次胜利，将草根精神推向了历史舞台，主流文化不再处于中心地位，开始向边缘文化游移，预示了后现代文化图示的形成。比如，《我要上春晚》在吸引观众报名时，用了一段极其煽情的语言来试图打动万千众生，“除了传统节目形式外，无论您的五官会跳舞还是脖子会唱歌，只要你有自信，只要你报名，就有机会登上《我要上春晚》的舞台”。这种不限制才艺的语言表述，体现出了制作方较强的受众意识，重在满足电视观众的需求。《中国达人秀》一改昔日电视“真人秀”节目对选秀维度的展现，试图创建一个乌托邦式的王国，来展现出人类生活的美好。亿万富翁李秋成虽然是个成功人士，但是他有着特殊的癖好，爱跳芭蕾舞。这一爱好遭到女儿的反对。但是通过“达人秀”的舞台，他完美的舞姿赢得了阵阵称赞，同时获得了女儿的认同。《中国达人秀》发挥了重要的沟通作用，而《中国梦想秀》以梦想为立足点，以故事为提升点，完成了许多草根人物的梦想。

但是电视平民理念的背后隐藏着制作方重要的商业意图。打着平民化的口号无非是为了吸引人们的注意力，展现了电视广告的内在逻辑与商业本性。平民化的宣传理念将会拉近与观众之间的距离，提高品牌认知度，进而获得更高的收视率。再则，大部分电视娱乐节目都有广告冠名商，观众对节目的熟知必然强化对广告商品的印象，让观众在无意识中产生购买行为。

电视娱乐节目试图展现大众文化与主流文化的对抗，其实，二者不但没有形成明显的断裂，反而相互渗透与融合。第一季《中国达人秀》冠军“断臂钢琴师”刘伟的成功无疑是草根文化、精英文化与主流文化合作的典范。刘伟原本只是一个草根人物，命运的安排使他失去了双臂，但是他凭借着超乎想象的毅力，用自己的双脚书写了自己的音乐梦。在《中国达人秀》上的出色表现，让全场观众与评委为之震惊，最后夺冠。从路透社到BBC等世界主要媒体，均将刘伟当作《中国达人秀》的代表，甚至有日本媒体邀请刘伟赴日制作节目，边缘人群很快登堂入室，进入主流社会。[①] 同样，旭日阳刚、西单女孩等人在登上《我要上春晚》之前都是普通的北漂一族，但是经过《我要上春晚》的锤炼，登上了“春晚”的舞台，让他们成为了家喻户晓的电视明星。可以说，草根向精英的转化，隐喻了大众文化与主流文化从来都没有针锋相对，而是彼此共存。草根意识的崛起与彰显最终还是屈从于主流文化的形式意义。

电视娱乐节目在向全社会进行强势渗透的同时，凸显了其作为公共领域的话语功能。无论是《中国达人秀》，还是《中国梦想秀》，都是社会领域的公共资源，向社会开放。从理论上来讲，开放意味着对等和民主。实际上，电视娱乐节目是各方利益的一种交互映现，并没有实现真正意义上的对等功能。《中国达人秀》等电视娱乐节目借助“草根”、“梦想”等大众性指令，完成了媒体的商业叙事功能，成为被异化的电视奇观。海德格尔认为，真理就是去蔽。但电视娱乐恰恰善于借助冠冕堂皇的理由去遮蔽生存逻辑与消费本质。《中国达人秀》不惜重金，把舞台定在上海音乐厅、人民大会堂和上海体育馆，这些极富仪式感的场合让观众感受到比赛的庄重。华丽外表的背后隐匿着争夺收视率的恶性竞争。中央电视台著名节目主持人崔永元曾感叹“收视率是万恶之源”。如今，轮番上演的收视率大战迷惑了电视观众的视听行为与收视心理。难道我们真的已经踏上了“娱乐至死”的不归路？成为“娱乐至死”的“物种”？

在“真人秀”竞争得如火如荼之际，以《中国达人秀》为代表的草根盛宴掀起了新一轮电视狂潮。平民化的娱乐风格展现着普通人的圆梦情怀，塑造了电视娱乐话语的新范式。利益掩盖下的草根精神在梦想的感召下尽情狂欢，体能消耗殆尽，情感极度透支。草根文化非但没有消解主流文化，反而在并存中依附于主流文化。

---

① 曾一果、李莉：《平民乌托邦神话：“中国达人秀”的批判性解读》，《现代传播（中国传媒大学学报）》2011年第12期。

第八章

“后现代”的话语生成与意义表达

20世纪60年代以后，西方社会经历了危机和动荡，进入到一个包裹后现代社会、晚期资本主义社会、信息社会、传播媒介社会和消费社会等在内的后工业社会。嬉皮士、反文化和性解放思潮的泛滥，反映了青年一代对资本主义社会的愤懑、反抗和精神上的混乱。后现代主义就是这个时代的产物。当代哲学和人文思想已经进入一个“后德里达时代”，或者说是一个“后理论时代”。

如果说文化是一种遮蔽，那么，从现代到后现代就是一个解蔽的过程、一个消解文化的过程。它从最初的只在少数精英贵族中传播，弥散到以整个社会的公众为受众。它的作用也从早期的逃避现实生活的侵袭、净化灵魂污垢及保持本质纯真逐渐过渡到娱乐大众。更突出的特征是，商品化的逻辑渗透进人们的思想，随之渗透到社会的各个方面。在商品化的影响下，各种文化工业如雨后春笋般兴起并且不断壮大，文化的原始意义逐渐丧失，逐渐沦为一种可供大众消费的商品。随着电子媒介的扩张和影像密度的加大，我们被推向了一个全新的后现代社会，其文化特征主要表现为“艺术与日常生活之间的界限被消解了；高雅文化与大众文化之间层次分明的差异消弭了；人们沉溺于折中主义与符码混合之繁杂风格之中；赝品、东拼西凑的大杂烩、反讽、戏谑充斥于市，对文化表面的‘无深度’感欢欣鼓舞；艺术生产者的原创性特征衰微了……”① 也正是在此意义上，电视被称为“典型的后现代主义形式”、“后现代媒体”。

第一节　后理论时代：电视娱乐文化

当代艺术中的大量概念艺术、反形式艺术与行为艺术，使我们感到焦虑，

---

① ［英］迈克·费瑟斯通著，刘精明译：《消费文化与后现代主义》，南京：译林出版社2000年版，第11页。

因为“它背离了我们对于边界的感觉；在公共事件与私人事件之间，现实情感与审美情感之间，艺术与自我之间不再具有分别”。在一定意义上，后现代主义可以被部分地看作是对于彼得·贝格尔所说的历史前卫艺术的一种非乌托邦式的突降法，其典型例子是在高级与低级艺术之间、文化与垃圾之间，以及博物馆的神圣空间与世俗世界之间差异的崩溃。由此可见，后现代实践是高级文化的堕落，而且是一种有意的堕落，有意将自己下降到低级文化的水平，下降到众生都可亵玩的地步。它利用叙事和熟悉符号与简单形式所带来的种种好处，想要找到一种回家的感觉，诱使更多的受众来接受，从而使市场最大化。它的主要形式是态度与价值的多元化，社会现实在各个层面上的事物都可以被当作是异质的、片断的与偶然的东西来加以肯定。这种对态度和价值的转变会偏移最初对事物的评判标准，也会让人产生无所适从的感觉。

在我国，用一个庞大的无边无际的体系来分化社会的海洋（特别是农村），为顽固的文艺保守主义提供了源源不断的社会资源。一个尚未形成自我意识中心的、自我价值定位与自我道德承担“无中心的”（non-centered）个人，恰恰成了滋养“去中心的”（de-centered）、陶醉迷狂的、“一切皆可的”和不负责任的后现代主义的最佳温床。

当今奇观式的社会和文化正在打造一种新型的信息娱乐社会，并且这种变化是深刻而全面的。电视娱乐是后现代文化扩张的基本工具，“媚俗”、“低俗”成为后传播时代的审美风尚，已渗透到经济、政治、文化以及日常生活中，丧失了其自主性和特殊性。每一次移情节目而进行的娱乐狂欢似乎都是对痛苦的暂时摆脱。每一次角色假定的忘我取乐似乎都是对现实压力的暂时逃离。然而，痛苦并没有被真正击溃，它成了隐藏在人类内心更深处的焦虑，压力也未真正逃离，它在相得益彰的对比中积蓄了更为强大的力量。逃避深刻、远离崇高、玩弄碎片、消解意义以及关注当下的娱乐文化已经完全陷入游戏的狂欢之中，悬搁了大众的社会责任，醉心于虚幻的感官刺激与欲望享受。大众在乐不思蜀的沉迷中丧失了深刻的思考能力，或者说，他们更愿意在虚幻的娱乐之境中继续沉迷、深陷。

审视中国电视节目的发展态势，不难看出其娱乐化的趋向。在商业模式深入到媒介生产领域的同时，企业化、市场化和集约化的媒体运行机制也在不断建立和完善。因此，满足受众的需求这一标准被提到了一个史无前例的高度。收视率成为电视媒体的直接动力，观众的情感满足也就自然而然地成为它的潜在源泉，大众口味便跃然而上，成为规划电视节目、设定栏目风格和把握整体走向的参量标准。于是电视娱乐节目成倍增长，即使广电总局一再限制甚至封杀，娱乐元素也依然大行其道，在各类形态的电视节目中肆意狂长。

一、后现代消费与娱乐文化

鲍德里亚所描述的后现代消费社会，是一个充满风险和危机的社会，各种信息如潮水般涌入，在网页链接的背后潜藏着商业化的铁拳，猝不及防地击打着社会传统文化。而隐藏在这个反常的社会表面背后的，是模态社会的支配性权力结构。当“据为己有”成为“丰盛社会”的个体原则，人似乎只有在消费的欲望之流中才能感到自己的存在意义。

娱乐文化的实质是后现代的消费文化，而消费并非都是消极的，正如法国社会学家鲍德里亚所说的“从一开始就必须明确指出，消费是一种积极的关系方式，是一种系统的行为和总体反应的方式。我们的整个文化体系就是建立在这个基础之上的”。无论是“追星族”、“模仿秀”、“超女”还是“恶搞”，在某种程度上都是借助现代传媒手段而制造的娱乐消费，而这种后现代的消费模式是以“解构”传统和权威为目标的。“娱乐不仅是一种现实的逃避，娱乐所包含的乌托邦主义同时是对于现实的质疑和代替。尽管娱乐没有明确地对阶级、种族以及等级制度予以批判，但娱乐是一种渴望冲击现实结构的冲动。”①

在后现代消费社会中，“消费”成为人们日常生活的重点，成为整合社会文化的纽带。“消费既不能根据我们吃的东西、我们穿的衣服、我们驾的汽车来界定，也不能根据影像和信息的视听实体来界定。消费是全部对象和信息的实际上的总体，操纵符号的系统化行动。”② 在消费主义的影响下，生产与消费的地位产生了很大的变化。社会的组织原则不再是生产，而是在新类象时代下的计算机操纵系统，结合类象符码与模型而形成的社会组织运作。

后现代文化常常以一种轻松而调侃的姿态出现在日常生活中，就像一场没有开始也没有结束，却花样不断、层次翻新的游戏。作为由媒介建立起来的后现代社会，电视不置可否地成为后现代文化传播的重要载体，它的存在恰恰为公众追求多元化、平面化、无中心化和无权威化提供了有效的保证。人们在后现代文化的冲击下屏弃了过去的现代主义精英模式，视“娱乐”为消费品，对事物的评价不再注重其实用属性，而是直接对其“快感”进行消费。

“后现代娱乐”崇尚和标榜拼贴和模仿，因为拼贴能够带来颠覆性的效果，模仿能够带来游戏般的愉悦。在一个技术霸权的时代，复制成了这个世界上最宏大、最有价值的发明。《中国好声音》是购买自荷兰的一档“盲选”节目，对风靡欧美的 *The Voice* 系列节目的中国化改造，它的改造始终建立在

---

① 南帆：《双重视域》，南京：江苏人民出版社 2001 年版，第 36 页。

② Baudrillard，Jean：*SelectedWritings*，Cambridge：Polity Press，1988. pp. 21 – 22.

复制的基础上，无法脱离其原始的性质。最终收视率破5，以绝对优势名列同时段其他国内电视节目之首，同时在视频网站上点击量过亿，造成了国内的一股收视狂潮，不得不说是后现代娱乐中的拼贴带来的颠覆性突破。再看湖南卫视的娱乐综艺节目《百变大咖秀》，来自各界的"模王秀团"们扮演各种角色，带队的队长使出浑身解数，模仿大众偶像的经典造型，从外形、歌曲、舞台效果及台风等多个方面进行效仿，据央视索福瑞全国网提供的数据，《百变大咖秀》在首播之后便以1.09的收视率、4.6%的市场份额，夺得同时段全国第一的好成绩！明星模仿大咖秀的综艺形式登顶全国综艺节目巅峰。"支配这个世界的不再是上帝，是我们自己的感觉器官……我们甚至不再提亚当的脐的问题：是整个人类必须装上一个逼真的脐，只要我们身上不再有会把我们与真实世界连接起来的期待的任何痕迹。在一定的时间内，我们还是妇女所生，但不久，我们就和试管婴儿这一代人一起返回到亚当的无脐的状态：未来的人类将不再有脐。"① 鲍德里亚的思考无疑是具有深度的，他向我们展示了后现代社会中的复制、拼接、模仿和逼真等幻象手段的应用，会让大众在置身娱乐之境的同时，不知不觉地迷失。

电视娱乐类节目以娱乐为重要手段，以"快乐主义"为价值取向，以满足观众的猎奇、娱乐、调侃和幽默需求为特定目标，显示了"后现代"文化的某些美学旨趣。比如，受广大观众喜爱的电视"脱口秀"节目兴起的重要社会原因就在于，在工业社会或者后工业社会中，人们的话语空间被分割得越来越小，大众强烈的沟通欲望无法用良好的途径来表达，他们迫切需要一个公共话语空间或一个"公共论坛"，"脱口秀"恰恰提供了这样一个有效的交流平台。在现实生活中缄口不言的问题可以在"脱口秀"节目中侃侃而谈，观众们自身的话语需求由此得到了极大满足。"脱口秀"节目并没有设置拘谨的板块，反而是通过主持人的临场引导，来使节目内容步步深入，通过妙语连珠的口才，让严肃的谈话变得生动有趣，整个节目显示出一股由随机应变的灵巧所形成的幽默感。如东方卫视刘仪伟主持的《东方夜谭》节目，他对一些与老百姓切实相关的热点新闻进行了善意的调侃加工，把纯娱乐文本进行加工制作，向观众娓娓道来，新鲜而独特。它并未承载太多的责任，只是尽可能地放松，给观众带去的是意趣，而非沉重。

后现代消费时代是一个由模型、符码和控制论所支配的信息时代，四处充斥着广告的娱乐符码。正如鲍德里亚所言："这个世界的气氛不再是神圣的。这不再是表象神圣的领域，而是绝对商品的领域，其实只是广告性的。在我们符号世界的中心，有一个广告恶神，一个恶作剧精灵。它合并了商品

① ［法］让·鲍德里亚尔著，王为民译：《完美的罪行》，北京：商务印书馆2000年版，第25页。

及其被摄制时候的滑稽动作。"①

简而言之，在后现代消费语境中，一切都不过是商业化的展览，它们被封闭在一个透明的玻璃房里，遭到周围无数双眼睛的窥视。大众为“快乐的虚无主义”而欢呼呐喊，表达他们对娱乐的热忱与激情，渴求媒介能够为其提供更为奇妙的体验。那么，处于此情况下的电视娱乐，就会更关注人的感性欲望与感官的刺激和欢愉，他们会很巧妙地在欲望最大化和利润最大化之间搭建起一座桥梁。

二、电视娱乐的空间化

詹姆逊认为“空间化”是后现代主义最根本的特征。后现代主义突出事物的空间性。后现代技术不仅在媒介的表现形式方面提出了问题，而且为广大受众带来了不同于以往的世界观，造成他们在客观外部空间和主观心理世界上都发生了巨大转变。在客观方面表现为新媒介技术创制的空间感受，在主观方面是形成了无历史的空间感受的文本的平面感和永久的现在感，这些使得一切事物都空间化了，思维存在经验都呈现出空间的形式。

首先，后现代主义的文化本质上是非历史的。它无视历史的逻辑顺序和时间顺序，将一些本来没有联系的事物和现象随意拼凑在一起，激起人们一时的兴趣，留下深刻的感官印象。具体说来，后现代主义的人们不再通过逻辑阐释、历史论证来证明某个理论，而是通过图像组合或多媒体联动，实现信息交流，达成沟通的目的。在后现代主义者看来，原来循序渐进的时间观念已经被“暂时性”（temporality）所取代。人们为事件的暂存性所吸引，不再关心时间或历史的终点。一言以蔽之，历史所呈现的多元性，已经打破了原来单一的时间观念，“历史只存在纯粹的形象和幻影”。这就是为什么我们在当前的影视剧中再也体会不到卓别林喜剧中那种边缘人物或小人物的焦虑和那种隐藏在喜剧表面下的巨大的悲剧张力。因为卓别林的喜剧是如此紧密地和那个时代联系着，小人物的喜剧色彩被赋予了深刻的历史和社会意义，他们把个人放在历史的存在中加以考察。然而，在后现代主义中，这些东西都通通消失殆尽。

其次，符号意义的生产制造和不断迁徙，是消费社会的显著特征。当代社会呈现出的异彩纷呈的文化现象，都可成为制造符号意义的材料和元素。与此同时，不经提炼和加工，随手拿来便可进行拼贴、组合，只追求感性以及感官刺激，而不断消解符号的深度意义，都使符号的生产不仅形成了意义链上的断裂，而且逐渐形成了一种对时间的割裂与悬置，成为没有连续性的历史碎片，组合、拼贴到现实的符号与形象之中。为此，在符号生产中，将

① ［法］让·鲍德里亚尔著，王为民译：《完美的罪行》，北京：商务印书馆2000年版，第72页。

时间空间化，已经成为一种新的文化表现方式。"后现代的拼贴，就是一种空间化的形式，既把原有的空间重新空间化，不同地域的东西可以拼贴在一起，还把时间也空间化，不同时代的东西也可以拼贴在一起。"① 并且时间以另一种形式出现，即传统的、线性的、一维的时间被瓦解，时间整体性在崩溃之后成为一种零散化的、无向度的时间碎片。

再次，后现代空间正趋于平面化。后现代空间里聚集的通常是事物表层化的形象和无深度的符号意义。其结果就如詹姆逊所言："后现代屏弃了四种深度模式——本质与现象的辩证模式，隐意与显义的弗洛伊德心理模式，真实性与非真实性的存在模式，能指与所指之间的界限的符号对立模式。"② 很显然，这些深度模式的丧失，意味着后现代空间深度的消失，从而走向表象化与平面化。詹姆逊在考察后现代时间空间化、空间平面化特点的同时，提出了"超空间"的概念。在后现代"超空间"中，消除了距离感，也消除了时间感和方向性。人们既找不到方向感，也找不到时间感，因为这个空间不但汇聚着过去、现在和未来，而且聚集着传媒制造的仿真世界和符号世界，常常导致现实与仿真之间的界限变得模糊不清，人们获得的空间感常常是一种失去了结构性的空间感。再加上，后现代主义压抑了人类对于富有悲剧色彩的生存所产生的复杂性的敏感，把快乐主义的工具性提高到近乎唯一的价值立场。因而，在这个时代，人对空间的欲求成为一种普遍的社会焦虑。

三、电视娱乐与后情感文化

由于现代社会的日常生活具有某种压抑个性的性质，日复一日、年复一年，逐渐消磨了人们敏锐的生活感受，使得充满活力和无穷变化的世界显得平庸而单调，正如马克思·韦伯形象的描述，日常生活逐渐变成一个"铁笼"。工具理性原则统治着我们的行为，人逐渐沦为机器的奴隶，情感和灵性受到压制，个性被塑造成千人一面。与此同时，当代文化正在发生一场微妙而深刻的转变，以致人们内心最隐秘而本真的情感也可以被替代或出售了。

在情感与媒介的关系上，随着电视和网络这两种大众媒介分别充当核心媒介和新锐媒介后，情感很容易被大众媒介产业及相应的社会情境所操控，变异为传统情感的替代或虚拟品，我们将其称之为"后情感"。当今社会已进入了"后情感社会"。这种"后情感社会"的明显症候之一，就是全社会已经正在导向"一种新的束缚形式，在现时代走向精心制作的情感"。"后情感"（postmotion）与"后情感主义"（postmotionalism），来自美国社会学家斯

① ［美］詹明信：《后现代主义或晚期资本主义的文化逻辑》，上海：上海三联书店1997年版，第300页。

② 管宁、魏然：《时间的空间化：小说艺术方式的转换——后现代消费文化视阈中的文学叙事》，《社会科学战线》2006年第6期。

捷潘·梅斯特罗维奇的《后情感社会》。在他看来，“当代西方社会学正在进入一个新的发展阶段，在其中合成的和拟想的情感成为被自我、他者和作为整体的文化产业普遍地操作的基础”。也就是说，人们生活的一切都普遍被文化产业操纵，“不仅认知性内容被操纵了，而且情感也被文化产业操纵了，并且由此转换成为后情感”①。后情感可以理解为一种替代或虚拟的情感。在后情感时代，情感不是减少了而是增多了，不是减弱了而是增强了，不过这种所谓的情感已经脱离了真实情感，转而成为情感的替代品。“后情感主义是一种情感操纵，是指情感被自我和他者操纵成为柔和的、机械性的、大量生产的然而又是压抑性的快适伦理（ethic of niceness）。”“快适伦理”是后情感社会中的一个明显标志，它凸现出后情感社会中的日常生活的伦理状况。它追求的不再是本真、纯粹等情感主义的内核，而是强调日常生活的娱乐与舒适，即使是虚拟和包装的情感，但只要快乐舒适就好。“快适伦理”产生的直接后果是：一方面，大量娱乐文化产品失去了对宏大主题的意义叙述和呈现兴趣，其文化内涵变得琐碎平实。此时，娱乐文化的目标是把日常生活打造成具有丰富象征意味的产品，让文化消费者感受到日常生活情感的体验，不至于一无所有；另一方面，把娱乐文化产品做大、做强，成为消费者眼中的媒介奇观，这成为后情感社会娱乐文化的内在追求。

作为一种虚拟的情感形态，后情感在当前有其适合的表现方式。在媒介上，能够开辟大量休闲与娱乐类节目的电视无疑是它的核心媒介。如《快乐大本营》、《非诚勿扰》、《超级女声》等娱乐类节目，不管是节目的内容预定还是板块设置，都体现了节目整体轻松的气氛，无需观众过多思考，只管看，只管乐。而在视点上，公众也似乎早已与过去情感主义时代所习惯的深情告别，转而不停地“闪视”一幅幅快速移动的视觉碎片。在语言上，文学作品以流畅的语言批量复制着都市中的流行情感，过去普遍负担的社会责任感被逐步削弱甚至没有，电视广告和流行歌曲中不断打造着如诗般的言情语言。在这里，经典情感都被仿制或转化成了消费对象。

正如电影《顽主》所示，当人与人之间最真挚的情感都已可以被职业公司的日常商务活动随意替代时，情感的真实性或本真性被彻底消解，转化成为一种有意识的虚拟话语，甚至是可供操纵的商业过程。这种自觉的替代而产生的虚拟的、可操纵的情感，正是“情感主义”破裂后兴起的新型情感即“后情感主义”。张艺谋导演的《英雄》凭借其神奇的票房业绩而被众人追捧，标志着中国电影的后情感主义美学被推向一个高峰，蓦然回首间，我们惊奇地发现自己早已悄然置身于“后情感时代”。

① 李翔：《警惕“后情感主义”在电视传播中的蔓延》，《新闻实践》2010年第9期。

第二节　话语建构：规避政治的娱乐先锋与文化向导

一、规避政治的娱乐先锋

在中国文化史上，娱乐精神长期被主流意识所压制，“玩”似乎总是与玩世不恭、空虚无聊紧密相连。在20世纪中后期，当我们告别长期的“政治化”倾向之后，在经历长久的娱乐渴望和呼唤之后，我国电视文化把感性娱乐放到了重要位置，开始肯定大众日常生活的价值形态和世俗欲望。电视文化从理性沉思走向感性娱乐，凸显出一定的必然性和合理性。于是，娱乐文化成了20世纪90年代电视文化和日常生活的一种普遍景观。

当电视娱乐节目走出“政治”和“教化”的羁绊之后，开始包含观众乐于接受的轻松与愉快。同时，当新闻话筒给予我们过剩的缺失体验，使观众更想从娱乐话筒中获得更多的真相反哺。宽松的意识形态，提供了多样化文化的生成土壤。可以说，娱乐文化对感性欲望的刺激，极大地满足了人们的情感体验，提升了人们的生活品质。“快乐主义”唤醒了电视传媒对传播多元化的思考，使传媒角色不再固定为单纯的宣传话筒，让现代人一反过分沉重的以政治为中心和“文以载道”的生存状态，并由自发转向自觉。

在经历了大众文化的崛起、人文精神的失落以及精英身份的断裂之后，电视媒体的娱乐化已经成为人们社会生活中无处不在的风景。娱乐文化已经被提升到一个前所未有的地位。电视娱乐化的意义在于，它已经进入人们的社会生活中，成为稳定的日常用语，不再被特别关注。它已成为这个时代大众消费的主要精神产品。电视娱乐时代的到来是一个多种因素作用的结果。除了前述原因外，还因为娱乐节目本身有极大的延展性，它不必像新闻或者社教类节目一样，在客观与主观之间权衡，在真实与夸张之间比对，它在严谨性上没有像其他电视节目那样的高要求。居伊·德波认为，娱乐景观是一种政治安抚和瓦解的手段，意味着一场“持续的鸦片战争”，由于它麻醉了社会主体，把人们的注意力从真实生活的压迫中转移开来。正如李良荣所言：“中国媒体的娱乐化既是无可奈何的选择，又是一种主动行为。所谓‘无可奈何’是因为我们的传媒在时政新闻领域有禁区，似乎只能往娱乐化方向走；所谓‘主动行为’是指娱乐化本来就是一个世界性的狂潮，这样的选择在时代背景下有其主动性”[①]。从电视本身来看，“电视的每一个本体建设阶段其实都是对于以往某种观念的开发不足或开发不到位的一种补偿。电视游戏娱

① 乐晓磊：《中国媒体娱乐化趋势冷观热议》，《新闻记者》2007年第4期。

乐节目的崛起和火爆说明了我们以往的电视过于重视教化，而比较少地顾及到它的游戏娱乐功能……”①

然而，我们发现，市场与权力的共谋关系深深地渗透到社会生活的每个角落。受到权力话语抑制的人文主义声音，又被淹没在市场的喧嚣之中。我国电视文化和审美从政治传声筒的角色中解放出来，却迅速摇身一变，成为消费社会里商品的奴隶。电视文化在脱离了政治意识形态的控制后，又成为了资本控制的对象。换句话说，大众文化与世俗化从政治的大逃亡一头扎进了经济的大合唱，娱乐文化与经济结盟，面对政治意识形态表现出了它特有的软弱与漠然。尽管满足平民化时代大众的审美心理需求是媒介市场化过程中的一种明智选择，但是，令人忧虑的是，这种对于电视娱乐文化的过于热衷，是否会导致大众对公共事务和政治参与热情的淡化，或者会对历史记忆的遗忘？是否会真正地关心国计民生的现实迫切问题？

二、娱乐文化的价值导向

在社会系统中，媒介的文化传播活动以各种形式和途径一直在持续地进行着，而媒介传播的各种内容同样具有文化价值效应，可以说，媒介的价值引导和社会教化功能的实现，主要是通过媒介传播的文化价值来完成的。媒介传播实质上是特定文化价值系统的扩张，文化价值系统与媒介传播互为表里。“特定的文化传统主要是作为某种精神潜流、精神叠印渗入媒体的肌理之中。”② 麦克卢汉在《理解媒介：论人的延伸》一书中写道，电视不只是娱乐工具，而且还是制造现代人心灵、改变整个生活情境的力量。

显然，娱乐文化已被提升为当前社会主要的价值观念，成为一种主要的民意表达，也成为文化的狂欢者和主导者。我国电视娱乐化，显示了“娱乐文化”正暗中走向“傻乐文化”。一方面，各种资本融入影视市场，造成了影视业表面的极大繁荣，满足了人们“想象性遗忘”现实的需要；另一方面，电视娱乐化也凸显出中国“知识精英”批判性和反思性特征的集体缺失。

可以说，我们对“娱乐化”产品已宽容到只要它们暂时是无害的，我们就麻木到不再追问电视娱乐文化究竟将把我们引向何方？未来的某一天，我们是否会真的毁于我们曾经喜爱的事物而非憎恨的东西？当理性已成往事，自律已然逃遁，一个民族的进取精神销蚀在娱乐的温柔梦乡里，又有谁来担当这狂欢之夜清醒的守望者呢？

从“我需”到“我要”，大众价值取向的转变消弭了人的主体性，理性的式微解构了人的主体性存在。消费时代的个人似乎只有在消费中才能认识

---

① 韩运荣：《电视策划人时代的到来——传播学者胡智锋访谈录》，《文汇电视时报》1999 年第 6 期。

② 转引自张昆：《国家形象传播》，上海：复旦大学出版社 2005 年版，第 170 页。

自我、彰显个性，所谓“我买故我在”。其实，欲望叙事本身并不可怕，性欲、物欲等本来就是人本主义与人文精神的题中应有之义，关键在于创作者在文本中有意或无意间渗透着怎样的价值观。我们如何使拜金和消费笼罩下的当代文化走出世俗的缠绕，而成为具有精神信仰底蕴的“价值文化”？

譬如，电视相亲类节目中的作秀痕迹明显，节目人员事先埋好“非主流价值”的地雷，等着大家去踩。而嘉宾之间互相谩骂、羞辱，成为了节目最大的看点。“毒舌”飞舞，缺乏平等交流。嘉宾不少是“托”，让相亲变为“演戏”。这种把庸俗当脱俗，让低级趣味成为流行，随意贬低“真善美”的主流价值观，突破社会道德底线的节目，只能让整个社会价值观扭曲。如《非你莫属》的主持人比较刻薄，加上傲慢的老板们，一唱一和，推波助澜，使得节目时时处处透出你有求于我，我就可以轻慢你、取笑你的意味，因为我决定你的命运。正如《人民日报》一篇评论所言，任何节目，在“不隐藏自己风格”的同时，都要考虑自身的社会责任，顾及大多数受众的观感，并处理好看与被看、职业底线与自由个性、吸引眼球与长远口碑的关系。“否则，如果一味盛气凌人、无知无畏，不懂得敬畏观众‘最后的武器’，最后很可能不是非你莫属，而是与你无关了。”①

事实上，电视娱乐本身并没有错，问题是要涤荡污染。用过于刺激性和庸俗化的节目来不断挑战观众的底线，只能是一场危险的游戏。时下电视行业对喜闻乐见的定义也需要再反省，那些认为积极向上的节目肯定不会为观众所喜闻乐见的观点，完全是一种误读。电视节目真正长远的生命力在于真诚对待观众、激浊扬清，向社会传递积极向上的人生观和价值观。

理想的电视节目将会是通过表达快乐来重塑人与人之间的信任，用生命、道德等元素来影响人们的生活。比如，《天天向上》的一个核心创意是“用各种形式来传播中国礼仪之邦的文化”。它依托中华传统文化丰厚的内涵，以轻松幽默而又多元的表现手法，彰显积极的人生观和价值观。节目将中国传统礼仪文化中的人伦关系、伦理价值等内在精神，通过寓教于乐的方式，来表现“文化礼仪”和“青春励志”的节目主题，将娱乐的内涵由“娱人”扩大到“育人”。

再如《舌尖上的中国》，纪录片虽然以纪实为其主要意旨，但它的成功之处在于不仅仅只停留在记录上。《舌尖上的中国》把美食当作媒介，通过这个普通媒介找到与此息息相关的东西，如生存状态、价值理念和人文关怀等。它更多地叙述的是一种文化，是祖祖辈辈流传下来的朴素的生活方式，而这种方式往往是与大众生活最为贴切的，所以自然为大众所喜闻乐见。自古以来，中国饮食文化就是一门学问，人们并非单纯地“为了吃而吃”，什么时候

---

① 《〈非你莫属〉：一味盛气凌人无知无畏》，人民日报，2012年6月1日。

吃，什么地方吃，和什么人一起吃，都是很有讲究的。这种讲究便形成了独特的饮食文化，它不仅昭示出富有特色的文化认同感和生存理念，也代表着人们对美食的品位与平等追求，其草根视角的饮食观，是对中华美食及其文化精髓的哲学表达。《舌尖上的中国》在国内外的盛行，表明它从策划到拍摄再到播出都是一次比较成功的文化传播事件。衣食住行本身就是老百姓生活里离不开的环节，加上中国人本身对饮食的重视，如有独特的饭桌文化等，所以“吃”是最能把所有中国人紧密联系在一起的话题。通过美食所勾勒出的中国，几乎是超越语言、意识形态、地域限制和阶层障碍的。

对中国人而言，影片强调的敬畏自然、珍视家庭伦理的传统依然是我们的文化之根。与此同时，“这不仅是一部关于美食的‘烹饪教科书’，更是用味觉审美来观照我们东方人的生活价值观”，其巨大的包容性有助于建构和谐社会，促进不同民族和地域的文化融合；对外国人而言，该片是建设文化软实力和塑造品牌影响力的得意之作。天人合一、水火交融的中国美食，向世界输出了中华文明的精髓，“让世界可以有滋有味地认知我们这个东方古老国度”。正如陈晓卿认为，“饮食文化是中国的软实力，它可以通行全世界”，也就是说，它有助于国家对外形象的传播及影响力的扩大。对海外华人而言，它在让众多游子们“舌尖起舞”的同时，隐含了浓浓的乡愁，那种对味蕾的依恋深深牵住了自己的根，这就能引发海内外华人的集体兴奋，让他们“口水往肚里咽，眼泪顺脸颊流”。此外，中华美食更是建构文化共同体和民族情感的重要媒介，通过对中华文化的认同，上升到“美食爱国主义”情怀。换言之，该片是跨文化传播的成功范例。“过去中国文化的传播，比较依赖于语言。然而我们在研究跨文化交流当中发现，绘画、歌舞、音乐、影像等文化艺术的传播，有时候比语言更便利、迅速。”① 《舌尖上的中国》就是通过电视媒介对饮食文化的充分呈现，来有效地实现跨文化的传播的。

总而言之，电视应当是文化趣味的引领者而不仅仅是追随者，应当是文化导向的决策者而非迎合者。电视文化应既能在物质世界的基础上反映出广大受众的精神世界，又能引领其精神生活，理应在既给人快感的同时，又善于自觉地将快感传达到人的心灵，使他们获得认识上的启迪、情感的净化和精神的升华，即由快感升腾为美感。娱乐并不一定是多么高雅的娱乐，应该是真正对人们的身心有帮助、有价值的娱乐。况且，娱乐本不应分高雅与低俗，而要以对受众所施加的影响为其评判标准。如果能在独特的娱乐之境中放松心态，不沉迷于表层的诱导，不醉心于低级趣味，让头脑与心灵在最原始的状态中顿悟，何尝不是一件比较有意义的事情！

---

① 《舌尖上的中国》研讨会，中央电视台和光明日报社联合主办，2012 年 5 月 30 日。

第九章

我国电视娱乐文化困境与社会核心价值传播引导

电视娱乐文化在中国文化的发展建设中有着举足轻重的地位。健康和谐的电视娱乐文化能够加快社会主义精神文明建设的步伐，推动社会主义文化大发展，对于实施文化强国战略有着极为重要的意义。目前，我国的电视娱乐文化正处于成长期，如果不加以引导，很有可能偏离社会发展的主线，带来负面后果。对电视娱乐文化实施引导的重要力量来源于社会主义主导文化与社会主义核心价值体系的理念。我国电视娱乐文化只有在社会主义核心价值体系的引领下，才能塑造健康的娱乐形象，传播社会正能量，起到推动社会和谐发展的重要作用。

第一节　电视娱乐文化的困境

当今社会，娱乐在“全息镜像”的烛照与映射下无孔不入，于无声之中渗透到生活的各个角落，新闻节目娱乐化、访谈节目娱乐化、红色经典被改编、厚重历史被戏说以及琳琅满目的“真人秀”如火如荼……娱乐本没有错，它意味着身体的放松和人的主体性的提高，但是在“消费文化”的利益驱使之下，快乐的“娱乐”变质了，成为感官刺激、虚拟体验以及商业利益相互“胶着”与“内爆”的虚构性产物，并不断地向世界各地蔓延、传播与扩散。“三俗”之风在电视荧屏中泛滥，物欲膨胀、价值颠覆和无序竞争破坏了电视娱乐文化的生态建构。我们不由得发出叩问：我们是否已踏上尼尔·波兹曼所言的“娱乐至死”的不归路？成为“娱乐至死”的“物种”[①]？

一、泛化的娱乐：消解主流价值观

在当今社会“娱乐已不仅仅是电视媒介的一项功能，而是成为了当今电

① 赵红勋、李明海、赖黎捷：《我国电视娱乐文化“奇观化”研究》，《新闻爱好者》2011年第23期。

视工作者创意节目、表现节目与完善节目的一条主线"①。新闻娱乐化、纪录片娱乐化等现象蔚然成风，象征着"娱乐是景观的主宰模式，它的代码渗透到新闻、信息、政治、教育和日常生活之中"②。娱乐在悄无声息中向"泛娱乐化"转变。"泛娱乐化"主要是指"电视媒体制作、播出的格调不高的娱乐类、选秀类节目过多，人为制造笑料、噱头，'恶搞'、'戏说'过滥，连新闻、社教类节目也掺进'娱乐'元素，甚至用打情骂俏、大话"性感"、卖弄色相的情节和画面来取悦观众"③。电视娱乐文化的"泛化"以高度的"亮光感"向大众提供了无景深的游戏场景，消除了时间感、历史感和真实性的存在意识，刺激观众紧张的神经，侵蚀了观众的心灵。在泛化的娱乐场景中，传统的教育意义、文化认知以及美学欣赏都受到压抑，官能欲望、游戏功能以及虚拟体验被大加赞赏，"集体无意识"的文化狂欢过后，体力耗费殆尽，情感完全透支，只剩下一个无思想的躯壳。

电视娱乐文化的"泛化"会导致媒介公信力的下降，降低人们思考与批评的能力，模糊人们的感观系统，消解主流价值观。诸如一直稳居相亲类节目头把交椅的江苏卫视《非诚勿扰》通过制造一系列颇具争议性的人物赚足了眼球。"拜金女"马诺、"豪宅女"朱真芳、"富二代"刘云超等极具争议性的人物在电视媒体的"强力"渲染下，重创了社会主流价值观。同时电视媒体通过揭示日常生活中被隐藏、被遮蔽的内容，暴露个人生活与隐私，来吸引众生的关注，满足人们的"窥视癖"。江苏卫视的一档"婚姻秀"节目《欢喜冤家》以解决夫妻之间的矛盾而引起人们的关注。节目采用"故事潮"的叙事方式来展示夫妻矛盾激化的过程，私人空间走进摄像镜头，勾起人们的窥视欲望。同时节目制作方还往往采用"惊异标签"来捕获观众眼球，诸如用"我不愿做后妈"、"犹豫男孩的悲恋三人行"、"复婚之路遭遇情敌求婚"、"老公保留前女友物品"等暴露个人隐私的话题制造噱头。电视访谈类节目《人间》、《心灵花园》等的叙述脉络亦然如此，譬如在主持人的引导下，家庭矛盾、情感纠葛甚至生理隐私被搬上荧屏，成为了媒介事件。电视婚恋/情感类节目表现出的后现代风格，放弃了电视文化的崇高感、责任感和使命感，而聚焦于浅表的视听刺激与虚幻的游戏体验。

泛化的娱乐作为一种社会思潮，已深深植入人们的生活。泛化的娱乐和着人们的生活节拍不断地狂欢乱舞，"带来社会智力的集体下降，人们甘心被娱乐，甘心被电视掏空，仅仅为了获得一种被操纵的快乐"④。此时，人们在

---

① 赵红勋：《娱乐化背景下"电视人"的生存环境》，《新闻爱好者》2011 年第 10 期。

② [美] 斯蒂芬・贝斯特、道格拉斯・科尔纳著，陈刚等译：《后现代转向》，南京：南京大学出版社 2002 年版，第 110 页。

③ 刘景泰、洪兵：《电视节目"泛娱乐化"的成因和对策研究》，《经济研究导刊》2009 第 11 期。

④ 李林容、赖黎捷：《电视"娱乐文化"生存路径》，《传媒》2011 年第 2 期。

电视荧屏中观看到的“文本”是“被加工”、“被改造”过的“客观世界”，“假真实”制造的快乐让人产生了“伪满足感”，快乐之后内心弥散着价值虚无。

电视娱乐文化在走向“泛化”的同时，与当代中国社会的主导文化与核心价值观产生了强烈的冲撞，背离了社会发展的整体趋势与历史走向。当代中国社会的主导文化以弘扬主旋律为重要责任，以讴歌时代风貌为历史使命，倡导勤俭善良、自强不息的民族精神，而电视节目中对金钱的崇拜、对欲望的向往，直观而形象地冲击着观众业已形成的价值观念。美国学者格柏纳提出了“培养理论”，他认为，大众媒体传播信息的过程其实也是对受众进行教化的过程。受众在信息传播的过程中，潜移默化地受到媒体所传播的观念的影响。电视作为大众传媒中最富有感染力的媒体，其对受众的涵化作用尤为明显。

电视娱乐文化作为当代文化的一种亚文化形态，旨在以娱乐为手段向人们传播审美意识与审美观念，但是在实际运行的过程中，电视娱乐文化疏离了经典的审美功能，指向了“看”与“被看”的凝视功能。无论是《非诚勿扰》、《我们约会吧》，还是《非常完美》、《为爱向前冲》，男女嘉宾风格各异，不断地检验“视觉奇观”的生成，也隐喻了凝视的心理欲望。当节目渐近尾声，“看”与“被看”的心理刺激也逐步弱化。一切都是过眼云烟，荡然无存。电视娱乐文化走进观众的眼睛，但是没有走进其内心。这是娱乐的悲哀，也是电视的悲哀。

二、异化的生产：混淆艺术与商品的功能

商品经济的时代特性在文化领域直接衍生为大众文化，这一大众文化形态带有极强的物质色彩。电视娱乐文化作为当代大众文化的时尚化演变，与物质形态以及消费习惯紧密贴合。“消费不但是物质属性，而且也是文化、交往与社会交往的过程。”① 戴维·莫利认为“电视具有‘双重接合’的特性。这是因为电视的讯息本身被人消费，电视本身能促进消费。它传给大家多种讯息，提供了进一步消费的行情；观众有时候还能通过一些互动的电视节目，传达消费意图，并且订购他们需要的产品”②。电视作为消费社会的产品，已被大众所接受。电视试图在消费文化的基础之上，通过生产“取悦”大众的产品而提高节目收视率。“同质化”、“类型化”成为电视娱乐文化的阶段性产物。

---

① 王宁：《消费社会学——一个分析的视角》，北京：社会科学文献出版社2001年版，第1页。

② ［英］戴维·莫利著，史安斌译：《电视、受众与文化研究》，北京：新华出版社2005年版，第249页。

2005年湖南卫视的《超级女声》席卷中华大地，引发了中国“真人秀”热潮，于是一大批“同质化”节目纷至沓来，江苏卫视《绝对唱响》，东方卫视《加油！好男儿》、《我型我秀》，中央电视台《梦想中国》，湖北卫视《花落谁家》，吉林卫视《吉林之星》等电视“真人秀”节目热播。相似的比赛规则、相似的环节设置和相似的舞台设计让人倍感疲劳。近两年江苏卫视《非诚勿扰》的热播，在电视荧屏上刮起“相亲热”，《为爱向前冲》、《相亲相爱》、《百里挑一》等婚恋交友节目粉墨登场。“同质化”在某种意义上使“抄袭”合法化，对节目创新造成了严重的威胁，导致电视娱乐节目产生“变质”。“同质化”是商品生产的一种手段，这种手段影响到电视娱乐文化的创制过程。电视娱乐节目作为一种艺术形态，简单的模仿与拼贴是难以体现电视娱乐节目的艺术价值的。“同质化”的直接后果就是电视娱乐文化的“变质”。电视娱乐文化在“变质”的路径中呈现为异化的生产。诚如法国著名社会学家居伊·德波所言：“景观的社会功能就是异化的具体生产。经济的扩张根本上构成了这一特殊工业生产部门的扩张。为了自己的缘由经过经济发展而产生的增长，只能是那些本源就是如此的一种真正异化的增长。”① 在电视市场中，“收视率”作为一只隐形的手，操控着电视娱乐市场，娱乐文化屈从于物质属性与商业逻辑。历史的想象、文化的记忆与审美话语都被附上了物质的色彩，僭越了电视娱乐文化的艺术表达。观众观看《非诚勿扰》、《非常完美》，并不是为了获知是否能够成功交友的信息，而是满足消费女性/男性身体的欲望，展现的是观众窥视“荧屏主角”的心理特征。

“娱乐是无目的的，而娱乐节目则是有很强目的性的，其目的就是让观众从中获得尽可能多的感性愉悦。”② 自20世纪90年代以来，电视娱乐节目从最初的《正大综艺》、《综艺大观》发展到今天的《非诚勿扰》、《我们约会吧》，电视娱乐节目由“文以载道”、“寓教于乐”的教化功能转向“疏离文化”、“远离经典”的感官娱乐。电视产品在影像的魅惑之下渐行渐远。“从他们的产品中分离出来的人们，以日益强大的力量制造他们世界的每一个细胞，同时他们也发现，他们与这个世界越来越隔离。”③

如今，电视娱乐文化表现出“异化”的趋向，削弱了媒体公信力，侵蚀了媒体的责任感，践踏了媒体的尊严。传播信息、整合社会和引导舆论是电视媒体的文化使命。在电视娱乐节目的实践中，过度倚重物质利益，导致艺术的价值与意义被消解，让电视媒体陷入“低俗”、“媚俗”和“庸俗”的泥潭，并逐步沦落为单纯的娱乐工具，电视媒体的公信力遭遇到前所未有的挑战。

---

① ［法］居伊·德波著，王昭风译：《景观社会》，南京：南京大学出版社2007年版，第10页。
② 朱羽君、殷乐：《生命对话》，北京：中国电影出版社2002年版，第215页。
③ ［法］居伊·德波著，王昭风译：《景观社会》，南京：南京大学出版社2007年版，第10页。

三、虚饰的情感：亵渎了“真善美”的社会价值

真实的情感和快乐的需要是人类最本质的特性之一。而千姿百态的娱乐样式，正是直接诉诸各种人类情感，使大家产生一种“人同此心、心同此理”的凝聚力。电视娱乐理应制造真情实感，传达“真善美”的社会价值，但是电视娱乐并没有向大众提供一种可以满足真实情感的需要，而是创造了虚假的幻象。

细看电视荧屏，我们会发现电视娱乐节目铺天盖地，《非诚勿扰》、《称心如意》、《职来职往》、《中国达人秀》、《梦想成真》等节目打着“满足受众需求”的旗号使其身份合法化。殊不知，电视媒体通过制造更多的“兴奋点”与“热点”，使自己成为了当代价值的建构者。如《非诚勿扰》一度打造了“拜金女”马诺、“豪宅女”朱真芳等热点人物，雷人语言频出，引起社会对婚恋观、价值观的探讨，节目“收视率”飙升，制造了卫视收视的神话。可以说，电视在这个过程中发挥了“编织者”的角色，不断地给人们带来虚假的满足。当所有人都在享受着娱乐的无比温情时，虚拟的“共性”残酷地掩盖了消费的本质，遮蔽了娱乐对真情实感的亵渎。以选秀节目为例，声势浩大的海选看似是一些真实发生的事件，其实这些都是经过一系列策划所建构的新的话语体系，所谓的“公平”与“民主”也只不过是民众的虚幻想象。然而，人们仍然愿意沉醉于“伪需求”的表象之中，获得“伪满足”带来的虚饰的快乐。

情感作为人们审美的重要环节，是客体与主体连接的重要纽带，是当代电视艺术创造的恒久弥新的价值追求与精神向往。但是，事与愿违，大众传媒通过操控“娱乐”来实现其价值追求，对人们发自肺腑的情感造成了强烈的撞击。电视“提供的是可望而不可即的虚假快乐，它是用虚假的快乐骗走了人们从事更有价值活动的潜能”①。电视媒体凭借其独有的声光电造型优势，营造各种氛围，掀起情感上的波澜，迷惑观众的视听，使观众在“虚拟互动”中产生情感共鸣、麻痹神经。《非诚勿扰》的男女嘉宾的调侃让人捧腹大笑，《职来职往》中犀利的嘉宾让人倍感震撼，《梦想成真》中感人的故事催人泪下。欣赏的过程使观众心潮澎湃，引起人们不断地“狂欢”。然而故事谢幕之后，感性的狂欢悄然退去，个体生命的价值虚无、价值空缺油然而生，消解了情感的意义深度。显然，“平面化”、“简单化”的虚饰情感，降低了人们思考的能力，摧毁了人们的精神追求。

日复一日的电视娱乐生产消磨了深度的情感意义，使得充满活力的娱乐形式变得沉闷不堪。情感受到了电视媒体的钳制，无法显现出人们对“真善

---

① 陆扬、王毅：《大众文化与传媒》，上海：上海三联书店2000年版，第50页。

美”的追求，人类主体的精神内核也受到了冲击，人类进入了“后情感社会”。后情感主义的最大特点就是情感不再以真实作为主要的发声方式，而以替代性、低俗性和虚幻性作为主要的表现方式。后情感主义无法满足当代中国人的精神需求与价值追求。

电视娱乐文化在转型的过程中，深受西方后现代主义的影响，出现了种种异化的现象，如同质化、低俗化、虚饰感等，消解了传统文化价值体系在中国电视观众心目中的主导地位，与中国社会主导文化、核心价值观念等产生背离。娱乐不能为了娱乐而娱乐，而是要在娱乐中，传递社会的正能量。电视娱乐文化应在幽默风趣的表现中，传播主流的电视文艺作品，开创富有中国特色的电视娱乐文化形态，满足人们的价值追求与精神理想。

第二节　电视娱乐文化的重构

目前，中国电视娱乐文化的发展仍处于感性勃发与理性萌芽的阶段，与之相伴的随意性、盲目性与矛盾性无不展现着当代电视文化的生存危机。电视娱乐文化从欣赏到自娱，再到狂欢的变迁轨迹，遵循着虚拟体验、视听冲突、生理刺激以及商业力量交相混合的奇观逻辑，继续演绎着多维价值观念的冲突与较量。面对这种状态，我们必须以高度的敏感性、自觉性和实践性，用积极的文化来应对，清醒地面对电视娱乐文化发展中的各种问题，以文化理性精神来规避电视娱乐糟粕文化的泛滥。我们应采取有效的措施，提高大众的文化审美水平，冷静审视当下大众在娱乐面前“集体无意识”的心理镜像，对电视娱乐文化进行有效引导，向整个电视文化与电视产业输入“正能量”，推动中国电视事业迈向理性化发展的新阶段。

一、电视娱乐文化的价值重构与整合

纵观我国电视娱乐节目的演化过程，我们不难发现“娱乐”理念在实施的过程中被不断地“异化”。原本注重快乐享受的娱乐逐渐向刺激消费，原本注重集体欣赏的娱乐逐渐向感性狂欢过渡，视觉表象以奇观意义的生成篡夺了文化本真映现心灵之镜的存续价值，文化表演与文化作秀的电视意图赤裸裸地映入大众的视野，并依靠电视娱乐景观的生产与变换来操纵整个社会生活。花样百出的电视“游戏”在融合观众参与的同时，体现了规则主导下的精英文化：充满诱惑的“家庭梦想”刺激了益智节目的推进，产品的隐形广告实现了媒体与商业的共赢；声势浩大的“海选”为选秀做足了宣传，“公平”与“民主”的宣传旗号遮蔽了媒体造势的商业意图；现场对决的“PK”环节赚足了粉丝的眼泪，煽情的力量隐喻了竞争的残酷与无情；错落有致的

“相亲阵容”、形象迥异的嘉宾形象及冲锋陷阵的话语对接等电视呈现是媒体精挑细选的结果……娱乐话语的每一次精彩亮相，绝非是偶然与巧合，而是媒体与商家联合的创造性产物。

在面对电视娱乐文化商业化、低俗化和庸俗化等窘境的同时，我们应该以理性的视角对电视娱乐文化进行整合与重构，转变电视娱乐生产的思想观念、形成机制、话语渗透以及审美价值，全面提升电视娱乐文化的品格。

电视娱乐文化作为电视文化的亚文化形态，其整合重构主要是通过对电视娱乐文化生产要素与传播观念，进行有效的排列、组合和调配，形成符合当下社会主流价值观的新的价值体系，实现形象价值、文化价值以及精神价值共筑的文化体系，指导电视娱乐节目向高水准、高品质迈进，促进电视事业健康发展。

电视娱乐文化整合重构的价值重在通过塑造生动活泼的娱乐形象，释放大众在竞争日趋激烈的社会下形成的社会压力，满足大众对快乐指向的心理需求。同时电视娱乐节目在时代主题的感召下，以传播先进文化为己任，努力提升价值品位，倡导科学理念，塑造美好心灵，陶冶高尚情操，弘扬社会正气，培养文化新风，为推动电视文化的发展作出贡献，加快社会主义文化大发展大繁荣的步伐，实现中华民族的伟大复兴。

二、文化安全：电视娱乐文化的警觉意识

任何一种文化形式都承载着意识形态的意义指向与审美价值的艺术功能。作为以提供休闲娱乐作品为手段的电视娱乐文化，在满足大众的娱乐需求的同时，依然肩负着主流意识形态与核心价值观念的宣传任务，肩负着“爱国、为民、崇德、尚艺”的文艺使命。电视娱乐要在保持“独立自主”的前提下，出精品、出大作，提高电视娱乐文化的安全性，规避抄袭、拼贴现象的发生，彰显出中华民族的民族意识与历史责任。

电视娱乐文化若想提升文化安全指数，一定要先解决其民族化的问题。在全球化浪潮的席卷之下，国内与国际传播的间隔日益缩短，民族化的概念也趋于模糊。尤其在市场化的强力冲击下，人们越来越看重电视娱乐文化的商业价值，忽略了其内在的民族根性，给电视娱乐文化的民族化打上了虚幻、空洞、乏味和无聊的标签。其实，电视娱乐文化的民族化不仅仅是各路精英的群体呐喊，更重要的在于能够确立电视娱乐文化的主体。主体明确才能使电视娱乐文化有更清晰的发展脉络，指出未来走向，这样才能确保实现全民族的价值认同。我国的电视娱乐文化要在娱乐形式与传播内容两个方面实现民族化策略。电视娱乐形式的民族化，主要体现在娱乐手段与审美形式的民族性上，表现出“中国制造”的审美价值，加深群体印象，而电视娱乐内容的民族化，要在表现本土文化的基础之上，展现让中国观众喜闻乐见、易于

接受的重要题材与精品内容。湖南卫视的娱乐节目《天天向上》以娱乐为外化形式，以传统礼仪为内容指向，将传统文化与现代文明进行了巧妙的衔接，突出了古老的“礼仪之邦”在现代社会的文明程度。《天天向上》虽然打着大型综艺脱口秀的名义，实际上起到的作用却远非“脱口秀”这么简单，中华民族的礼仪文化在嘉宾与主持的互动中得以真实呈现，体现出电视娱乐文化的民族化特色，将娱乐与审美进行了有效的缝合，真正发挥了电视娱乐节目寓教于乐的重要功能。

电视娱乐文化的安全性还应该体现在充分利用现有文化资源、增强贴近性上，这样才能激发出更多的电视创造灵感，让创意丰满而有趣，使富有中国特色的电视娱乐文化走向世界，并逐步从边缘走向主流，掌控新的话语力量，能够提升我国在世界上的民族地位。在当今社会，世界各国之间通过经济、政治等不同的话语形式进行着各种较量，企图实现文化殖民的目的。正如萨义德所言：“世界历史中从未有过像今天这样，一种文化对另一种文化实行如此大规模力量与思想上的干预”①。如果不增强本国文化的实力，必然会受到其他国家的震慑与威逼，进而被同化。电视娱乐文化作为我国的重要文化产业，只有不断提升自我价值，才能实现文化安全转轨，才能实现文化独立。我国的电视娱乐文化在创新与实践的过程中，应始终遵循贴近实际、贴近生活和贴近群体，这样才能使电视艺术拥有长久的生命力。电视娱乐文化以铿锵的笔触诠释生活逻辑的重要意义，让电视艺术走向大众，走进人们的心中，提高观众的认可度，加深社会认同，这样才能让中国的电视娱乐文化形成一股合力，锻造众志成城的文化精神，才能让我们的电视文化在世界上保持独立性、自主性。

三、文化自觉：电视娱乐文化的本真映现

当今世界，文化的重要性日渐显要，文化已经成为提升综合国力的竞争要素，成为民族凝聚力与创造力的重要源泉。作为当代文化的重要组成部分，电视娱乐文化嵌入人们的生活，不断地供给娱乐元素、丰富情感和广泛体验。在国家倡导实施文化大发展大繁荣的前提下，电视娱乐要以高度的文化自觉，推进电视文化健康和谐发展，成为推动社会主义文化大发展的重要力量。

全球化在推进经济在世界领域的交流的同时，也体现出各国文化形态的融合与交流。由于思想观念、价值标准和人文风情迥异，世界各国的文化在交流中，难免会出现碰撞与冲突，文化自觉由此形成。费孝通先生认为：“文化自觉，只是指生活在一定文化中的人对其文化有‘自知之明’，明白它的来

① ［美］爱德华·W. 萨义德著，李琨译：《文化与帝国主义》，上海：上海三联书店 2003 年版，第 454 页。

历、形成过程、所具有的特色和它发展的趋向，不带任何‘文化回归’的意思，不是要‘复旧’，同时也不主张‘全盘西化’或‘全盘他化’。自知之明是为了加强文化转型的自主能力，取得决定适应新环境、新时代文化选择的自主地位。文化自觉是一个艰巨的过程，首先要认识自己的文化，理解所接触到的多种文化，才有条件在这个已经在形成中的多元文化的世界里确立自己的位置，经过自主的适应，和其他文化一起，取长补短，共同建立一个有共同认可的基本秩序和一套各种文化能和平共处，各抒所长，联手发展的共处守则。”① 文化自觉反映出的是积极主动的进取过程，体现出在回顾历史、立足现实和展望未来时，能够清晰地明白当下文化的坐标，不盲从于任何其他形式。

我国电视娱乐文化的转型若想取得成功，必须以高度的“文化自觉”开创崭新局面。电视娱乐文化要时刻保持警醒的状态，能够理智地认识自我发展的过程及其展现出的特色，并能够把握未来走向。我国最初的电视娱乐/综艺类节目深深地打上了时代的烙印，像上个世纪的《综艺大观》、《正大综艺》都带有明显的晚会色彩。电视晚会是我国电视娱乐节目的雏形，能够体现较强的民族色彩以及家国叙事的情怀，但是随着全球化的日益推进，我国的电视综艺节目开始借鉴和模仿国外的电视娱乐节目，其中难免受到国外价值观念的影响与冲击。在复制与克隆的过程时，电视娱乐节目走向了全民狂欢的境地，电视娱乐文化也由此进入了鼎盛时期。可以说，我国的电视娱乐文化的凸起与西方后现代主义相伴相随。从某种意义上来讲，我国的电视娱乐文化所表现出的后现代主义色彩，使其丧失了本土化的民族情感与文化精髓。电视娱乐文化在践行“文化自觉”的理念时，首先必须清楚地认识到西方文化的影响，这样才能不至于照搬西方的娱乐观念，能在借鉴西方优秀娱乐理念的基础之上，彰显本民族的文化情感与文化精神。

第三节　社会主义核心价值观引导电视娱乐文化健康发展

第十七届六中全会指出：“文化建设是中国特色社会主义事业总体布局的重要组成部分。没有文化的积极引领，没有人民精神世界的极大丰富，没有全民族精神力量的充分发挥，一个国家、一个民族不可能屹立于世界民族之林……没有社会主义文化繁荣发展，就没有社会主义现代化。”② 文化建设已

① 费孝通：《论人类学与文化自觉》，北京：华夏出版社2004年版，第208页。

② 中共中央关于深化文化体制改革推动社会主义文化大发展大繁荣若干问题的重大决定，http：//news. xinhuanet. com/politics/2011 -10/25/c_ 122197737. htm.

经成为当代中国社会全面改革的必由之路。文化建设关乎民心、民意，关乎整个中华民族素质的全面提升，关乎国家的繁荣富强。中国社会现处于全面转型期，文化建设正面临着前所未有的机遇和挑战，实施文化强国战略是党执政兴国的第一要务，也是和谐社会的必然要求与本质体现。

一、“多元竞流”中的核心价值

“当今世界正处在大发展大变革大调整时期，世界多极化、经济全球化深入发展，科学技术日新月异，各种思想文化交流交融交锋更加频繁，文化在综合国力竞争中的地位和作用更加凸显。”① 不同民族、不同国家之间的意识形态、民族精神及文化信仰呈现出多元化、多端化的局面。它们之间既有相互融通的成分，又有相互对峙的力量。全球化浪潮的席卷，促使各种文化形态之间展开了一场前所未有的交织与激荡的新局面。“文化成为了一个舞台，各种政治的、意识形态的力量都在这个舞台上较量，文化不但不是一个文雅的领地，它甚至可以成为一个战场，各种力量在上面亮相，互相角逐。”② 在这场文化角逐与较量之中，弱势文化经不起霸权文化的攻击，就必然走向“被同化”的道路。只有那些文化形态鲜明、文化力量充足和文化精神坚强的文化，才能保持自主性与独立性。因此，若想在世界文化的交锋与对流中展现出本国文化的精髓与意蕴，避免受到其他文化的侵蚀与冲击，一定要保持本国文化的鲜明特性和精神力量，提高文化建设的积极性与自觉性。

对于我国而言，社会主义文化是文化建设的主导力量，社会主义核心价值体系是文化强国的核心价值。社会主义文化是以马列主义为指导，以毛泽东思想、邓小平理论、“三个代表”重要思想以及社会主义荣辱观为依托，以贴近人民群众为旨归，是富有鲜明的中国特色的文化形态。社会主义核心价值体系在中国整个价值体系中居于核心地位，决定着整个价值体系的基本特征与发展方向。它涵盖了马克思主义的指导思想、中国特色社会主义理想、以爱国主义为核心的民族精神和与改革创新为核心的时代精神、以“八荣八耻”为主要内容的社会主义荣辱观。③ 社会主义文化与社会主义核心价值体系以铿锵的力量与贴心的热度，引领着中国社会不断前行。

当下电视娱乐文化频频出现泛化、异化等现象，掏空了观众的真实情感，造成了大众内心的孤独，价值虚无、文化疏离展现在当代电视娱乐文化的生成轨迹上。此种局面的扭转，需要社会主义文化与核心价值体系加以引导，

---

① 中共中央关于深化文化体制改革推动社会主义文化大发展大繁荣若干问题的重大决定，http：//news. xinhuanet. com/politics/2011－10/25/c_ 122197737. htm.

② ［美］爱德华·W·萨义德著，李琨译：《文化与帝国主义》，上海：上海三联书店2003年版，第4页。

③ 社会主义核心价值体系，百度百科，http：//baike. baidu. com/view/1033303. htm.

以实现和谐发展。

第一，弘扬主旋律。要传播和实现社会主义核心价值体系，电视娱乐文化必须“用一元化的指导思想引领多样化的社会思潮，巩固和弘扬健康向上的主流意识形态”①。具体而言，电视娱乐节目要以丰富多彩的视听呈现，来满足大众的娱乐需求，努力展现出当代中国人的价值追求与社会理想，倡导和谐理念，培育和谐精神，营造和谐氛围，全景式地描摹各族人民奋发进取、昂扬向上的精神风貌。在弘扬社会主旋律方面，中央电视台的年度盛会《春节联欢晚会》堪称典范。每年的“春晚”都有一个鲜明的主题，大多都是映照社会现实，弘扬社会正气，谱写主旋律的盛世篇章。譬如，2008 年“春晚”以“和谐盛世、团结奋进”为主题，以中华民族的百年奥运之梦的实现为现实土壤，描绘了构建和谐社会的蓝图，展现出当代中国人团结奋进的精神风貌。岁末，冰雪灾难的不幸降临，并没有压垮中华民族的脊梁，反而在困境中彰显了众志成城的团结精神。不管是面对荣耀的奥运，还是不幸的冰雪灾难，中华儿女都能够以自己的实际行动践行团结拼搏的精神，一个个美丽的身影、一幅幅顽强的画面让“和谐中国”的理念昭彰天下。

第二，切中时代脉搏。电视娱乐文化要与时俱进，把握时代的脉动，迸发出时代激情，以时新性提升娱乐价值，以新颖性提高娱乐水准。电视娱乐的选题要与时俱进，体现鲜明的时代感。纵览当下热播的娱乐节目、职场招聘节目，它们体现出了较强的时代感。在市场经济的影响下，竞争日趋激烈。企业竞争、商品竞争、人才竞争等不同类型的竞争形势逐渐显现，同时也加剧了就业形势的严峻程度。电视媒体试图缓解就业压力，打破“就业荒”的严峻形势，推出了《非你莫属》、《职来职往》、《步步为赢》等一系列的职场“真人秀”节目，给不少求职者提供了就业就会。从这一角度来讲，职场“真人秀”节目能够与时代同步，在社会矛盾中挖掘富有社会价值的材料，通过加工与改造，向大众提供就业机会、指点就业迷津。这也是电视职场“真人秀”节目践行“走转改”精神的真实写照，以贴近实际、贴近生活、贴近群众为旨归，促进社会环境的良性循环。

二、“和而不同”中的文化渗透

“和而不同”的观念体现出了中国哲学的智慧。“和”是统一、和谐，是内在力量的蓄积；“不同”则是外在的具体表现。“和而不同”意在传达在坚持原则的基础上，尊重差异，实现“共存共荣”的和谐理念。电视娱乐文化与社会主义主导文化体现出“和而不同”的哲学观念。电视娱乐文化在社会主义主导文化的引领下，不断地寻求创新点与立意点，创造出更优秀的电视

① 欧阳宏生主编：《电视传播核心价值论》，北京：北京大学出版社 2010 年版，第 158 页。

娱乐精品，向社会供给营养。

（一）创新娱乐体裁，增强审美意识

自2011年“限娱令”颁布以来，各省级卫视都纷纷进行了改版。在节目形态上，最为突出的就是跨体裁整合。跨体裁主要是指电视娱乐节目不再以单纯的某一节目形态为叙事手法，而是整合多种艺术表现方式的灵动因素，让一种电视娱乐节目呈现出多种艺术效果。令我们欣慰的是，各卫视在进行跨体裁改革的同时，剔除了以往节目中的非主流因素和虚拟成分，增强了电视传播的真实性与感染力，对于弘扬社会主义核心价值观念起到了示范的作用。

电视娱乐节目的“跨体裁”运作是电视产业观念的一次革新，对于指导电视产业的多样化发展起到了很好的支撑作用。在“跨体裁”的叙事范式中，诞生了许多优秀的电视娱乐节目，如湖北卫视的《冲出危机》融合益智节目与文化节目于一体；东方卫视的《劳动最光荣》集合了才艺“真人秀”、新闻纪实等不同的节目样式；湖北卫视的《我爱我的祖国》对表演“真人秀”、益智“真人秀”等节目样式进行了有效的嫁接与组合等。

其中，《劳动最光荣》和《我爱我的祖国》在弘扬主旋律上起到了较好的作用。东方卫视的《劳动最光荣》是在原有节目的形态上进行了改革。节目未改版之前，“由娱乐明星担当主角，分组体验普通劳动者的工作，模仿和展示劳动技能，其间插科打诨搞笑连连，是典型的综艺娱乐节目”①。节目改版之后，对真实元素进行了重点阐释。普通劳动者取代了明星，在现场展现劳动技能，展现了中国劳动人民的勤劳与智慧，切合了社会主义主流价值观。湖北卫视的《我爱我的祖国》以红耀夺目的主旋律词汇命名，在娱乐中挖掘主旋律的因素。“这档节目从形式到内容，充满各种手法样式的交叉综合，其中有《正大综艺》式的地方文化民俗展示，《综艺大观》式的歌舞表演，《快乐大本营》式的游戏调侃，《开心辞典》式的益智问答，《艺术人生》式的名人往事怀念。”② 多种艺术手段的集合，让节目妙趣横生。在祖国各地文化的介绍、穿插的爱国歌曲中，对以爱国主义为核心的民族精神进行升华，体现了电视娱乐文化对社会主义核心价值观念的坚守。

（二）整合娱乐观念，提升文化意蕴

电视娱乐观念的整合，要以坚持社会主义核心价值为导向，以深度开掘社会主义核心价值体系的重要内涵为旨归，促进社会主义核心价值的“生活化”和“社会化”，这是中国社会发展的必然要求，也是电视娱乐文化的最终归宿。

---

① 曾学远、陈四芳：《“限娱令”下省级卫视的节目创新趋向》，《当代电视》2012年第8期。

② 曾学远、陈四芳：《“限娱令”下省级卫视的节目创新趋向》，《当代电视》2012年第8期。

社会主义核心价值凝聚了十三亿中国人的集体智慧，是中国特色社会主义在当代社会发展的生动实践。中华民族的共同理想、以爱国主义为核心的民族精神和以改革创新为核心的时代精神等内容的深度聚合，是中国传统文化与现代文明的一次交汇，对人类的普世价值与奉献精神进行了创造性的黏合。电视娱乐文化在坚持传播主流价值观的同时，还应该把笔触延伸到现实中，在丰富多彩的现实世界里挖掘有深度、有影响力的创造性题材，让娱乐也变得有深度、有力度和有温度。比如，浙江卫视《中国梦想秀》第三季特别节目“献给最美的司机吴斌”在对核心价值观的创新传播上，起到了很好的引领作用。“VCR再现了英雄司机吴斌在遭遇意外铁块的致命撞击之后，在76秒的时间里依然坚持把车停下来。这个平凡的生命，在危机时刻用不平凡行动与坚持保护了另外24个人的生命。吴斌强忍阵痛，在死前用行动赢得了一个职业司机最高的荣耀。吴斌在短短一分多钟的时间里凝聚了他对人民的热爱和对事业的忠诚。”① 《中国梦想秀》作为一档电视综艺节目，在生动、真实的事实上挖掘出弘扬社会正气、践行主流价值观的重要主题。在对吴斌事迹进行叙事的过程中，饱蘸了人民对他的无比敬意与钦佩情感。

电视娱乐的直接目的是愉悦大众，产生情感冲击。情感在电视娱乐的传播中占据着非常重要的位置，甚至可以说是电视娱乐创造的核心。从这一意义上说，娱乐观念始终与情感相伴，并着力突出情感的温暖、力量和教化，这样才能凝聚社会共识。情感贯穿于电视娱乐策划、创制和传播的整个过程，以情布局，能够营造良好的情感氛围，捕捉生命美好的瞬间，令观众感动，实现投合人内心或感官的快适。“在一个娱乐的世界里，人物从心底流露出来的真爱亲情都是最能打动人心的。填补日常生活中由于种种原因造成的情感缺憾，满足人们内心对理解与爱的需求。”② 2010年《中国达人秀》的舞台上出现了一位用脚弹钢琴的小伙子刘伟。他失去了双臂，用脚弹奏了美妙的乐曲，感动了评委与观众，全场起立，为这个身残志不残的年轻人而感到骄傲。“我觉得我的人生只有两条路，要不赶紧死，要不精彩地活。”他的这一句话触动了全国人的内心，这也是他顽强拼搏的真实写照。他依靠惊人的毅力与超俗的表现，夺得了《中国达人秀》第一季的冠军，同时也感动了全国人民，获得了2012年“感动中国”的荣誉称号。无疑，《中国达人秀》作为情感的象征与符号而存在，并向社会传递着积极的力量与富有“正能量”的情感价值。

---

① 赵红勋：《〈中国梦想秀〉的独特魅力》，《视听纵横》2012年第4期。

② 李林容：《电视娱乐的情感体验及“后情感主义”》，《新闻知识》2012年第6期。

三、“寓教于乐”中的品格建构

娱乐作为人的一种天性，适当的感性狂欢有助于释放压力、满足好奇和愉悦心灵，但是电视媒体在“收视率”的驱动下，过度生产“无深度”的意义快感，牺牲了审美功能，消解了深度意义。2011 年 10 月广电总局的一纸“限娱令”对低俗的电视娱乐文化以沉重打击。因此，电视娱乐文化应该在社会主流价值观的引导下进行调适与整合，提高电视娱乐的文化品格，尽快融入到社会主义文化大发展大繁荣的征程中，为我国文化建设作出积极贡献。

（一）倡导绿色娱乐

时任中央电视台台长的赵化勇曾提出“绿色收视率”的概念。“绿色收视率”不是以收视率为唯一标准的单纯的市场导向，更不是所谓的以“收视率为王”，而是指在确保正确舆论导向，确保国家主流媒体对观众的影响力和对舆论的引导力的前提下，扩大覆盖面和提高收视率，做到既有效体现节目的思想性和导向性，又要杜绝媚俗和迎合，坚守品位，为观众提供“绿色”文化空间，实现社会效益最大化。① 可以说，“绿色收视率”是媒体公信力提升的有力象征。对于电视娱乐文化而言，更要提倡“绿色”，这样才能更好地发挥娱乐文化的“感化”功能，提升电视娱乐节目的品质与内涵，吻合社会和谐发展的中国特色理念。

娱乐作为一种文化形态，其重要功能是要感化人心、渗透心灵。笔者提倡的“绿色娱乐”是和谐、健康和动感的一种娱乐观念和娱乐精神，目的是为了提高人们的“快乐指数”、促进人的身心健康。“绿色娱乐”能够以一种包容心态，为娱乐的文明作积极健康的疏导。2011 年 4 月 2 日浙江卫视推出了大型圆梦节目《中国梦想秀》，该节目紧紧围绕梦想的实现，铺陈了“小人物、大梦想”的转述空间，以平民化的叙事角度贴近了民众的梦想，节目一经播出好评如潮。《中国梦想秀》以其独特节目形态对“绿色娱乐”作出了诠释。

2011 年国家广播总局“限娱令”的出台，为“绿色娱乐”理念提供了政策支持与生存空间。中央电视台新的节目评估体系把“引导力”、“影响力”、“传播力”与“专业性”提上日程，彰显电视娱乐文化的良性发展。“绿色娱乐”意味着娱乐文化自身内部各要素之间，以及与电视文化及整个人类文化、文明之间的传播关系的生态和谐。”②

（二）提高审美情趣

审美情趣是人们在审美活动中表现出来的一种稳定的审美倾向与主观偏

① 赵化勇：《全面实施品牌化战略，进一步提高舆论引导能力》，《光明日报》2006 年 11 月 1 日。

② 李林容：《构建绿色的电视娱乐文化》，《新闻与写作》2011 年第 2 期。

好，具有能动性，起着引导的作用。当我们沉浸于电视娱乐节目带来的“窥视快感”、“游戏快感”和“狂欢快感”时，娱乐发挥了重要的作用。若想使电视娱乐节目深深植入我们的内心，就需要提高审美情趣，因为审美情趣关乎精神价值的意蕴。诚如英国学者梅内尔所言：“娱乐和审美之间的最大区别在于心理结构运动方向的不同，前者使人获得快感而不需要心理上的努力，后者则需要经过一种精神上的锻炼。”① 显然，娱乐可以使人获得表象/浅层的快乐，而审美情趣带给人的是精神的快乐与内心的愉悦。例如，湖南卫视的《天天向上》作为一档大型礼仪脱口秀节目，受到学界和业界的好评，很大程度上在于，该节目把娱乐和审美融为一体，提高了节目的文化品位。《天天向上》善于整合我国传统文化与大众文化，并重新开发新的文化资源。节目通过“真人秀”、情景剧的展现方式，围绕“礼仪文化”进行展开，让观众体验娱乐的同时，受到精神的洗礼。可以说，以《天天向上》为代表的一批电视娱乐节目在社会主流价值观的主导下，有效地结合了“娱乐”与“审美”，使两种不同层次的认知能力发挥其效用。

电视娱乐文化作为当代电视文化的独有形态，应在树立“绿色娱乐”观念的基础上，提高审美情趣，培植文化内涵，提高媒介素养，使电视娱乐节目能够长久地驻足于人们的心灵，这样才能促进电视娱乐文化健康、和谐与良性的运转，中国传媒事业也才会蒸蒸日上。电视娱乐文化的健康发展必将推动社会主义文化大发展大繁荣的伟大事业阔步前行。

① ［英］梅内尔著，刘敏译：《审美价值的本性》，北京：商务印书馆2001年版，第40页。

第十章

青年文化与电视奇观

青年人是推动电视发展的重要力量。他们以前卫的思想表达和新锐的行为方式，建构着当代电视娱乐奇观文化。他们不仅仅是电视娱乐节目忠实的受众群体，而且是制造电视娱乐奇观的活力因素。无论是选秀类节目，还是相亲类节目，抑或职场类节目，青年人的身影无处不在。他们以饱满的热情投身于选秀、相亲、职场等娱乐热潮，制造了宏大的娱乐叙事场景，让电视娱乐奇观在荧屏内外交相辉映。

第一节　青年群体与电视奇观

在媒介生态剧变的时代，电视依然展示着其巨大的文化辐射力与社会影响力。电视作为融入日常生活的重要媒介，以展示奇观影像为重要手段，向社会传递娱乐文化，如湖南卫视《快乐大本营》塑造的“快乐奇观”、江苏卫视《非诚勿扰》建构的“婚恋奇观”以及浙江卫视《中国梦想秀》制造的“梦想奇观”等都在不同时期影响着电视观众，引导人们适应现代生活方式。《快乐大本营》、《非诚勿扰》、《中国梦想秀》等之所以能被称之为奇观，是由其娱乐方式所决定的。正如道格拉斯·凯尔纳所认为的，媒体奇观是将当代社会中的冲突和解决方式戏剧化的媒体文化现象。“快乐奇观”、“婚恋奇观”、“梦想奇观”等不同电视“子奇观”的建构过程本身就是一个再现戏剧冲突的过程。以“婚恋奇观”为例，相亲话题在身体展示、话语冲突以及观念较量中频现惊奇效果，这是电视戏剧的呈现方式，也是吸引青少年群体的重要原因。

作为自改革开放之后成长起来的一代人，青少年群体深受改革思潮的影响，思想观念与时俱进。尤其在全球化的冲击与影响下，媒体的触角向各个角落延伸，触及了他们对社会变化的敏锐感知和思想意识的先行。青少年作为电视娱乐节目的重要受众群体，解构了“魔弹论”的角色功用，积极主动地投身于电视娱乐文化“奇观化”的进程中。对“海选”的狂热、对竞争的追逐、对偶像的崇拜、对梦想的坚持、对职场的热情以及对异性的窥探等无不体现出他们推进电视奇观的行为方式与心理轨迹。

一、转型期青年群体的社会特征

伴随着改革开放进程的日渐深入，社会面貌焕然一新。琳琅满目的电视产品充斥着人们的生活，随身听、MP3、MP4、电话、电视机和电脑等形形色色的媒体消费品成为了大众的日常用品。大众媒介的触角延伸至社会生活的方方面面，并不断改变着人们的消费观念。开放的港台、欧美地区等各类文化形态凭借大众传媒的优势在内地传播，引发了人们对流行文化的认知与追求。诞生于20世纪80年代的特殊群体“80后”以及紧随其后的“90后”正赶上了这个丰富多彩的时代，追求时尚、追赶潮流的文化心态使他们成为一个被“标签化”的亚文化集合体。电子媒介的无比威力足以使他们陶醉，而沉浸于虚拟的世界，享受着娱乐带来的无穷乐趣。他们以鲜明的个性特征、独特的行为方式登上了充满着喧嚣的舞台，完成了他们的人生蜕变。

（一）自我消费：“80、90后”的群像描摹

周杰伦、郭敬明、刘翔、姚明、李云迪、李宇春、张靓颖、陈楚生、张杰、魏晨、蒲巴甲、曾轶可、吴俊余、周冬雨……一个个年轻而响亮的名字，频频出现于媒体的显要板块，代表着青年群体的重要力量。“80、90后”作为热词，被频频推向风口浪尖，引发着人们的热议。“80、90后”以其独特的魅力赢得了媒体的青睐，加速了走向大众的步伐。

1.“80、90后”：被标签化的青年群体

“80后”最初来源于文学领域，是对1980—1989年出生的年轻作家的一种称呼。随着大众媒体的广泛传播，“80后”的概念已经远远超出了文学能指的范畴，成为了流行文化的意义指向。“80后”广义上是指“中国实行计划生育以来，第一批长大成人的独生子女”①。“90后”是“80后”的一个相对概念，指出生于1990—1999年的青年群体。“80、90后”作为当下媒体与社会的关注焦点，他们的行为方式与社会心理不得不引起我们的关注。父辈们“墨守成规”式的行为规范，在他们看来是何等的滑稽可笑；父辈们“集体价值”式的精神图腾，在他们看来是何等的不可理喻。父辈文化体现出的高度统一，成为了他们嘲讽的对象，被视为“老掉牙”的生活习性。“80、90后”成长于消费文化繁盛之际，注重自我体验，重视感官享受，强调个性魅力，成为了被物化的“感觉人”。

“80、90后”这两个富有时代色彩的名词，本身就饱含了张扬青春、释

---

① 郑欣：《平民偶像崇拜——电视选秀节目的传播社会学研究》，北京：中国传媒大学出版社2008年版，第137页。

放个性的文化意象，其逻辑意义的形成往往被贴上某种标签，个性、另类、张扬、狂热、奔放、感觉、时尚、流行等与之密切关联。“80、90后”在这些标签的遮盖下，经过大众媒体与人际传播的多层过滤与筛选，成为了被异化的青年群体，被认为是“没有社会责任感的一代”、“愚昧的一代”、“自私的一代”、“叛逆的一代”等，当然这都与“媒体炒作”、“商业利益”等社会想象紧密结合。如“超女”李宇春的短信支持备受人们的诟病，被人认为这是媒体与商家的阴谋的一次展现，集合了媒体炒作与商业利益的共同利益诉求，打造出了平民偶像的神话。

当“80、90后”作为一枚标签的意义一再局限于商业利益的时候，意象成为了后现代主义风格的代表性特指，对经典文化的疏离、对中心意义的消解和对社会规则的重构迫使青年文化表现出了后现代主义的精神特质。后现代主义并非是对现代主义的一种彻底的决裂，而是在斗争中寻求融合。“80、90后”在父辈文化的影响下，寻求新的突破，找到适合自我个性的生存方式，其中游戏、娱乐成为这个时代有效的生存途径。“被解放的娱乐活动也已取代了被迫的工作和消极的自由时间之间的分裂。”① 选秀节目的热播成为了最好的佐证。选秀节目不再以宏大的叙事作为其意指，而是以碎片化的形态展现年轻人的自我个性，建构新的叙事形态与游戏规则，昭示了“为我至尊”的“我时代”的来临。

2. “我时代”：标新立异的成长旅途

“我时代”是“80、90后”族群寻求、倡导与践行“差异化”的时代。他们在寻求差异化的途中标榜个性、追求独立和崇尚自由。大众媒体对“80、90后”这一行为的实现起到了重要的作用，因为青年人是媒体行为的重要实践者与参与者。2005年《超级女声》的火爆与“80后”追求个性有着直接的联系。曾经音乐明星对他们来说遥不可及，如今的近距离接触，让他们异常兴奋。海选中那些特立独行的选手吸引了众人的目光，直至诞生的全国三甲都极富有个性色彩。李宇春的中性美、周笔畅的率真美成为了人们热议的话题。往日女性的妩媚、漂亮等特质在这个时代已渐行渐远，新一轮时尚在逐渐兴起。同时，疯狂的粉丝们在摇臂呐喊的同时，把自由的狂欢精神推向极致。拿起手机编辑短信支持自己的偶像，“我的地盘，我做主”的时代口号彰显无遗。

“80、90后”青年群体已不再把消费仅仅作为生存的必需，而是当作展现自我，向社会展示“我已长大，我很新潮、特前卫”的重要手段。“我们的选择标准就是同别人不一样”、“我们用各自喜欢的发型、五花八门的服饰和不加掩

① ［法］居伊·德波著，王昭风译：《景观社会》，南京：南京大学出版社2007年版，代译序第6页。

饰的神情宣布：我有我的风格。但标新立异只是外表，我们不反叛什么，我们只想做自己喜欢的事，喜欢不停地尝试新东西，只是拒绝被同化”……“80后”青年群体生活在越来越开放的社会，没有信息封闭的精神苦闷，没有错综复杂的政治负累，中国的现代生活方式和他们同步成长，其生存和发展的特殊环境又令他们一帆风顺，造就了“很我”的风格。①

热闹非凡的选秀场成为了青年文化的绽放乐园。刘著、师洋、魏晨等颇具女性化特色的男选手在选秀途中留下了深深的足迹。他们一步步晋级，在引发传统观念批评的同时，却赢得了“我时代”的年轻人的支持。可以说，电视媒体在放大青年反叛精神的同时，开启了一个刻意造星的新时代，注重形式化和感官化的个人体验，成为了他们成长过程中的重要回忆。他们引领着青少年群体的审美意识、价值观念不断变化，加剧了青少年文化与主流文化疏离的程度。

（二）矛盾的集合体：青年群体的心理症候

青少年作为一个正在成长的群体，他们的思想与行为总是游离在传统与现代之间，既对抗又融合的心态将这个典型的矛盾集合体刻画得淋漓尽致。他们追求个性、独立的同时，难免被卷入时尚的洪流之中。追求个性与自身的从众心理相互矛盾并发生冲突。比如，《超级女声》作为青少年标榜个性的一次解放运动而存在，但是一哄而上的群体参与与群体模仿，让这场选秀沦落为大众的一次狂欢，狂欢的力量让众多“超女”与粉丝们集体舞蹈，他们喊着相同的口号，渲染着同样的情感，趋同性明显增强。“与此同时，超女们在一唱成名的诱惑下，其个性表现最终也不过是顺随策划商的商业目的和大众的审美要求的幌子。”② 在媒体的生产推动下，选秀被不断地复制与克隆，此时，鲜明的个性已不复存在。

以“80、90后”为典型的青年群体，“他们既张狂不羁，又缺乏安全感；既特立独行独来独往，又渴望集群生活与他人认同；既尖锐地针锋相对，又忧郁地自我怜惜；既依赖电子媒介，又渴望回归自然；既拜金崇尚物质主义，又有着对美好事物的最本质的爱与感动；既关注流行文化，又对大众事物表示不屑”③。他们的行为、心理等都充满了对抗与矛盾的力量。他们既反抗精英文化，又自然地推动精英文化的发展。他们颠覆偶像力量的同时，又重塑了偶像的新形象。“超女”、“快男”等选秀节目颠覆了传统的精英式的娱乐节目，建构了平民化的娱乐风潮。但是李宇春、张靓颖、苏醒、魏晨、张杰等新生代偶像的诞生，又让人们重返了往日的精英式娱乐。

---

① 余逸群：《“80后”青年群体特征的解读》，《山东省青年管理干部学院学报》2009年第3期。

② 刘旭：《超女文化现象解读》，《济源职业技术学院学报》2010年第1期。

③ 郑欣：《平民偶像崇拜——电视选秀节目的传播社会学研究》，北京：中国传媒大学出版社2008年版，第141~142页。

二、电视奇观的传播效力

在电视传播的强势渗透下，当代电视娱乐节目以展现戏剧冲突的形式来吸引观众，以期占领收视高地，成为传媒的神话。戏剧冲突形式的展现往往裹挟着强烈的电视娱乐意识形态，试图以生活般的亲和面目与诱惑性麻痹观众，是媒体奇观的最佳注脚与情态表征。

（一）议程设置：电视奇观为青年制造话题

“议程设置”作为传播效果的重要理论，最早见于美国传播学家麦库姆斯和唐纳德·肖于1972年在《舆论季刊》上发表的《大众传播的议程设置功能》一文。它主要指“大众传媒作为大事加以报道的对象，同样也作为大事反映在公众的意识当中，传媒给予的强调越多，公众对该问题的重视程度也就越高”[①]。可见，大众传媒设置的议题往往成为观众的重要谈资。电视作为青年获取信息与娱乐的重要载体，在设置议题上的威力不可小觑，尤其是青年群体在逐渐走向社会的过程中，渴望认识社会却又具有盲目性，可塑性极强却又易受暗示，是电视娱乐文化受众中最活跃、最主动的群体。

青年人的婚恋观一直以来都备受关注，电视媒体利用婚恋这个话题，制造了一系列的婚恋节目，如《非诚勿扰》、《我们约会吧》、《百里挑一》、《非常完美》、《称心如意》等。在后现代电视语境下，婚恋节目的出现展现着奇观逻辑。电视奇观，不以单纯的配对为重要目的，而是倚重外在形式的冲突，实现为青年群体设置议题的重要目的。诸如，每周定时播出节目的时间，成为了青年人相约的时机；节目中男女嘉宾的形象，成为了青年人关注的对象；节目中对婚恋观念或人生观念的探讨，成为了青年人热议的焦点……这一切都是电视奇观为青年群体设置的议程，让他们积极投身于这样轰轰烈烈的奇观运动中。设置议题的真正目的并非为了缓解青年的单身压力，而是通过聚合社会注意力和塑造公众的消费意识，实现经济目的与商业利益，建构媒介帝国主义的文化景观。

（二）涵化教养：电视奇观重构青年价值观

美国著名社会学家格伯纳于20世纪60年代针对美国社会的暴力和犯罪问题进行研究，发现“电视节目中充斥的暴力内容加大了人们对现实社会环境危险程度的判断，而且，电视媒介接触量越大的人，这种社会不安全感越强”[②]。由此，他得出电视媒体具有很强的教化/涵化作用的结论。“在现代社会，大众传媒提示的‘象征性现实’对人们认识和理解现实世界发挥着重大

① 郭庆光：《传播学教程》，北京：中国人民大学出版社1999年版，第214页。
② 郭庆光：《传播学教程》，北京：中国人民大学出版社1999年版，第225页。

的影响，由于大众传媒的某种倾向，人们在心目中描绘的‘主观现实’与实际存在的客观现实之间正在出现某种偏差。同时，这种影响不是短期的，而是一个长期的、潜移默化的培养过程。”① 电视奇观对青年的价值观的影响过程尤其如此。

娱乐性作为电视奇观的重要特征，在很大程度上满足着青年群体对大众文化和通俗文化的需求。无论是《春节联欢晚会》，还是奥运盛典，抑或电视“真人秀”节目，这些奇观文化刺激着青年的欲望和好奇心，让娱乐成为一种新的体验、新的文化姿态。可以说，电视奇观在为层出不穷的娱乐节目提供一个框架的同时，把其意识形态的功用传递给青年群体。正如尼尔·波兹曼所说的“娱乐是电视上所有话语的超意识形态”，支配当下电视奇观得以延续的，不是一个话语力量，而是多个话语集团共同努力的结果。从这一意义上来讲，电视奇观是多方话语力量相互较量与权力意识形态实现的文化场域。电视娱乐意识形态在全社会的渗透，对青年群体的影响尤为重大。以“春晚奇观”为例，它“跨越了时空的界限，确立了共同在场的群体认同，让不曾谋面的观众进入仪式的盛宴之中，共同感受节日的庆典，以达到加强社会团结、增加集体情感、整合社会秩序的重要作用”②。“春晚”试图在这样一个极富中国特色的重大节日背景的渲染下，达到“家国一体”的文化建构，实现文化认同的目的。

当我们细看电视奇观时，不难发现，它渗透着强烈的功利主义与商业价值，这种价值对青年将会产生一种不良的影响，使青年对社会问题的关注焦点发生转移，并容易让青年的思想发生钝化，价值判断模糊化。每一档火爆的电视娱乐节目必然和某个商家有着千丝万缕的联系，如《超级女声》与蒙牛酸酸乳、《非诚勿扰》与步步高音乐手机等。同时，电视节目对收视率的追求也表现出商业逻辑的强力牵引。对于青年群体而言，他们难以抵挡这种无形的消费宣传。《超级女声》火爆的同时，蒙牛酸酸乳的销量也在日益攀升。他们原本只是关注“超女”赛事，没想到也成了蒙牛的忠诚客户。

有学者认为，电视在节目里的确通过故事、体裁和修辞把商品文化的逻辑与日常生活的价值和意义融成一个整体。消费文化与电视文化之间已经没有界限可言，而是一个整体。二者的合谋让人瞠目结舌，例如，在婚恋奇观所营造的交友氛围中，弥散着消费文化的气息。“拜金女”、“豪宅女”、“富二代”等人物频频制造出“非议”话题，过于突出节目的商业价值与消费价值。就这样，电视渲染的消费观念在青年群体中逐渐生产，并左右着他们的判断。电视艺术的社会责任与使命逐渐消失，让他们内心充满了困惑。

---

① 郭庆光：《传播学教程》，北京：中国人民大学出版社1999年版，第226页。

② 赵红勋、赖黎捷：《论电视媒介的仪式传播功能——以央视“春晚”为例》，《东南传播》2011年第5期。

青年群体作为当代社会发展的中坚力量，其身心健康关系着祖国的未来。以展现戏剧冲突为形式的电视奇观在竭尽全力迎合青年心理的同时，日益改变着他们的行为方式，熏染着他们的价值观念。电视奇观如果只是一味地扩大感官刺激，宣扬物欲主义，向他们灌输电视娱乐的消费意识，于潜移默化之中影响他们对电视审美的判断，必将带来整个社会的物欲膨胀与价值颠覆。因此，电视奇观在强化视觉体验的同时，更应该注重电视节目内容对青年群体的涵化作用，并让这种教化呈正相关的发展，这样才能提高电视艺术的美学价值与文化价值，才能让电视艺术长久地驻扎在观众的心中。

第二节　青年亚文化的觉醒

随着改革开放的日渐深入，当代中国社会的开放程度也在不断加深。尤其在全球化的推进下，国家交往、民族交流的广度和频度逐渐增强，不同文化之间的交流、碰撞与融合为多元文化并存提供了更为广阔的空间。当代中国社会的文化形态也日益丰富，主流文化、精英文化、大众文化、民间文化和青年文化等不同类型的文化形态走进了大众的视野。在这些文化形态中，作为“新生代”力量的“青年亚文化”以反抗主流、疏离经典和标榜个性的话语力量在中国文化的版图上崛起。青年亚文化带着它独有的精神气质，活跃在社会的各个舞台上，以新的文化姿态展现着当代青年的精神价值。

青年亚文化是在以主流文化为主导的社会语境中，展现了处于边缘地带的青年群体的特有的文化体系。“从西方‘二战’后的无赖青年、光头仔、摩登派、朋克、嬉皮士、摇滚一代、迷惘一代、垮掉一代、烂掉一代，到当代中国的知青亚文化、流行歌曲、摇滚乐、另类写作、无厘头、大话文艺、漫画迷、网络文化、粉丝文化、K 文化、快闪暴走族（flashmob）等，种种惊世骇俗的青年亚文化构成了当代审美文化的奇异景观。”[①] 青年亚文化作为一股文化力量登上中国的舞台也不过几十年，但是它的发展速度十分惊人，尤其是在电视媒体的熏染与唤询下，青年亚文化以一种文化自觉的方式开辟着自己的疆域，与主流文化既合作又对抗。

一、流行话语的创造与崇拜

青年亚文化以青春的活力、张扬的个性展现其多变的、富有挑战性的文化特质。“青年亚文化是一种世界性的青春文化现象，就其实质而言，它所反映的是成人世界与青春世界，父辈一代与子辈一代之间那种永恒的矛盾和张

① 胡疆锋：《反文化、大众文化与中国当代青年亚文化》，《新疆社会科学》2008 年第 1 期。

力关系。”[①] 青年亚文化是一种对主导文化、权威文化和强势文化的反抗，是为了捍卫一种生活形式及其背后的价值，尤其是在消费、时尚等裹挟娱乐的行业内，青年的力量更是无处不在。青年人激情四射地强势登场，表明了青年亚文化已经成为当代中国文化版图上不可或缺的地标，成为流行的象征与代言。

（一）镜像他者：“我时代”的影像代言

以电视为主的大众媒体加速了青年亚文化的不断觉醒。《超级女声》、《快乐男声》、《红楼梦中人》、《第一次心动》、《加油！好男儿》等选秀节目的热播，星梦、荣耀、金钱等利益的诱惑，激起了青年人的感官欲望，促使他们疯狂地奔向选秀的行列。从报名到海选再到PK，直至最后的巅峰对决，都出现了万人空巷的盛况。成千上万的报名者在一轮又一轮的残酷竞争中淡出荧屏，炫目的光环只留给了最后的胜利者。李宇春、魏晨、井柏然等寥寥数人成为了追梦者的影像代言人。

新世纪的选秀是平民文化凸显的舞台，让许多怀揣着梦想的年轻人体验了上电视的感觉，满足了他们“成名的想象”。在他们离开舞台的那一刻，梦想的热度没有递减反而升温，他们开始把希望寄托在了那些能够继续比赛的选手身上，因为他们有着共同的目标、有着共同的理想、有着共同的激情，此时残酷的比赛逐步演变为一场内在团结的接力赛，离开的选手把接力棒传至继续比赛者的时候，传递的是激扬与梦想。在竞争中失败的选手依然活跃在选秀的赛场上，以高度的热情与极度的支持推动着选秀的继续进行。以李宇春为代表的平民偶像的诞生，见证了青年狂热的明星梦的实现。平民偶像作为镜像中的他者，不单是属于个体的一次绽放，而是集合意义的化身与代言。

（二）镜外之我：“娱乐至死”的精神观照

选秀的热度引发了中国平民文化的一次大震动。在这场酝酿已久的震动浪潮中，粉丝的力量再次彰显。粉丝虽然没有在电视荧屏上展露自己的超级“才华”，但是他们是选秀场中最为活跃的群体，是使选秀达到狂欢的重要力量。著名文化学者尼尔·波兹曼“娱乐至死”的预言在粉丝身上得到了应验。

在选秀时代，粉丝已不再以个体行动来追求偶像，而呈现出了组织化的行为方式。这种行为方式深入中国社会转型之中，成为一股重要的狂欢力量且在造星的过程中推波助澜。在选秀的现场，我们经常看到粉丝们造型独特，手举着偶像的照片或名字，舞动着双臂，疯狂地呐喊。他们由于相同的兴趣而组成了粉丝群体，比如，李宇春的粉丝为“玉米”，张靓颖的粉丝为“凉

① 马中红：《新媒介与青年亚文化转向》，《文艺研究》2010年第12期。

粉”，何洁的粉丝为“盒饭”等。

粉丝对明星的崇拜，不仅仅是为明星个人，很大意义上归因于其社会认同感与归属感。比如，“玉米”们大多认为李宇春与他们身上有着千丝万缕的联系，李宇春得到的认可，其实就是自我的一种社会认同。从这一角度来说，粉丝具有极强的个体特性，他们重视自我成长的心理暗示与心理认同。同时，他们在追星的过程中，通过群体聚合增强了影响力与感召力。一个个粉丝个体在群体的感化下，找到了归属感。尤其在这个孤独的社会中，在社会关系疏离感增强的同时，社会冷漠与恐慌也在日渐加剧。作为社会性的人，对群体的渴望成为粉丝社区存在的最好解释。

选秀为粉丝经济的发展提供了丰厚的土壤。首先，粉丝经济感性色彩浓重。“粉丝网副总裁刘晓磊认为，粉丝是由各自共同感情联系在一起的人群，他们同时也是最不惜代价和有着浓烈消费冲动的人群。”① 陶东风认为：“粉丝经济满足的不是人们的基本物质需求，而是心理需要、精神需要引起的消费需要。”② 其次，粉丝经济潜能无限。以“超女”为代表的选秀类节目的火爆，充分激发了粉丝的潜能。粉丝也成为比赛现场广受关注的对象。虽然不是舞台主角，但是他们作为荧屏之外的自我的复苏，把主我的狂欢再度推向高潮。他们把大量的钱都花在了追星的过程中，有的甚至不惜倾家荡产，一度受到媒体关注的杨丽娟追星事件成为最好的佐证。

（三）流行文化：后现代文化的微观缩影

选秀作为青年人的一次集体活动，成功地生产了流行文化这一意义所指。流行文化是与当下的时尚、新潮等紧密贴合的一种文化潮流。它以青少年为主体，凭借奇观文化的兴盛，展现符号世界的意义指向与文化表达。艺术的拼贴、文化的复制、符号的指向等青年亚文化的行为方式勾勒了后现代文化图谱。

著名文化学者斯图亚特·霍尔曾指出，电视文化提供的是意义，但是意义的解读方式多种多样。符号代表的意向并非与奇观逻辑的实际意义一一对应。选秀催生了许多流行新词，诸如“PK”、“粉丝”、“中性化”、“平民化”等流行新词，这些具有较强“意指实践”功能的文化新词，包含着对传统文化的颠覆与解构。

“作为青少年中广泛存在的，具有青少年社会关系表演性、特殊性的流行文化现象，实际上是一代代青少年思想观念、行为方式、生存状态的一幅幅写真。”③ 青少年善于利用拼贴与戏仿等手段来表现流行文化。比如，他们在

---

① 杜骏飞、袁光锋：《选秀——庄严的嬉戏》，广州：中山大学出版社2008年版，第108页。

② 杜骏飞、袁光锋：《选秀——庄严的嬉戏》，广州：中山大学出版社2008年版，第108页。

③ 万美容、叶雷：《21世纪初青少年流行文化的流变》，《中国青年研究》2009年第4期。

网络上利用多种技术的融合，疯狂地恶搞某位明星的图像与视频，极大地满足了草根阶层拼贴的需要，同时又展现出一种“雷文化”，用迥异于标准、迥异于传统的行径把后现代风格推向极致。“超女”李宇春、“好男儿”师洋、“快男”魏晨等人都是网络艺术拼贴的极好素材。后现代艺术拼贴的使用在展现流行的同时，也反映出青少年对传统规则的颠覆与对自由的向往。

“流行文化本身不仅渗透着权力的因素，而且在实际生活中也常常被作为权力的象征被表现出来。”① 权力关系已经成为研究当代传媒生存的一条很好的路径。费斯克认为，大众文化日渐成为对支配文化的一种反抗力量。电视媒体作为大众文化的代表，在对主流文化的意义消解中生产新的文化价值，产生了流行文化。平民选秀节目热潮的高涨作为大众文化崛起的典型事件，展现出了流行文化对抗主流文化的行为轨迹。普通民众观看或参与节目使意义快感得以升华，大众文化样态不失时机地呈现出来。这一文化形态被精英人士认为是低俗的象征，破坏了已有的权力关系。2006 年北京宋庄文化艺术节上，“超女纪念碑”的展出，已不仅仅是对“超女”文化的一次颂扬，更多的是对传统权力关系的消解。

二、张扬个性：疏离“中心”，解构“规则”

20 世纪 90 年代以来，西方后现代思潮对中国社会的影响日益扩大，文学、艺术、建筑、广告等领域展现出的“去中心化”、“碎片化”、“解构规则”和“混乱无序”的文化特质，无不体现出当代中国社会的后现代性。在中国，后现代思潮被认为是一种新的时尚，它代表了激情、青春与活力，同时指示着另类的时髦，与颓废、荒芜、空虚等意义相连。

英国著名文化学者安吉拉·默克罗比认为：“这（指青年亚文化）不是传统的中产阶级文化，与父辈文化也不紧密相连。这是一个被工人阶级年轻人的经验所统治的文化空间，是他们的语言、他们的创造力首先创造出了这个亚文化。”② 青年亚文化试图寻找一种完全属于自我的空间，他们在反叛父辈文化的同时，却又与父辈文化有着某种联系，这是青年亚文化的矛盾性所在。正是由于这种矛盾性的存在，青年亚文化在现实生活中表现出的多样性与繁杂性，拉近了它与后现代文化的距离，并演绎成后现代主义的权威性表征。

在五千多年的历史积淀中，我国社会历来都十分重视“家国一体”的宏大历史叙事，重视“中心文化”、“主流文化”的历史价值与社会意义。“中心文化”以崇拜权威、遵守规则为重要的表征形式，这与现代社会的经典教

---

① 郑欣：《平民偶像崇拜——电视选秀节目的传播社会学研究》，北京：中国传媒大学出版社 2008 年版，第 104 页。

② ［英］安吉拉·默克罗比著，田晓菲译：《后现代主义与大众文化》，北京：中央编译出版社 2001 年版，第 222 页。

义、文化标准形成了一一对应的关系。“主流文化”是“特定时期占统治地位的文化，它是体现社会统治思想和占主导价值观的生活方式，它所代表的是一个社会中占统治地位的那些群体的利益”①。青年亚文化作为主流文化的附属文化形态和次要文化形态，表达的是处于边缘地带的青年群体的利益，它对社会的主流文化（中心文化、主体文化、经典文化）往往采取一种颠覆与解构的态度，反主体、反理性、反权威、反规则、反中心和反意义的叙事逻辑的渐次显现，掀起了当代中国文化的一角，以其“无中心”、“无边界”的社会图示，不断重构着当代中国的文化格局。

青年群体作为思想最为活跃的特殊群体，在极力塑造自我个性的同时，也展现出了其消极的思想，体现为对主流文化的颠覆与对边缘文化的向往。可以说，青年亚文化常常自甘于边缘，并且时常把边缘作为一种时尚进行炫耀与标榜，以至于沉湎其中难以自拔。当青年亚文化与主流文化发生严重冲突的时候，青年人时常以一副对抗的姿态与主流文化对立，这是青年亚文化颠覆性的重要体现。也正因为如此，青年群体的社会形象往往与“意志消沉”、“堕落”、“无责任感”等标签性词语相生相随。

任何一种文化形态的深入推进，必然需要媒体的支持，以使其影响力更加深远。青年亚文化在颠覆主流文化以及维护边缘文化的过程中，媒体的介入让这种文化态势来得更加凶猛。在进入21世纪之前，媒体的出现都是与主流文化紧密贴合的，比如，“春晚”的播出对中国传统文化进行了创造性的宣传的同时，强化了国家的政治文化导向功能与社会意识形态的重要性，“家和万事兴”的文化理念昭彰天下，对宣传社会主义主流文化起到了很好的作用。当然，《正大综艺》、《综艺大观》等电视节目都从不同的角度阐述着主流文化的社会影响力与号召力。但是进入21世纪以后，媒体的宣传内容与传播策略发生了微妙的变化。以湖南电视台的《超级女声》为例，电视节目强调大众性、平民性，电视荧屏上出现了新的叙事范式，主流与经典的价值被束之高阁。《超级女声》以前所未有的汹涌之势创制了新的游戏规则，成为了电视节目大众性的标杆，自我表达的价值被不断强化。《超级女声》的节目形态得到了青年群体的力挺，他们竭尽全力地为“超女”呐喊助威，以文化狂欢的形式表达着青年亚文化崛起的勇气与决心。当舞台上出现“另类”的选手时，节目的看点更为突出。尤其是李宇春这样具有中性气质的女选手在舞台上的成功，消解了传统意义上的审美价值。由此可见，电视媒体为青年亚文化反抗与颠覆传统文化提供了舞台，并通过传播的力量让这种文化反抗渗透到生活的各个角落。

青年群体是一个充满了好奇与幻想的群体。对事物的好奇让他们时常拥

① 苏文清：《青年亚文化探微》，《江汉大学学报（人文科学版）》2006年第4期。

有一种“凝视”世界的心态。乔纳森·施罗德认为：“与看相比，凝视意味更多——它表示一种心理上的权力关系。”① 对于青年群体而言，他们通过“凝视”实现自我主体的身份建构，强化自我主体概念的重要性与核心性。因为“凝视”是一种无形的暴力。正如福柯所言：“用不着武器，用不着肉体的暴力和物质的禁欲，只要一个凝视，一个监督的凝视，每个人都会在这一凝视的重压下变得卑微。”② 青年群体的激情与幻想往往通过“凝视”得以实现。例如，当下热播的婚恋交友类节目，男女嘉宾的相互“凝视”以及电视观众对他们的“凝视”，在满足视觉体验的同时，刺激着心理审美的实现。《非诚勿扰》中24位美丽的单身女生出现的那一刻，青年男性的“凝视”已经开始上演，凝视着对方容貌的同时，印证着自己对美的判断，同时实现了男性的本能欲望。当然女性也如此凝视“男性”。在双方互相凝视的过程中，他们不再压抑生理本能的欲望，而是在审美的同时，勇敢地表达出自己的择偶标准，这是青年群体自我张扬的一种表现方式，也是他们对传统观念的一次颠覆与革新。

当代中国青年在追求独立的过程中，渴望摆脱父母的影响，在同龄人中获得认可，养成了以自我为中心的性格，这些因素构成了当代中国青年亚文化的重要方面。他们喜欢用大胆的、煽动性的话语来表达自己的见解，追求新颖别致、生动活泼、引人入胜又离奇怪诞的东西，喜欢从现代人们习以为常的东西中挖掘出一点新的意味来。尤其在媒体技术日益繁荣的今天，他们借助网络媒体进行“碎片化”、“零散化”的表达。“碎片化”作为后现代主义的典型特征，消解完整意义为其重要手段，表现出随意性、差异性和多样性。“碎片”导致了各种模仿与拼贴，被青年人认为是一种艺术形式。如果拼贴不能把握好火候的话，对艺术将是一种亵渎。鲍德里亚认为：“我对摘抄拼贴的游戏感到厌烦。这种盒子套盒子的无限的纠结、这种层层摘抄拼贴的游戏，我认为是艺术终结时的一种病态形式、一种情绪脆弱的形式。”③

诚然，青年亚文化表达着处于边缘的青年群体的思想与观念，颠覆与反叛主流文化的同时，表达着碎片化的思想与行为，体现凝视的快感与娱乐的意义。青年亚文化在其实现话语的过程中，对中心话语的不屑一顾、对权威规律的熟视无睹，成为他们张扬个性的最佳注脚。

---

① 吴颖：《“看”与“被看”的女性——论影视凝视的性别意识及女权主义表达的困境》，《浙江社会科学》2012年第5期。

② 转引自李银河：《女性权力的崛起》，北京：中国社会科学出版社1997年版，第127页。

③ ［美］斯蒂芬·贝斯特、道格拉斯·科尔纳著，陈刚译：《后现代转向》，南京：南京大学出版社2002版，第3页。

三、虚拟交往：向往自由与平等，却引发焦虑与恐慌

青年亚文化在塑造自我形象的过程中，试图通过反叛和颠覆主流文化来引起社会的关注，以达到自我满足与社会实现的目的。在实现的路途中，他们并没有真正通过自我的努力来实现本体价值，而是在“虚拟交往”中高喊着自由与平等的口号。我国著名新闻学家郭庆光教授曾指出：“拟态环境（pseudo—environment）并不是对现实环境的镜子式的再现，而是传播媒介通过象征性事件或信息的选择和加工，重新加以架构化以后向人们提供的环境”①。“拟态环境”向人们提供的是一种虚拟的境地，它不是代表现实，而是超越现实。当青年群体在现实社会中屡屡碰壁的时候，他们不甘心，但是对于现实又无能为力，只有通过媒体提供的“拟态环境”来缓解内心的愤懑与不平。

在青年群体由童年向成年过渡的这一重要阶段，传媒技术的发展使他们沉溺于虚拟，虚幻的公平为其提供了丰厚的物质基础与现实土壤。电视媒体的“全息镜像”让青年群体眼花缭乱，数字媒体的“多维互动”更是撩动着青年的心扉。荧幕上真实、立体等视听效果的营造，把青年群体引入了真假交错的梦幻世界。他们更有理由坚信社会应该是公平和自由的，因为他们可以借助媒体的力量表达自己的思想与观点，同时他们还可以通过媒体的力量实现虚假的自我满足。在红极一时的《超级女声》的比赛现场，他们通过手机短信、网络支持等不同手段为自己喜欢的“超女”投票，那一刻，他们是成功的。虽远离“超女”现场，但他们通过媒体平台实现着“在场”的参与与角色的塑形，这才有了李宇春、张靓颖、张含韵、段林希、洪辰、刘忻、李斯丹妮等一个个响亮的名字。

在媒体技术与消费观念的相互激荡中，青年亚文化张扬个性的力量逐渐式微。现实与理想的日益冲突激化了青年亚文化的形成机制，边缘性、离散性等特征的显现冲撞着文化内核，导致文化焦虑与恐慌。

（一）逃避与极端：个体自由的代价

在当代中国，青年亚文化是一种无所归属的文化，作为碎片形式的拼凑未能有效地形成归属感。在青年亚文化的形成过程中，他们既遭到了主流文化的挤压，同时也遭到了大众文化的排挤，这与它自身的特质有关。青年亚文化自始至终都在强化“超意识”、“超阶级”的生命体验，与现实社会生活的变迁发生着严重的脱轨，以至于青年亚文化处处遭遇限制与主体的撞击。青年亚文化在竭尽全力展现其个体自由的同时，也在回避现实生活的种种庸

---

① 郭庆光：《传播学教程》，北京：中国人民大学出版社 1999 年版，第 127 页。

俗，沉溺于虚幻的交往。当虚幻的社会终究不得不面对现实的琐碎时，极端的反叛精神驱使他们走向另类生活的不归路。

青年群体在现实生活中找不到自信、归属的时候，最不愿意让别人知晓，而是采用一种默默无闻的方式来自我消化内心的困惑、欲望，抑或在一个僻静的角落畅想美好的未来。这是个性使然，因为在这个追求个性的时代，每一个青年都渴望与众不同，不甘心平庸与大众化。他们的着装、服饰，以及言语、行为都标新立异，这就注定他们的生活拥有太多的不确定性。“没有确定的生活，是犹豫不决、缺乏控制甚至忧郁压抑的生活，以暴力和犯罪的形式、以违反常规和偏离中心的形式去认同个体，就是获得个体自由的代价。”①

面对现实，选择逃避与选择极端本身就是一种矛盾的集合体。逃避是畏惧的一种表现。在我们的现实生活中，有许多青年拥有舞台梦想，然而，现实的残酷让他们离自己的梦想越来越远。电视荧屏上热播的各类选秀节目的出现，成为他们“替代性”的假想对象与认同空间。尤其是全民的参与热情，更是激发了他们对民间造星的支持。从这种行为可以看出，他们并不是对选手有多么热爱，而是选手身上镌刻着他们的身影。这是青年幻象的一种映射，也是他们沉醉其中难以自拔的重要原因。作为个体的意义，每一个青年都会遭遇生活中各类琐碎事情的烦扰。青年群体往往采用在虚拟的空间实现自我价值的方法来排解烦扰。网络游戏、网络社交等不同的媒介接触方式慰藉着他们日益躁动的心灵，但是网络中的不良习气也会传染给他们，如网络游戏的暴力性、色情化等。抵御能力较弱的青年人往往就会按照媒体的“议程设置”，在“沉默的螺旋”效应中实施暴力，终致极端的紊乱行为。社会道德对他们已经不再具有约束力，这其实是一种自暴自弃的行为方式，也是“异质性”意识的催化作用。

（二）断裂与迷茫：精神价值的崩溃

在媒体技术与消费观念相互激荡的过程中，青年群体在看似个性繁荣的背后却隐藏了种种危机与焦虑，导致内心虚无、价值断裂。情绪焦虑普遍存在于人们的生活中，适度的焦虑能够唤起警觉，提升学习和工作效率，但是由焦虑引发的情绪恐慌与精神断裂将会危害青年的身心健康，对中国社会的和谐发展起到阻碍的作用。

现实生活中，每个人都在努力地寻求自己的人生方向。父辈往往会根据自己的意愿为孩子设计人生轨迹与梦想蓝图，青年却找不到乐趣。“青少年逐渐丢失了自己追寻人生意义的权利，无可奈何地生活在成人给他们强加的价值世界中，生活变得苍白，空虚感增强，容易找不到自我。”② 这与“我的青

① 任翔：《青年亚文化与价值冲突》，《中国青年政治学院学报》2006 年第 6 期。

② 王聿发、赵秀云：《青少年焦虑情绪原因探究及其干预》，《淄博师专学报》2010 年第 1 期。

春我做主”、“我选择我喜欢”、“走自己的路让别人去说吧”等青年口号产生了严重的冲突。当父辈文化与青年亚文化发生激烈的交锋时，青年人的价值观念开始走向分化的道路。他们开始在媒体中以独特的行为方式为自己撰写履历，“恶搞”风行一时。“恶搞名人”、“恶搞语言”、“恶搞文化”等现象屡屡发生，在看似繁荣的景象背后隐藏着令人发指的精神的崩溃与价值的断裂。“恶搞”让文化标准与经典教义远离生活，一切似乎都已经没有标准可言，剩下的都只是支离破碎的文化残片。

在青年人眼里，集体核心观念失去了价值，父辈文化倡导的“牺牲个人利益，保护集体利益”的行为准则失去了效力，“以自我为中心”的个体价值被不断强化，并逐步走进青年人的灵魂。可以说，社会价值由“集体”向“个人”的转向是文化变迁的历史性飞跃，但是这种飞跃恰恰预示了一个断裂社会的到来。正如社会学者孙立平教授所言：“中国整个社会要从一个以农村为主的社会转变成一个以城市为主的社会……从目前中国的情况来看，会形成一个断裂的社会。”① 青年亚文化在断裂的缝隙中生存，导致价值主体的精神涣散。青年人在历经数次盲目的行为之后，对于未来感到茫然，导致价值虚无、精神崩溃。

青年亚文化作为社会发展衍生出的文化产品，它的形成、崛起以及延续始终都与中国社会的经济基础与文化形态具有深刻的关联。可以说，青年群体在思想观念与行为方式上追求先进、个性、独立和时尚的同时，对主流文化、中心文化也产生了强烈的撞击，青年亚文化“去中心化”的目的已经得以实现。青年亚文化具有鲜明的两面性，在积极地与社会靠拢的同时，又在疏离社会生活，满足一种虚拟真实的文化状态，表现出了其反叛主流文化的决心与勇气，同时其内在的精神价值在各种思想的激荡与利益的交锋中走向断裂。

第三节　青年亚文化与社会核心价值体系的融合及对抗

2006 年 10 月，党的十六届六中全会提出了建设社会主义核心价值体系的战略任务，指出：“马克思主义指导思想，中国特色社会主义共同理想，以爱国主义为核心的民族精神和以改革创新为核心的时代精神，社会主义荣辱观，构成社会主义核心价值体系的基本内容。”② 2007 年底，党的十七大首次将“建设社会主义核心价值体系”纳入报告中，指出“社会主义核心价值体系是

---

① 孙立平：《断裂——20 世纪 90 年代以来的中国社会》，北京：中国社会科学文献出版社 2003 年版，第 3 页。

② 《中共中央关于构建社会主义和谐社会若干重大问题的决定》，《求是》2006 年第 20 期。

社会主义意识形态的本质体现”，提出要切实把社会主义核心价值体系融入国民教育和精神文明建设全过程，转化为人民自觉追求积极探索用社会主义核心价值体系引领社会思潮的有效途径，增强社会主义意识形态的吸引力和凝聚力。[①] 社会核心价值体系是中国人集体智慧的结晶，是体现中华民族凝聚力的重要价值标准，它将引导当代中国社会的政治、经济、文化等向着更加和谐的方向努力。

青年亚文化作为当代文化的衍生产品，在展现青年群体亢奋、活跃的同时，毫不掩饰青年内心的惆怅与茫然。青年亚文化作为当代社会棱镜的矛盾集合体，离不开社会核心价值体系的引导与整合，但是同时极力疏离社会核心价值体系，甚至试图与之对抗。社会核心价值体系在为青年亚文化提供精神支持的同时，肩负着对青年亚文化进行有效引导和收编的社会重任，以期使青年亚文化能够早日融入社会主义发展的事业之中，促进社会主义文化大发展大繁荣。无疑，从青年亚文化形成与发展的整个脉络图示中可以看出它与社会核心价值体系是既融合又对抗的关系，二者的辩证存在构筑了当代社会文化发展的变迁轨迹与精神图谱。

一、青年亚文化依赖社会核心价值体系

社会核心价值观经历了社会共同体千百年的积淀，具有较强的稳定性，对个人行为与社会行为都起着重要的规范与引导作用，甚至对整个社会都具有强制性与约束力。“真正意义上的社会价值观，是一套隐含在社会结构及制度之内的价值观念。它的生成是以该社会成员所处的共同地域，所具有的共同语言和相似的社会心理为基础，是社会共同体共生和发展的根本，具有明显的自为性和历史继承性。它的内容集中体现了其成员共同利益在现实和在未来的诉求，表现为对现有社会制度、社会秩序的总体认识和评价，以及对未来社会共同体发展目标、前景的总体看法和追求，具有时代性、包容性和普遍认同性。”[②] 社会核心价值观作为支撑主流文化运行的重要动力与源泉，能够有效促进主流文化的发展，对青年亚文化产生积极的引导作用。青年亚文化在诸多方面展现出了其对社会核心价值体系的依赖，二者之间进行了创造性的融合。

首先，青年亚文化能动地反映了社会核心价值体系。青年人作为祖国的未来与民族的希望，他们身上散发出了活泼与朝气，他们思想活跃、观念超前，为社会的进步注入了清新的活力，为建设社会主义文化强国提供了原动

---

① 胡锦涛：《高举中国特色社会主义伟大旗帜为夺取全面建设小康社会新胜利而奋斗——在中国共产党第十七次代表大会上的报告》，《求是》2007 年第 21 期。

② 娄东生、翁高华、刘新玲：《社会核心价值体系的社会功能及其培育机制》，《福建论坛（人文社会科学版）》2010 年第 12 期。

力。青年人生活在改革开放的美好时代，他们能够感受到改革开放的气息，能够触摸到改革开放的成果，造就了他们敢拼、敢想和敢为的时代特质。他们不拘泥于陈规，不拘泥于形式，跳出生活的条条框框，乐于接受外来文化。引进的节目在国内能够掀起收视狂潮，与青年人的心理特征、思想观念有着极大的关联。纵观近年来电视娱乐奇观，引进的节目比比皆是，比如，央视的《开心辞典》引进了英国的 *Go Bin Go*、湖南卫视的《我们约会吧》引进了英国的 *Take Me Out*、东方卫视的《中国达人秀》引进了英国的 *Britian's Got Talent*、浙江卫视的《中国梦想秀》引进了美国的 *Tonight's The Night*、央视的《谢天谢地，你来啦》引进了美国的 *Thank God You're Here* 等等。

青年人在面临重大问题的时候，能够积极地向社会核心价值观念靠拢，这也是社会核心价值观的魅力所在。比如，在 2008 年汶川抗震救灾、奥运志愿服务中，电视媒体通过对汶川灾情的报道、对奥运盛事的呈现，让青年人以饱满的热情全力投身其中，青年人的行为由自发转向自觉，让我们看到了青年人的社会担当。"以爱国主义为核心的民族精神"镌刻在青年的心上，并转化为向社会主义文化强国奋进的动力。可以断言，青年人"总体上呈现出主流稳定、进取务实、健康向上的态势，他们认同主流价值观，对国家的发展前景充满信心，并能够将自身价值和国家与社会的需要密切结合起来，爱国主义情怀仍然是其价值观念中的主旋律和基本背景"①。

其次，社会核心价值体系为青年亚文化提供了精神动力，指明了发展方向。"社会核心价值观是反映基本的、长期稳定的社会关系的价值观，是能够维持社会基本团结的价值观，是一定社会中人们普遍认同的基本价值观念所构成的体系。社会核心价值体系是一个社会时代的灵魂。"② 同时，社会核心价值观是社会文化的内核，隐藏在文化的最深处，决定着文化的价值取向及未来方向，因此，社会核心价值观对青年亚文化的发展起到了至关重要的作用。

在青年人投身重要的社会活动的过程中，电视发挥了重要的作用。新闻节目通过图片与文字呈现了汶川地震的真实状态，每一幕无不在触动着青年人的心灵；赈灾晚会通过全息影像的呈现，把家与国概念具体化，让青年人对"家国一体"的文化构想有了更明晰的认知……这是电视对社会核心价值体系的有力传播，充分展现了电视媒体在新时期的社会责任与历史使命。众所周知，社会核心价值观是一种抽象的社会意识形态，它本身是一种静态的文化行为，如果不借助其他的传播途径，它巩固全党全国各族人民团结奋进的目标就无法实现。在社会核心价值观传播的过程中，人际传播、组织传播、

---

① 余逸群：《"80 后"青年群体特征的解读》，《山东省青年干部管理学校学报》2009 年第 5 期。

② 张建荣：《试论我国社会核心价值体系的重建与国民理想人格的重塑》，《理论导刊》2007 年第 11 期。

大众传播、新媒体传播等途径发挥了重要作用，尤其是电视媒体。电视让社会核心价值观变抽象为具象，化腐朽为神奇……比如，在2008年奥运会的直播现场，电视通过清晰的画面、逼真的声响，使中国人的体育精神、文化理想更加立体化与直观化。美丽的奥运焰火穿越历史时空，古老的东方大地上绽放出夺目的光彩；巨大的卷轴将五千年中华文明凝结成人间瑰宝；人与自然和谐相处的美好画面展现了中华文化的博大精深以及中国人对和谐社会的美好向往。这是当代中国践行社会核心价值观的一次伟大的实践，它将感染亿万中国人，激发青年人爱国的激情。

社会核心价值观通过媒体的传播实现了对青年亚文化的渗透与影响，让马克思主义指导思想的灵魂嵌入青年人的成长过程，让青年人在未来的生活中能够自觉地运用马克思主义的原则、立场和方法来认识问题、分析问题。同时，让青年人高扬时代主旋律，弘扬社会主义共同理想、爱国主义精神以及改革创新精神，增强民族自尊心、自信心，提高青年的道德水准与文化修养，培育和谐社会、科学发展等时代理念。

二、青年亚文化挑战社会核心价值体系

青年亚文化与社会核心价值体系在相互融合、支持的过程中，也不乏相互对峙、间离。青年亚文化作为活力的代名词，必然渴望自由，不希望受制于强势力量，这是他们骨子里的反叛性在起作用。

青年“社会病”日趋流行。在中国经济、文化、教育等事业呈现出良好发展态势时，“社会病”同样层出不穷、比比皆是，尤其是青年“社会病”日趋严重，这不但没有遭到青年人的反对与鄙弃，反而受到青年人的推崇，诸如，“啃老”，“官二代”、“富二代”横行无阻，街角青年众多等众多现象。这些现象时常出现在我们的生活中，不仅影响到青年群体乃至整个民族的身心健康，而且也给社会核心价值观带来了挑战，阻碍了和谐社会的有力推进。

“社会病”不是个体的行为，而是一种根源于社会、形成于社会又反馈于社会的与正常发展相紊乱的现象。比如，“街角青年”作为青年群体极端化的一类人群，在社会生活中演绎着自己的故事。“他们有着特定的生活方式与生活来源，整天游戏人生、娱乐生活；他们也有着特定的社会心理特征与社会流动模式，他们既漠视主流社会，对外界充满警惕和敌意，又自觉与主流社会划清界限，也在正常途径得不到发泄时，渴望得到外界的承认；他们还有着特定的身份忠诚与结构权威，他们不仅仅是忠于自己所属的帮派，他们更加忠于自己的街角社会，忠于帮派所给他们带来和营造的亚文化。”① “街角青年”以独有的表达方式，与当代社会文化重构、结构变迁形成了一种交互

① 何绍辉、黄海：《社会病视角下的“越轨青年”研究》，《青少年犯罪问题》2012年第2期。

性的文化替代，反映出青年亚文化与主流文化、与社会核心价值观的断裂。在他们的世界里，没有明确的规则，没有详尽的条文，一切都是自由自在的。尤其是在电视媒体的影响下，这种断裂式的街角文化更是疯狂至极。电视剧里频频出现疏离主体的文化样式，刻意描写青年人在灯红酒绿中的那份狂躁和冷漠。在青年观众看来，这种生活是他们渴望但并不曾拥有的。在父辈文化的教导下，青年人自由的心声被淹没，直至某一个触点，激发了他们反叛的意愿。2012 年夏天赵宝刚的青春三部曲压轴大剧《北京青年》热播，该剧以浓重的笔墨将青年人的内心愿望进行了很好的诠释。对现实生活的反感，使他们离家出走，踏上重走青春的道路。该剧的热播，不仅让“重走青春”成为流行语，也让许多青年真正踏上了“重走青春”的道路，把虚拟的镜像映射到现实生活的版图之上。离经叛道的青年的生活方式与社会核心价值观渐行渐远。

青年“社会病”在某种意义上是一种社会纠结，这种纠结不仅仅来源于青年群体本身，而且有家庭、社会、学校、媒体等各种因素的促成。当下正在热播的职场“真人秀”节目现场，“啃老族”、“海待”、“富二代”等应聘者登上舞台，在遭遇嘉宾与主持人的调侃时，也引起了人们对这一群体的重视。“啃老”、“海待”、“富二代”作为父辈文化呵护的成果，他们没有继承父辈们的坚韧、果敢和刚强，而是以柔弱、萎靡的状态与社会进行着“虚实相生”的交往。社会核心价值体系中蕴含的责任与创新对这些青年而言只是一纸空文，没有任何意义。

经济转型中暴露出的尔虞我诈、欺骗等卑劣的社会行径，加剧了青年人内心的冲突与躁动，致使他们不再相信世间的美好。青年人开始把“审丑”作为揶揄、调侃社会的手段，不断满足着自以为完美的心理需求。尤其是大众传媒的推波助澜加剧了青年人“审丑”的冲动。从大众媒体的角度来讲，异化崇高、消解美感能够强烈刺激青年人躁动的心灵，提高收视率，获得更多的经济利益。对于青年人而言，他们把“审丑”作为一种情绪的释放与狂欢，实现刺激感官、宣泄情感等目的。这也是青年人标榜个性的一种时代反叛精神，他们不再崇尚权威、崇尚规则、崇尚中心，而是以“亚文化式”的心态对社会进行挑衅。审美的过程在媒体的浸染下，逐步演化为崇丑，实现着戏仿生活、戏仿文化的意图。

有学者认为，“审丑是对丑陋、畸形、缺陷等丑的否定性本质进行品评、批评和改造。崇丑则是对丑陋、畸形、缺陷等丑的否定性本质进行欣赏、赞叹、把玩、向往或效仿”①。在大众传媒的强烈裹挟之下，主体对客体的审丑

① 尹金凤：《媒介偶像塑造中的崇丑现象及其消极影响》，《湖南大学学报（社会科学版）》2012 年第 4 期。

性批评取得了合法地位，并为“审丑”转向“崇丑”提供了各种可能性，让“雷人”、“恶搞”成为一种青年集体认同。媒体通过一系列的传播策略催生了“雷人”偶像，让青年人异常兴奋。“雷人”偶像指“偶像具有与高雅、经典、完美等审美范畴内的意义无关的出人意料的言谈举止，其蕴含神经质、怪异、颓废、自恋、痴癫等非主流的特质”①。“雷人”偶像展现的是一种病态的审美。2004 年“芙蓉姐姐”横空出世，雷倒众生。她的外形、她的自恋成为人们揶揄讽刺的对象，但是媒体不断展现着她的“魅力”，让观众嗤之以鼻。而青年人十分享受于观看的过程，这就是病态的审丑心理，这种心理刺激着恶搞行为的发生。“犀利哥”、“凤姐”等雷人形象的出现，是青年人崇丑的结果。其实青年人不仅仅对雷人形象进行仿生，他们对一些当红影星、歌手、主持人等也进行各种恶搞，如对李宇春、周杰伦、赵薇、何炅等人的视频或者照片进行碎片化的组合与拼贴，满足他们虚幻的崇丑心理。

青年人的审丑行为与当代社会核心价值观倡导的美学原则迥然不同。青年人审美的异化行为，是物欲膨胀的一种表现，麻痹了人们的心灵。德国著名学者古茨塔克曾说过：“如果一个时代陷入了肉体和精神上的堕落，缺乏把握真正而朴素的美的力量。而又在艺术中享受有伤风化的刺激性淫欲，它就是病态的。这样一个时代为了刺激衰萎的神经喜欢以矛盾作为内容的混合的情感。于是，闻所未闻的、不和谐的、令人厌恶的东西就被创造出来。”② 当代中国社会核心价值观念是以展现社会美好、社会和谐为着力点，以艺术审美为情趣点的，具有较高社会规范的一种价值体系。青年人在审丑与崇丑的过程中，异化了人类对美的认知，对社会核心价值体系产生了强烈的冲击。

第四节　青年媒介素养教育的提升路径

当代中国，市场经济的快速发展、思想观念的激烈碰撞、文化形态的多元共生，为青年人热衷新潮、流行与时尚创造了无可比拟的生存空间，为流行文化的形成、发展和延续提供了肥沃的现实土壤。青年人以前所未有的新姿态，展现着当代社会富有个性、前卫和时尚的文化景观，推动流行文化步入崭新的境地，形成流行文化产业的生产机制与消费类型。流行文化生产过程中蕴含的创新求变、标新立异以及民主解放的价值倾向，暗示了青年文化狂欢的合理性，但在媒体议程设置与商业利益的包裹之下，流行文化强化了青

① 尹金凤：《媒介偶像塑造中的崇丑现象及其消极影响》，《湖南大学学报（社会科学版）》2012 年第 4 期。

② ［德］古茨塔克·勒内·豪克著，李永平译：《绝望与信心》，北京：中国社会科学出版社 1992 年版，第 84 页。

年内心虚幻的满足意识，刺激了青年神经的紊乱，蚕食了青年人业已形成的健康心态。青年人如何才能抵御媒体传播的不利因素？如何才能在利益泛滥的环境中保持宁静自然的心态？媒介素养教育的加强显然具有十分重要的意义。

一、青年媒介素养教育的必要性

媒介素养作为一个地地道道的舶来品，最早由英国文化研究学者 E. R. 利维斯提出。早期的媒介素养关注的是大众媒介对社会造成的负面影响，现如今，媒介素养主要“就是人们认识、利用和参与大众传媒方面的素养”。它包含了人们面对媒体的庞杂信息时的“选择能力（ability to choose）、理解能力（ability to understand）、质疑能力（ability to question）、评估能力（ability to e-valuate）、创造和生产能力（ability to create and produce）以及思辨和反映能力（ability to response and thoughtfully）”[①]。它体现的是个体在接受信息的过程中，对信息的能动性使用，能够充分发挥人的创造性，是当代社会人们生活生存必不可少的一种素质。而媒介素养教育“就是指导青少年正确理解、建设性地享用大众传播媒介资源的教育，通过这种教育，培养他们具有健康的媒介批评能力，使其能够充分利用媒介资源完善自我，参与社会发展”[②]。在媒体无处不在的社会，青年人在感知媒介信息的同时，也在不断地遭遇各种糟粕信息的侵害，影响青年的身心健康与发展。强化青年媒介素养教育势在必行。

首先，青年媒介素养教育顺应时代之需。信息技术的突飞猛进，加速了信息的传播与流通。尤其是在互联网技术的影响下，信息的裂变式传播与几何式增长，让人们步入了马克·波斯特所言的“第二媒介时代”。青年人作为社会的活跃力量，对社会发展的感知最为灵敏，最善于利用媒体来获知信息，享受娱乐，但是在享受娱乐的过程中，他们的判断能力较差，容易导致迷失。例如，以《开心辞典》为代表的益智类节目，让青年人痴迷于节目设置的各类奖项，刺激着他们的“白日梦”，消耗了青年人昂扬的斗志与拼搏的精神；以《超级女声》为代表的选秀类节目，激发了青年人内心蠢蠢欲动的“星梦”，幻想着一个纯粹的民主世界的到来。然而，现实生活的不如意，加剧了他们内心的恐惧；以《步步惊心》为代表的穿越剧，营造了一个拟态的真实境况，迷惑了青年的眼睛，让他们误以为人人都可以穿越，一些天真的孩子，试图通过某种极端的方式来实现自己的穿越梦，酿成了悲剧；以《非诚勿扰》为代表的婚恋交友类节目为“剩男剩女”搭建了一个相互了解与选择的平台，

① 刘芳华：《高等师范院校学生媒介素养现状及提升策略》，浙江师范大学硕士学位论文，2009年5月。

② 赵靖茹：《从“网络疾病”谈青少年媒介素养教育》，《上海青年管理干部学院学报》2006年第1期。

但是在各种利益的驱使下，塑造的各类形象实在有悖于传统道德，对青年的恋爱观、价值观都会产生不利的影响。媒体在传播信息与娱乐的过程中，往往夹杂着一些不利的元素，如果青年人不能够以辩证、理智的眼光来看待，必将带来不良影响。青年媒介素养教育能够让青年人以更加理性、科学的视角来看待传媒信息，提高其对传媒产品的批判与使用能力，保证其健康成长。

其次，青年媒介素养教育提升文化素质。青年在使用媒介的过程中，往往会产生媒介依存症，过度依赖媒介、相信媒介，很容易在这种状态下走火入魔。因此，加强青年媒介素养教育能够让他们拥有更多的知识储备，来抵御媒介的过度侵蚀。

青年媒介素养教育，旨在通过一系列的知识与能力的培养，让青年人正确地使用媒介，充分利用媒介来获取信息，提高自我生存能力。比如，在青年媒介素养教育的过程中，要对青年进行文化知识的普及，这是加强青年素质的第一步。不仅让他们了解媒介的相关知识，还要让他们了解心理学、文化学、法律学等学科的知识，这样才能“见多识广”，开阔他们的视野。媒介素养教育是一项比较复杂的巨大工程，因为它涉及多种学科。只有全面的、完整的与系统的媒介素养教育才能提升青年的文化素质，才能让他们在“信息流”中鉴别出有利信息，避免不良信息的影响。

再次，青年媒介素养教育加快青年社会化进程。社会化，是指自然人向社会人转变的过程，这也是人区别于动物的关键所在。社会化是作为主体的人在获得自我人格以及实现自我价值的过程中，与他人、与集体的社会互动行为。现如今，青年人沉浸于媒体的想象之中，回避现实的社会互动。他们把“虚拟”的互动世界奉为理想的世界。殊不知，那里充满了幻象的真实，无法真正实现人的社会化。

青年媒介素养教育，通过真实的案例，分析沉溺于虚拟互动的危害，让青年树立一种健康的社会化观念。社会化是人类精神文明与物质文明得以积累和延续的重要载体，能够促进社会的良性循环与互动。媒介素养教育将会帮助青年树立正确的世界观、人生观和价值观，让他们成为真正的社会继承者与延续者，推动社会持久、和谐地发展。

二、青年媒介素养教育的创新路径

青年媒介教育是一个不断发展变化的过程，是提升青年媒介素养的重要途径与手段，它的发展状况直接关系到青年的身心健康，更关乎国家的命运，因此，青年媒介素养的提高，不仅是新闻传播领域的重要命题，更是当代中国社会发展的重要课题。在创新力、整合力与塑造力的牵引下，青年媒介素养教育要通过富有创新力的表现方式，来达到全面提升青年素质的目的。

（一）强化媒介批评

青年媒介素养教育能帮助青年人抵制大众文化泛滥的信息流中的冗余信息、低俗信息，使之能够在较短时间内甄别与分辨出各类信息的价值，并对其进行评价。这一过程本身是一种媒介批评行为。

青年媒介素养教育的核心在于认识媒介，即青年人在了解与接触媒介的基础之上，对媒介本身以及媒介产品进行阐释、评价。媒介批评范式应用于青年媒介素养教育，是当代媒体文化发展的必然趋势，也是人们理智应对媒体的必然选择。在对青年媒介素养的批评上，一定要从社会文化视域中进行批评。媒介批评不是一个封闭的系统，而是一个层析、结构都立体化的整合系统，这决定了在青年媒介素养教育中，屏弃单一、封闭和孤立的“信息视角”批评，把媒介信息传播活动看作是在一定的社会语境中的信息交流是很有必要的。

另外，在媒介批评的方式上，应重视媒介文化文本的研究。这就要培养青年熟练驾驭媒介文本的能力，在对媒介文本进行类属分析的同时，由文本内部批评转向社会批评、政治批评，挖掘出文本的语言功能、叙事功能，从而实现对隐藏于文本深处的意识形态的批判。这种批评方式是青年媒介素养教育的逻辑起点，也是当代传媒文化的合理选择。

（二）聚合师资力量

国外的媒介素养教育观念对我国产生了较大影响，尤其是加拿大媒介素养教育中的学校教育给了我们更多的启迪。媒介素养教育只有纳入学校教育系统内，才能实现媒介素养教育的全面与广泛开展。我国人口众多，学校教育是青年人接受知识的必经阶段，也是让青年树立人生观、价值观的重要阶段，因此青年媒介素养教育走入课堂是历史趋势。

教师作为学校教育的重要部分，对教育的成功起到了至关重要的作用。目前，我国媒介素养教育的教师资源匮乏、教学力度不够深入，并没有让媒介素养教育成为一门完善的学科。从现阶段来看，我国从事青年媒介素养教育的教师队伍都是由新闻传播学科的教师组成，媒介素养并非其主攻方向。专门研究媒介素养教育的教师凤毛麟角，也就谈不上了解媒介素养教育的艺术性与价值性。

（三）重塑把关人形象

现如今，许多青年人以职业传播者的身份活跃在媒体的前沿，其素质也需要进一步提升，把关人形象需要重塑。媒体在传播海量信息的同时，也成了“谣言滋生”的温床、“伪信息”泛滥的天堂。以当下最火爆的微博为例，金庸“被去世”、柴静“被失踪”、“铁观音迷魂抢劫”等一系列虚假信息肆虐媒体空间，“虚假”成为了“真实”的幻象，致使媒介公信力下降。降低

“伪信息”事件发生的概率、减缓虚假信息传播的速度，成为职业信息传播者的首要职责。在万千信息源中挑选出真实、客观和准确的信息，重塑把关人形象，是职业传播者媒介素养规范的要义。

首先，职业传播者要善于利用新媒体的优势，优化传播效果。一个合格的职业传播者应该熟练掌握网络技术，提高自身的技术修养。其次，职业传播者要善于精选信息，甄别信息的真伪。精选信息不仅仅是传播者使用媒介的一种能力，同时也体现出了良好的职业道德与职业风范。精选信息就是要“去伪存真”、“去粗取精”，以客观的眼光来准确地选择信息，在尊重事实的前提下对信息进行“把关”或适当地“加工”。职业传播者还应有广博的知识储备，在遇到各类信息时能够理智清醒地来辨认信息，避免以个人的主观判断取代事物的真相。最后，职业传播者在乌合之众的谣言面前要能够恪守职业道德，确保消息的真实性。面对网络信息的多元性，职业传播者要能够在短时间内准确地过滤与筛选冗余信息、老化信息、虚假信息、淫秽信息等垃圾信息，必须提高自身媒介素养。

（四）重构信息链

“没有媒体教育的信息时代，对于未成年人来说，媒体即便是天使也有可能变成魔鬼。互联网技术突破了时空限制和社会限制，为人们的生活、学习和工作带来了方便；一些用户却因为媒介素养的缺失，导致无节制地使用网络，影响其生活、学习和工作，损害其身心健康，互联网因而成为害人匪浅的‘魔鬼’。特别是对青少年，以网络成‘瘾’为代表的病态媒体使用习惯，已成杀人‘魔头’和现代社会的公害。”① 在新媒介环境下，不仅是青年，政府官员、家庭、商人等各行各业的新媒体使用者都必须提高媒介素养，建构一条脉络清晰的媒介素养链。

作为传播主体的大众，在传播信息之前要鉴别信息的真伪，不可盲从地进行传播与转载。2010 年 12 月 6 日，微博上发出的“金庸去世”的虚假信息，短时间内在网络上泛滥，影响了人们的判断能力，直至凤凰卫视记者闾丘露薇出面澄清，“金庸去世”的虚假信息的传播才得以遏制。作为传播主体，大众应该具备良好的职业道德，规避“小悦悦”、“躲猫猫”、“凤姐”等网络事件再度戏谑网络空间。

政府官员要改变以往对媒介“封、捂、堵、压、瞒”的态度，积极利用媒介，更好地服务公众，而不是成为摆设和作秀的工具。媒介素养不仅是一种能力，更是一种心态，也是执政水平与执政理念的一种体现。

家庭教育在青年媒介素养教育中的地位不容忽略。家长要改变“灌输式”、“压力式”的教育模式，更新教育观念。家长要与时俱进，更新知识，

---

① 王杨柳：《网“瘾”与青少年媒介素养教育》，《新闻爱好者》2010 年第 19 期。

完善知识结构与能力结构，为孩子树立良好的形象。

在信息爆炸的时代，新媒体技术对媒介素养教育提供了新思路与新内容。面对各种各样的信息，职业传播者和非职业传播者都要提高使用新媒体的效率，精选有益的信息，“去粗取精”、“去伪存真”，提高“把关”的能力，打造一条良性的循环链条，使之有利于保障公民的话语权，同时促进社会的和谐发展。

结 语

新媒体环境下电视娱乐文化的困境及其突围

技术推动媒介变革。伴随着信息技术的飞速发展，我们进入了新“四化”时代——移动化、依存化、融合化和虚拟化。[①] 计算机朝小型化和移动式方向发展，无线网和移动式 IT 技术的应用正在改变人类的生活方式和商业模式。互联网和云计算相互依存，将全世界链接起来，共同分享巨大的资源。诚如耶鲁大学计算机科学教授大卫·格勒恩斯特所言，以空间为基础的网络将会逐步被以时间为基础的世界数据流所代替。媒介融合也成必然趋势：电视与互联网的融合、电视与手机的融合、电脑与手机的融合等，无一不在改变着我们的媒介习惯。数字和网络技术还使现实生活和虚拟社区相互融合，通过 PC、移动终端，可以方便地满足工作联络、娱乐消遣、人际交往、电子商务等各项现实需求。

数字化与网络技术推动传统媒介与新媒介融合、渗透和并存，重新建构媒介生态。在新的传播语境中，交互式个人定制服务取代了灌输式宣传教化，“四方办”电视打破了“四级办”电视，媒介生态呈现去中心化、去权威化、平等、开放以及共赢的发展趋势。网络的普及、各种新兴媒体的不断涌现，使近年来电视腹背受敌，观众规模持续萎缩。2012 年，中国电视媒体广告增幅仅为 1.4%，而同期杂志和电台增幅均为 9.4%。[②] 在传统媒体的市场竞争中，电视媒体明显乏力。网络视频、手机视频、IPTV 等多种视频媒体的普遍应用，也分割了传统电视的受众市场。在微传播时代，受众的时间趋于碎片化，以长视频见长的电视面临新的挑战。值得欣慰的是，尽管数字媒体潜力巨大，但电视媒体仍然是大众传播的首选平台。2012 年，电视媒体（硬）广告仍然占整体广告数量的 80% 以上，处于绝对优势位置。高品质的电视节目依然是电视的核心竞争力。

---

① 《重新定义 21 世纪信息技术及其影响》（邢陆宾教授在上海大学·东方讲坛的演讲），《解放日报》2010 年 9 月 5 日。

② 温珊（Sandra Wen）《2012 年广告市场大盘点》，http：//www. domar keting. org/html/2012/ad-1227/7529-3. html.

娱乐节目在整个电视节目市场中的主体地位毋庸置疑，发展态势依然迅猛，海内外概莫能外。据2012年《世界电视报告》统计分析，在全球70个国家和地区的各电视频道播出的所有节目中，按照2011年各国家和地区年度收视TOP10节目所属类型统计，41%为影视剧类节目，38%为综艺娱乐类节目，21%为新闻纪实类节目，娱乐类节目占据大半壁江山。而据CSM媒介研究全国测量仪数据，2011年全国收视TOP10电视节目中有五个是电视剧，四个是综艺娱乐类节目，一个是新闻类节目。

自2004年《超级女声》以来，我国电视娱乐节目掀起一拨又一拨娱乐秀浪潮。国内电视娱乐节目沿着做“秀”的道路越走越快，越来越同步于世界电视秀场潮流，但本质上国内娱乐秀节目还是以模仿、移植和拷贝国外“真人秀”模式节目为主，引进其他秀类的节目不多，有模有样的原创模式节目更是少之又少。“秀场奇观”并非始自中国。在国外热播的综艺娱乐节目中，也充斥着各种各样的娱乐秀节目。据2012年《世界电视报告》统计，在收视进入各国家和地区2011年度TOP10的所有综艺娱乐节目中，33%为晚会或者活动类节目，28%是“真人秀”，15%为综艺节目，9%为游戏节目，8%为谈话类节目，7%为喜剧表演类节目。[①] 国内娱乐秀节目大量源自海外：中央电视台《开心辞典》模仿英国的《百万富翁》；广东电视台《生存大挑战》模仿美国《生存者》；东方卫视的《中国达人秀》模仿英国的*Britian's Got Talent*；《舞林大会》克隆BBC娱乐节目的王牌——*Strictly Come Dancing*；制造了2012年收视奇迹的《中国好声音》引自2010年荷兰原创的*The Voice*；源自澳大利亚的*Master Chef*在东方卫视落地成为《顶级厨师》……

以快感享受和低级趣味为支撑的电视娱乐节目，极尽刺激感官之能事，一味地迎合观众的本能欲望，制造了轰轰烈烈的媒体奇观，产生了剧烈的社会震荡效应。社会规范在过度娱乐的电视文化内爆中不断地被消解，社会主流价值观念在“伪健康”的多元价值观念交锋中遭到解构。电视娱乐文化文本意义的生成路径遭到了超级奇观的狂轰滥炸和泛娱乐化的破坏，传统电视媒体的把关环节名不副实。矫揉造作、戏谑模仿以及恶俗快感的电视娱乐文化破坏了良性循环的媒介生态平衡，我们是否已踏上了尼尔·波兹曼所言的“娱乐至死”的不归路?

面对庸俗化的文化环境和数字技术带来的诸多挑战，中国电视娱乐文化需要在自省中自立、在自立中自强，需要坦诚地直面和切实地解决种种现实难题。在基本的态度和理念上，电视媒体需要有长远的战略思维，以“全面的高端性人本”为目标，增强社会责任心，增强历史使命感，以媒体公器的良知洞察时事、激浊扬清；在具体方式方法上，要与时俱进，吐故纳新，以

① 郑维东:《娱乐节目不做“秀”做什么?》,《收视中国》2012年第10期。

富有创新精神的原创节目来改善自我形象。电视媒体还应屏弃唯“收视率至上”等不良法则，寻求经济市场化与社会公正之间的最佳均衡点。现代市场经济要求地位平等、机会均等和实行等价交换原则，是天生反特权的。当下电视娱乐文化却以欲望、仿真和内爆攫取了消费者的自主权，以纯感性的消费主义霸权消解了所有严肃的审美标准和价值观念，商品消费成为指证社会身份的唯一符码。新的霸权在本质上有违市场经济规律。如何发扬传统媒体的权威优势，帮助老百姓摆脱纯感性欲望消费，投身现实环境的建设和改造中来，是中国电视娱乐文化的应有之义。

伴随着信息经济的推进，在美国等发达国家，一代“新人”——Cosmic Capitalists 开始出现。这批新人是技术专家，是商人，又是艺术家；他们喜欢新概念、新思想、新的思维方式，喜欢变革，喜欢破除传统的东西；他们不喜欢等级制，认为等级、职务头衔是限制性的，已经过时。① 在我国，类似的“新人”正在崛起，并已经在各个领域以意见领袖的身份引领着时尚，影响着公共舆论。为适应我国建设创新型国家的目标，发挥这一群体在舆论引导和节目创新中的价值显得尤其重要。我国文化体制改革的中心是价值先进化，而新阶段的改革，总的价值取向是人的解放与全面发展。电视媒体推进价值先进化，应从人本的角度出发，重在满足人民群众自我精神提升的真实需求，而不是与商业合谋，制造表层消费的伪需求；应进一步深化与市场经济相适应的体制改革，理清公益性文化事业单位与市场性文化产业之间的界限，搭建各司其职的运营机制。电视媒体不仅要以政府为主导，为全体社会成员提供基本的公共文化服务，保障其文化权益，同时也要以市场为导向，以人的全面发展为旨归，满足人们多元化的精神文化需求。具体而言，电视媒体在调整自身定位时，既要坚守社会主义核心价值观，担当公益服务平台的重任，也要体现时代感，突出大众化，富有独创性。

那些真正找准大众诉求、切中时代脉搏的节目，往往具有强大的号召力和道义力量，能够引起强烈反响和社会认同，并由此而成为经典之作。同时，只有那些原创性强，体现普遍意义和价值的节目，才能经得起历史的检验和实践的淬炼。

总的说来，提高媒介素养、建构“绿色娱乐”已成为当务之急。电视媒体应当在高扬社会主旋律、弘扬社会正气的前提下，提高自我净化能力，尊重多元价值观念的表达，坚持文化的多元化发展，建构良性、畅通的公共娱乐空间，搭建多元互补、和谐共栖的电视娱乐文化新格局。

---

① 常修泽：《中国下一个 30 年改革的理论探讨——“人本体制论”角度的思考》，《上海大学学报（社会科学版）》2009 年第 3 期。

参考文献

一、著作类

1.［德］霍克海默、阿多诺著，渠敬东、曹卫东译：《启蒙辩证法》，重庆：重庆出版社 1993 年版。

2.［德］齐格弗里德·克拉考尔著，邵牧君译：《电影的本性——物质现实的复原》，北京：中国电影出版社 1981 年版。

3.［法］让·博德里亚尔著，王为民译：《完美的罪行》，北京：商务印书馆 2000 年版。

4.［法］居伊·德波著，王昭凤译：《景观社会》，南京：南京大学出版社 2006 年版。

5.［法］让·波德里亚著，刘成富、全志钢译：《消费社会》，南京：南京大学出版社 2000 年版。

6.［加］马歇尔·麦克卢汉著，何道宽译：《理解媒介——论人的延伸》，北京：商务印书馆 2000 年版。

7.［美］爱德华·W·萨义德著，李琨译：《文化与帝国主义》，上海：上海三联书店 2003 年版。

8.［美］伯格著，姚媛译：《通俗文化、媒介和日常生活中的叙事》，南京：南京大学出版社 2002 年版。

9.［美］戴安娜·克兰主编，王小章、郑震译：《文化社会学——浮现中的理论视野》，南京：南京大学出版社 2006 年版。

10.［美］丹尼尔·贝尔著，赵一凡译：《资本主义文化矛盾》，上海：三联书店 1989 年版。

11.［美］丹尼尔·戴扬、伊莱休·卡茨著，麻争旗译：《媒介事件——历史的现场直播》，北京：北京广播学院出版社 2000 年版。

12.［美］道格拉斯·凯尔纳、斯蒂文·贝斯特著，张志斌译：《后现代理论——批判性的质疑》，北京：中央编译出版社 2006 年版。

13.［美］道格拉斯·凯尔纳著，丁宁译：《媒体文化》，北京：商务印书馆 2004 年版。

14.［美］道格拉斯·凯尔纳著，史安斌译：《媒体奇观——当代美国社会文化透视》，北京：清华大学出版社 2003 年版。

15. ［美］尼尔·波兹曼著，章艳译：《娱乐至死》，桂林：广西师范大学出版社 2004 年版。

16. ［美］斯蒂芬·贝斯特、道格拉斯·科尔纳著，陈刚等译，《后现代转向》，南京：南京大学出版社 2002 年版。

17. ［法］雅克·拉康、让·鲍德里亚等著，吴琼编：《视觉文化的奇观》，北京：中国人民大学出版社 2005 年版。

18. ［美］约翰·费斯克著，王晓珏、宋伟杰译：《理解大众文化》，北京：中央编译出版社 2001 年版。

19. ［美］詹宁斯·布赖恩特等、苏珊·汤普森著，陆剑南等译：《传媒效果概论》，北京：中国传媒大学出版社 2005 年版。

20. ［英］安吉拉·默克罗比著，田晓菲译：《后现代主义与大众文化》，北京：中央编译出版社 2001 年版。

21. ［英］戴维·莫利、凯文·罗宾斯著，司艳译：《认同的空间——全球媒介、电子世界景观与文化边界》，南京：南京大学出版社 2001 年版。

22. ［英］戴维·莫利著，史安斌译：《电视、受众与文化研究》，北京：新华出版社 2005 年版。

23. ［英］菲利普·史密斯著，张鲲译：《文化理论》，北京：商务印书馆 2008 年版。

24. ［英］迈克·费瑟斯通著，杨渝东译：《消解文化——全球化、后现代主义与认同》，北京：北京大学出版社 2009 年版。

25. ［英］迈克·费瑟斯通著，刘精明译：《消费文化与后现代主义》，南京：译林出版社 2000 年版。

26. ［英］梅内尔著，刘敏译：《审美价值的本性》，北京：商务印书馆 2001 年版。

27. ［英］尼克·史蒂文森著，顾宜凡等译：《媒介的转型——全球化、道德和伦理》，北京：北京大学出版社 2006 年版。

28. ［英］史蒂文·康纳著，严忠志译：《后现代主义文化》，北京：商务印书馆 2002 年版。

29. 马克思·恩格斯著，中共中央马克思恩格斯列宁斯大宁著作编译局译：《马克思、恩格斯选集》第 1 卷，人民出版社 1996 年版。

30. 陈龙：《在媒介与大众之间：电视文化论》，上海：学林出版社 2001 年版。

31. 陈默：《电视文化学》，北京：北京师范大学出版社 2001 年版。

32. 杜骏飞、袁光锋：《选秀：庄严的嬉戏》，广州：中山大学出版社 2008 年版。

33. 费孝通：《论人类学与文化自觉》，北京：华夏出版社 2004 年版。

34. 高小康：《狂欢世纪——娱乐文化与现代生活方式》，郑州：河南人民出版社 1998 年版。

35. 宫承波主编：《新传媒》（第 3 期），北京：中国广播电视出版社 2010 版。

36. 郭庆光：《传播学教程》，北京：中国人民大学出版社 1999 年版。

37. 郭于华主编：《仪式与社会变迁》，北京：社会科学文献出版社 2000 年版。

38. 胡智锋、江逐浪：《“真相”与“造像”——电视真实再现探密》，北京：中国广播电视出版社 2006 年版。

39. 黄礼孩主编：《诗歌与人》（总第 9 期），西安：西安地图出版社 2005 版。

40. 金丹元：《电视与审美——电视审美文化新论》，上海：学林出版社 2005 年版。

41. 李彬：《传播学引论（增补版）》，北京：新华出版社 2003 年版。

42. 李波主编：《新声飞扬——“新声带”五周年文集》，北京：中国广播电视出版社 2008 版。

43. 李金铨：《超越西方霸权——传媒与“文化中国”的现代性》，香港：牛津大学出版社 2004 年版。

44. 李清霞：《沉溺与超越》，北京：中国社会科学出版社 2008 版。

45. 刘惠玲：《冷峻中的超越：英美后现代主义文学研究》，银川：宁夏人民出版社 2007 版。

46. 刘继南主编：《大众传播和国际关系》，北京：北京广播学院出版社 1999 年版。

47. 刘小枫：《现代性社会理论绪论》，上海：上海三联书店 1998 年版。

48. 陆扬、王毅：《大众文化与传媒》，上海：上海三联书店 2000 年版。

49. 马苏格主编；曾治执行主编：《公关 2010　中国企业舆论环境研究》，广州：南方日报出版社 2011 版。

50. 孟繁华：《传媒与文化领导权》，济南：山东教育出版社 2003 年版。

51. 孟繁华：《众神狂欢——世纪之交的中国文化现象》，北京：中国人民大学出版社 2009 年版。

52. 欧阳宏生主编：《电视传播核心价值论》，北京：北京大学出版社 2010 年版。

53. 欧阳宏生主编：《广播电视学导论》，成都：四川大学出版社 2002 年版。

54. 普杰：《我要你成名》，重庆：重庆出版社 2011 版。

55. 申丹、王丽亚：《西方叙事学：经典与后经典》，北京：北京大学出版社 2010 年版。

56. 十七大报告辅导读本编写组编：《十七大报告辅导读本》，北京：人民出版社 2007 年版。

57. 宋怀常：《中国人的思维危机》，天津：天津人民出版社 2011 版。

58. 隋岩：《当代中国电视文化格局》，北京：北京大学出版社、群言出版社 2004 年版。

59. 孙宝国：《中国电视娱乐节目形态学》，北京：新华出版社 2009 年版。

60. 孙本文：《社会的文化基础》，上海：世界书局 1932 年版。

61. 田子馥：《咱俩的王国》，沈阳：春风文艺出版社 2010 版。

62. 汪民安主编：《文化研究关键词》，南京：江苏人民出版社 2007 年版。

63. 王甫、鲍玉珩：《当代美国电视文化艺术与商业》，北京：华龄出版社 2003 年版。

64. 王甫、吴丰军：《电视制片管理学》，上海：复旦大学出版社 2006 年版。

65. 王宁：《后理论时代的文学与文化研究》，北京：北京大学出版社 2009 年版。

66. 王宁：《消费社会学——一个分析的视角》，北京：社会科学文献出版社 2001 年版。

67. 吴光远主编：《文学与生存》，北京：中国社会出版社 2004 版。

68. 许俊达：《超越人本主义——青年马克思与人本主义哲学》，北京：中国人民大学出版社 2000 年版。

69. 尹鸿、冉儒学、陆虹：《娱乐旋风——认识电视真人秀》，北京：中国广播电视出版社 2006 年版。

70. 俞虹：《电视受众社会阶层研究》，北京：北京师范大学出版社 2010 年版。

71. 张嫱：《粉丝力量大》，北京：中国人民大学出版社 2010 版。

72. 张小争：《娱乐财富密码：引爆传媒心经济》，上海：复旦大学出版社 2006 年版。

73. 章浩：《流行文化的快感生产》，北京：中国广播电视出版社 2012 年版。

74. 赵林、邓守成主编：《启蒙与世俗化：东西方现代化历程》，武汉：武汉大学出版社 2008 版。

75. 赵玉明、王福顺主编：《广播电视辞典》，北京：北京广播学院出版社 1999 年版。

76. 郑欣等：《平民偶像崇拜——电视选秀节目的传播社会学研究》，北京：中国传媒大学出版社2008年版。

77. 周宪、刘康主编：《中国当代传媒文化研究》，北京：北京大学出版社2011年版。

78. 周宪：《视觉文化的转向》，北京：北京大学出版社2008年版。

79. 朱冰、毕蜂：《口述凤凰》，北京：作家出版社2006年版。

80. 朱羽君、殷乐：《生命的对话》，北京：中国电影出版社2002年版。

二、论文类

1. 曹燕宇、李斌：《娱乐主流化转型的努力——湖南台取消春晚的背后》，《新闻知识》2008年第4期。

2. 曾一果、李莉：《平民乌托邦神话："中国达人秀"的批判性解读》，《现代传播（中国传媒大学学报）》2011年第12期。

3. 陈龙、杜晓红：《试论当下电视娱乐文化的快感表征》，《中国电视》2011年第4期。

4. 高军梅：《主流与边缘：从〈非诚勿扰〉看当代青年的价值观冲突》，《中国青年研究》2011年第4期。

5. 高有祥：《精神内核——电视娱乐节目的灵魂》，《电视研究》2005年第6期。

6. 高长力：《非为相亲而来——新一轮相亲电视节目热的冷思考》，《中国广播电视学刊》2010年第6期。

7. 耿蕊：《新定位　新视角　新风格——上海生活时尚频道特色栏目〈心灵花园〉分析》，《当代传播》2008年第3期。

8. 管宁、魏然：《时间的空间化：小说艺术方式的转换——后现代消费文化视阈中的文学叙事》，《社会科学战线》2006年第6期。

9. 郭娟琦：《浅谈电视节目的娱乐化》，《新闻知识》2008年第8期。

10. 郝江涛：《对情感类节目热的冷思考》，《当代电视》2008年第5期。

11. 郝伟：《论泛娱乐时代电视真人秀节目的文化自觉——以职场真人秀〈职来职往〉为例》，《福建师大福清分校学报》2011年第6期。

12. 胡智锋、汪文斌、郑世明：《2004：中国电视关键词》，《现代传播》2005年第1期。

13. 黄涛：《山寨春晚的戏仿艺术与草根活力》，《文化学刊》2009年第5期。

14. 蒋肖斌：《从〈电视红娘〉到〈非诚勿扰〉——电视相亲节目的历史考察》，《现代视听》2011年第9期。

15. 李贺楠：《让平凡人实现梦想——李咏和他主持的〈非常6+1〉》，

《电视研究》2005年第2期。

16. 李幸:《〈南京零距离〉与中国电视的三次革命》,《广告大观》2004年第3期。

17. 李雪枫:《春晚广告的文化反思》,《山西大学学报(哲学社会科学版)》2007年第2期。

18. 刘景泰、洪兵:《电视节目“泛娱乐化”的成因和对策研究》,《经济研究导刊》2009第11期。

19. 刘茜、李南:《娱乐有道——解析〈星光大道〉的成功之路》,《湖南大众传媒职业技术学院学报》2010年第2期。

20. 刘阳:《娱乐狂欢的理性思考——电视娱乐节目媚俗化之批判》,《中国电视》2005年第9期。

21. 陆林:《现代消费主义文化的符号化特征》,《新闻世界》2009年第9期。

22. 陆学艺:《当代中国社会结构与社会建设》,《北京工业大学学报(社会科学版)》2010年第6期。

23. 吕鹏:《消费社会背景下的电视娱乐节目与男性气质》,《现代传播(中国传媒大学学报)》2011年第6期。

24. 马莉英:《全民唱歌类节目的制胜之道》,《今传媒》2009年第5期。

25. 马梅:《打动人心 方能永恒——〈开心辞典〉的成功之道解析》,《中国电视》2005年第3期。

26. 马燕:《电视讲坛节目:精英与大众的融合》,《传媒观察》2007年第6期。

27. 苗棣:《制作为王:〈非诚勿扰〉的成功之道》,《现代传播(中国传媒大学学报)》2010年第5期。

28. 逄格炜、何志钧:《〈中国达人秀〉的消费主义批判》,《现代视听》2012年第1期。

29. 钱梅:《刍议电视相亲节目的“卷土重来”》,《新闻界》2010年第2期。

30. 任保平:《后改革时代的主要矛盾、改革趋向及其重点》,《西北大学学报(哲学社会科学版)》2010年第2期。

31. 任雅仙:《媒体奇观下的新闻异化——以奥运体育新闻报道为例》,《西南民族大学学报(人文社科版)》2008年第12期。

32. 孙倩:《两个光头一台戏——解析〈非诚勿扰〉孟非、乐嘉的成功之道》,《艺海》2011年第8期。

33. 陶东风:《镜城突围:消费时代的视觉文化与身体焦虑》,《中国广告》2004年第9期。

34. 王德胜：《回归感性意义——日常生活的美学论纲之一》，《文艺争鸣》2010 年第 5 期。

35. 王昊灵：《2008 年〈鲁豫有约〉上海地区投放研究》，《新闻爱好者》2009 年第 11 期。

36. 王兴丽：《“真实再现”：纪实类电视节目解读》，《新闻与传播研究》2003 年第 1 期。

37. 王雪：《电视相亲节目中女性话语的矛盾表达》，《新闻知识》2011 年第 12 期。

38. 王怡琳：《“真人秀”浪潮中综艺娱乐节目的新探索——央视〈我要上春晚〉节目浅析》，《中国电视》2011 年第 10 期。

39. 王云峰：《湖南卫视建设特色频道的启示》，《新闻战线》2006 年第 6 期。

40. 闻娱：《论电视文化的二重性》，《中国电视》2003 年第 1 期。

41. 夏德元：《中国出版数字化转型中的文化冲突》，《学术月刊》2010 年第 4 期。

42. 萧盈盈：《中国电视娱乐的产业动力与文化责任》，《现代传播（中国传媒大学学报）》2010 年第 9 期。

43. 徐巍：《“非诚勿扰”还是“非钱勿扰”——当电视沦为一场“秀”》，《社会观察》2010 年第 7 期。

44. 许继锋：《〈中国梦想秀〉的品牌价值和媒介响应》，《中国广播电视学刊》2011 年第 8 期。

45. 许丽、刘义甫：《消费主义的全球化扩张与中国传媒的异化》，《广西职业技术学院学报》2008 年第 5 期。

46. 杨贡江：《浅析故事类新闻专题栏目———以江西卫视〈传奇故事〉为例》，《声屏世界》2009 年第 7 期。

47. 游洁：《电视娱乐本性的回归——从〈快乐大本营〉说起》，《现代传播》1999 年第 3 期。

48. 张爱凤、李钧：《“电视娱乐化批判”之批判》，《电视研究》2009 年第 1 期。

49. 张步中：《中国电视栏目剧现状及发展之我见》，《中国广播电视学刊》2007 年第 3 期。

50. 张金华：《超越娱乐的文化追求——〈天天向上〉成功的原因探析》，《声屏世界》2010 年 11 期。

51. 张劲松：《〈非诚勿扰〉中的性别叙事探析》，《新闻爱好者》2011 年第 21 期。

52. 张嫱：《迷研究理论初探》，《国际新闻界》2007 年第 5 期。

53. 赵红勋、王甫:《真情感动你我　真相震动人心》,《当代电视》2012年第4期。

54. 赵红勋、王甫:《基本样态精准与核心理念失准》,《当代电视》2012年第8期。

55. 赵红勋:《当代青年亚文化的症候分析》,《创新》2012年第6期。

56. 赵红勋:《当代网络视频文化的后现代转向》,《现代视听》2012年第2期。

57. 朱天、程前、张金辉:《解读电视"民生新闻"现象》,《传媒观察》2004年第8期。

后 记

每本书都有自己的命运。

作为一个不苟言笑、崇尚理性反思的纪录片爱好者，未曾想到会与娱乐之类的内容产生联系。春日的某个午后，恩师欧阳宏生教授的一个电话带来了喜讯："媒体奇观视域下的中国电视娱乐文化转型研究"被批准为教育部规划项目！

这个课题的萌生源自与2006级、2008级新闻学本科班同学的交流。时值我为同学们讲授"广播电视学概论"，孩子们总是津津乐道于《超级女声》、《非诚勿扰》、《壹周·立波秀》等热播栏目，这勾起了我强烈的好奇心。带着疑问，我开始关注这些娱乐味儿十足的当红栏目，并一发不可收拾。每逢闲隙，和家人、朋友谈论热播娱乐节目，已成为日常生活不可或缺的内容。这些快速嬗变的娱乐节目也吸引了国人眼球，制造了一波又一波的娱乐文化奇观，这促使我怀着浓厚的兴趣提交了项目申请书。

项目的申请与批准恰逢院系调整，我随着新闻学专业一起进入传媒学院，开始了执教生涯中新的历程。项目的成功获批无疑具有非同寻常的意义，它既是我与新同仁们合作的良好开端，也是我学术道路上的一次新的历练。此次申请离不开欧阳宏生教授的大力支持，他在电视娱乐文化方面的思考予我以启迪。此次申请也离不开我所在的重庆师范大学传媒学院同仁丁松、金洁、向卫东、周晶等的热心参与和悉心相助，特别是李明海院长在百忙之中审阅并修改书稿，谭俐莎师妹则重点修改和完善了第四章，在此予以衷心的感谢！

课题的顺利获批正值我招收的第一个研究生赵红勋入校，课题讨论与推进成为师生相长的重要助推器。赵红勋的勤学好问、严谨务实令我倍感欣慰。可以说，此课题的顺利完成得力于我们的齐心协力与通力合作。此外，本课题的完成也有赖于西南政法大学全球新闻传播学院李林容教授的大力支持，我俩硕士与博士两度同窗，建立了深厚的友谊，更有着对中国电视娱乐文化的共同爱好，在此深表谢意！

本书试图对历年来我国电视娱乐奇观及其文化内涵进行初步梳理和阐释（因电视剧的专门性和复杂性，暂时将之搁置），因受资料、篇幅、写作时间尤其是作者能力的限制，这次的梳理是粗线条式的，许多不足之处有待日后在进一步的研究中逐步完善。全书上编试图站在客观的立场上对我国电视娱乐节目的历次奇观进行原生态再现，下编则试图以文化、社会、意识形态等多元视角对奇观进行深描细读。行文中由于执笔者的文风各异，有的平实质朴，有的偏倚学理，有的意气风发，故多有瑕疵。然于读者而言，但凡著作，其深意并非完美，而在于激发与启迪，如能成为学界各家批判的靶子，亦不枉此出。

本书由我拟定整体框架，确定主要研究方法和研究方向，主持全书撰写，赵红勋进行了初稿统稿，我进行了最后合稿和校对，各章分工如下：

引　言：赖黎捷

第一章：赖黎捷　赵红勋

第二章：赵红勋　赖黎捷

第三章：赵红勋　赖黎捷

第四章：赖黎捷　谭俐莎

第五章：赖黎捷　李明海

第六章：李林容　赵红勋

第七章：赵红勋　李林容

第八章：李林容　赵红勋

第九章：赵红勋　赖黎捷

第十章：赵红勋　赖黎捷

结　语：赖黎捷

本书得以顺利付梓还要真诚感谢我的师兄西南大学田义贵教授和暨南大学出版社李艺编辑！正是缘于与师兄深厚而宝贵的同门情谊，我和李艺有了一次顺畅愉快的合作与交流机会。感谢所有为本书的组织和出版作出贡献的出版社全体工作人员，他们为本书的完成付出了大量心血。感谢书中提到的和没有提到名字的专著或论文的作者，没有他们的辛勤劳动，就不会有本书的出现。感谢我的家人，本书的顺利完成饱蘸着他们三年来对我的理解和宽容。

赖黎捷
2013 年 5 月
于金沙港湾